U0501155

游勝

中國國家圖書館藏名勝圖集珍

饒 權 李孝聰
主 編

張志清 鍾 翀
副主編

上海書畫出版社

序

中國傳統的江山勝迹歷來是以標志性的山河湖海等自然風貌來體現的，這些極具形象的景觀最便於用輿圖來展現，因此歷代傳世的輿圖中都不缺描繪名山大川、名勝古迹風貌的内容。『山川之美，古來共談』，在中國傳統文化的語境中，山川名勝不僅是供人游覽的風光勝境，更被賦予了豐富的文化意藴，從而被納入强大的人文地理傳統。五嶽、四瀆等標志性山川，作爲華夏大地空間格局中的代表性地標，成爲凝結華夏民族的重要紐帶。山川名勝的文化意義不斷延伸，催生出品類豐富的山川名勝輿圖，形成了歷史悠久、特色鮮明、源遠流長的山川名勝測繪傳統。『仁者樂山，智者樂水』，山川名勝輿圖於咫尺之内囊括萬里河山，讀者亦可在方寸之間飽覽卧游之趣，富含人文氣息。

中國的山水畫有寫實性的描繪與創意性的繪畫之别，并不是所有的山水畫作都反映真實的地理場景，更有一些帶有思想文化意念的山水畫，作者有意渲染縹緲、深邃、虚實相間的意境，所以畫面上表現的内容并非人眼真的能够全部看到。中國傳統形象畫法繪製的輿圖，由於繪製地圖的畫工可能本身就是畫家，譬如明代或清朝前期某些輿圖的繪製者就來自江南一帶，繪製筆法屬於『吴門畫派』，所以從繪製風格分析這些山川名勝輿圖往往與山水畫頗爲一致。也可以説中國傳統平立面結合的采用形象畫法的山川名勝輿圖與山水畫有着不解之緣。那麽，怎樣區别山水畫和山川輿圖呢？作爲地圖，應向讀者提供地名、方位、位置、距離，即使眼睛難以看到遠方或被山巒遮擋的城池、樓塔、亭閣，也一定要在圖上標記出名稱。因此，如果畫面上有比較多的地名或建築物名稱的注記，則一般可將之視爲山川輿圖，而不再是山水畫了。

中國國家圖書館是國内古地圖收藏的代表單位之一。迄今爲止，館藏一九四九年以前編制的中文地圖近八千種，無論是數量還是品質，在海内外均首屈一指。其中的山川名勝一類，涵蓋了大量背景各異、題材豐富、繪畫細緻、設色古雅，并使用傳統測量法繪製的輿圖文獻，其中更有許多珍本、孤本，極具學術與文獻價值，是研究我國古代輿圖、歷史、地理、藝術寶貴的一手材料。通過研究這些内涵豐富的地圖，可以瞭解中國古代山川名勝輿圖的發展進程，探究自然和歷史的滄桑變遷。可以説，它們共同形成了中國古代歷史悠久、特色鮮明、源遠流長的山川名勝測繪傳統。這一地圖文化傳統，在世界地圖學史中都是非常獨特的現象，值得重點關注和研究。

爲使這批資料公諸學界，本書編委會從中國國家圖書館所藏山川名勝輿圖中，精選了最珍貴、有代表性的七十四種一〇〇幅册彙集成帙。這些輿圖的時間跨度上起金代，下迄民國，内容囊括名山大川、風景名勝，較爲系統和完整地展現了中國傳統山川名勝輿圖的發展源流和題材類型。全書按主題分類編纂，分爲川圖卷、山圖卷和名勝卷。其中川圖卷包括長江、黄河、運河、湖泊及其他川圖，共計二十五種三十一幅册；山圖卷以五嶽、佛教名山、道教名山及其他山嶽爲主，共計二十七種二十九幅册；名勝卷收録皇家園林與私家園林以及具有重要歷史意義的名勝古迹，共計二十二種四〇幅册。

輿圖是中國古籍遺珍中特別重要的一個版塊，對每一件輿圖的學術研究也必須嚴謹而全面。本圖册爲力求真切反映所有輿圖的原始信息，厘清輿圖全貌，對七十四種山川名勝輿圖所有信息都進行了完整著録，包括圖名、作者、年代、類型、顔色、載體形態、尺寸、簡介、館藏號等。同時爲更好地瞭解輿圖的圖像價值與文獻價值，每幅册後均附有研究性文章，内容涉及圖像的解讀分析以及相關内容的考證，涵蓋歷史地理學、考古學、藝術史等多學科，這些提要的作者是各研究領域的專家、學者，從而保證了整個輿圖整理編選工作的專業性與科學性。

一、國家圖書館藏山川名勝輿圖概覽

川圖卷。分爲長江、黄河、運河、湖泊及其他川圖等五大類別。中國古代曾以江、淮、河、濟爲『四瀆』，代表全國四條獨流入海的水系，歷代曾經分别繪製表現這四條江河的輿圖，可是很少能够流傳下來。其中長江、黄河不僅是中國最重要的江河水道，在歷史進程中承擔過重要的角色，而且因其下游河道屢有變遷，水患頻仍，故而無論在河工水利工程方面，還是軍事上的防守，均有極其重要的社會意義。中國也是世界上最早開鑿人工運河的國家，京杭大運河是古代中國貫穿南北的重要人工河道，對維護國家統一、南北水運交通、經濟互補、文化交流做出了巨大貢獻。這些重要的江河運道不僅有經濟意義、社會意義，更成爲有象徵意義的政治文化符號。中國古代爲展現這些河流的河道流程、水利設施、沿岸風光，曾繪製了許多輿圖，《川圖卷》遴選了館藏《長江大觀全圖》《長江名勝圖》《黄河發源歸海全圖》《八省運河泉源水利情形圖》等描繪長江、黄河、運河的長卷輿圖。除了江河之外，我國還有衆多的湖泊，以其風光秀美，烟雨浩渺引來文人墨客競相圖繪，集成選出館藏《西湖勝景圖》《西子湖圖》《江浙太湖全圖》《洞庭全圖》以反映西湖、太湖、洞庭湖等湖泊的全貌。除了上述這些大江大湖之外，在中國廣袤的土地上還有許多區域性河流水系潤澤一方，成爲重要的自然資源，孕育着獨具特色的人文景觀，同時也有相關的輿圖傳世，集成所選中國國家圖書館藏《永定河圖》《衛河全覽》《韓江八景圖》《湖南西路常辰沅靖河圖》《湯泉全圖》等，或爲讀者留下深刻的印象。

山圖卷。分爲五嶽、佛教名山、道教名山、其他山嶽等四大類别，其中前三類分别對應中國傳統的儒、釋、道三大人文傳統。東嶽泰山、西嶽華山、南嶽衡山、北嶽恒山、中嶽嵩山并稱『五嶽』，中國歷代王朝均以名山大川作爲王朝疆域地理的標志，『五嶽』作爲華夏地域空間正統的象徵，被列入歷代國家的祀典，泰山封禪更表示歷代帝王對正統性的認同，在傳統禮樂文明中扮演了重要角色，歷朝歷代都曾以輿圖等形式描繪五嶽和祀典的場所嶽廟。集成選收館藏五嶽類輿圖主要有《泰山圖》《太華山全圖》《古南嶽圖》等。山西五臺山、浙江普陀山、四川峨眉山、安徽九華山并稱佛教四大名山，分别是文殊菩薩、觀音菩薩、普賢菩薩、地藏菩薩的道場。這些佛教名山香火繁盛，信衆不絶，催生了許多兼具實用性與宗教性的佛教名山輿圖，其中主要有《五臺山名勝圖》《四川大峨眉山全圖》《敕建南海普陀山境全圖》《大九華天臺勝境全圖》等佛教名山輿圖。此外，源自中國本土的道教也在各地名山廣設道場，形成了獨特的道教山嶽文化，道教徒將五嶽納入理論體系，并繪製了《五嶽真形之圖》等，而中國國家圖書館藏《武當山圖》《武當山全圖》等，即展現了道教四大名山之一武當山的獨特風貌。除了儒、釋、道這三類名山圖繪外，還有許多受到帝王巡幸駐蹕或有獨特人文傳統的名山，如醫巫閭山、太白山、武夷山、天台山、盤山等，這些名山勝景，多成爲我國傳統山嶽輿圖描繪的素材。

名勝卷。中國古代素有景觀叙事之傳統，人們或將某一風景名勝的歷史源流、四時變遷、相關詩文加以融會，或將某地最具代表性的風光景致提煉爲『八景』『十景』，用名勝古迹記録歷史以留住鄉情，涵育文化底蕴以深化審美意境，由此形成獨特的地域文化和景觀文化。各具特色的地域景觀、文化勝迹衍生了大量輿圖畫作，它們往往將地理要素與藝術呈現相融合，兼具輿圖的實用功能和藝術創作的審美特性，更有些詩畫相配，體現出濃郁的人文氣息。從名勝圖卷選出的《江山勝迹圖》《關中八景圖》《廣陵名勝全圖》《桂林十二景模本》《韓江八景圖》等，讀者均能從畫面與詩文之中體會到濃烈的地域文化氛圍。另外，還有一種名勝景觀圖以表現帝王行止的行宫别苑爲主要内容，例如選入的《避暑山莊全圖》《南巡臨幸勝迹圖》《行宫坐落圖説》《五園三山及外三營圖》均屬此類。這類輿圖因表現的内容常常是宏偉的殿宇式建築，兼與周圍山水相配，所以表現形式與手法吸收了許多傳統中國畫的技法，其中之一就是『界畫』。『界畫』一詞最早見於北宋郭若虛所撰《圖畫聞見志》，是從北宋李誡奉旨重修的《營造法式》中的『界劃』一詞演化而來。『界』指建築繪圖上一種專供引筆劃綫的工具『界筆直尺』，『界劃』就是指運用界筆直尺劃綫條的技法。『界畫』套用了建築繪圖中『界劃』的意思，專指使用界筆直尺繪畫直綫的一種畫技，常用來表現宫室、樓臺、屋宇等建築物，而附屬於山水畫中，後來成爲中國畫的畫種之一。中國的建築特别强調與周圍自然環境的和諧統一，兼具高超的木構藝術與深厚的文化内涵，在總體形式上顯得平穩而對稱，風格上則藏而不露。因此，當建築體作爲繪畫的物件，被引入平面的繪畫藝術中，『界畫』是使兩者很好結合的手法。『界畫』與其他畫種相比的一個顯著的特點，就是要求所畫物件的細緻性和繪畫技法的準確性，使用『界畫』的技法能够真實形象地記録古代建築，保留被描繪物件的原形，這樣一來『界畫』的技法自然突破了繪畫的範疇，而被運用於表現古代宫殿、園林、寺廟等建築圖像的輿圖中來。元代，陶宗儀的《輟耕録》將以宫室、樓臺、亭閣等建築爲題材，以山水、林泉爲背景而用界筆直尺畫綫的繪畫稱作『界畫樓臺』，列於畫種第十，正式確立了『界畫』的畫種地位，使其内在涵義得到了豐富和提陞。明清時期，『界畫』常常用於表現皇家殿宇、宫苑、亭臺樓閣、寺廟等題材，也恰恰適用於描繪清朝皇帝南巡沿途駐蹕的行宫建築。集成所選的這幾種行宫圖就是采用『界畫』

的技法，用平面和立面相結合的方式形象描繪皇帝駐蹕的行宫建築，細膩而準確地畫出地圖要表現的建築物件以及周圍的環境。

二、國家圖書館藏山川名勝輿圖之特性及選圖標準

第一，豐富性。地圖因其形制特異，保存和傳承比書籍更爲不易，因此傳世的古代地圖十分難得。國家圖書館藏有豐富的山川名勝輿圖，在數量和種類上都非常可觀，以黄河爲例，館藏黄河輿圖就有逾四〇〇種，這些輿圖産生於人們生産生活實踐，是一個研究黄河文明歷史的文獻寶庫，本圖册從這些輿圖中精心挑選了《黄河全圖》《黄河發源歸海全圖》《大河南北兩岸輿地（圖）》《山東黄河全圖》四種，其中《黄河全圖》繪製精美，内容詳細，圖文對照，是研究清康熙年間黄淮治理、運河疏浚的非常重要的參考資料。《黄河發源歸海全圖》繪製内容非常詳盡，其所繪的黄河河渠水利工程及沿河流域的自然環境與人文景觀，對於研究清代中葉水利工程及人文歷史，具有非常重要的史料價值。《大河南北兩岸輿地（圖）》所繪範圍西起陝西潼關，東至河南陝州，係清同治四年（一八六五）爲防太平軍、捻軍西入河南北犯山西，命山西代理巡撫布政使王榕吉派員勘查呈報之黄河兩岸應添設炮位之防務圖，顯示清後期晋豫两省之交的黄河河岸形勢。《山東黄河全圖》描繪了光緒年間山東境内黄河下游河段的新舊河道和堤防，以及黄河穿過運河的情形，是瞭解清晚期黄、運體系變遷的重要圖像史料，同時也反映了清後期繪製黄河圖在表現形式和繪製技法上的特點，具有豐富的歷史與藝術價值。

第二，系統性。不管是從縱向的時間脉絡，還是横向的專題收藏來看，國家圖書館藏山川名勝輿圖都具有較强的綜合性和系統性，爲同行業之翹楚。從内容上看，涵蓋了大量重要的名山大川；從載體形態來看，包含長卷、竪軸及册頁等多種形式；從文本形態來看，包含了繪本、刻本、拓本等等；從作者身份上看，包括了宫廷畫師、文人藝匠和民間畫工等；從地圖繪製方法上，既有工筆界畫，也有渲染寫意畫，分景圖與全景畫皆備。其中的内容涉及自然與人文景觀、詩文頌贊、圖繪藝術等多個方面的歷史信息，能够較爲全面地反映中國古代山川名勝輿圖的發展脉絡，可以説是一個内容豐富、種類繁多的文獻寶庫，值得我們進行深入的文獻挖掘和專題研究。

第三，珍貴性。國家圖書館館藏山川名勝輿圖中，有許多珍品、孤品，極具學術與藝術價值，是研究我國古代山川名勝寶貴的第一手材料。這些輿圖文獻本身具有不可再生性，而且年代較遠、數量稀少，非常脆弱和珍貴，以往很少有機會向大衆展示。爲使這批兼具歷史、地理、語言、藝術價值，曾經深藏於圖書館内的輿圖更好地爲公衆服務，使之更好地體現其研究價值與文物、文化價值，開展高品質的出版工作顯得尤爲重要。因此，本次選圖力求精品，圖册中許多珍貴的輿圖都是首次出版。

本書還遴選了幾幅政區輿圖，如《陝西輿圖》《山西山水圖》，讀者從中一定能夠發現這些輿圖與一般僅僅描繪山川分布、注記府州縣治的政區輿圖有顯著的差別，雖然繪製手法與山水畫極其相近，可以説就是源自山水畫工之手，但是輿圖要表現的主要内容却是地方行政建置。這正是本書選擇這幾幅政區圖的初衷。

山川園林圖爲儘量表現所描繪物件的整體面貌，輿圖形式和繪製手法都比較多樣化，既有橫向鋪展式的長卷，也有縱挂的畫軸；既有彩繪，也有拓刻；既有平立面結合式的形象畫，也有多點透視的界畫式地盤燙樣；更多的是鳥瞰式畫面，這種從高視點的透視法可以將建築群和山水景觀一覽無餘，比單純的平面輿圖更具真實感。

三、山川名勝輿圖之解讀維度

表現山川名勝的輿圖，是中國古代輿圖中非常獨特的一類，對這些輿圖的解讀和欣賞可從地理、藝術、人文等多個維度出發。

第一，從地理層面看，山川名勝輿圖的基本功能就是展現空間信息，爲人們登山朝謁、憑水行舟、觀覽勝迹等指示路徑。然而，山嶽高遠，川流洄旋，名勝往往散布其間，使得山川名勝輿圖對於空間的標繪相比起政區圖等類型來説，更需要兼顧山脉、水文等特有的地貌地勢。西晋裴秀曾總結『製圖六體』，分别爲分率、準望、道里、高下、方邪、迂直，這説明地勢的高低起伏、迂曲迴環始終是輿圖測繪的重要考量因素。在長期的繪圖實踐中，古人也總結出了不少獨特的測繪方式，例如河流圖采用傳統繪畫的『對景法』，兩岸的地物均以觀察者爲中心加以展現。與此同時，爲體現地圖的實用功能，在特殊河段以文字標注，説明其水文特徵和軍事要地。再如山嶽圖往往采用山水畫法，『竪畫三寸，當千仞之高；横墨數尺，體百里之遠』。在山水畫的基礎上標注各處景點道路，使讀者能夠如臨其境地判斷各地點間的方位關係和距離。山嶽圖往往氣勢宏大，奇峰聳立，雲氣環繞，層巒起伏，富有層次感，在以大筆觸勾勒山體的同時，圖中細膩地描繪了山中的各類樹木、奇石、瀑布、房屋等，使全圖凸顯靈動高遠、疏密有致的特點，令人覽之生欲身臨其境之感。山嶽名勝圖受表現空間的約限，則往往采用分景圖繪的方式，繪製方式靈活，能全面地展示不同季節、不同時辰、不同氣候、不同區域的景物情况，這就是古代常以『八景圖』『十景圖』來表現某地景觀的用意。

第二，從藝術風格看，中國古地圖，可以説是中國山水畫的一個重要分支，在山川輿圖中，我們可以發現古人慣用『對景寫意與寫實』相互結合的方法描繪各種地物景觀。對景寫實法受到中國古代傳統宫廷繪畫所追求的高度『寫實』性的影響，即將實際觀測到的層巒叠嶂以及具有標志意義的地物建築均按其特徵寫實繪製。衹要把地圖與實地一一對應，便可判斷出當前所處位置與前後左右的關係，因而具有很好的藝術表現力和實用效果。中國傳統山川名勝輿圖繼承了中國獨有的山水畫藝術的特點，擅長使用青緑、水墨、點彩、白描等多種繪圖技法，古代繪畫的用色、構圖、用筆等方面都在輿圖中有充分的表現。皴法是我國歷代山水畫家在師法自然造化的實踐中逐步提煉出來的一種繪畫技法，多用於表現山石、峰巒和樹身表皮的紋理脉絡，同樣也被移植於山川輿圖之中。根據各種山石地質結構的不同，各類樹木表皮狀態的差異，用墨之深淺濃淡加以形象化地表現，在歷代畫論中多有講述。山川圖通過對景物的透視，立體展現實物的位置，再通過墨色濃淡的調和渲染，將古代青緑山水所特有的韻味表現得栩栩如生。輿圖無論采用長卷、挂軸，還是册頁，横向與縱向的伸展均能使人置身於中國山川美景之中，尤其是在自然風景中點綴以歷史古迹名勝，賞圖者通過地圖既能帶來賞心悦目的感受，也能唤起對曾涉足於此的古今人物事迹的追念和遐想，山川名勝圖或許也爲調和現代地圖科學性與人文藝術性之間的平衡提供了可資借鑒的繪圖模式。

第三，從人文意藴看，山水在中國人的精神世界中占有獨特的地位，中國古代能够留存這麽多表現山川名勝的輿圖并非偶然現象，而有其深層次的文化原因。縱覽這些輿圖，在表現山川地理之餘，也傳達出人們寄托於山水的精神和品格。許多圖繪結合詩作、題識、鈐印，書法與繪畫融爲一體，頗具文人意趣。繪圖時有意在畫面留空白，鎸刻或墨書歷代文人題咏的詩篇，碑文、詩作與畫面相輔相成，使得輿圖在實用功能之外，更兼具了教化的意義，在一些描繪佛教、道教名山的輿圖之中尤所施用，此與一般表現地方行政區劃的輿圖有着明顯的差異，也令山川輿圖更顯出藝術與文化價值。

四、山川名勝輿圖出版的意義

這次山川名勝輿圖能够如此大批量、高清晰度的印製出版，有以下幾個層面的意義值得思考。

第一，推動珍貴地圖古籍資料文獻的整理和利用。中文古地圖具有文字資料無法取代的學術價值，但因其收藏分散、解讀困難，尚未在國内學術研究中得到普遍的運用。中國國家圖書館所藏地圖以原清廷收藏的明清地圖爲主，以此爲基礎，民國以來又購入了大量地圖或珍貴地圖的複製件，就藏圖數量和所藏地圖的系統性而言，其他藏圖機構遠遠無法與之相比。本書以中國國家圖書館所藏山川名勝輿圖爲主要對象，對這一專題館藏進行全面地整理。在展示館藏輿圖圖像的基礎上，梳理相關文獻的淵源與流變，對作者生平、版本流傳、圖面内容、繪製方式進行了全方位的介紹，以期集中呈現傳統山川名勝輿圖的發展脉絡。相信本書的出版可以爲中國地圖史、歷史學、考古學、地理學、歷史地理學以及美術史等相關領域的研究，提供極其珍貴的第一手圖文并茂的資料。

第二，推動中國古代地圖的研究。山川名勝輿圖是中國古代地圖中一個別具特色的門類，這些輿圖脱胎於中國獨特的山水畫文化傳統，產生於人們長期的生產、生活實踐，在地理表現和空間信息之外，還有獨特的文化涵義，這在世界地圖史上是一個獨具特色的現象。以往的地圖史研究往往對全國總圖、政區地圖等疆域政區類型關注較多，而對於此類輿圖關注相對較少。而學界對於黃河圖的研究，往往集中於河道變遷、水利工程等歷史地理或水利史的角度，鮮少將其放進山川名勝輿圖的發展脉絡中予以觀察。總的來説，對於山川名勝圖繪發展脉絡的系統性、綜合性、文化性研究還有較大空間。因此，集成擬按類型、時間對中國古代山川名勝輿圖進行系統展示，以期對中國古代地圖的發展脉絡進行較爲全面地勾勒，對中國古代地圖史進行更爲全面地展示和研究，這將會極大地推動國内外對於中國古代地圖的學術研究。中國地圖（學）史在我國學科體系中往往歸屬於歷史地理文獻學或科學技術史中的地理學史，處於相對邊緣的地位，從事這一領域研究的學者數量也較少。而實際上，古地圖中折射出大量歷史、地理、藝術、文學、政治、思想信息，是思想史、藝術史、歷史地理等學科研究的重要素材，相信集成的出版，也能爲相關領域的研究提供更多寶貴材料，吸引更多優秀人才加入古代地圖的認識和研究中來。

第三，向全社會介紹和推廣山川名勝輿圖。國家圖書館所藏山川名勝輿圖文獻，其珍貴性、豐富性、系統性皆爲全國少有。這些輿圖反映了中國古代歷史悠久、源遠流長、特色鮮明的輿圖繪製傳統，是中華民族歷史文化寶庫中的絢麗瑰寶。通過十卷本《中國國家圖書館藏山川名勝輿圖集成》的出版，會使更多人關注、瞭解中國傳統山川名勝輿圖，去回顧和領略山川名勝輿圖的魅力，也讓更多人瞭解其價值與意義。優秀的國寶不應該再藏於秘府，更應該向全社會介紹和展示，讓其中的寶貴遺産在當代「活起來」，從而發揚傳統山川名勝輿圖的文化意義，弘揚其中凝結的中華民族的傳統智慧，爲堅定文化自信貢獻力量。

千里江山，萬里圖卷，《中國國家圖書館藏山川名勝輿圖集成》是首次大規模以山川名勝輿圖爲主題的集成性彙編圖録，我國古代流傳下來的輿圖數量非常有限，尤其是彩繪輿圖，更加無比珍貴，而如此將大體量的山川名勝輿圖篩選彙集編輯、撰寫提要、録入圖説，更是一項有難度、有價值的工作，某種程度上講也是一項具有開創意義且填補空白的工作。

樂爲之序。

李孝聰

二〇二一年四月於北京

凡例

一、本書爲《中國國家圖書館藏山川名勝輿圖集成》（共十卷）的集珍版，所收圖版、文字未做刪減。《中國國家圖書館藏山川名勝輿圖集珍》收録七十四種一〇〇幅册，按主題分類編纂，分爲問水、尋山和游勝。其中問水包括長江、黄河、運河、湖泊及其他川圖五大類别，共計二十五種三十一幅册；尋山以五嶽、佛教名山、道教名山及其他山嶽四大類别，共計二十七種二十九幅册；游勝收録皇家園林與私家園林以及具有重要歷史意義的名勝古迹，共計二十二種四〇幅册。

二、全書收録輿圖的時間跨度上起金代，下迄民國，每種類型下均按照繪製年代或地圖表現的年代進行排序。

三、每種主圖均有文字介紹，一般由基本信息與内容提要兩部分組成。每幅地圖給出中文圖名，凡原圖具有編繪人姓名，一律給出作者名稱；多位作者，以取主要的兩人爲限。凡尚難確定者概以『不詳』標示。

四、每幅地圖一律給出繪製年代或地圖表現的年代，凡尚難確定繪製時間者，僅提供一個大致相當的時段，或説明地圖内容所表現的時代。凡時代有出入者，按照較晚的時代著録，不取較早的時代，避免將晚近摹繪本誤以爲早期作品。

五、凡確知印（繪）製地者，皆予以著録。

六、按絹本、紙本、石刻、拓本、木板等地圖載體詳細著録，凡繪本、刻印本、拓印本、石印本、刊印本及地圖之設色，均如實著録。

七、每幅地圖以内廓縱横尺寸計量，計量單位均以厘米計。

八、中國古代大部分輿圖并無比例尺，因此除計里畫方地圖之外，其餘地圖均不注明比例尺。

九、每件輿圖均詳細著録其原始收藏號、當前圖籍分類。

十、書中簡要介紹著録地圖的形式、覆蓋範圍、内容、淵源關係、學術價值、錯訛，以及地圖繪製的時代、作者、繪製技術和所反映的重要歷史信息。

十一、輿圖中除版刻文字題跋不予著録外，其他文字均予以釋文著録，其中闕字不識者以『口』標示，脱字以『［］』標示。

十二、本書基本信息與内容提要部分的文字整理采用通用規範繁體字；釋文題跋部分的文字著録，爲避免失去真實性，依原圖皆保持原字，不做規範統一。

目録

御製避暑山莊詩

作　　者　（清）清聖祖玄燁撰，沈崳繪

年　　代　清乾隆年間

類　　型　單色刻本

載體形态　八册

尺　　寸　每頁縱二八厘米，横一八厘米

索 書 号　211.911/074.45/1711

承德避暑山莊又名『承德離宫』或『熱河行宫』，位於今河北省承德市中心北部，是清代皇帝夏天避暑和處理政務的場所。避暑山莊始建於一七〇三年，歷經清康熙、雍正、乾隆三朝，耗時八十九年建成。避暑山莊以樸素淡雅的山村野趣爲格調，取自然山水之本色，吸收江南塞北之風光，占地五百六十四萬平方米，是中國現存最大的古代帝王宫苑。一九六一年三月四日，避暑山莊被公布爲第一批全國重點文物保護單位，與同時公布的頤和園、拙政園、留園并稱爲『中國四大名園』。一九九四年十二月，承德避暑山莊被列入《世界遺産名録》。

國家圖書館館藏《御製避暑山莊詩》爲清乾隆年間複刻本，清聖祖玄燁御撰，沈崳繪圖，分上下兩卷，附有滿文版（注：滿文版部分，采用西式翻閱方式進行編排，但在裝訂時采用了中式翻閱的裝訂方法。後文我們按照中式翻閱的順序重新排列，以便阅读），共八册。《御製避暑山莊詩》又稱《御製避暑山莊三十六景詩》，是描繪清代皇家避暑山莊建築風貌和景致的詩文圖畫集。避暑山莊於一七〇三年在康熙皇帝統治期間開工修建，許多年後纔得以完工。在主殿於一七一一年竣工之際，康熙御賜此園林『避暑山莊』之名，并選定了三十六個景點，并爲每個景點賦詩一首，這些詩包括五言古詩、五言絶句、五言律詩、五言排律、七言古詩、七言絶句。康熙皇帝一生勤勉好學，博學多才，能詩善文。爲避暑山莊各處景點題取景名時，對古詩詞廣徵博引，這些充滿詩意的題名，恰當地點出了景點的特色，景點名稱亦詩之題名。康熙朝定名的三十六景爲：烟波致爽、芝逕雲隄、無暑清凉、延薫山館、水芳岩秀、萬壑松風、松鶴清越、雲山勝地、四面雲山、北枕雙峰、西嶺晨霞、錘峰落照、南山積雪、梨花伴月、曲水荷香、風泉清聽、濠濮間想、天宇咸暢、暖溜暄波、泉源石壁、青楓緑嶼、鶯囀喬木、香遠益清、金蓮映日、遠近泉聲、雲帆月舫、芳渚臨流、雲容水態、澄泉遶石、澄波叠翠、石磯觀魚、鏡水雲岑、雙湖夾鏡、長虹飲練、甫田叢樾、水流雲在。

此外，康熙帝命揆叙、勵廷儀等儒臣爲其詩逐句注釋，注釋之引文出處用紅綫標出，朱色句讀，清晰醒目。并命善畫山水的内閣侍講學士沈崳繪了精美插圖。三十六景詩配三十六景圖，詩中有畫，畫中有詩，詩情畫意，相得益彰。《御製避暑山莊詩》除繪本外還有多種版本：康熙五十一年（一七一二），版刻名手朱圭、梅裕鳳以沈崳畫稿爲底本，雕刻成木版《御製避暑山莊三十六景圖》。此外，還有康熙五十二年（一七一三）意大利傳教士馬泰奥·里帕（Matteo Ripa，中文名：馬國賢）以木版御製圖爲藍本，主持鎸刻的銅版《御製避暑山莊三十六景詩圖》。銅版《御製避暑山莊三十六景詩圖》畫作開中國銅版畫之先河，也是西方十五世紀起源發展的銅版技術與中國傳統繪畫的一次重要和完美的結合。

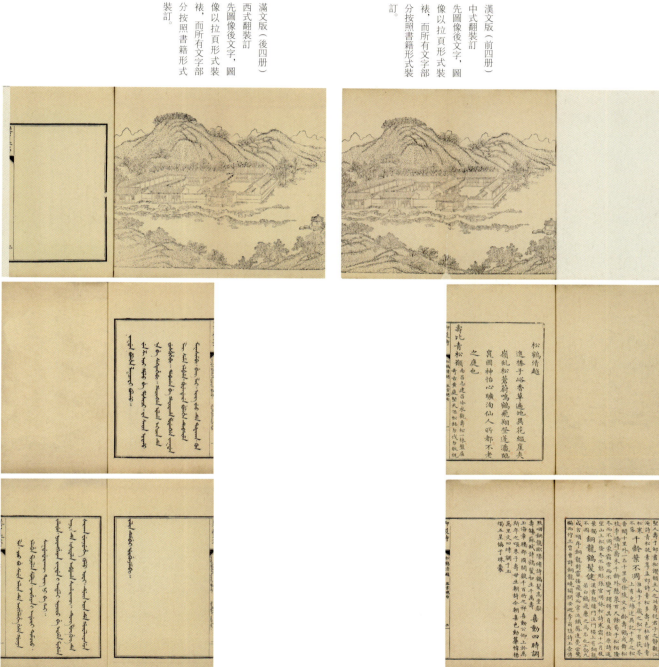

漢文版（前四冊）
中式翻裝訂
先圖像後文字，圖像以拉頁形式裝裱，而所有文字部分按照書籍形式裝訂。

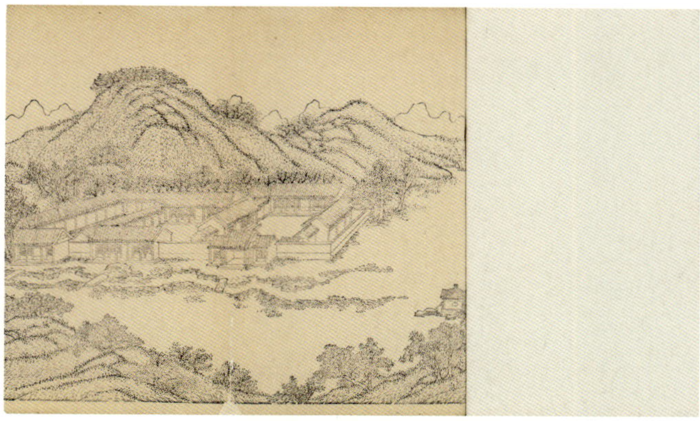

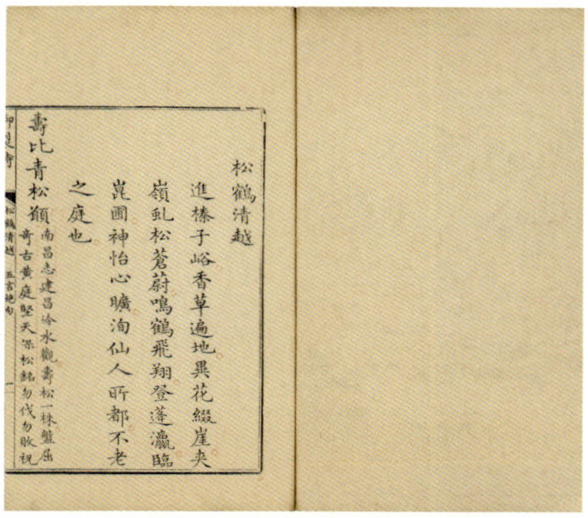

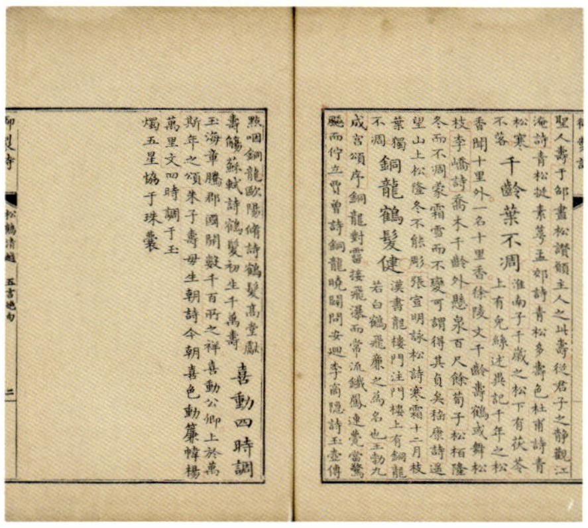

滿文版（後四冊）
西式翻裝訂
先圖像後文字，圖像以拉頁形式裝裱，而所有文字部分按照書籍形式裝訂。

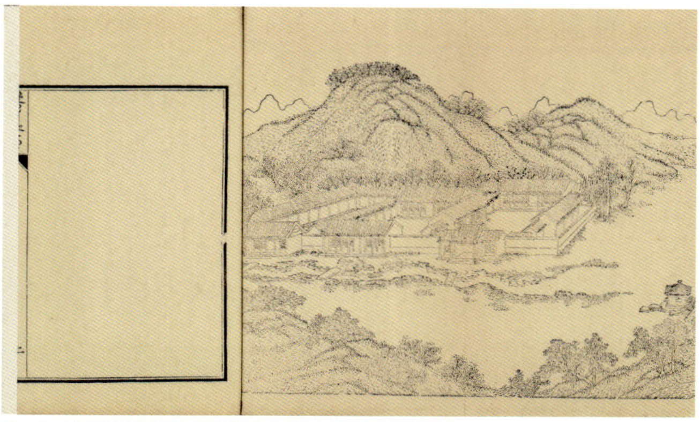

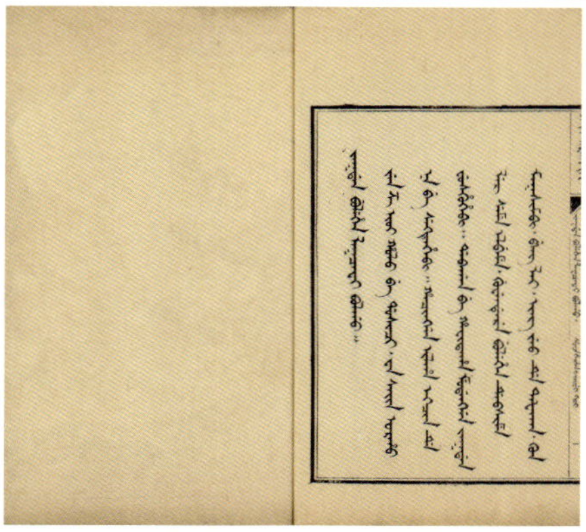

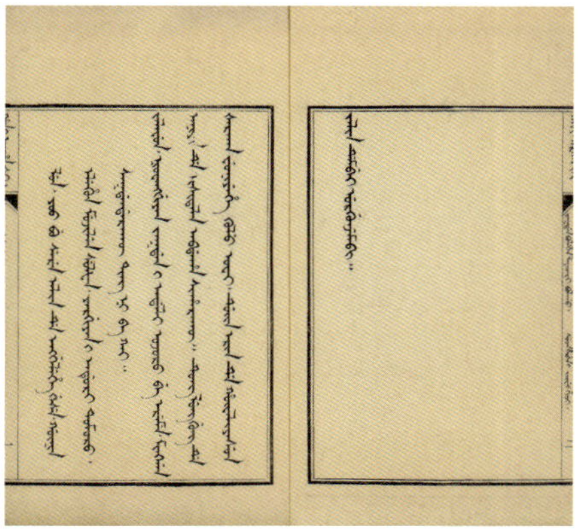

御製避暑山莊記

金山發脉暖溜分泉雲壑渟泓石潭青靄境廣草肥無傷田廬之害風清夏爽宜人調養之功自天地之生成歸造化之品彙朕数巡江干深知南方之秀麗兩幸秦隴益明西土之殫陳北過龍沙東遊長白山川之壯人物之樸亦不能盡述皆吾之所不取惟茲熱河道近神京往還無過兩日地闢荒野存心豈悞萬幾因而度高平遠近之差開自然峯嵐之勢依松為齋則竅崖潤色引水在亭則榛煙出谷皆非人力之所能借芳甸而為助無刻桷丹楹之費喜泉林抱素之懷靜觀萬物俯察庶類文禽戲綠水而不避麀鹿映夕陽而成羣鳶飛魚躍從天性之高下遠色紫氛開韶景之低昂一遊一豫罔非稼穡之休戚或旰或宵不忘經史之安危勸耕南畝望豐稔筐筥之盈茂止西成樂時若雨暘之慶此居避暑山莊之槩也至於玩芝蘭則愛德行覩松竹則思貞操臨清流則貴廉潔覧蔓草則賤貪穢此亦古人因物而比興不可不知人君之奉取之於民不愛者即惑也故書之于記朝夕不改敬誠之在茲也

康熙五十年六月下旬書

御製避暑山莊詩目錄

上卷

烟波致爽

熱河地既高敞氣亦清朗無蒙霧霾氛柳宗元記所謂曠如也四圍秀嶺十里澄湖致有爽氣雲山勝地之南有屋七楹遂以烟波致爽顏其額焉

山莊頻避暑 梁蕭統詩命駕出山莊 劉禹錫詩綠蘿陰下有山莊 戴叔倫詩芝田粟遲往來頻 孫逖詩地勝林亭好時清宴賞頻 魏徵九成宮醴泉銘皇帝避暑乎九成之宮 梁簡文帝納涼詩避暑高梧側輕風時入襟 白居易詩望春花景暖避暑竹風涼

靜默少喧譁 南史沈麟士傳年過八十耳目猶聰明人以為養身靜默所致 皇甫曾詩草長風光裏鶯啼靜默間 何遜詩喧譁視聽絕

北控遠烟息 李商隱文絳臺北控 馬汝驥北嶽詩東衛滄海嶼北控黑河湍 舊唐書吐蕃傳邊堠撤警戍烽韜煙 姚合詩從今嶲州路無復有烽烟 蔣伸授田牟節度使制不戰而烽烟自息 鄭絪賦地表烟息天維氣整

南臨近壑嘉 宋璟樂遊園宴詩北向祇雙闕南臨賞一丘 朱子詩南臨滙澤共指縹緲貝闕浮珠宮 江總永陽王齋後山亭銘月澄遥溆風清近壑 王勃詩晚風清近壑新月照澄灣

春歸魚出浪 庾信春賦宜春苑中春已歸 李適詩長樂喜春歸 張耒詩綠野滌成延晝永亂紅吹盡放春歸 梁元帝詩遊魚迎浪上 杜甫詩細雨魚兒出 又魚吹細浪搖歌扇

秋歛雁横沙 禮記樂記春作夏長仁也秋歛冬藏義也 漢書律歷志秋𩏶也物𩏶歛乃成熟也 注𩏶同揫 溫庭筠詩稲田鳧雁滿晴沙 趙嘏詩滿袖蕭關雨連沙塞雁飛

觸目皆仙草 水經注二館之城澗曲泉清山高林茂風烟披薄觸目怡情 白居易詩開懷曠達無所繫觸目勝絕不可名 朱子新喻西境詩自然觸目成佳句雲錦無勞更剪裁 十洲記瀛洲生神芝仙草長洲有仙草靈藥 鮑照賦冠五華於仙草超四照於靈木 許渾詩瑞花瓊樹合仙草玉苗深 溫庭筠詩毫端蕙露滋仙草琴上薰風入禁松

迎窗遍藥花 鄭谷春草碧色詩窗紗迎擁砌 梅堯臣詩面面懸窗夾花藥 李頎詩階庭藥草遍飯食天花香 許敬宗掖庭山賦爾其花藥紛披蹊徑參差 陸游詩綠蘚封茶樹青霜折藥花

炎風晝致爽 淮南子地形訓何謂八風東北曰炎風 梁元帝纂要夏曰朱明風曰炎風節曰炎節 韓愈詩炎風日搜攪 周伯琦詩夾路忘炎晝 王初詩天上銀河白晝風 晉書王徽之傳西山朝來致有爽氣耳 米芾帖故寶晉齋之西為致爽軒 顧瑛致爽閣詩開襟致秋爽心與白雲期

綿雨夜方賒 宋史河渠志每遇春夏天雨連綿 錦繡萬花谷雨不絕曰綿 王融詩潺湲石溜瀉綿延山雨聞 何遜秋夕詩寸心懷是夜寂寂漏方賒 李中詩長笛起誰家秋涼夜漏賒

土厚登雙穀 左傳郇瑕氏土薄水淺不如新田土厚水深居之不疾 國語泉源以資之土厚而樂其實 禮記月令農乃登穀 國策風雨時農夫登五穀豐盈 注穀熟曰登 史記周紀康叔得嘉穀獻之成王 注二苗同為一穗 庾信喜雨詩嘉禾雙合穎熟稻再含胎

泉甘剖翠瓜 十洲記瀛洲上有玉石高且千丈出泉如酒味甘名之為玉醴泉 韓愈送李愿歸盤谷序泉甘而土肥 孔武仲詩泉甘而草芳傍有屋數椽 劉楨瓜賦析以金刀四剖三離 康子玉瓜賦何以剖之金錯刀 王灣詩盛香蓮近拆新味瓜初剖 杜甫詩翠瓜碧李沉玉甃

古人戍武備 詩小雅我戍未定 朱傳古者戍役如今之防秋也 國策卒戍四方守亭障者參列 穀梁傳雖有文事必有武備 漢書趙充國傳步兵九校吏士萬人留屯以為武備

今卒斷鳴笳 周禮小司徒五人為伍五伍為兩四兩為卒 史記驃騎傳減戍卒之半以寬天下之繇 吳邁遠胡笳曲邊風落衰草鳴笳墜飛禽 柳宗元詩列騎低殘月鳴笳度碧虛

生理農商事 白居易詩止足安生理優游樂性情 蘇軾過淮詩但有魚與稻生理已自畢 周禮閭師任農以耕事任商以市事 史記貨殖傳待農而食之商而通之各勸其業樂其事 尹文子農商工仕不易其業

聚民至萬家 易繫辭日中為市致天下之民聚天下之貨 周禮地官州長以禮會民 疏以禮會聚其民 國策萬家之邑相望也 史記貨殖傳名國萬家之城帶郭千畝 杜甫詩羣木水光下萬家雲氣中 韋應物詩萬家烟樹滿晴川 司馬光金堤詩提封百里遠生齒萬家餘

芝逕雲隄
夾水為隄逶迤曲折逕分三枝列
大小洲三形若芝英若雲朶復若
如意有二橋通舟楫
萬幾少暇出丹闕書兢兢業業一日二日萬幾漢書邊讓傳旦垂精於萬幾
予夕回輦於門館齋聖主詞升旒綜萬幾端扆御八方戴表元詩論心得少暇同上寂高樓古今注闕觀

也古者每門樹兩觀字其前人臣至此則思其所闕其上皆丹堊唐太宗詩爽氣浮丹闕秋光澹紫宮
樂水樂山好難歇論語知者樂水仁者樂山南史宗少文傳少文性好山水
愛遠遊嵇康答難養生論真香難歇和氣充盈避暑漢北土脈肥魏徵
九成宮醴泉銘皇帝避暑乎九成之宮班固詩来風堪避暑靜夜致清涼劉孝威詩漢家迎夏畢避暑
甘泉宮漢書幕北苦寒之地顏師古注幕者今之突厥中磧史記正義幕即沙漠古字少耳揚子法言龍
堆以西大漢以北柳貫詩漢北松亭塞燕南督亢圖國語土乃脈發韋昭注脈理也漢書京師土地肥饒可

度地勢水泉資溉灌之利韋應物詩春陽土脈起膏澤發生初韓愈文泉甘而土肥訪問
村老尋石碣左傳子產曰君子有四時朝以聽政晝以訪問夕以脩令夜以安身宋史
周必大傳孝宗初御經筵必大奏曰經筵非為分章析句欲從容訪問裨聖德究治體白居易詩村老見
予喜漢書注石之特然而立者曰碣釋名圓曰碑方曰碣北史魏昭帝紀自杏城以北八十里迄長城原夹
道立石碣與晉分界衆云蒙古牧馬場說海蒙古沙陀別部名漢書陸地牧馬二
百蹏北史宇文福傳太和遷洛勅福檢牧馬所福規石濟以西河內以東距黃河南北千里為牧地今之馬場是

也元史自上都大都以至王你伯牙折連怯呆兒皆牧馬地並乏人家無枯骨
王維詩雲裏帝城雙鳳闕雨中春樹萬人家李中詩高秋水村落隔岸見人家新序文王作靈臺及
為池沼得枯骨吏以聞文王文王曰更葬之天下聞之皆曰文王賢矣澤及枯骨又況于人乎唐無名氏詩
莊生問枯骨草木茂禮記草木茂區萌達漢書夏得木德青龍止于郊草木鬯茂又北邊
塞至遼東外有陰山東西千餘里草木茂盛多禽獸李頻詩草木春冬茂絕蚊蝎洞天記朱
明洞無蛇蝎蚊蝱明一統志灤河東有石虎山無蝎有攜至者輒死蓋石鎮之也故又名蝎虎山泉

水佳詩毖彼泉水水譜井水輕泉水重南史王弘之傳始寧沃州有佳山水曾鞏醒心亭記草木般而泉石嘉人少疾史記方內艾安民人靡疾漢書鼂錯傳陰陽調四時節日月光風雨時膏露降五穀熟民不疾疫因而乘騎閱河隈國策君不如因而親之孟浩然詩乘騎度荆關李嶠詩黃金瑞榜絳河隈白玉仙輿紫禁來灣灣曲曲林樾柳貫詩沙水淨灣灣袁桷詩門當楊柳灣灣碧唐太宗山池賦疊風紋兮連復連折廻流兮曲復曲朱子詩武夷山上有仙靈山下寒流曲曲清宣和畫譜李令穰畫陂湖林樾荒遠閒暇自有得意

處李華賦靈山霧歇靄靄林樾權德輿詩東風變林樾南畝事耕犁測量荒野閱水平周禮大司徒以土圭之法測土深漢書律歷志量者所以量多少也韓非子深不可測大不可量傅休奕樂府蘭茝出荒野萬里升紫庭杜甫詩地卑荒野大天遠暮江遲周禮考工記匠人建國水地以垂鄭注於四角立植而垂以水望其高下高下既定乃為位而平地尚書大傳非水無以準萬里之平莊子水靜則平中準大匠取法焉何晏景福殿賦制無細而不協于規景作無微而不違于水臬五臣注水臬水平也莊田勿動樹勿茷舊唐書宣宗紀官健有莊田戶籍者仰州縣放

免差役荀子正錯而勿動詩勿翦勿伐禮記毋伐大樹周禮考工記匠人一耦之伐注伐之言發也疏伐發也以發土于上故名伐也自然天成地就勢易傳天高地下自然之勢也書地平天成南史文學傳論蘊思含毫遊心內運放言落紙氣韻天成太元經物皆成象而就也不待人力假虛設詩景山與京疏丘者自然而有京者人力所為姚合鳳翔新亭詩地形當要處人力是閒時漢書虛設不然之事梁肅文按經正義非虛設也君不見磬錘峯獨峙山麓立其東黃氏日抄唐人樂府多用君不見三字如吳筠

之行路難李白之將進酒閣復本之巫山高是也其即古樂府獨不見之遺乎水經注巍然獨秀孤峙河陽穀梁傳林屬于山曰麓劉峻山棲志序登自山麓漸高漸峻杜甫詩亭午下山麓張衡南都賦武闕關其西桐栢揭其東又不見萬壑松偃蓋重林造化同白居易樂府君不見昔時呂向美人賦又不見今日上陽白髮歌葉夢得玉澗襍書玉澗道旁古松合抱微風驟至清聲琅然萬壑皆應李白詩為我一揮手如聽萬壑松抱朴子大陵偃蓋之松大谷倒生之栢凡此諸木皆與天齊其長地等其久杜甫松樹障子歌陰崖却承霜雪幹偃蓋反走虬龍形張九齡詩霜清

百丈水風落萬重林鄭絪詩霜鐘初應律寂寂出重林張說詩春園既醉心和樂共識皇恩造化同煦嫗光臨承露照禮記陰陽相得煦嫗覆育萬物注以氣曰煦以體曰嫗房千里竹室記凡天地之氣煦嫗乎春曦形乎夏凄乎秋而凜乎冬曹松詩蘇舒同聖澤煦嫗並堯仁鄭絪初日照露盤賦白華映兮光復臨露彩揚兮色彌深王儉春詩風光承露照霧色點蘭暉青蔥色轉頻歲豐爾雅青謂之蔥漢書揚雄傳翠玉樹之青蔥傳休奕賦蔚青蔥以增茂王儉詩青蔥色轉空唐書馬周傳頻歲豐稔一疋絹易粟十餘斛遊豫常思傷

民力孟子一游一豫為諸侯度魏都賦既苗既狩爰遊爰豫溫庭筠錫宴堂詩天子自遊豫侍臣宜樂康禮記用民之力歲不過三日左傳謂民力之普存也王曾疏四海之內知陛下愛重民力之意豈不美歟又恐偏勞土木工詩揚之水不與我戍申疏使我獨行偏當勞苦淮南子古者明堂之制土事不文木工不斲金器不鏤漢書土木之工窮極伎巧曾惟忠詩土木新工賴主盟雲山舊址重開拓命匠先開芝逕隄張衡文命匠脩而新之高允鹿苑賦命匠選工刊茲西嶺吳融詩已熟前峯採芝逕隨山依水揉輻齊

書隨山刊木唐書翠微玉華因山藉水無築構之苦盧綸宣州詩艨艟高映浦睥睨曲隨山呂夷簡詩一一軒窗依水開周禮考工記揉輻必齊注揉謂以火槁之使木性直齊如一也司農莫動帑金費通考司農官名秦曰治粟內史漢景帝更名大司農漢書公卿以為虛費府帑顏師古注帑藏金帛之所也唐書韋弘機傳弘機言臣任司農十年省常費三十萬緡以治宮室可不動正帑王醇詩封章徒乞內帑金寧拙捨巧洽羣黎荀子成相篇下不私請各以宜捨巧拙注羣下不私謁各以所宜之道事君巧拙皆捨道德指歸論聖人去巧去力詩群

黎百姓偏為爾德漢書群臣黎庶靡不壹意北面而歸心傳休奕文鞞歌羣黎以安邊垣利刃豈可恃漢書揚雄傳永無邊城之災蔡邕議秦築長城漢起塞垣漢書轅固傳注利兵刃之利者七命田遊馳蕩利刃駿足韓愈詩羲和驅日月疾急不可恃白居易文山河之阻溝墉之固可用而不可恃也荒滛無道有青史漢書司馬相如傳欲以奢侈相勝荒滛相越揚子法言荒乎滛彌乎正莊子天下有道聖人成焉天下無道聖人生焉漢書藝文志青史子五十七篇注古史官記事也江淹上建平王書俱啓丹冊並圖青史李白詩紫芝高詠罷青史舊傳名

知警知戒勉在茲詩殷其靁疏雷發聲百里警戒國疆是其義也書念茲在茲釋茲在茲詩曰監在茲阮瑀文良時在茲勗之而已方能示眾撫遐邇漢書欲以示眾厲俗又韋賢傳彤弓斯征撫寧遐荒晉書今皇化日隆遐邇寧泰魏都賦遐邇悅豫而子來工徒擬議而騁巧雖無峻宇有雲樓書峻宇雕墻東京夢華錄風亭水榭峻宇高樓王融法樂詞歌峻宇臨層穹迢迢蹤遠風郭璞山海經圖讚琅邪嶕嶢邈若雲樓李賀詩雲樓半開壁斜白登臨不解幾重愁孟浩然詩江山留勝迹我輩復登臨

杜甫詩留眼共登臨古樂府著以長相思緣以結不解劉楨詩望慕結不解虞茂詩關山多道里相接幾重愁連巖絕澗四時景謝靈運詩連巖覺路塞後漢書深林絕澗有若自然庾肩吾詩層雲霾峻樹絕澗倒危峯蔡文恭詩連巖聳百仞絕澗臨千丈圖繪寶鑑毛松善畫花鳥四時之景歐陽脩豐樂亭記四時之景無不可愛憐我晚年宵旰憂金史王若虛傳東游泰山至黃峴峯憩萃美亭顧謂同遊曰一生塵土中不意晚年乃造仙府盧思道詩少小期黃石晚年遊赤松唐書劉蕡傳終若使任賢之效無宵旰之憂杜甫詩宵旰憂虞軫

扶養留精力黃庭外景經扶養性命守虛無神仙傳洛下呂生遇仙得導養之術年近百歲而神逸氣旺精力不倦漢書匡衡傳精力過人梅堯臣詩久調元化費精力猶且未倦刪詩書同心治理再精求書同心同德星經木星大明王道和平將相同心帝命壽天下安白居易詩所以聖與賢同心調玉燭詩丘中有麻疏所在治理信是賢人漢書循吏傳二千石以治理效輒以璽書勉厲宋史每于農畝之業精求利害之理白居易文勤卹黎元之隱精求牧宰之材氣和重農紫宸志禮記奮至德之光動四氣之和漢書公孫弘傳心和則氣和氣和則

形和形和則聲和聲和則天地之和應矣詩率時農夫疏德既著至而猶尚重農以是而益可美矣漢書貢禹傳罷錢幣而重農使民一歸于農唐書百官志仗在紫宸內閤起居舍人夾香案分立殿下唐會要龍朔三年四月始御紫宸殿聽政孫逖詩鳳管臨青路龍輿下紫宸李憕詩覃恩降紫宸烽火不煙億萬秋後漢書築亭候修烽火酉陽雜俎狼糞煙直上烽火用之唐明皇詩長榆息烽火高柳靜風塵盧照鄰文斥候無烽煙之儆宋史樂志嘉壇並侑億萬斯年嵇含菊花銘煌煌丹菊萬秋彌榮

無暑清涼

循芝逕北行折而少東過小山下紅蓮滿渚綠樹緣堤面南夏屋軒敞長廊聯絡為無暑清涼山爽朝来水風徹度泠然善也

畏景先愁永晝長 歲華紀麗火雲方熾畏景尤長又炎風畏景火雲赫日朱子詩亭午息畏景薄暮登危巒又玩此消永晝泠然滌幽襟楊載詩鳴琴消永晝晉書天文志夏至日行地中淺故夜短天去地高故晝長也劉禹錫詩深春風日淨晝長幽鳥鳴朱子詩綠樹鶯啼清晝長

晚年好靜益徬徨 高適詩常日好讀書晚年學垂綸老子我無為而民自化我好靜而民自正道德指歸論含德之士非好靜而惡擾也杜甫詩好靜心跡素莊子孔子彷徨乎塵垢之外子虛賦秋田乎青丘彷徨乎海外

三庚退暑清風至 月令廣義夏至後第三庚為初伏第四庚為中伏立秋後第一庚為末伏故曰三伏田家四時占三卯三庚麦出低坑三庚三卯麦出坳巧周存授衣賦大火中而退暑白露泫而成秋國語駟見而隕霜火見而清風戒寒周鍼登吳嶽賦碧草春含清風夏寒杜甫詩清風左右至客意已驚秋

九夏迎涼稱物芳 水經注壽春縣東臺湖三春九夏紅荷覆水唐太宗詩北闕三春晚南滎九夏初杜陽雜編迎涼之草盛暑束之窗户間涼風自至史記其志潔故其稱物芳

意惜始終宵旰志 莊子無古無今無始無終鬻子政者衛也始終之為衛唐書劉蕡傳終任賢之效無宵旰之憂羅隱詩聖君宵旰望昇平

踟蹰自問濟時方 詩搔首踟蹰仲長統樂志論踟蹰畦苑游戲平林白居易詩每来花下得踟蹰又白問何欣欣後漢書崔寔傳濟時拯世之術羅隱詩暫憑開物手来展濟時方

谷神不守還崇政 老子谷神不死列子注夫谷虛而宅有亦如莊子之稱環中至虛無物故謂谷神庾信詩虛無養谷神張說詩清虛用谷神貴耳集伊川濂溪一世道統之宗用大臣薦為崇政殿說書

暫養回心山水莊 漢書賈誼傳夫移風易俗使天下回心而嚮道潘岳詩僶俛恭朝命回心反初役劉禹錫詩綠蘿陰下有山莊吳興園林記蓮花莊在月河西四面咸水荷花盛開錦雲百頃

延薰山館

入無暑清涼轉西為延薰山館楹宇守朴不雘不雕得山居雅致啟北户引清風幾忘六月

夏木陰陰蓋溽暑 淮南子冬冰可折夏木可結時難得而易失王粲賦夏木兮結莖陶潛詩高莽眇無界夏木獨森疎謝脁詩紫殿肅陰陰王維詩陰陰夏木囀黃鸝又綠樹重陰蓋四鄰禮記季夏之月土潤溽暑大雨時行齊書樂章陽季勾萌達炎徂溽暑驅江淹表祁寒溽暑無以變其和

炎風欵欵守峯衡 呂氏春秋風有八等炎風滔風熏風巨風淒風飂風厲風寒風梁元帝纂要風曰炎風節曰炎節岑參詩山下多炎風杜甫詩點水蜻蜓欵欵飛楊允孚詩太僕龍車欵欵調徐𤊹詩寒信催花三月近夕陽流影半峯衡

山中無物能解愠 沈約詩山中咸可悅賞逐四時移儲光羲詩山中有流水藉問不知名禮記不誠無物列子殷湯問于夏革曰古初有物乎夏革曰古初無物蘇軾詩遠来無物可相贈一味豐年説淮穎家語舜作五絃琴歌曰

南風之薰兮可以解吾民之愠兮韋元旦詩欣承解愠詞聖酒黃花發崔日用詩蘭吹解薰風

獨有清涼免脫衫 莊子出入六合遊乎九州獨往獨来是謂獨有岑參詩獨有鳳皇池上客周禮注清涼宜文繡疏文繡必于清涼者以其染絲為之若于夏暑損色故待秋涼為之也五代史郭崇韜傳可使溽暑坐變清涼班固西都賦清涼宣溫神仙長年注三輔黃圖曰未央宮有清涼殿五臺山志五臺山本名清涼山陶潛詩清涼素秋節梁簡文帝詩脫衫湔錦浪迴扇避陽烏

水芳巖秀

水清則芳山靜則秀此地泉甘水清故擇其所宜邃宇數十間於焉誦讀幾暇靜養可以滌煩可以悅性作此自戒始終之意云

水性雜苦甜 易水流濕注水之性潤萬物而退下書潤下作鹹疏水性本甘久浸其地變而為鹵鹵味乃鹹爾雅釋言鹹苦也疏鹹殊極必苦故以鹹為苦也魏志韋招傳廣武井水鹹苦北史房豹傳樂陵郡瀕海水味多鹹苦豹命鑿一井遂得甘泉洞冥記去虞淵八十里有甜溪水味如蜜韓愈詩百味失苦甜蘇軾詩恰似飲茶甘苦雜不如食蜜中邊甜

水芳即體厚 荊州風土記南陽酈縣北有菊水源旁悉芳菊水極甘馨飲此水上壽百二十中壽百餘傅休奕詩秋蘭蔭玉池池水清且芳韓愈詩水芳綴孤舟袁凱詩茲為山水選風氣固深厚

名泉亦多覽 水記濟南名泉七十二薩都剌詩天下知名第一泉晉書范汪傳多所通覽

未若此為首 史記

司馬相如傳永保鴻名而常為稱首者用此漢書董仲舒傳褎然為舉首

頤卦明口實 易頤貞吉觀頤自求口實庾肩吾啟方為口實永以蠲痾

得正自養壽 易頤象辭頤貞吉養正則吉也觀頤觀其所養也自求口實觀其自養也疏頤養也貞正也所養得正則有吉也在下觀上所養是賢及自養有節則其德盛也史記老子傳老子百有六十餘歲或言二百餘歲以其脩道而養壽也潛夫論頤養性命以保南山之壽嵇康詩永嘯長吟頤性養壽

擇地立偃房 漢書馮奉世傳贊擇地而行潘岳賦清道而行擇地而往雲笈七籤九皇之神席天尊之偃房

根基度長久 淮南子城之有基木之有根根深即本固基美則上寧詩經始靈臺疏經理而量度初始為靈臺之基址又大雅度其隰原周禮土方氏以土地相宅注土地猶度地知東西南北之深而相其可居者國策長久萬世之善計也老子天長地久

節宣在茲求 左傳君子於是乎節宣其氣權德輿銘節宣好惡無愆五事邵子詩節宣良得宜書大禹謨念茲在茲釋茲在茲王儉山居贊濠梁在茲何事遐思宋史陸九淵傳本無欠闕不必他求在乎自已而已

勤儉勿落後 書大禹謨克勤于邦克儉于家文中子不勤不儉無以為

人上也白居易文勤儉以牧人李白詩風流肯落他人後真德秀跋鰓鰓然恐落他人後

朝窗千巖裏 梁簡文帝詩朝窗猶掩扇韓翃詩夜箪千峯月朝窗萬井烟儲光羲詩千巖同一色高適詩插岸千巖幽孔武仲詩千巖萬壑初相識分付晴嵐面面開儲光羲詩卜築青巖裏雲蘿四垂陰皮日休詩蒙蘢中一逕遠在千峯裏

峭壁似天剖 劍門山記峭壁中斷兩崖相嶔如門斯闢如劍斯植高適詩峭壁連空峒攢峯疊翠微杜牧詩峭壁引竹徑截溪開石門薛逢詩峭壁橫空限一隅劃開元氣建洪樞揚雄文天剖神符地合靈契

遠託思雲漢 嵇康詩遠託崑崙墟何劭詩悟物思遠託詩大雅倬彼雲漢為章于天唐書天文志雲漢自坤抵艮為地紀北斗自乾攜巽為天綱埤雅水氣之在天為雲水象之在天為漢杜甫詩杳窕入雲漢

怡神至星斗 文房四譜唐太宗曰攻書之時當收視聽絕慮怡神傅休奕賦怡神爽而解頤歐陽澈詩澈玉泉聲清洗耳靄雲香縷靜怡神列子星積氣之中有光耀者漢書天文志北斗天之喉舌斟酌元氣運平四時晉書元帝紀論星斗呈祥杜甫詩秀氣沖星斗

精研書家奧 後漢書何休傳精研六經世儒無及者張說文經目所涉罔不精研宣和書譜梁武帝得羲之千字令周興嗣

次之自爾書家每以是為程課鮮于樞王大令帖詩不讓驪黃求駔駿書家自有九方皐張懷瓘書斷今天子筆精墨妙思極天人然猶進而不已惟奧惟玄虞世南書旨述八體六文必揆其理制成令體乃窮奧旨

臨池愈澁手 法書要錄張芝臨池學書池水盡墨庾肩吾書品論斂手謝於臨池銳意同於削板岑文本述飛白勢詩別有臨池草思霑垂露餘姑溪題跋陳瑩中作小楷有秀氣時拘窘自澁王建詩水寒手澁絲脆斷

清淡作飲饌 晉書儒林傳清虛沖淡與俗異軌神仙傳薊子訓性好清淡孔平仲詩清淡得我性蘇轍詩來飲杯饌闕

偏心惡旨酒 孟子禹惡旨酒而好善言何承天將進酒篇思旨酒寄遨遊敗德人甘醇醪

讀老無逸篇 杜甫詩數篇吟可老陸游詩讀書有味聊忘老書君子所其無逸先知稼穡之艱難乃逸則知小人之依唐書崔植傳宋璟手寫尚書無逸圖以獻宋史仁宗紀景祐二年置邇英延義二閣寫尚書無逸篇於屏

年年祝大有 唐明皇詩處處祠田祖年年宴杖鄉趙彥昭詩年年歲歲樂於斯蔣渙詩年年承雨露禮記月令天子乃祈來年於天宗詩魯頌自今以始歲其有疏五穀大熟豐有之年春秋大有年公羊傳大有年者何大豐年也王維詩四海方無事三秋大有年

萬壑松風

在無暑清涼之南據高阜臨深流
長松環翠壑虛風度如笙鏞迭奏
聲不數西湖萬松嶺也

偃蓋龍鱗萬壑青 抱朴子大陵偃蓋之松大谷倒生之栢凡此諸木皆與天齊其長地等其久杜甫題松樹障子歌陰崖却承霜幹偃蓋反走虯龍形司馬光詩倚崖松偃蓋埤雅龍八十一鱗具九九之數王維詩閉戶著書多歲月種松皆作老龍鱗晉書顧愷之傳愷之至荊州人問以會稽山川之狀愷之云千巖競秀萬壑爭流鮑照登廬山詩千巖盛阻積萬壑勢迴縈李白詩望極九霄迥賞幽萬壑通

逶迤芳甸雜雲汀 淮南子河逶迤故能遠馬第伯封禪儀記羊腸逶迤名曰環道高士傳四皓歌漠漠高山深谷逶迤白居易詩新溜碧逶迤謝脁詩雜英滿芳甸梁簡文帝咏風詩飄颻散芳甸汎漾下蓬萊許敬宗詩春暉藹芳甸杜甫詩鶴下雲汀近周砥詩月明吹笛看雲汀

白華朱萼勉人事 詩小序白華孝子之潔白也李善文選注言孝子事父母亦潔已如白華

束皙補亡詩白華朱萼被於幽獨注華萼在林薄之中若孝子之在衆兄弟中自然鮮潔王勃啓趨庭洽訓共歌朱萼之篇避席承歡猶守青箱之業史記太史公自序夫春秋上明三王之道下辨人事之紀史通堯舜二典直序人事禹貢一書唯言地理

愛敬南陔樂正經 孝經愛敬盡於事親而德教加於百姓潘尼安身論忠肅以奉上愛敬以事親可以御一體可以牧萬民詩小序南陔孝子相戒以養也李善文選注陔隴也言南者南方養萬物此以戒養故取之為名束皙補亡詩循彼南陔言采其蘭注以蘭芬芳故循陔采之以養父母高適詩高堂詠南陔蘇頲詩自有長筵歡不極還將綵服詠南陔詩譜序文武之德光熙前緒其時風有周南召南雅有鹿鳴文王之屬及成王周公致太平制禮作樂而頌聲興焉謂之詩之正經晉書司馬彪傳譙周以司馬遷史記書周秦以上或採俗語百家之言不專據正經周于是作古史考二十五篇皆憑舊典以糾遷之謬誤宋史選舉志當於正經出題抱朴子正經為道義之淵海子書為增深之川流

松鶴清越

進榛子峪香草遍地異花綴崖夾嶺虬松蒼蔚鳴鶴飛翔登蓬瀛臨崑圃神怡心曠洵仙人所都不老之庭也

壽比青松嶺 南昌志建昌泠水觀壽松一株盤屈奇古黃庭堅天保松銘勿伐勿敗祝聖人壽 于邵畫松讚願主人之比壽從君子之靜觀 江淹詩青松挺素萼 孟郊詩青松多壽色 杜甫詩青松寒不落

千齡葉不凋 淮南子千歲之松下有茯苓上有兎絲 述異記千年之松香聞十里外一名十里香 徐陵文千齡壽鶴或舞松枝 李嶠詩喬木千齡外懸泉百尺餘 荀子松栢隆冬而不凋蒙霜雪而不變可謂得其貞矣 嵇康詩遥望山上松隆冬不能彫 張宣明詠松詩寒霜十二月枝葉獨不凋

銅龍鶴髮健 漢書龍樓門注門樓上有銅龍若白鶴飛廉之為名也 王勃九成宮頌序銅龍對霤接飛瀑而常流鐵鳳連甍當鶩颺而佇立 賈曾詩銅龍曉闢問安迴 李商隱詩玉壺傳

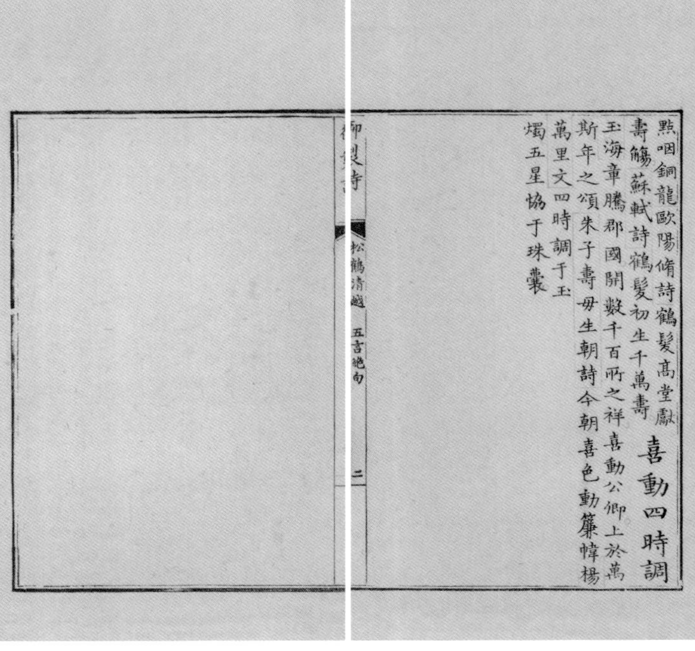

點咽銅龍 歐陽脩詩鶴髮高堂獻壽觴 蘇軾詩鶴髮初生千萬壽

喜動四時調 玉海章騰郡國開數千百所之祥喜動公卿上於萬斯年之頌 朱子壽母生朝詩今朝喜色動簾幃 楊萬里文四時調于玉燭五星協于珠囊

雲山勝地

萬壑松風之西高樓北向憑窓遠眺林巒煙水一望無極氣象萬千洵登臨大觀也

萬頃園林達遠阡謝惠連雪賦眄隰則萬頃同縞范仲淹岳陽樓記上下天光一碧萬頃溫庭筠詩萬頃江田一鷺飛陶潛詩詩書敦夙好園林無俗情祖詠詩南山當户牖灃水入園林儲光羲詩天高風雨散清氣在園林唐無名氏千畝望章賦脩隴惟直遐阡甚夷趙孟頫題畊織圖詩相呼攜筐去迤邐立遠阡湖光山色入詩箋李羣玉詩湖光迷翡翠草色醉蜻蜓馬戴詩門前山色能深淺壁上湖光自動搖朱子詩月色三秋白湖光四面平王維詩江流天地外山色有無中岑參詩山色低官舍湖光映吏人蘇軾詩湖光瀲灧晴偏好山色空濛雨亦奇蜀箋譜百韻箋合以兩色材為之其橫視常紙長三之二可以寓詩百韻故云賈島詩抄詩上彩箋吳澄詩賡詩何惜費長箋披雲見水平清理世說衛伯玉見樂廣曰此人人之水鏡也見

之若披雲霧覩青天陸機連珠披雲看霄則天文清澄風觀水則川流平謝靈運詩排霧屬朱明披雲對清朗李縱詩頷欲披雲見楚辭九思窺見兮溪澗流水兮沄沄司空圖河上詩沙邨平見水深巷有鷗聲詩原隰既平泉流既清注土治曰平水治曰清崔駰大理箴如石之平如淵之清吳融詩依依芳草拂檐平遶竹溪流浸骨清未識無愆守節宣孔稚圭謝賜生荔枝啟信西岷之佳珍諒東鄙之未識宋之問翦綵花應制詩人間都未識天上忽先開書鑒于先王成憲其永無愆漢書蕭望之傳率意無愆靡有後言後漢書朱暉傳黃髮無愆左傳君子有四時朝以聽政晝以訪問夕以脩令夜以安身於是乎節宣其氣勿使有所壅閉湫底以露其體隋書律曆志九章五紀之旨三統四分之說咸以節宣發歛考詳晷緯布政授時以為皇極者也文心雕龍吐納文藝務在節宣權德輿幾銘節宣好惡無愆五事

四面雲山

澄泉繞石迤西過泉源盤罔紆嶺有亭翼然出衆山之巔諸峯羅列若揖若拱天氣晴朗數百里外巒光雲影皆可遠矚亭中長風四達伏暑時蕭爽如秋

殊狀崔嵬裏後漢書禰衡傳贊殊狀共體同聲異氣丘遲詩詭怪石異象嶄絶峯殊狀韓愈詩呑納各殊狀詩陟彼崔嵬宋之問詩帳殿鬱崔嵬仙游實壯哉李中舟中望九華山詩排空蒼翠異輟棹看崔嵬蘭衢入好詩謝靈運撰征賦引蔓頴於松上擢纖枝于蘭逵爾雅九達謂之逵四達謂之衢白居易詩樓閣宜佳客江山入好詩羅隱詩百尺鮫綃換好詩遠岑如競秀李中詩開門對遠岑吳鎮詩亭下人家帶遠岑晉書顧愷之傳還至荆州人問以會稽山川之狀愷之云千巖競秀萬壑爭流草木蒙籠若雲興霞蔚葉顒詩孤雲屢出奇羣峯競呈秀近嶺似爭奇嚴維詩小嶺路難近仙郎此夕過支曇諦廬山賦峯奇故神明鱗萃王十朋賦五泄爭奇於雁蕩四明競秀于天台沈約遊鍾山詩發地多奇嶺干雲非一狀雨過風来緊李商隱詩曾省驚眠聞雨過李中詩遥天疎雨過宋之問詩風来花自舞王昌齡詩半夜春風来杜牧詩風緊雲輕欲變秋山寒花落遲蕭愨詩山寒石道凍杜甫詩山寒雨不開黄公溍臺公山詩山寒徹三伏松偃出千年顧野王詩風輕鶯韻緩霜灑落花遲柳惲詩葉密鳥飛礙風輕花落遲

亭遥先得月魏文帝詩遥遥山上亭李中詩翠色晴来近長亭路去遥清夜録范文正鎮錢塘兵官皆被薦獨巡檢蘇麟不見録乃獻詩云近水樓臺先得月向陽花木易為春王阮詩野曠易得月谷虛常帶烟樹密顯高枝許渾詩樹密猿聲響波澄鴈影深郝經詩樹密鶯愁濕陶潜詩卓然見高枝杜甫詩屈鐵交錯迴高枝潮平無湧浪王灣詩潮平兩岸闊風正一帆懸王維詩慘淡暮潮平丁復西湖竹枝歌錢塘潮来兩岸平唐書黄帝祠古井湧浪杜甫詩江間波浪兼天湧劉基詩南溟風浪湧吞舟霧淨少多岐梁簡文帝詩星明霧色淨天白雁行單列子大道以多岐亡羊許渾詩世路任多岐朱子詩多岐諒匪安脉脉金明液古詩盈盈一水間脉脉不得語范雲詩誰云相去遠脉脉阻光儀宋史禮志淳化三年三月帝幸金明池湘山野録張鄧公士遜晚春出南薰繚繞都城游金明拉暮指宜秋而入皮日休詩金液初開與鶴嘗溶溶積翠池楚辭情溶溶其若淵白居易詩渭水緑溶溶李德裕詩碧山幽靄水溶溶唐書魏徵傳帝宴羣臣積翠池酣樂賦詩唐太宗述聖賦序其勝地則有積翠凝碧庾信灊池詩翻逢積翠浪更識昆明灰

常憂思解慍鄭谷詩雪天常見憂家語舜作五絃琴歌曰南風之薰兮可以解吾民之慍兮張天興賦南風解慍兮正德厚生張九齡詩解慍物從風樂志餘清悲禮記獨樂其志不厭其道國策非以養欲而樂志也欲以論德而要功也後漢書仲長統傳欲卜居清曠以樂其志統嘗作論又作詩二篇以見其志陸機詩閑夜撫鳴琴惠音清且悲蘇軾詩老人不解飲短句餘清悲陸游詩神林簫鼓晚清悲素學臣鄰老史記莊周傳周善屬書離辭指事類情用剽剝儒墨雖當世宿學不能自解免也任昉表宿心素志無復二辭書臣哉鄰哉邵雍詩初心本欲踐臣鄰帝里司迴斗柄春耆年自不知晉書食貨志九年躬稼而有三年之蓄可以長孺齒可以養耆年苻生載記碩德耆年德侔尚父鄭谷詩捀倚自不知白居易詩忽看月滿還相憶始歎春来自不知李商隱詩自有仙才自不知

北枕雙峯

環山莊皆山也山形至北尤高亭之西北一峯峻出勢陂陀而逶迤者金山也其東北一峯拔起勢雄偉而崒嵂者黑山也兩峯翼抱與兹亭相爲峙焉

嶔崎岡岫紫宸闕謝靈運山居賦上嶔崎而蒙龍下深沉而澆激張正見石賦連山蔽虧巨石嶔崎爾雅釋山山脊岡山有穴爲岫五代史李琪傳紫宸便殿也謂之閤唐會要紫宸者人臣至敬之所猶玄極可見不可得而升也楊巨源皇壽無疆詩玉漏飄青瑣金鋪麗紫宸鄭錫日中有王字賦臨紫宸子千門洞照出黃道子八極增光白居易詩衙排宣政仗門啓紫宸闕乾地

金峯坎黑山易說卦乾西北之卦也又乾爲金江淹游黃檗山詩金峯各窺日銅石共臨天易說卦坎者水也正北方之卦也書禹錫玄圭注水色黑張子容詩黑山峯外陣雲開苦熱

雲生雙嶺腹梁簡文帝有苦熱詩全唐詩話文宗夏日與諸學士聯句曰人皆苦炎熱我愛夏日長柳公權續曰薰風自南來殿閣生微涼李商隱詩又若夏苦熱燋卷無芳津符子堯曰予立穚扉之内霏然而雲生於牖沈約詩雲生嶺乍黑日下谿半陰劉克莊詩路由高頂過雲在半腰生盧思道詩雙嶺帶崤西儲光羲詩雙嶺前夾門唐太宗詠雨詩低飛昏嶺腹斜足灑層阿盆傾

瞬息落溪灣張喬華山詩一夜盆傾雨陸游詩雷車動地電火明急雨遂作盆盎傾宋史薛季宣傳瞬息徧百里王僧孺文瞬息不留朱子詩宇宙一瞬息爾雅釋水水注川曰溪許渾詩溪亭四面山横柳半溪灣元明善詩鶴歸月落前溪灣

西嶺晨霞

傑閣凌波軒窗四出朝霞初煥林影錯繡西山麗景入几案間始登閣若履平地忽緣梯而降方知上下樓也

雨歇更闌斗柄東 虞世南詩雨歇連峯翠崔湜詩雨歇青林潤烟空綠野

開李憕詩雨歇南山積翠來李覯詩一宵清話到更闌方干詩晨雞兩遍報更闌鶡冠子斗柄東指天下皆春張翥詩夜夜雲隨斗柄東韋元旦詩年年斗柄東無限願挹瓊觴壽北辰

成霞聚散四方風 河圖崑崙山有五色水赤水之氣上蒸為霞錢起青城山歌錦屏雲起易成霞玉洞花明不知夕楊萬里詩晚雲雨過卻成霞王建古謠一聚一散天邊霞韋執中白雲無心賦氤氤氳氳或聚或分其散也氣其興也雲爾雅釋天南風謂之凱風東風謂之谷風北風謂之涼風西風謂之泰風淮南子古者明堂之制下之潤濕弗能及上之霧露弗能入四方之風弗能襲王嘉拾遺記崑崙山有四面風東西南北一時俱作

時光豈在凌雲句 歐陽脩詩身閒始覺時光好史記司馬相如傳飄飄有凌雲之氣王勃滕王閣序楊意不逢撫凌雲而自惜杜甫詩凌雲健筆意縱橫文心雕龍長卿之徒詭勢瓌聲模山範水所謂辭人繁句也

寡過清談宜守中 禮表記恭近禮儉近仁信近情敬讓以行此雖有過其不甚矣夫恭寡過情可信儉易容也論語夫子欲寡其過而未能也朱子詩寡過良所欲後漢書鄭泰傳清談高論噓枯吹生唐書賀知章傳善談說與陸象先善象先嘗謂人曰季真清談風流吾一日不見則鄙吝生矣歐陽脩詩

御製詩 西嶺晨霞 七言絕句 二

玉麈清談消永日老子多言數窮不如守中

錘峯落照

平岡之上敞亭東向諸峯橫列於前夕陽西映紅紫萬狀似展黃公望浮嵐暖翠圖有山矗然倚天特作金碧色者磬錘峯也

縱目湖山千載留杜甫詩南樓縱目初方干詩縱目四山宜永日開襟五月似高秋張鏡觀象賦縱目遠覽傍極四維李白詩風開湖山貌錢起詩湖山遠近色昏旦烟霞時歛歐陽脩有美堂記環以湖山左右映帶劉長卿詩千載空雲山梁簡文帝詩高名千載留

白雲枕澗報深秋史記封禪書夜若有光晝有白雲起封中淮南子白泉之埃上為白雲謝靈運詩巖高白雲屯謝惠連詩蕭疎野趣生逶迤白雲起白居易泛渭賦目白雲子漱清流爾雅釋山山夾水澗梁簡文帝䟽枕倚巖壑吐納烟雲湯洙詩層巒枕碧溪韓翃詩風吹山帶遙知雨露濕荷裳已報秋許棠詩報秋涼漸至李中詩影疎當夕照花亂正深秋范成大詩新霜徹曉報秋深涤盡青林作纈林

巉巖自有爭佳處爾雅崒者厜㕒注謂峯頭巉巖劉勰新論聳石巉巖輪囷糺結謝朓詩巉巖帶遠天蘇軾後赤壁賦履巉巖披蒙茸宋史張宗誨傳嵩洛伊瀍天下佳處皆閒適之人所自有耳續世說盧藏用指終南曰此中大有佳處韓愈詩頗借圖經將入界每逢佳處便開看

未若此峯景最幽梁簡文帝行雨山銘茲峯獨擅嶔崎千變吳鎮松泉圖詩景幽佳子足靜賞戴叔倫詩湖山景最幽李中詩詩家景最幽

南山積雪

山莊之南複嶺環拱嶺上積雪經時不消於北亭遥望皓潔凝映晴日朝鮮瓊瑶失素峨眉明月西崑閬風差足比擬

圖畫難成丘壑容李嘉祐詩圖畫風流似長康林逋詩晚來山北景圖畫亦應非李頻詩馬頭山色畫應難方干詩氣象四時清無人畫得成晋書謝鯤傳一丘一壑自謂過之王勃序縱觀於丘壑渺然有山林陂澤之思李白詩自愛丘壑美孫覿詩一丘破天巧萬壑迴春姿

濃粧淡抹耐寒松麻九疇詩歲寒未許東風管淡抹濃粧得自由耶律楚材詩反笑素英渾淡抹却嫌紅艷太濃粧朱子詠雪詩不應琪樹猶含凍翻笑楊花許耐寒論語歲寒然後知松栢之後凋也李頎詩寒色五陵松

水心山骨依然在晋書束晳傳秦昭王見金人奉水心之劒孫覿詩行穿山半腹坐占水中心薩都剌詩水心鶩起鴛鴦飛博物志地以名山為輔佐石為之骨圖繪寶鑑范寛落筆雄偉老硬真得山骨吳筠詩清寒入山骨元好問詩溪光淡於氷山骨淨如玉王勃宴山亭序巖壑依然弦歌在屬韋嗣立詩谿嶂各依然

不改氷霜積雪冬岑參詩千古長不改鮑照樂府君不見氷上霜表裏陰且寒王安石詩草樹萋已緑氷霜尚涵淹晋書陶侃傳積雪始晴餘雪猶濕楚辭九歌斵氷兮積雪謝靈運詩明月照積雪唐庚詩山好更宜餘積雪杜甫詩雪片一冬深

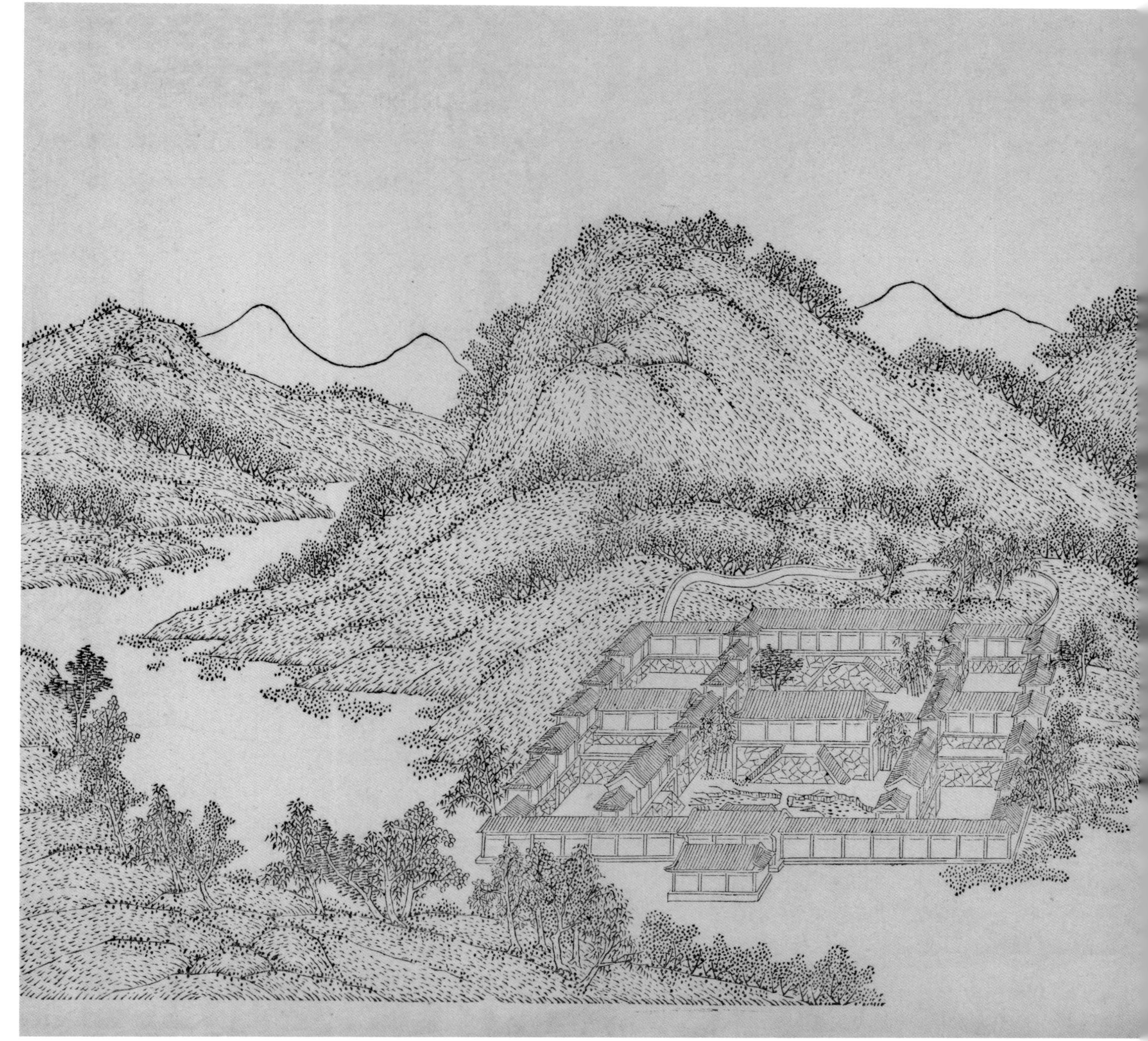

梨花伴月

入梨樹峪過三岔口循澗西行可里許依巖架屋曲廊上下層閣參差翠嶺作屏梨花萬樹微雲淡月時清景尤絕

雲窗倚石壁李嶠詩雲窗網碧紗黃庭堅詩赤壁風月笛玉堂雲霧窗謝靈運遊名山志石門山兩邊石壁右邊右巖下臨澗水江淹詩輕眺清波深緬映石壁素李白詩枯松倒掛倚絕壁

月宇伴梨花江總詩月宇照方疏宋之問詩仙來月宇空李嶠詩月宇臨丹地洞冥記塗山之地有梨大如斗紫色千年一花食者身輕亦曰紫輕梨杜甫春雪詩只緣春欲盡留著伴梨花

四季風光麗蔡邕月令問答春木王木勝土土王四季月令廣義四季上寅採菊參同契土遊於四季守界定規矩張蠙詩四季多花木窮冬亦不凋謝朓詩日華川上動風光草際浮劉孝綽詩芳洲亘千里遠近風光扇冷朝陽詩風光何處好雲物望中新

千巖土氣嘉世說顧長康從會稽還人問山川之美長康云千巖競秀萬壑爭流謝惠連雪賦瞻山則千巖俱白蘇軾詩日亂千巖散紅綠物理論水土之氣升而為天列子東極之北隅有國曰阜落之國其土氣常燠陸機吳趨行山澤多藏育土風清且嘉

瑩情如白日江淹詩瑩情無餘滓拂衣釋塵務詩如日之升謝惠連雪賦白日朝鮮劉楨詩仰觀白日光皎皎高且懸

託志結丹霞宋玉九辯竊慕詩人之遺風兮願託志乎素餐左思蜀都賦舒丹氣而為霞朱子感春賦結丹霞以為綬兮佩明月而為璫

夜靜無人語謝惠連雪賦夜幽靜而多懷鄭谷朝直詩落花夜靜宮中漏陸釴詩琪花夜靜流金液白居易禁中夜直詩此時閒坐寂無語楊子器早朝詩朝下迥無人語雜

朝來對客誇晉書王徽之傳西山朝來致有爽氣張九齡詩朝來逢宴喜春盡却妍和陸游詩幽事還堪對客誇楊載詩詩成任客誇

曲水荷香

碧溪清淺，隨石盤折，流為小池。藕花無數，綠葉高低。每新雨初過，平隄水足，落紅波面，貼貼如泛杯，蘭亭觴詠，無此天趣。

荷氣叅差遠益清

庾信詩：半道聞荷氣，中流覺水寒。韋應物詩：微風送荷氣。王安石詩：荷氣馥初涼。方岳詩：只餐荷氣亦成僊。詩周南：叅差荇菜，左右流之。沈約詩：叅差互相望。杜衍詩：鑿破蒼苔漲作池，芰荷分得綠叅差。周子愛蓮說：香遠益清，亭亭淨植，可遠觀而不可褻玩焉。

蘭亭曲水亦虛名

水經注：浙江又東與蘭溪合，南湖有天柱山，湖口有亭，號曰蘭亭。王羲之蘭亭集序：暮春之初，會於會稽山陰之蘭亭，脩禊事也。又有清流激湍，映帶左右，引以為流觴曲水，列坐其次。晉書東晳傳：武帝問摯虞三日曲水之義，晳進曰：秦昭王以三日置酒河曲，見金人奉水心之劍，因此立為曲水。北史：曲水者，取乾道曲成，萬物無滯。蜀志秦宓傳：處空虛之名。陸機詩：顧景媿虛名。

八珍旨酒前賢戒

周禮天官：膳夫凡王之饋，珍用八物。注：謂淳熬、淳毋、炮豚、炮牂、擣珍、漬、熬、肝膋也。唐書儒學傳：八珍百品，可嗜之饌，美饈甘旨，謂之褻味。張蘊古大寶箴：羅八珍於前，所食不過適口。詩賓之初筵篇：酒既和旨。集傳：韓氏序曰：衛武公飲酒悔過也。國策：儀狄作酒，禹飲而甘之，遂疏儀狄，絕旨酒。隋書王貞傳：前賢後聖，代為師祖。舊唐書褚遂良傳：前賢作法，規模弘遠。後漢書明帝紀：永覽前戒，竦然兢懼。

空設流觴金玉羹

詩載纘武功疏：事不可以空設。王筠詩：徒設玉版羹，誰酌蘭英酒。晉書東晳傳：周公成洛邑，因流水以汎酒，故逸詩云：羽觴隨波。荊楚歲時記：三月三日，士人並出水渚，為流觴曲水之飲。戴叔倫詩：面山如對畫，臨水坐流觴。山家清供：山藥與栗各片截，以羊汁加料煮，名金玉羹。

風泉清聽

兩峯之間流泉濷濷微風披拂滴石作琴筑音與鶴鳴松韻相應泉味甘馨怡神養壽恰合章孝標松下泉詩注瓶雲母滑漱齒茯苓香

瑤池芝殿老萊心 穆天子傳天子觴西王母於瑤池之上 邢子才詩弭蓋屬瑤池 杜甫詩西望瑤池降王母 漢書宣帝神雀元年金芝九莖產於涵德殿銅池中 東觀漢記明帝永平七年公卿以芝生前殿表賀奉觴上壽 劉孺侍宴詩芝殿延藻景 李義府詩明王敦孝感寶殿秀靈芝 孝子傳老萊子至孝年七十著五色斑斕衣弄雛烏於親側 朱子詩但願年年似今日老萊母子俱徜徉 劉方平詩安親更切老萊心

涌出新泉萬籟吟 爾雅釋水濫泉正出正出涌出也 魏徵九成宮醴泉銘有泉隨而涌出 白居易詩涌出石崖下流經山店前 梁簡文帝詩挂石下新泉 楊炯賦流平舊洛派溢新泉 嚴維詩山下新泉出泠泠此發源 權德輿詩石竇納新泉 莊子地籟則衆竅是已人籟則比竹是已敢問天籟子綦曰夫吹萬不同而使其自已也 注謂風之自起自止 姚察詩含風萬籟響裛露百花鮮 杜甫詩萬籟真笙竽秋色正瀟洒 崔湜詩泉和萬籟吟

芳檻倚欄蒸靈液 劉兼詩更有馨香滿芳檻和風遲日在蘭蓀 趙嘏詩倚欄香徑晚 張喬詩盡日倚欄吟 黃庚詩紅藕花多倚碧欄 參同契下有太陽氣伏蒸須臾間先液而後凝號曰黃輿焉 琴賦蒸靈液以播雲擾神淵而吐溜 王義之詩靈液被九區 張九齡龍池聖德頌非常而靈液涓流無機而神池浸廣

南山近指奏清音 詩小雅如南山之壽 陶潛詩悠然見南山 祖詠詩南山當户牖 李嶠侍宴詩樹接南山近烟含北渚遥 陳陶詩憑覽發清奏 淮南子景不為曲物直響不為清音濁 左思詩非必絲與竹山水有清音 孟浩然詩風泉有清音 王十朋詩我來遊勝境洗耳聽清音

御製避暑山莊詩目録

下卷

濠濮間想

清流素練綠岫長林好鳥枝頭遊魚波際無非天適會心處在南華秋水矣

茂林臨止水王羲之蘭亭集序此地有崇山峻嶺茂林脩竹杜甫登江樓詩檻峻背幽谷窗虛交茂林周禮地官稻人以瀦畜水以防止水以遂均水以列舍水以澮寫水莊子人莫監于流水當監于止水江總方鏡銘明齋止水照與天長

間想託身安世說簡文入華林園顧謂左右曰會心處不必在遠翳然林水便自有濠濮間想覺鳥獸禽魚自來親人易君子安其身而後動左傳子產曰君子有四時朝以聽政晝以訪問夕以修令夜以安身南史身與山河等安翁卷詩自言緣事了方得此身安

飛躍禽魚靜詩鳶飛戾天魚躍于淵李羣玉詩赤霄終得意天池俟飛躍魏書崔鴻傳導禮革俗之風昭文變性之化固以感彼禽魚穆茲寒暑蕭子良詩幼賞悅禽魚蘇軾詩欲徃南溪侶禽魚宣和畫譜徐熙畫花竹禽魚之類極奪造化之妙

神情欲狀難世說神情散朗宣和畫譜范寬卜居終南太華之間覽其雲烟慘淡風月陰霽難狀之景默與神遇一寄於筆端之間元稹畫松詩乃悟塵埃心難狀烟霄質趙師秀會景軒詩此中非一景欲狀固難名

天宇咸暢 調萬斯年曲

湖中一山突兀頂有平臺架屋三楹北即上帝閣也仰接層霄俯臨碧水如登妙高峯上北固煙雲海門風月皆歸一覽

通閣斷霞應卜居李尤平樂館銘層樓通閣崔日用詩鳳閣斜通平樂觀梁

簡文帝舞賦似斷霞之照彩若飛鸞之相及張説詩春山挂斷霞范成大詩海氣烘晴入斷霞朱子詩斷霞千里抹殘紅漢書郊祀志卜居之而吉後漢書仲長統傳欲卜居清曠以樂其志任昉書卜居郊郭縈帶川阜

人烟不到麗晴虚李白登宣城北樓詩人烟寒橘柚秋色老梧桐錢起詩絶徑人稀到芳蓀我獨尋杜荀鶴詩漁樵不到處麋鹿自成羣朱子瀑布詩空質麗晴暉龍鸞共掀舞陸龜蒙詩石窗何處見萬仞倚晴虚

雲葉淡巧萬峯明古今注五色雲氣金枝玉葉有花葩之象張正見詩春光落雲葉花影散晴枝駱賓王序辭彩澄虚漏輕光於雲葉珪陰散迴搖碎影於風梧李嶠詩雲葉錦中飛孟浩然詩微雲淡河漢庾肩吾謝啓芝英雲氣之巧孟郊詩日窺萬峯首月見雙泉心陸游詩巉巉倒影萬峯青楊萬里詩玉峯雲剩逗斜明

雁過初賈島詩避暑蟬移樹登高雁過城楊炯詩長洲鴻雁初羊士諤詩曉風山郭雁飛初歐陽脩芙蓉詩開時霜落雁初過

賓鴻侶禮記月令鴻雁來賓注雁以中秋先至者為主季秋後至者為賓沈約詩復值南飛鴻差池共成侶李嶠詠雁詩寄語能鳴侶相隨入帝鄉

鷗雨秋花遍洲嶼蘇軾詩細雨斜風不濕鷗釋惠洪詩接翅鷗歸霧雨

殘王僧孺詩晚節拂秋花杜甫詩秋花危石底耿湋詩拂霧湧秋花南越志海鷗隨潮上下常以三月風至乃還洲嶼張説鄭公園池序離洲別嶼竹館荷亭許有孚詩昂立洲嶼連

暖溜暄波

曲水之南過小阜有水自宮墻外流入盖湯泉餘波也噴薄直下層石齒齒如漱玉液飛珠濺沫猶帶雲蒸霞蔚之勢

水源暖溜輙蠲痾爾雅踾泉水源也漢書李廣利傳迺先至宛決其水源移之劉長卿詩過雨看松色隨山到水源樓鑰詩四明山深水源遠唐高宗過温湯詩暖溜驚湍駛寒空碧霧輕孫綽天台山賦醴泉涌溜于陰渠庾信温湯碑文豈若醴泉消疾聞于建武之朝神水蠲痾在乎成康之世梅摯八功德水記水在蔣山悟真庵後梁天監中始得名一清水二冷水三香水四柔水五甘水六浄水七不饐水八蠲痾水涌出陰陽滌蕩多漢書水泉涌出後漢書中元二年夏京師醴泉涌出白居易詩涌出石崖下流經山店前通書水陰根陽火陽根陰注水陰也而生于一則本乎陽也火陽也而生于二則本乎陰也温泉寒火論邵康節曰世有温泉而無寒火晁昭德解曰陰能順陽而陽不能順陰也陸游詩日精月華鍊陰陽樂緯般湯改制易正而盪滌故俗班固東都賦于是百姓滌瑕蕩穢而鏡至清晉書成公綏傳心滌蕩而無累志離俗而飄然陶弘景文滌蕩紛穢表裏雪霜懷保分流無近遠書懷保小民漢書司馬相如賦蕩蕩乎八川分流相背而異態晉書成公綏傳川瀆浩瀚而分流朱子詩澗水分流響珮環漢書鄭吉傳注中西域者言處諸國之中近遠均也韓愈詩幽事隨去多孰能量近遠趙孟頫詩孟夏土加潤苗生無近遠窮簷盡誦自然歌韓愈詩窮簷時見臨陸游詩春風也解到窮簷後漢書何敞傳使百姓歌誦史臣紀德雲笈七籤太真夫人詩至樂非金石風生自然歌

泉源石壁

泉源石壁

獅逕之北岡嶺蜿蜒數里翠崖如壁下瞰流泉泉水靜深尋源徙倚咏朱子問渠那得清如許為有源頭活水来之句悠然有會

水源依石壁 爾雅濫泉水源也王維詩階下羣峯首雲中瀑水源劉長卿詩過雨看松色隨山到水源宋无詩百折歷雲嶠千花通水源蘇軾詩崢嶸依絕壁高士傳老子居亳有虗無堂石壁鶴道德經學畫秘訣山腰雲塞石壁泉塞張九齡玉泉山寺詩石壁開精舍

雜踏至河隈 甘泉賦駢羅列布鱗以雜踏兮袁易詩琴中流水瀾翻落畫裏秋山雜踏開李嶠詩黃金瑞牓絳河隈白玉仙輿紫禁来

清鏡分霄漢 西都賦袪黼帷鏡清流韓愈詩為將纖質凌清鏡南史宋高祖紀望霄漢以永懷眄山川以增佇水經廬山之南有上霄石高壁緬然與霄漢連接宋之問詩開襟坐霄漢杜甫詩蓬萊宮闕對南山承露金莖霄漢間朱子武夷精舍詩突兀倚霄漢

層波濺碧苔 劉安招隱士谿谷嶄巖兮水層波杜甫天池詩百頃青雲杪層波白日中李羣玉詩層波隔蘭渚白居易三游洞序水石相薄䟫珠濺玉李邪入重陽閣詩丹墀染碧苔

日長定九數 詩春日遲遲疏遲遲者日長而暄之意鶴林玉露唐子西云山靜似太古日長如小年李賀詩花枝入簾白日長周禮地官保氏養國子以道乃教之六藝六曰九數注九數方田粟米差分少廣商功均輸方程贏不足旁要也元史王恂傳六歲就學十三學九數管子作九九之數以合天道而天下化之

髮白考三才 參同契髮白皆變黑齒落生舊所易兼三才而兩之故易六畫而成卦庾信上玉律表三才既立君臣之道已陳六位時成禮樂之功斯立潘岳西征賦化一氣而甄三才李商隱詩三才萬象共端倪

天貺名猶鄙 六月六日宋真宗天書下降故名天貺節宋史真宗紀大中祥符元年春正月有黃紙曳左承天門鴟尾上有司以聞名羣臣拜迎于朝元殿啓封號稱天書六月六日天書再降于泰山醴泉北詔以是日為天貺節史臣曰真宗封禪事作祥瑞沓臻天書屢降導迎奠安一國如狂吁可怪也

居心思道該 書康誥宅心知訓傳常以居心則知訓民朱子詩居心無物轉虗明書說命恭默思道東都賦案六經而校德眇古昔而論功仁聖之事既該而帝王之道備矣王安石英德殿上梁文道該五泰德貫二儀程行諶詩象繫微言闡詩書至道該

青楓綠嶼

北嶺多楓葉茂而美蔭其色油然不減梧桐芭蕉也疎窗掩映虛涼自生蘿蔦交枝垂掛崖畔水似青羅帶山如碧玉簪奇境在戶牖間矣

石磴高盤處 水經注罽賓之國有盤石之磴梁蕭統詩牽蘿下石磴攀桂陟松梁陸游詩藤杖有時懸石磴王建遊七泉寺詩盤磴廻廊古塔深劉因龍潭詩盤磴脫交蔭平壇得高岑僧齊己詩下浸與高盤吳鎮詩不畏崎嶇磴百盤

青楓引物華 李白詩青楓滿瀟湘杜甫詩旅雁上雲歸紫塞家人鑽火用青楓李嘉祐詩青楓獨映搖前浦白鷺閑飛過遠村隋書律歷志姑洗三十四律其二十三曰物華王勃滕王閣序物華天寶人傑地靈王維詩為乘陽氣行時令不是宸游玩物華白居易詩綠野堂開占物華朱子詩物華始信如詩好春色方知似洒濃

聞聲知樹密 鬼谷子遙聞聲而相思許渾詩樹密猿聲響波澄雁影深郝經詩樹密鶯愁濕庭荒雀畏深

見景絕紛譁 閻寬詩愛見澄清景吳景奎詩野人居處絕紛譁芳援踈籬八九家元好問詩不來堅坐看紛譁

綠嶼臨窗牖 韓翃詩青林朝送客綠嶼晚回舟顧況黃鶴樓歌綠嶼沒餘煙白沙連曉月庾信詩還是臨窗月今秋迥照松陸龜蒙幽居賦覆井之新桐作引臨窗之舊竹猶存蘇軾詩臨窗相對疑通神曾鞏詩垂露臨窗理素書後漢書窗牖皆有綺疏青瑣李尤牖銘天設窗牖開光照陰江淹詩朱霞入窗牖

晴雲遶綺霞 韓愈詩晴雲如擘絮新月似磨鐮杜牧詩晴雲如絮惹低空李商隱詩江上晴雲雜雨雲梁蕭統七名綺霞映水蛾月昇天元稹詩朝光借綺霞徐鉉詩名題小篆矜垂露詩作吳吟對綺霞雍裕之詩綺霞明赤岸錦纜繞丹枝

忘言清靜意 莊子言者所以在意得意而忘言陶潛詩此中有真意欲辨已忘言孟浩然詩物情今已見從此願忘言史記老子傳無為自化清靜自正後漢書天下清靜庶事咸寧道德經清靜為天下正道德指歸論明王聖主之治大國也清靜為常平易為主程鉅夫贊勞謙得士清靜寧民法苑珠林我以身口清淨意咸各歸命稽首禮

頻望羣生嘉 漢書董仲舒傳陰陽調而風雨時羣生和而萬民殖曹植詩天覆何彌廣苞育此羣生朱子虞帝廟樂歌七敂協予羣生嘉

鶯囀喬木

甫田叢樾之西夏木千章濃陰數里晨曦始旭宿露未晞黃鳥好音與薰風相和流聲逸韻山中一部笙簧也

昨日聞鶯鳴柳樹張謂詩昨日蒲萄初上架白居易詩昨日今朝又明日名山記西湖十景一曰柳浪聞鶯溫庭筠詩透簾斜月獨聞鶯薩都剌詩玉堂夜月舊聞鶯禽經鶯鳴嚶嚶孫萬壽詩幽谷早鶯鳴韓愈詩柳樹何人種行行夾岸高元稹詩柳樹迎風一道斜

今朝閱馬至崇杠詩以永今朝梁簡文帝詩握蘭唯是旦採艾亦今朝漢書金日磾傳注見馬謂名閱諸馬也北齊書閱馬于北牧水經注漳水逕趙閱馬臺孟子歲十一月徒杠成釋名杠橋也晉書載紀造庭燎于崇杠之末高十餘丈

朱英紫脫平原綠禮斗威儀人君乘土而王其政太平而遠方神獻其朱英紫脫宋均注北方之物上值紫宮王融曲水詩序紫脫華朱英秀孫氏瑞應圖王者仁義行則生紫脫王勃乾元殿頌序黃髮紫脫湊仙穎於中巒翠蓮丹萁疊靈珠于上序劉基梅花圖詩石壇日夜長蒼苔紫脫瑤英為誰好漢書平原廣野王禹偁詩郊原曉綠初經雨巷陌春陰乍禁烟陸游詩平原漸放春蕪綠

月駟雲驤錯落驄王海雲驤月駟天儲其英顏延之赭白馬賦稟靈月駟祖雲驤于李商隱文願陪月駟雲驤慶千斯于邑蹕郭璞遊仙詩雲驤非我駕李白詩吾當從雲驤西都賦隋侯明月錯落其間江淹賦暖碧臺之錯落李商隱詩綠樹轉燈珠錯落爾雅馬面顙皆白惟驄周禮用驄注驄謂不純色也

香遠益清　調柳梢青

曲水之東開涼軒前後臨池中植
重臺千葉諸名種翠盖淩波朱房
含露流風冉冉芳氣竟谷
出水漣漪詩品謝朓詩如芙蓉出水杜公瞻咏芙蓉詩灼灼荷花瑞亭亭出水中李白
詩白蓮方出水詩河水清且漣猗王維詩青翠漾漣漪蒲道源白蓮詩伶傳寒影照漣漪香
清益遠陳造竹米行野叟好事能分吾香清而洌甘而腴庾信進象經賦表沉玉而觀淵泉益遠
不染偏奇淨住子心常無碍空有不染李白詩花將色不染孟浩然詩看取蓮花淨方
知不染心顏延之碧芙蓉頌澤芝芳艷擅奇水屬趙長卿詞偏奇處當庭月暗吐焰如虹沙漠
龍堆魏志蘇則傳化洽中國德流沙漠唐太宗賦頓王綱於沙漠漢書白龍堆注龍堆形如土龍身有
尾高大者二三丈埤者丈餘皆東北向相似也按白龍堆即沙磧蜿延如龍綿亘數千里頭朝東南尾向西北地
近東北部落敖漢其一也產荷花色鮮瓣大勝于內地青湖芳草荊州記巴陵有青草湖周

廻百里日月出沒其中湖南有青草山故名元稹詩明月滿帆青草湖李白詩影落明湖青黛光王勃採蓮
賦睠芳草兮已殘孫綽蘭亭集後序高嶺千尋長湖萬頃乃藉芳草鑑清流覽卉物觀魚鳥李頎詩
彭蠡湖邊芳草春疑是誰知李白詩輕舟泛月尋溪轉疑是山陰雪後來王適梅詩
不知春色早疑是弄珠人白居易詩身心安樂復誰知移根各地參差
庾信枯樹賦三河徙植九畹移根孔紹安石榴詩可惜庭中樹移根逐漢臣古詩各在天一涯翁卷詩梅花分
地落韓愈詩兩地無千里詩參差荇菜左右采之杜衍詩芰荷分得綠參差歸何處那

分公私高適詩明月相隨何處眠邵雍詩春歸畢竟歸何處王季友鑒止水賦雖萬形之森
列終一鑒而區分蘇頲詩雲雨之施已遍公私牛弘雩登歌公田既雨私亦濡樓起千
層牡丹史黃白繡毬白賽玉碧天一色皆碎瓣起樓申時行瑞蓮賦蜃樓起而峥嶸常袞詩麗日千層
艷孤霞一片光楊萬里詩一朵碧蓮三萬丈數來花片八千層荷占數頃宋史河渠志于湖塘
淺岸漸次包占種植菱荷白居易詩宮城烟月饒全占皮日休詩濤頭倏爾過數頃跳鯆鮮張元幹詞藕
花萬頃開浮蘂炎景相宜郭璞江賦經營炎景之外曹植槐賦覆陽精之炎景散流

耀以增鮮虞世南詩早秋炎景暮梁簡文帝詩春風本自奇楊柳最相宜元稹詩紅芳憐靜色深與雨
相宜

分公私高適詩明月相隨何處眠邵雍詩春歸畢竟歸何處王季友鑒止水賦雖萬形之森
列終一鑒而區分蘇頲詩雲雨之施已遍公私牛弘雩登歌公田既雨私亦濡樓起千
層牡丹史黃白繡毬白賽玉碧天一色皆碎瓣起樓申時行瑞蓮賦蜃樓起而峥嶸常袞詩麗日千層
艷孤霞一片光楊萬里詩一朵碧蓮三萬丈數來花片八千層荷占數頃宋史河渠志于湖塘
淺岸漸次包占種植菱荷白居易詩宮城烟月饒全占皮日休詩濤頭倏爾過數頃跳鯆鮮張元幹詞藕
花萬頃開浮蘂炎景相宜郭璞江賦經營炎景之外曹植槐賦覆陽精之炎景散流

金蓮暎日

廣庭數畝植金蓮花萬本枝葉高挺花面圓徑二寸餘日光照射精彩煥目登樓下視直作黃金布地觀

正色山川秀 傅休奕賦被黃中之正色歐陽脩詩煌煌正色秀可餐孫綽天台山賦天台山者蓋山嶽之神秀者也胡微之芙蓉城傳碧周瑶英與王子高登東廂之樓憑欄縱觀山川清秀李郢詩莫言獨有山川秀過日仍聞官長清

金蓮出五臺 金史金蓮花取金枝相連之義清凉山志山有旱金蓮如真金挺生緑地相傳是文殊勝蹟周伯琦上都紀行詩注上都草多異花有名金蓮花者似荷而黃袁桷上京雜詠金蓮細而香華嚴經䟽清凉山者即鴈門郡五臺山歲積堅冰夏仍飛雪文殊傳五臺即五方如来之座水經注此山五巒巍然故謂之五臺徐寅詩一條溪繞翠巖隈行脚僧言勝五臺

塞北無梅竹 江總詩塞北無萱草杜甫詩塞北春陰暮王惲詩長記扁舟過武夷仙家梅竹滿清溪捫蝨新語梅至北方則變而成杏亦地氣使然也醫俗亭記東坡云可使食無肉不可使居無竹無肉令人瘦無竹令人俗

炎天暎日開 孔融詩巖巖鍾山首赫赫炎天路杜甫詩炎天避鬱蒸蘇軾詩笑語炎天出冰雹江總木槿賦朝霞暎日殊未妍樂府暎日花光動迎風香氣來

御製詩 金蓮暎日 五言絕句 二

遠近泉聲

北為趵突泉涌地觱沸西為瀑布銀河倒瀉晶簾暎崖微風斜捲珠璣散空前後池塘白蓮萬朶花芬泉響直入廬山勝境矣

引泉開瀑布 獨孤及瑯琊溪述序鑿石引泉釃其流以為溪岑參詩釀酒漉松子引泉通竹竿柳宗元詩引泉開故竇護菜揷新笆水絓注瀑布飛梁懸河注壑廬山記白水在黃龍南即瀑布也水出山腹挂流三四百丈飛湍林表望若懸素天台賦瀑布飛流以界道庾信終南山詩長虹雙瀑布圓闕兩芙蓉李白詩遥看瀑布挂前川

迸水起飛珠 劉孝綽詩晨征類風鄭谷詩迸流穿樹墜花隨李白廬山瀑布詩飛珠散輕霞流沫洗穹石杜甫詩奔泉濺水珠白居易三游洞序水石相薄跳珠濺玉

鏘玉雲巖應 張說詩鏘王宰京河杜甫詩鏘鏘鳴玉動落落羣松直白居易詩鏘玉謁王宮王立詩雲巖響金奏空水艷朱顔陸龜蒙詩暫来從露冕何事買雲巖鄒緝玉泉垂虹詩碧嶂雲巖噴玉泉平流寧似瀑流懸蘇軾赤壁賦山鳴谷應風起水湧蘇頲詩巖聲中谷應

色空有若無 楞嚴經令于色空都無表示不應人間更有空外心經色即是空空即是色權德輿銘即心是佛即色是空白居易登靈應臺詩臨高始見人寰小望遠方知色界空論語有若無實若虛元淮詩移舟買酒近菰蒲北望揚州有若無

雲帆月舫 調太平時

臨水倣舟形為閣廣一室袤數倍之周以石闌疏窓掩映宛如駕輕雲浮明月上有樓可登眺亦如舵樓也

閣影凌波不動濤 爾雅釋宮長者謂之閣劉禹錫詩閣影助松寒蕭慤詩凌波動畫船許渾詩樓形向日攢飛鳳宮勢凌波駐抃鼇張環秋河賦黿如平江不動雍陶詩風波不動影沉沉蘇軾詩扁舟夜渡海無濤

接靈鼇 列子渤海之東有五山岱輿員嶠方壺瀛洲蓬萊皆仙人所居五山之根隨潮上下帝使巨鼇十五舉首戴之始不動柳宗元詩積翠浮澹艷始疑負靈鼇

蓬萊別殿掛雲霄 史記海中有三神山名曰蓬萊方丈瀛洲仙人居之杜甫詩蓬萊宮闕對南山劉威詩蓬萊一水通雲氣謝莊文離宮天邃別殿雲懸王勃春思賦離房別殿花初匝宋之問詩御氣雲霄近登高宇宙寬

粲揮毫 漢書兒寬傳光輝充塞天文粲然宗欽詩彈毫珠零落紙錦粲杜甫詩詩成珠玉在揮毫又揮毫落紙如雲煙

四季 蔡邕月令問荅春木王木勝土土王四季張蠙詩四季多花木窮冬亦不凋

風光揔無竭 謝脁詩日華川上動風光草際浮劉孝綽詩芳洲亘千里遠近風光扇冷朝陽詩風光何處好雲物望中新蘇軾前赤壁賦惟江上之清風與山間之明月取之無禁用之不竭是造物者之無盡藏也

臥聞簫 南史陶弘景愛山水每經澗谷必坐臥其間吟詠不已世說宗炳好山水曰當澄懷觀道臥以遊之徐景安樂書舜樂謂簫韶九成鳳皇來儀故制鳳簫洞簫以彰德也馬懷素興慶池侍宴詩賞洽猶聞簫管沸歡留更覩木蘭輕吳師道詩月明酒醒臥聞簫

後樂先憂薰絃意 范仲淹岳陽樓記其必曰先天下之憂而憂後天下之樂而樂歟帝王世紀舜彈五絃琴歌曰南風之薰兮可以解吾民之慍兮權德輿賜宴詩銜酒和樂被薰絃聲曲新許渾詩一奏薰絃萬古風劉筠大酺賦體安舒兮被堯日氣和樂兮暢薰絃陶潛詩此中有真意

蘊羲爻 易繫辭乾坤其易之蘊邪周禮太卜疏伏羲本畫八卦直有三爻法天地人後以重之為八八六十四高士廉文思博要序仰覩千古同羲文之爻象俯觀百王軼姬孔之禮樂

芳渚臨流

亭臨曲渚巨石枕流湖水自長橋瀉出至此折而南行亭左右岸石天成亘二里許蒼苔紫蘚豐草灌木極似范寬圖畫

堤柳汀沙翡翠茵 荊州記緣城隄邊悉植細柳綠條散風清陰交陌沈佺期詩岸花緹騎繞堤柳幔城開劉孺詩日照沙汀素山影波浪黑張耒詩岸蓼飛寒蝶汀洲戲水禽白居易詩水軒平寫琉璃鏡草岸斜鋪翡翠茵

清溪芳渚躍凡鱗 杜甫詩莫須驚白鷺相伴宿清溪張旭詩桃花盡日隨流水洞在清溪何處邊張耒詩幽閒古城陰結屋清溪曲謝朓詩芳洲多杜若注洲渚也李白詩所思採芳蘭欲贈隔荊渚潘岳西征賦華魴躍鱗素鱮揚鬐韓愈文蓋非常鱗凡介之品彙匹儔也周伯琦龍門詩凡鱗期變化雷雨在斯須

數叢夾岸山花放 杜甫詩數叢芳草在堂陰水經注龍門上口夾岸彌深傾崖返捍巨石臨河若墜復倚陶潛桃花源記忽逢桃花林夾岸數百步中無雜樹芳草鮮美落英繽紛張正見詩槐花夾岸飛朱子詩欝欝層巒夾岸青徐陵詩山花臨舞席虞世南詩山花濕更紅王勃詩山花不辨名張耒詩花房待暖徐徐放柳色隨春旋旋深趙師秀詩花放林逋村

獨坐臨流惜谷神 續仙傳張志和為水戲鋪席于水獨坐其上仲長統樂志論使居有良田廣宅背山臨流陶潛歸去來辭登東皐以舒嘯臨清流而賦詩韓琦詩觀魚亭檻俯臨流老子谷神注谷神虛中之神也列子注谷虛而宅有亦如莊子之稱環中至虛無物故謂谷神庾信詩虛無養谷神張説詩清虛用谷神

雲容水態

闢口之南有室東向緣坡下望綠樹為田青峯如堵川流溶溶白雲冶冶不知孰為雲孰為水也由長橋而渡疑入四明山中一逕分過雲南北

雨過雲容易散李中詩遥天踈雨過列岫亂雲收朱子詩門開山疊翠雨罷雲絕跡杜牧晚秋詩雲容水態還堪賞淡交詩積水浸雲容朱子詩寒雲無定容儲光羲詩雲散天高秋月明李白詩雲散窓戶晴風吹桂子香

波流水態長存劉孝綽詩月光隨浪動山影逐波流梁簡文帝詩晴花舒不覺明波動見流許棠詩衡門終不掩倚杖看波流蘇頲興慶池侍宴詩水態含清近若空元稹詩山容水態使君知楚辭隨真人兮翺翔食元氣兮長存西京賦若歷世而長存蘇軾詩琴上遺音久不彈琴中古義本長存

悠然世俗惟念陶潛詩采菊東籬下悠然見南山唐太宗詩以茲遊觀極悠然獨長想史記世俗之所知也王延壽景福殿賦惟天德之不易懼世俗之難知蘇軾詩游于物之初世俗安得知逸周書口察維言心察維念

必得經書考原漢書壯好經書寛博謹慎後漢馮衍與鄧禹書游神乎經書之林馳情于元妙之中史記孟子傳推而遠之天地未生窈窕不可考而原也莊子立之本原而知通于神舊唐書儒學傳序啓聖人之耳目窮法度之本原范育正蒙序潛心天地參聖學之源

澄泉遶石

亭南臨石池西二里許為泉源源自石罅出截架鳴簹依山引流曲折而至雨後谿壑奔注各作石堰以遏泥沙故池水常澄澈可鑒

每存高靜意 孟郊詩高意還卓卓 王周詩靜意崖穿溜 朱慶餘秋園寓興詩

誰言高靜意不異在衡茅 劉滄詩每見山泉長屬意 至此結衡茅 宋史李衡傳衡以秘撰致仕結茅別墅杖屨徜徉 朱子題畫詩結茅雲壑林 陶潛詩養真衡茅下庶以善自名 雍陶詩一庭紅葉擁衡茅 樹密開行路 何遜詩高樹蔭樓密細草綠成被 許渾詩樹密猿聲響波澄雁影深 戴表元張園玩月詩歌情天水遙坐影人樹密 張說詩水漫荊門闊山平郢路開又靈池月滿直城隈黼帳天臨御路開 蘇軾詩白水田頭問行路小溪深處是何山 山長疑近郊 隋書樂志基同北辰久壽共南山長 歐陽脩詩高亭可四望繞郭青山長 爾雅邑外謂之郊 周禮地官以宅田士田賈田任近郊之地 錢起詩耕桑亦近郊 水泉繞舊石 禮記水泉動 爾雅水源曰泉 梁武帝首夏泛天池詩新波拂舊石 李端山下泉詩素色和雲落寒聲繞石斜 雉雀樂新巢 禽經雉介鳥也 本草釋名雉理也雉有文理也 格物總論雀小鳥也常依人 搜神記千歲之雉百年之雀 蓮社高賢傳法志常誦法華有雉巢於菴側翔集座隅若聽受狀 唐書武德中赤雀巢于殿門宴五品以上頌者千餘人 易林不如新巢可以樂居 杜甫詩頻來語燕定新巢 晴夜荷珠滴 李商隱詩江月夜晴明 李白詩攀荷弄其珠蕩漾不成圓 錢起詩跳珠亂碧荷 溫庭筠詩露滴如珠落點荷 露凝眾木梢 李頎感興賦露霑丹而珠凝 唐太宗詩秋露凝高掌 陸賈新語梗梓豫章立則為眾木之珍 李商隱詩高松出眾木 庾信枯樹賦森梢百頃 杜甫詩蔥菁眾木梢

澄波疊翠

如意洲之後小亭臨湖湖水清漣徹底北面層巒重掩雲簇濤湧特開屏障扁舟過此輒為流連正如韋應物詩云碧泉交幽絶賞愛未能去

疊翠聳千仞 孟郊詩疊翠蕩浮碧方干詩衆山寒疊翠兩泒綠分聲杜牧詩千里暮山重疊翠一溪寒水淺深清吳融詩疊翠北来千嶂盡梅堯臣詩翠聳寒溪上許敬宗掖庭山賦聳絶壑之千尋枚乘七發上有千仞之峯下臨百尺之谿左思詩振衣千仞岡謝靈運詩連峯競千仞唐明皇詩翠屏千仞合

澄波屬紫文 鮑照河清頌澄波萬壑潔瀾千里盧照鄰詩澄波泛月影王維詩澄波澹將夕宋書謝靈運傳論波屬雲委徐彦伯南郊賦復泓澄于紫波皮日休詩瑞氣染衣金液啓香烟映面紫文開

鑑開倒影列 梅堯臣天門泉詩靜若仙鑑開秦觀詩藕花紅繞鑑中開邵子詩窓下喜鑑開漢書音義倒景日在下孫綽遊天台山賦或倒影於重溟或匿峯於千嶺沈約詩倒景入華池周景式石門澗記流光迴照則衆山倒影陸游詩湖水無風鏡面平巉巉倒影萬峯青袁桷詩川遠桅影列

反照共氤氳 夢溪筆談董源畫落照圖悉是晚景遠峯之頂宛然有反照之色杜甫詩反照入江翻石壁錢起詩反照雲竇空寒流石苔淺馬戴詩反照開嵐翠易繫辭天地絪緼釋文本作氤氳舊唐書禮儀志和氣氤氳淳風澹泊杜甫詩佳氣日氤氳張九齡詩靈山多秀色空水共氤氳

石磯觀魚

遠近泉聲而南渡石步有亭東向倚山臨溪溪水清澈倏鱗銜尾荇藻交枝歷歷可數溪邊有平石可坐以垂釣

唱晚漁歌傍石磯王勃滕王閣序漁舟唱晚響窮彭蠡之濱又上巳浮江宴序榜謳齊引漁歌互起李羣玉詩響棹來空瀾漁歌叢杳寔韓偓詩漁歌得意扣舷歸元稹詩幽人釣石磯殷遙詩晴揚拂石磯

空中任鳥帶雲飛江淹雜體詩泠然空中賞陶潛詩遙遙萬里輝迢迢空中影大戴禮魚游于水鳥飛于雲舞鶴賦矯翅雲飛韓愈記志同而氣合魚川泳而鳥雲飛也李賀詩看取拂雲飛

羨魚結網何須計張衡歸田賦徒臨川以羨魚董仲舒賢良策臨淵羨魚不如退而結網孟浩然詩坐觀垂釣者徒有羨魚情

倘有長竿墜釣肥司馬相如大人賦建格澤之長竿兮總光耀之采旄王貞白洗竹詩不圖結實

來雙鳳且要長竿釣巨魚李賀詩籊落長竿削玉開張翰思吳江歌秋風起兮佳景時吳江水兮鱸魚肥歐陽脩醉翁亭記臨溪而漁溪深而魚肥皮日休西塞山泊漁家詩秋後鱸魚墜釣肥

鏡水雲岑

後楹依嶺三面臨湖廊廡周遮隨山高下波光嵐影變化烟雲佳景無邊令人應接不暇

層崖千尺危嶂水經注秀嶂分霄層崖刺天謝靈運山居賦羅層崖于戶裏列鏡瀾于窗前朱子詩竦身長林端策足層崖表華談子觀雁蕩諸峯皆峭拔險恠上聳千尺穹崖巨谷

不類他山元好問詩千尺珠簾得似無丘遲夜發密巖口詩萬尋仰危石百丈窺重泉水經注石路崎嶇巖嶂峻嶮涵淥幾重碧潭庾肅之水讚湛湛涵淥清瀾澄濬宋之問詩山水樓臺映幾重杜甫詩烟霞障幾重李益詩秋山又幾重朱子詩興入前山翠幾重劉勰新論懸瀨碧潭瀾波洶湧名畫記飛觀層樓間以喬木嘉樹碧潭素瀨糅以雜英芳草宋犖詩碧潭宵見月紅樹晚開花獅逕盤旋道北獅子峪在西北自鏡水雲岑處對望見山道盤旋頗有遠觀之趣韓愈序是谷也宅幽而勢阻隱者之所盤旋王建詩羸馬不知去過門常盤旋蔡襄詩山逕何紆盤世說阮仲容步兵居道南諸阮居道北松枝宛轉山南鶴林玉露午睡初足旋汲山泉拾松枝煑苦茗啜之徐陵文千齡壽鶴或舞松枝劉楨詩風聲一何盛松枝一何勁韋應物詩蓬萊宮裏拂松枝晉書皇甫謐傳宛轉萬情之形表排託虛寂以寄身莊子椎拍輐斷與物宛轉韋應物詩遊龍宛轉鷩鴻翔轂梁傳水北為陽山南為陽漢書逸民傳北山之北南山之南王勃詩山南花園澗北松林張說詩山南柳半密谷北草全稀沉吟力盡難得後漢書曹褒傳晝夜研精沉吟專思李白詩笑讀曹娥碑沉吟黃絹語朱子詩沉吟日暮寒鴉起左傳譬之如天

其有五材而將用之力盡而斂之隋書孜孜不已心力備盡蘇轍題文潞公草書詩應笑學書心力盡臨池寫遍赤栽衣史記時難得而易失全唐詩話裴說詩以苦吟難得為工滄浪詩話對句好易得結句好難得發句好尤難得懸象俯察仰參易懸象著明莫大乎日月漢書敘傳烓烓上天懸象著明何劭詩四時更代謝懸象迭卷舒易仰以觀于天文俯以察于地理王羲之蘭亭集序仰觀宇宙之大俯察品類之盛李華含元殿賦皇居設位俯察仰參至理莫求別技唐書道德為麗慈仁為美不過天道斯為至理王康琚詩推分得天和矯性失至理張蠙詩真身非有象至理諒斯存萬世與今同韓愈序往時張旭善草書不治他技經書自有包函漢書壯好經書寬博謹慎後漢馮衍與鄧禹書游神乎經書之林馳情于元妙之中抱朴子正經為道義之淵海子書為增深之川源漢書董仲舒傳臣聞天者羣物之祖也故徧覆包函而無所殊

雙湖夾鏡

山中諸泉從板橋流出滙為一湖在石橋之右復從石橋下注放為大湖兩湖相連阻以長堤猶西湖之裏外湖也

連山隔水百泉齊 木華海賦波如連山乍合乍散 楊文公談苑華山南有川廣袤數百里連山洞壑不知其極 虞世南春夜詩風花隔水來 吳鎮詩隔水山高青隱日傍溪古樹綠藏雲 王維詩山中一夜雨樹杪百重泉 王安石詩雨過百泉出秋聲連衆山

夾鏡平流花雨隄 李白詩兩水夾明鏡雙橋落彩虹 又湖清雙鏡曉濤白雪山來 徐廣釣賦披芳餌于纖絲灑長綸于平流 上官儀詩平流瀉雁行 鄒緝玉泉垂虹詩平流寧似瀑流懸 劉長卿詩花雨從天落松風永日來 王建詩竹烟花雨細相和 蘇軾詩半嵓花雨落毵毵 楊萬里詩草滿花隄水滿溪

非是天然石岸起 大唐創業起居注太原獲青石有丹書天然暎澈 宋書張敷傳清風素氣得之天然 鄭嵎津陽門詩注石甕寺嵓下天然石形如甕以貯飛泉 李百藥詩橫舟石岸前 庾信咏畫屏風詩石岸似江樓 李覯詩一圍石岸刓無迹

何能人力作雕題 詩景山與京踈丘者自然而有京者人力所為 姚合題鳳翔西郭新亭詩地形當要處人力是閒時 淮南子橑檐榱題雕琢刻鏤 西京賦雕楹玉碣 甘泉賦璇題玉英

長虹飲練

湖光澄碧一橋卧波橋南種敖漢荷花萬枝間以内地白蓮錦錯霞變清芬襲人蘇舜欽垂虹橋詩謂如玉宮銀界徒虛語耳

長虹清徑羅層崖 西京賦亘雄虹之長梁張纘賦耿長虹於青霄李白詩安得五彩虹架天作長橋蘇軾詩石橋先去踏長虹水經注金遴清徑象渚澄源陸厥詩杜門清三徑坐檻臨曲池水經注秀嶂分霄層崖刺天謝靈運山居賦羅層崖於戶裏列鏡瀾于窗前

岸柳溪聲月照階 梁簡文帝詩岸柳垂長葉窗桃落細跗李商隱詩岸柳兼池綠蘇軾詩溪聲便是廣長舌山色豈非清淨身張耒詩嘈嘈虛枕納溪聲王延壽魯靈光殿賦皓壁皜曜以月照歐陽詹秋月賦暎階墀以歷歷蘇軾詩無心明月轉空階

淑景千林晴日出 唐中宗迎春詩寒光猶戀甘泉樹淑景偏臨建始花杜甫詩花覆千官淑景移鄭愔春日幸望春宮應制詩千林嫩葉始藏鶯朱子詩江皐晴日麗芳華孟浩然詩日出氣象分白居易山枇杷詩瓊枝日出晒紅紗

禽鳴處處入音諧 水經注曉禽暮獸寒鳴相和劉義恭感春賦聽時禽之弄音杜甫涪江泛舟詩雲輕處處山綦毋潛詩天花落不盡處處鳥銜飛五燈會元大覺璉禪師曰溪山之月處處同風水鳥樹林頭頭顯道拾遺記太平盛明之世青鸐翔鳴藪澤音中律呂書八音克諧王士熙詩音諧律管凰

甫田叢樾

流杯亭之北瓜圃之西平原如掌豐草茂木麢麚雉兔交物其間秋涼弓勁合衆徒行步圍誠獵場選地

留憩田間樂詩名南名伯所憩注憩息也異聞記周宗嗇留憩蕭寺朱子詩且復一流憩考工記匠人爲溝洫注主通利田間之水道後漢書王丹傳每歲農時載酒肴於田間候勤者而勞之杜甫詩香稻三秋水平田百頃間曾鞏詩耕耨筋力苦妝刈田野樂楊萬里詩定知秧疇滿想見田父樂

曠觀恤閭閻鄒陽上梁王書獨觀乎昭曠之道也張說詩曠覽天宇遍國語勤恤民隱而除其害也班固西都賦街衢洞達閭閻且千張衡西京賦便旋閭閻周觀郊遂白居易詩仁風扇道路陰雨膏閭閻朱子詩閭閻豐五袴藁秸送千箱

叢林欣賞處博物志乎衍氣仁叢林氣璧方干詩石上叢林礙星斗褚雲詩映日照新芳叢林抽晚蒂陶潛詩奇文共

御製詩 甫田叢樾 五言絶句 一

欣賞張九齡詩向来同賞處

遍地豫豐占張說詩月餘遍地賞邵子詩遍地長芳草詩小雅大人占之衆維魚矣實維豐年韓琦詩吾民無足慮豐歲可前占

水流雲在

雲無心以出岫水不舍而長流造物者之無盡藏也杜甫詩云水流心不競雲在意俱遲斯言深有體驗

雨後雲峯澄王維詩空山新雨後天氣晚來秋韓琮詩偃草喜逢新雨後白居易詩雨後清和天蘇軾詩秋後風光雨後山陶潛四時詩夏雲多奇峯庾信詩雨住便生熱雲晴即作峯韋元旦詩雲峯四起迎宸幄水樹千重入御筵朱子詩仰首雲峯蒼柳宗元記風止雨收烟霞澄鮮邵子詩山川澄淨初經雨

水流遠自凝易乾文言水流濕又坎象辭水流而不盈淮南子水流而不止與萬物終始張華詩仰蔭高林茂俯臨綠水流劉得仁詩迴流出幾洞源遠歷千岑蘇軾詩雲內流泉遠周禮考工記水有時以凝有時以澤隋煬帝詩月影凝流水

岸花催短鬢何遜詩岸花臨水發沈佺期詩江路香風夾岸花李嶠詩岸花明水樹岑參詩雲低岸花掩杜審言詩宴賞落花催衰暉詩春畏落花催白居易詩豈獨花堪惜方知老暗催張九齡詩秋風吹短鬢

高年寸寸增漢書武帝紀先耆艾奉高年古之道也宋史禮志淳化三年幸金明池都人縱觀帝顧視高年皓首者就賜白金器皿王隱晉書陶侃曰大禹聖人乃惜寸陰枚乘書寸寸而度之至丈必過白居易詩光陰寸寸流宋史樂志常願主人增年與天相守隋書天文志虛北二星曰司祿司祿增年延德徐鉉詩晚院風高寸寸增

康熙五十一年六月臣揆敘等恭注
御製避暑山莊三十六景詩仰見
皇上聖學崇深含經味道純粹以精發為詩
歌上繼雅頌囊括百家臣等學識弇陋
管窺蠡測未能宣揚
盛美茲蒙
恩諭俾得附名簡末且喜且愧不容於心欽
惟我
皇上聲教覃敷極天所覆盡入版籍要荒之
外率同畿甸自　京師東北行羣峰迴
合清流縈繞至熱河而形勢融結蔚然
深秀古稱西北山川多雄奇東南多幽
曲茲地實兼美焉蓋造化靈淑特鍾於
此前代威德不能遠孚人跡罕至

皇上時巡過此見而異之念此地舊無居人
闢為離宮無侵民田廬之害又去　京
師至近章奏朝發夕至綜理萬幾與
宮中無異乃相其岡原發其榛莽凡所營
構皆因巖壑天然之妙開林滌澗不采
不斲工費省約而綺綰繡錯烟景萬狀
標其尤者凡三十有六清涼爽塏於夏
為宜每至盛暑則奉
皇太后駐蹕焉泉甘土沃居此逾時
聖容豐裕精神益健蓋
皇上憂勞萬民德合於天故天特開靈境以
侍
皇上之遊息也臣等忝列侍從時
賜讌遊諸景皆嘗目擊而莫能摹寫及伏讀

御製詩則林泉蒼靄一一湧現於胸中蓋此
地之景乃天地山川自然之氣所發著
非
皇上化工之筆莫能傳也而臣等尤有厚幸
者伏讀
御製避暑山莊記及諸詩奉
慈闈則徵寢門問膳之誠憑臺榭則見茅茨不
翦之意觀溉種則念稼穡之艱難覽花
蒔則驗陰陽之氣候玩禽魚則思萬物
之咸若凡讀者因詩以求諸景之勝豈
獨未見者如親歷哉即
皇上敬天勤民與覆載同流之氣象可以昭
示天下萬世永永無極矣左都御史兼
掌院學士臣揆敘侍講學士臣勵廷儀

侍講臣蔣廷錫洗馬臣張廷玉中允臣
陳邦彥脩撰臣趙熊詔庶吉士臣王圖
炳謹拜手稽首恭跋
武英殿總監造管御書房原內閣侍讀學士今佐領加一級臣和素
武英殿總監造內務府會計司員外郎兼佐領加三級臣張常住
武英殿總監造內務府會計司員外郎兼叅領佐領加一級臣李國屏
武英殿監造驍騎校加一級臣巴實

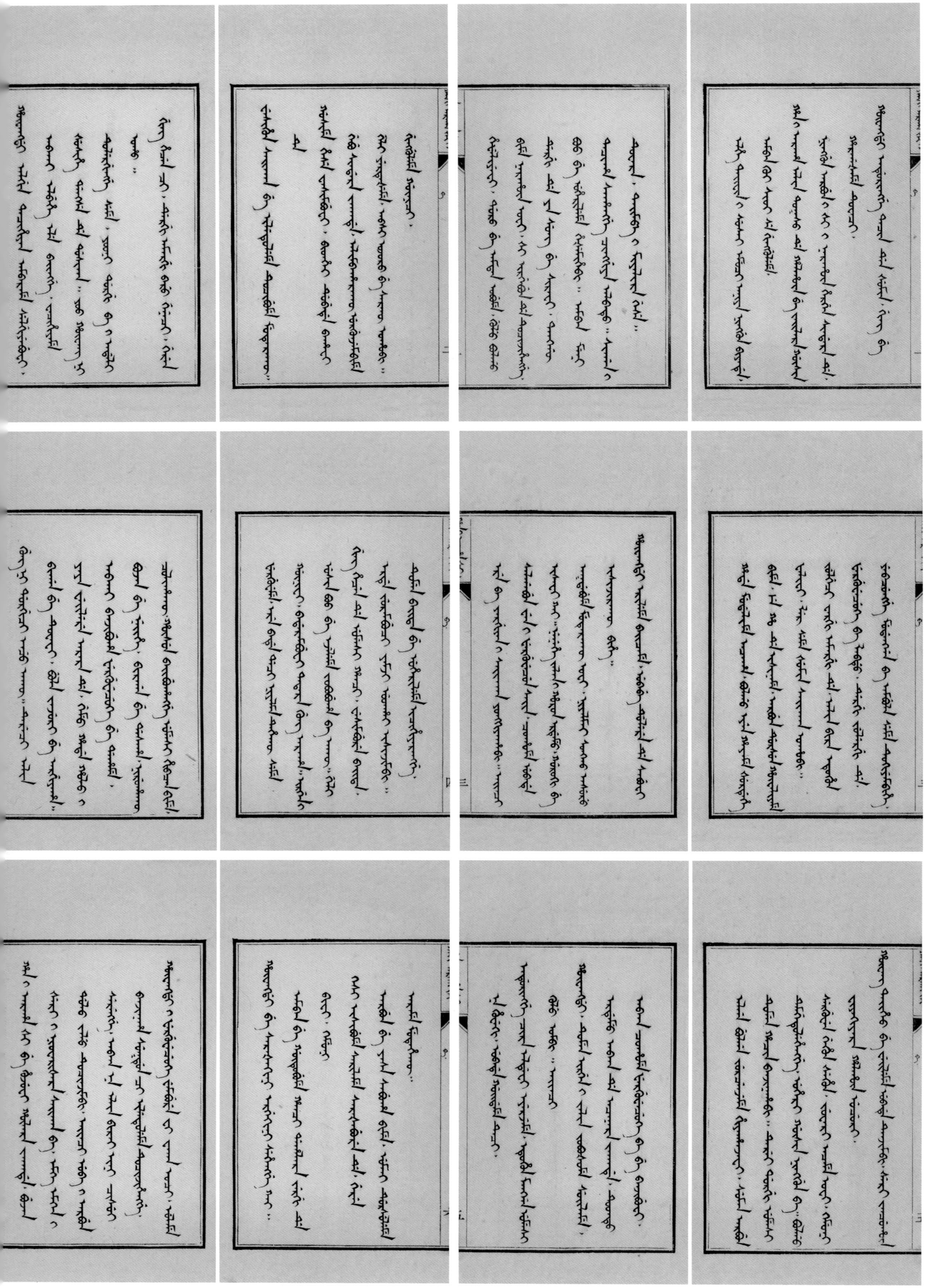

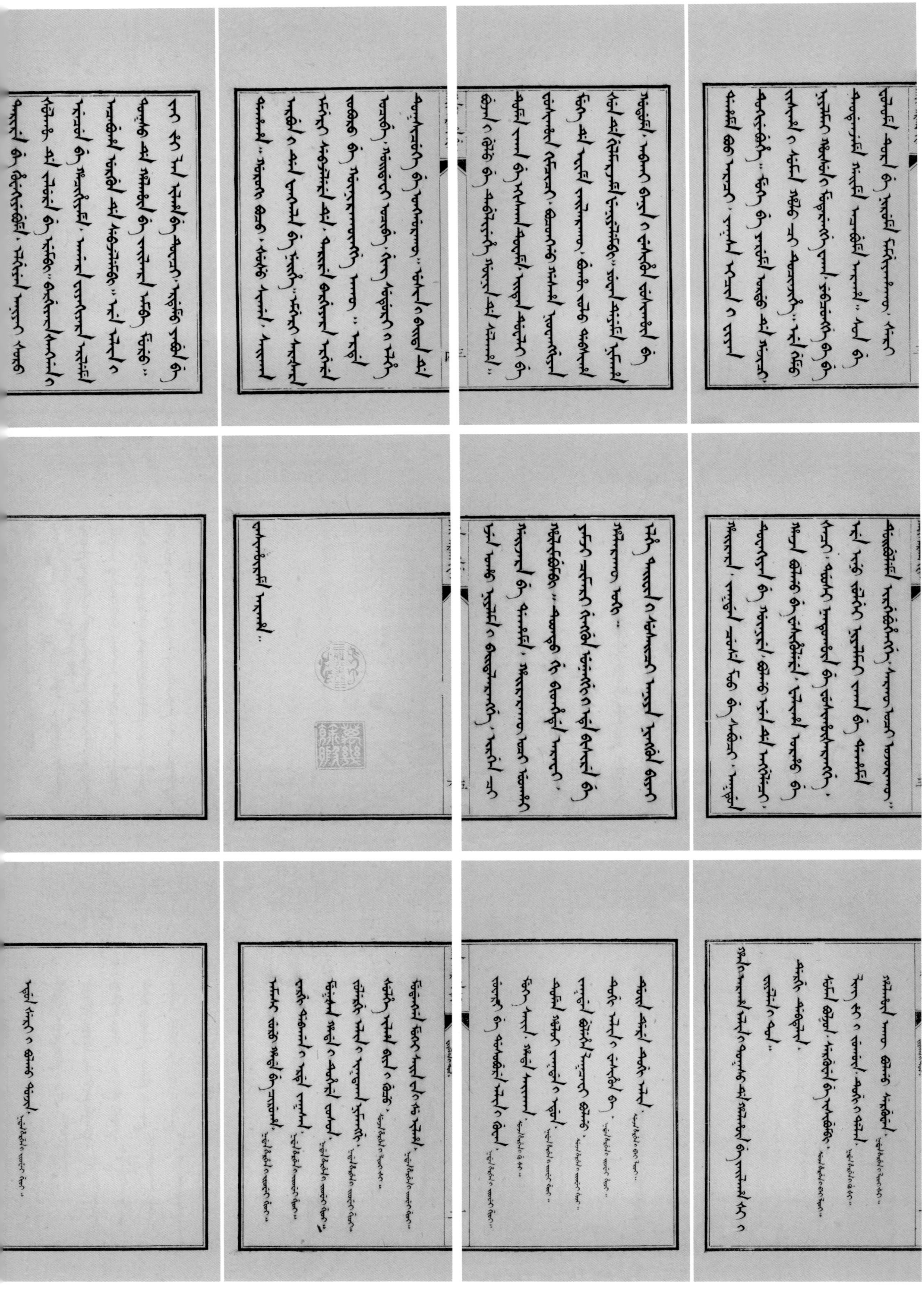

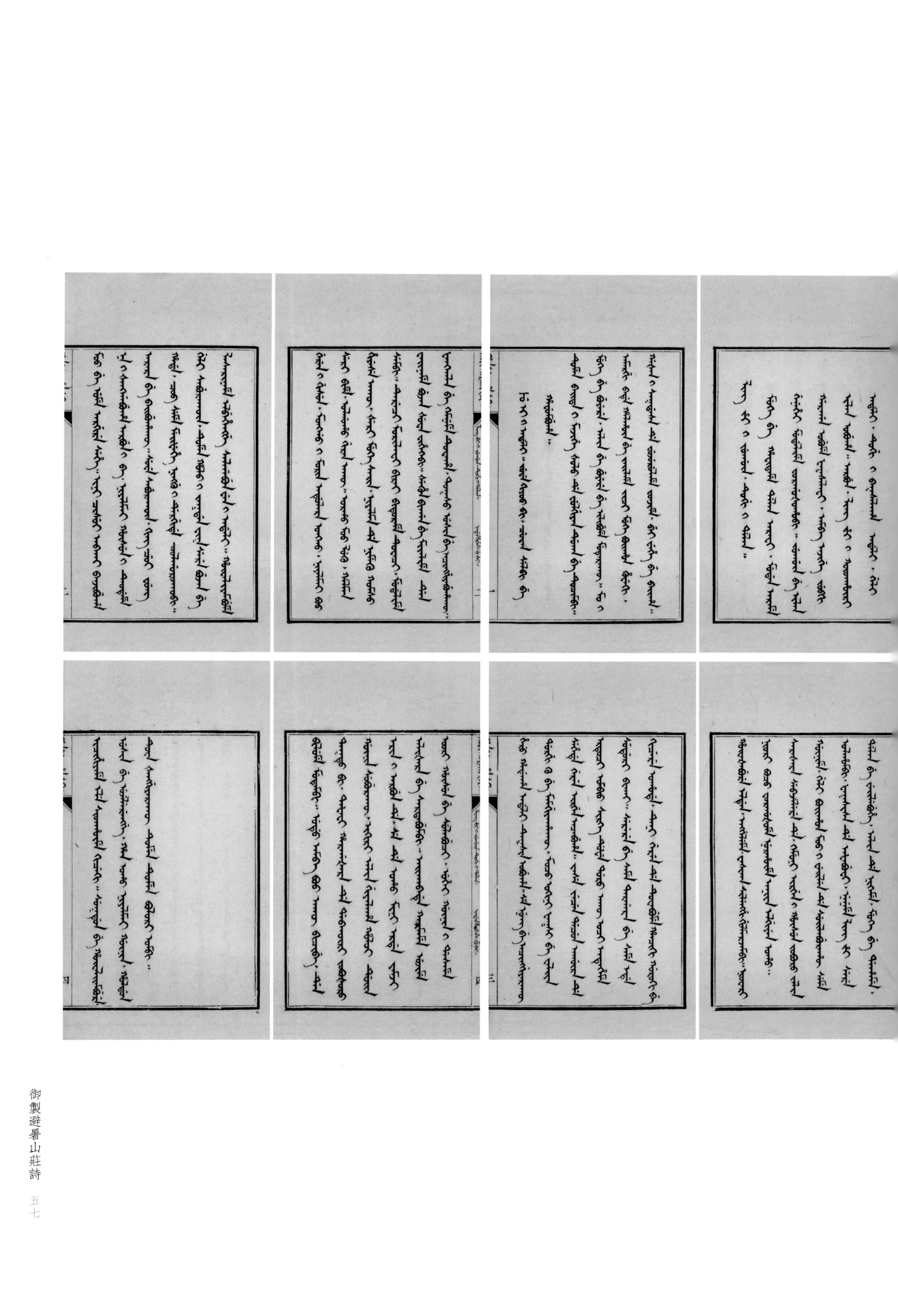

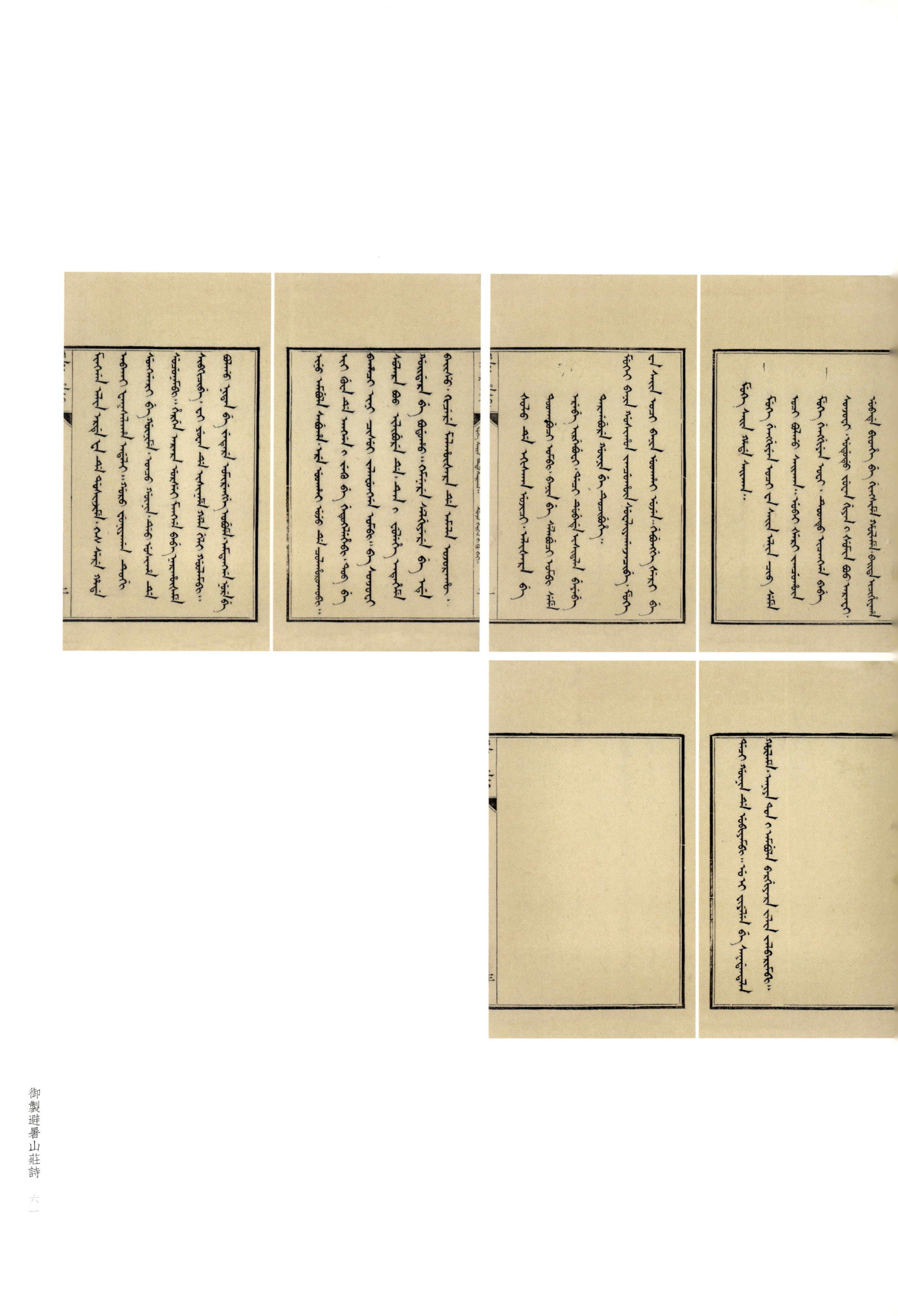

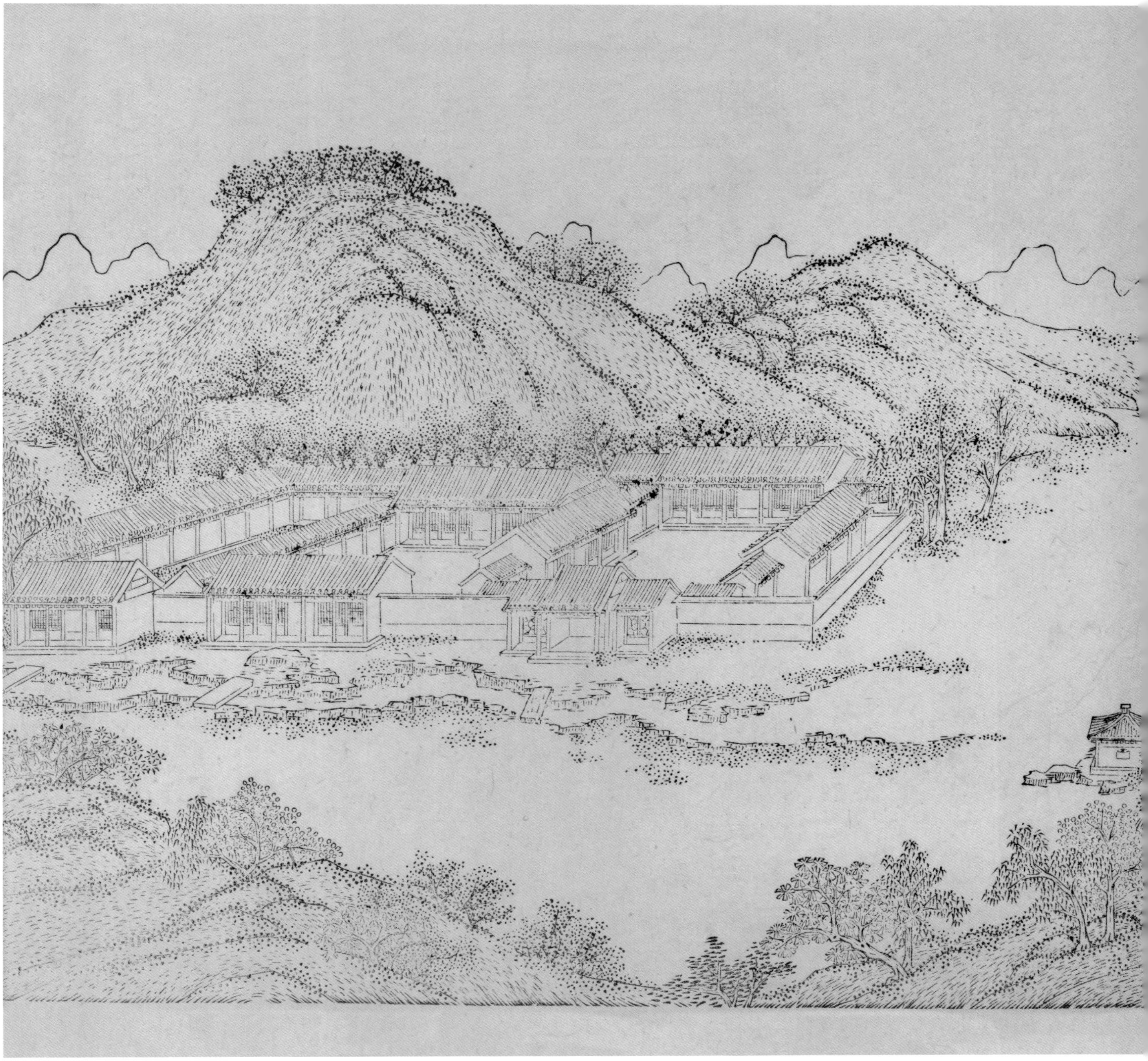

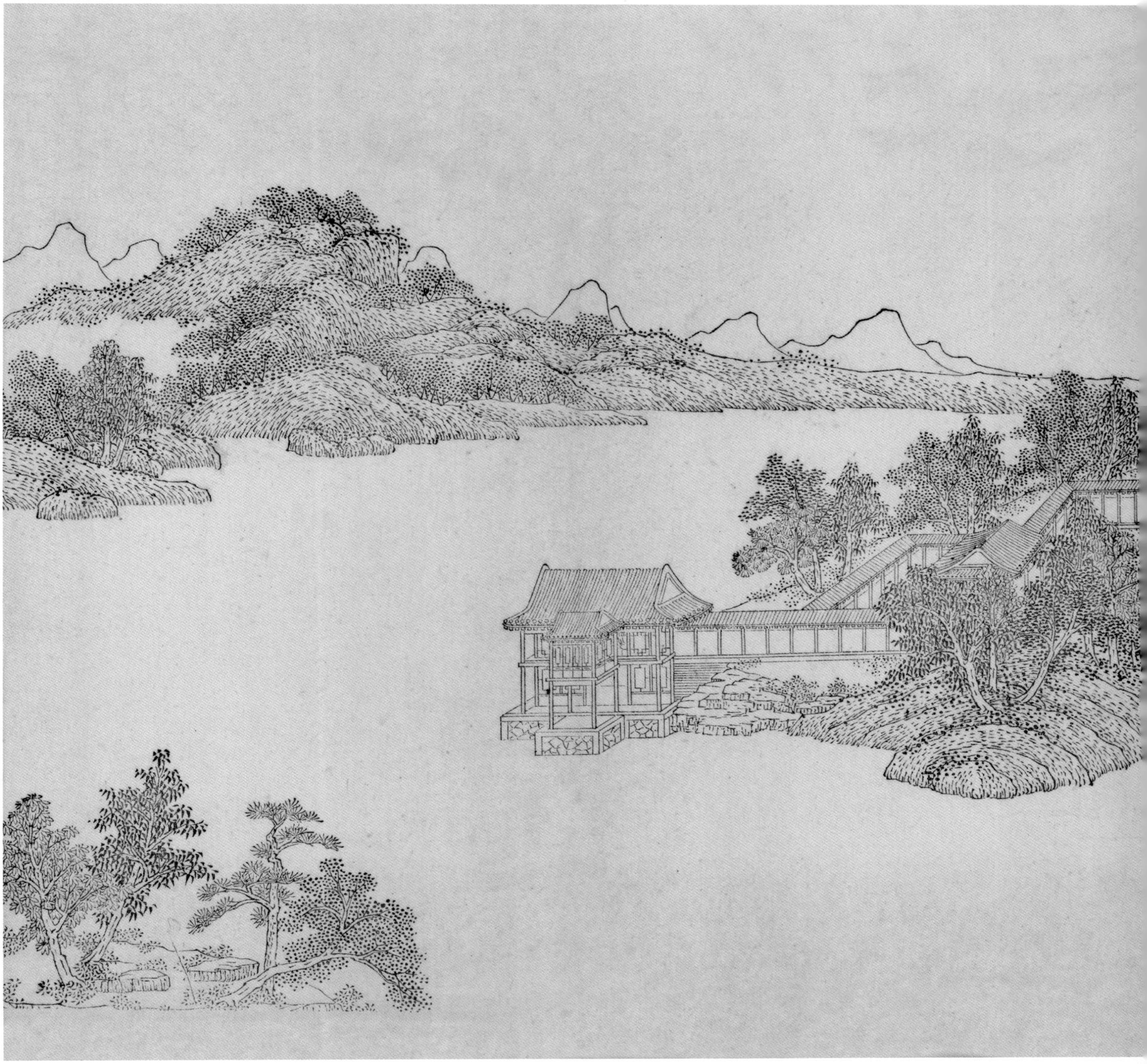

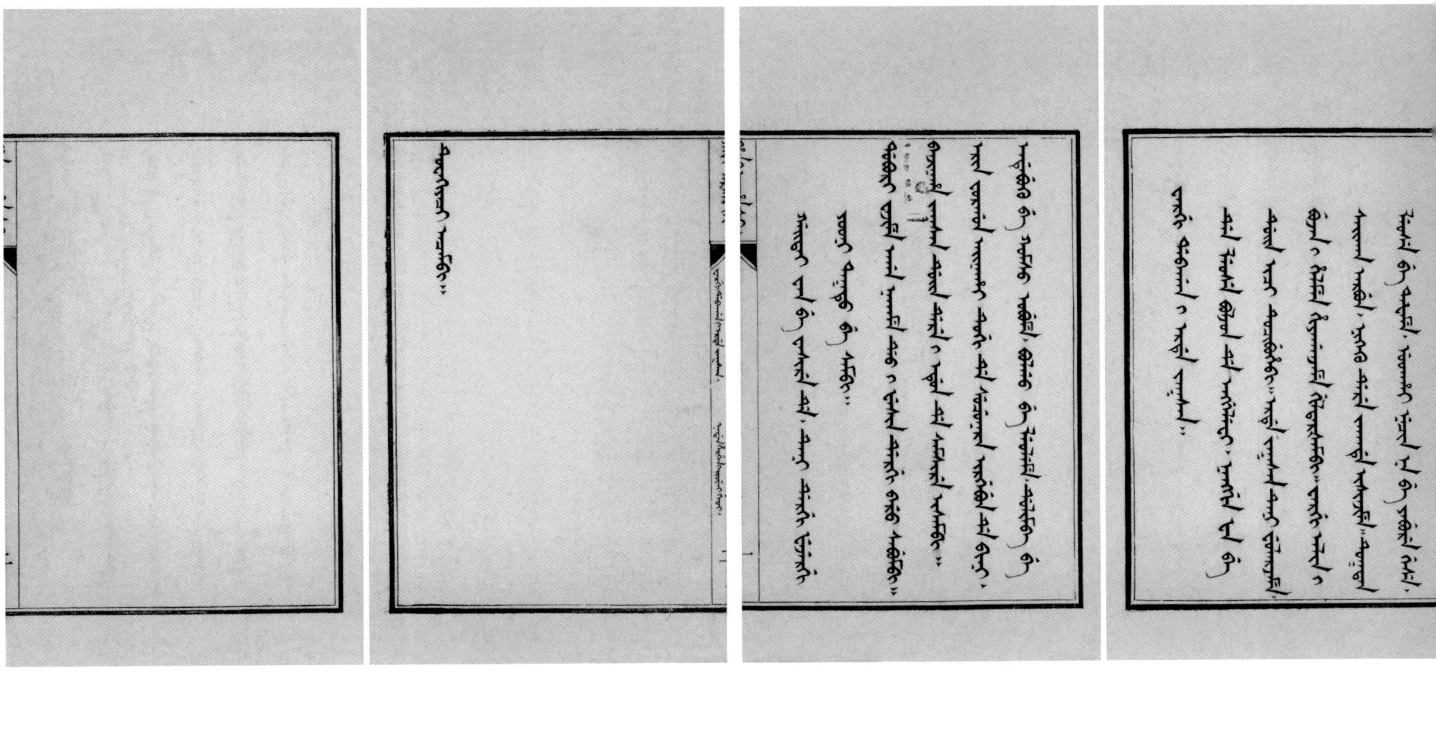

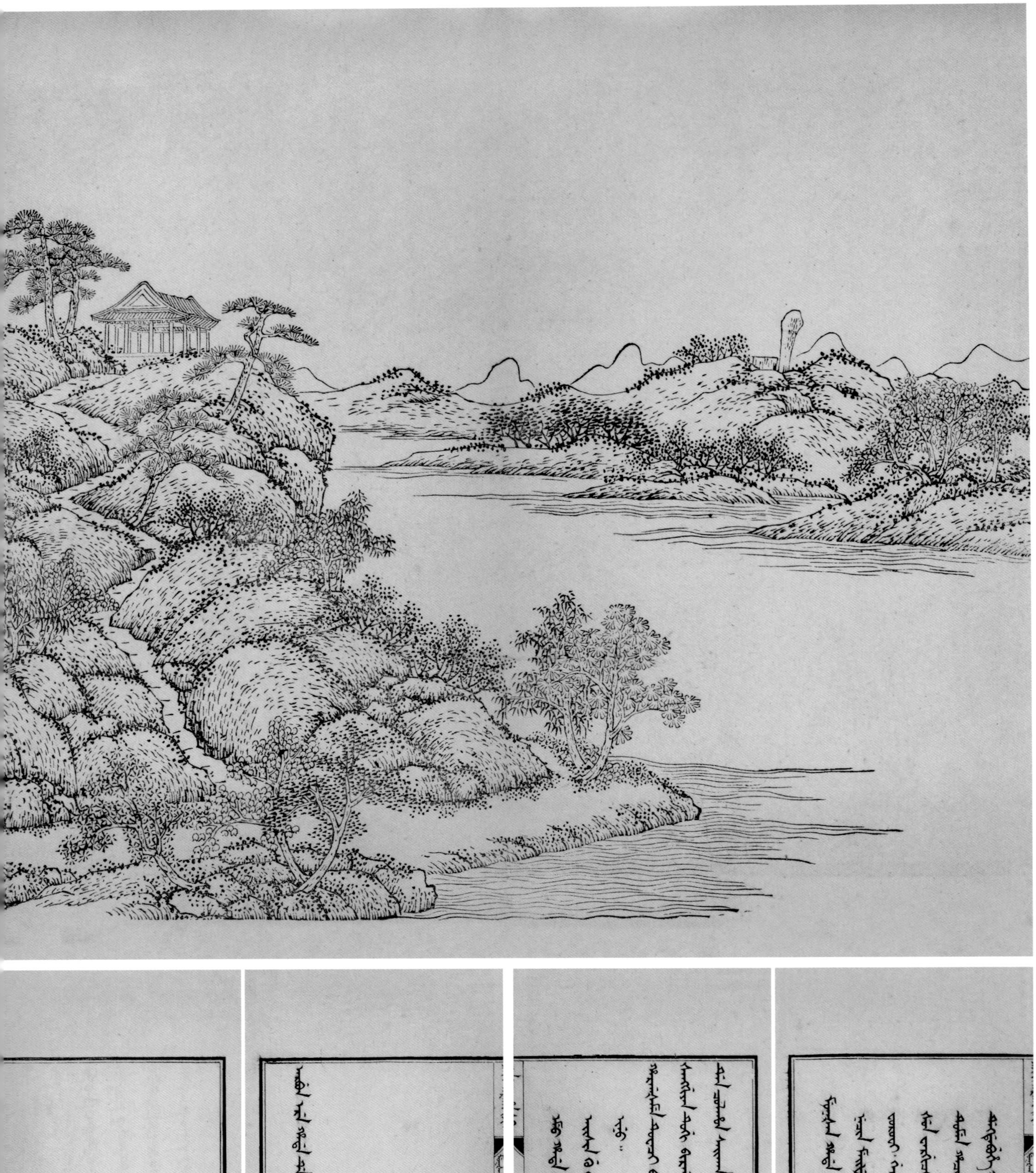

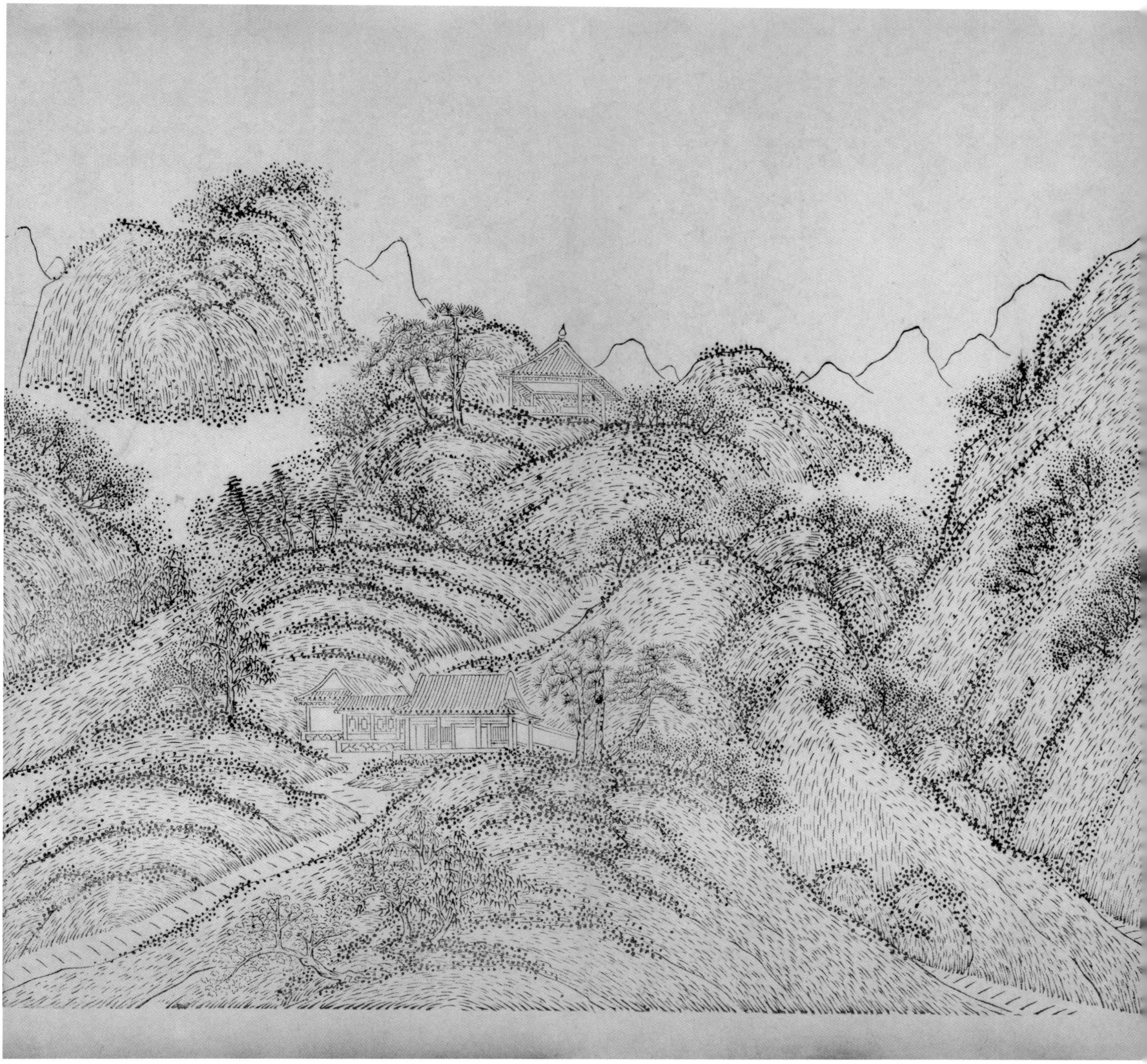

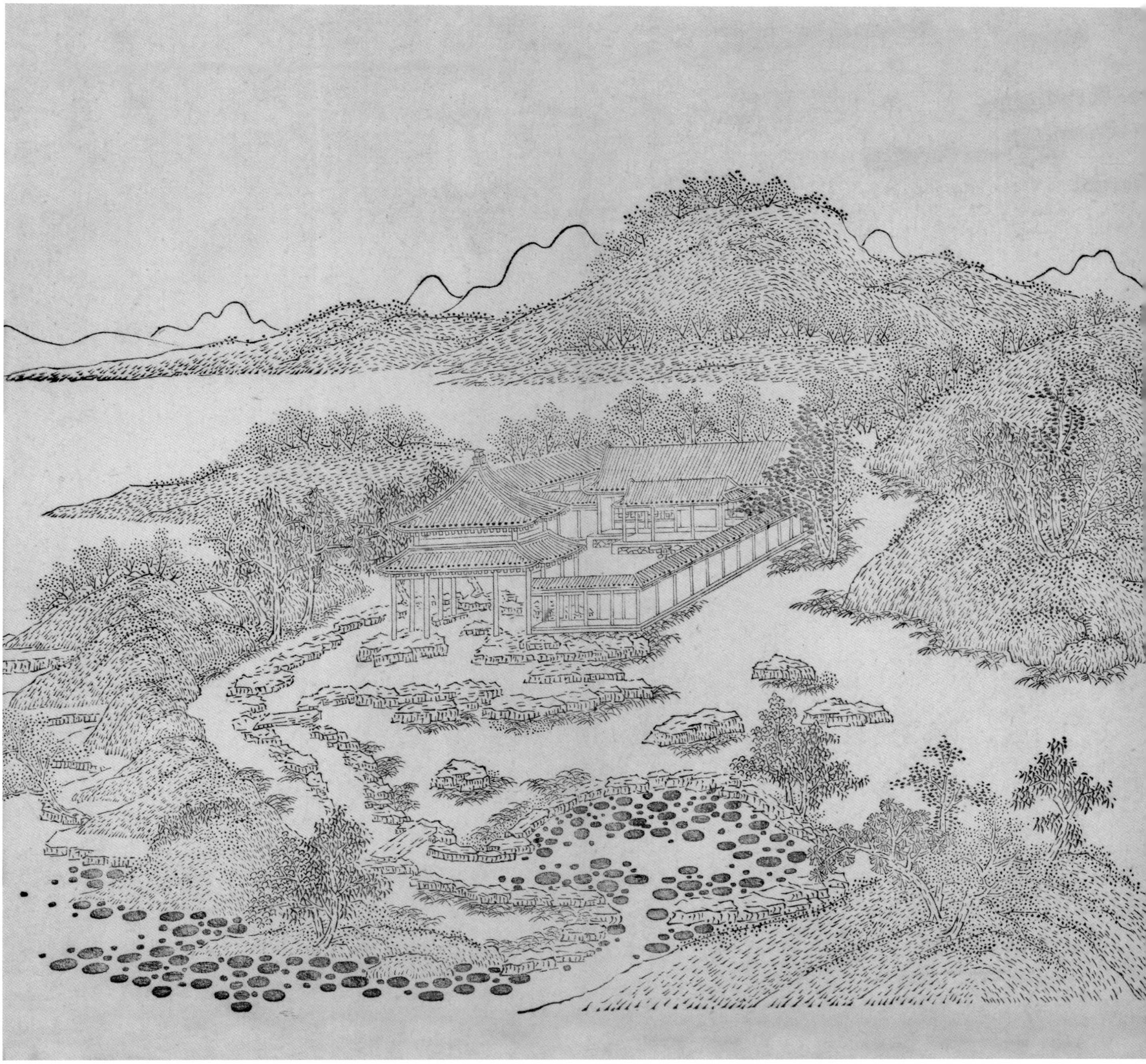

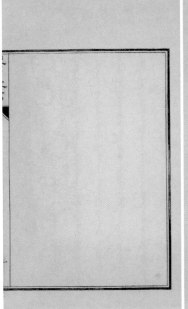

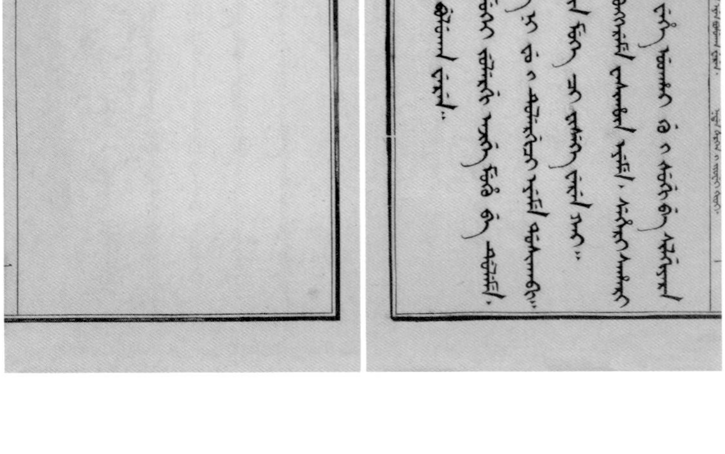

泉源石壁

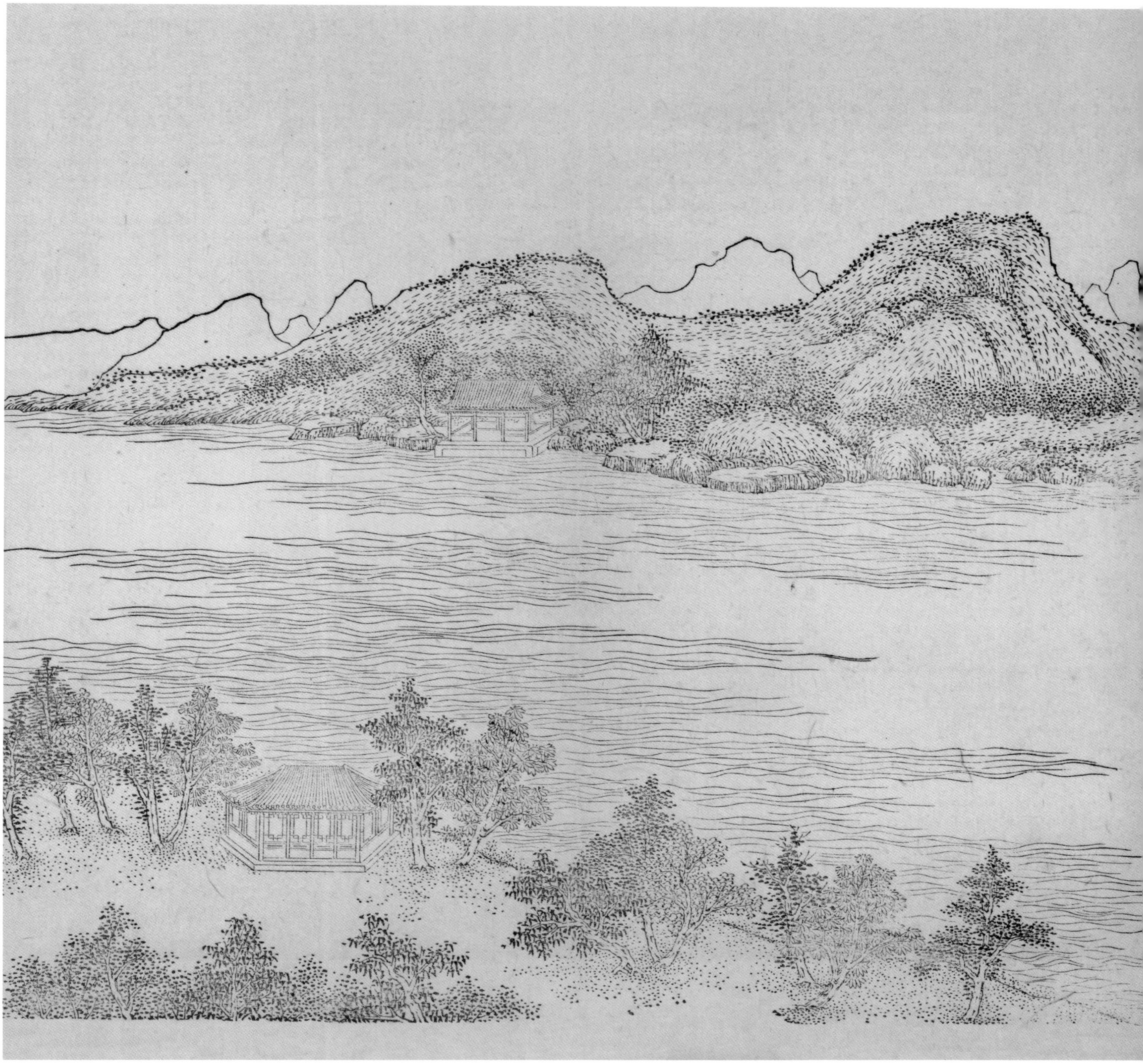

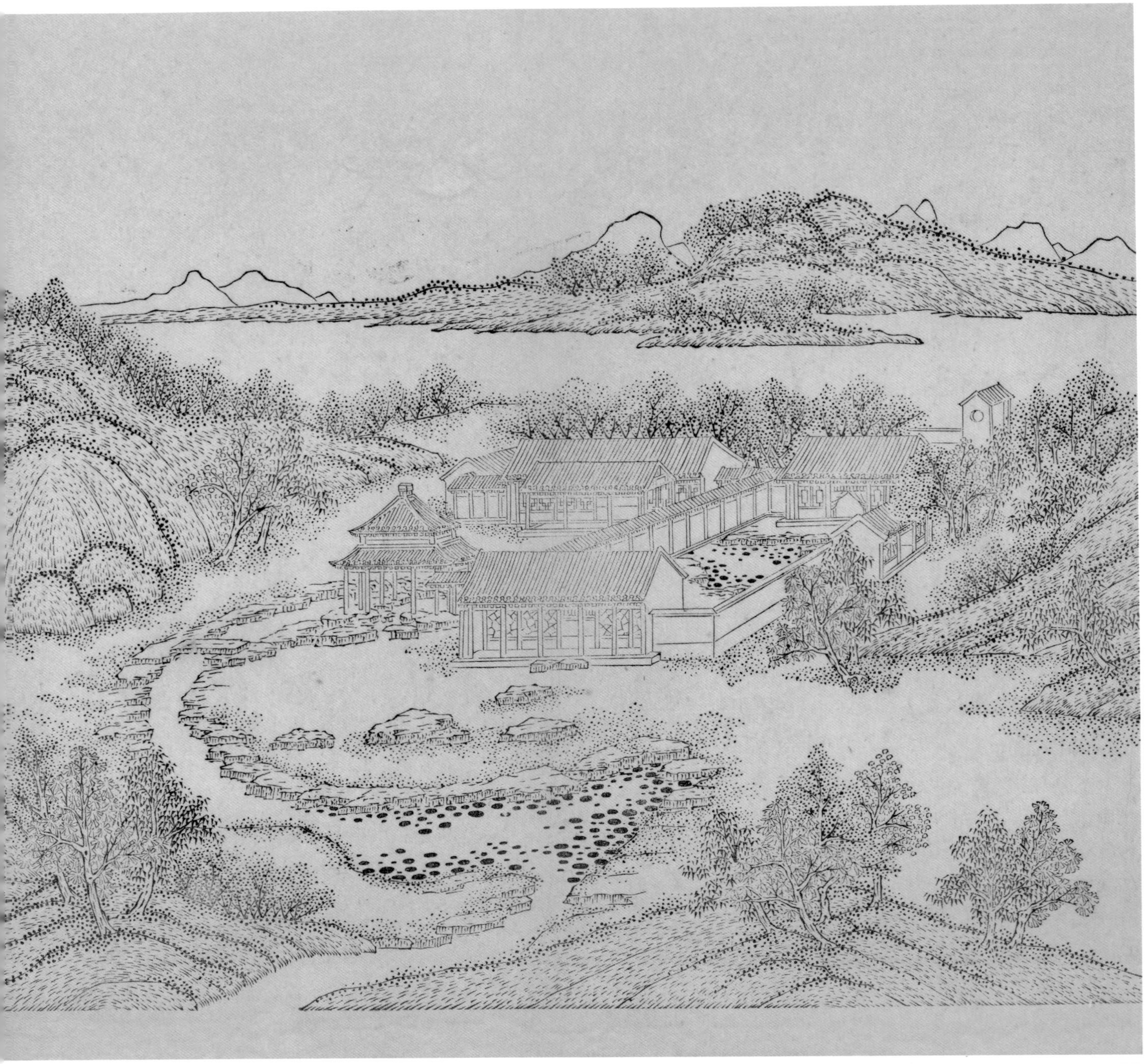

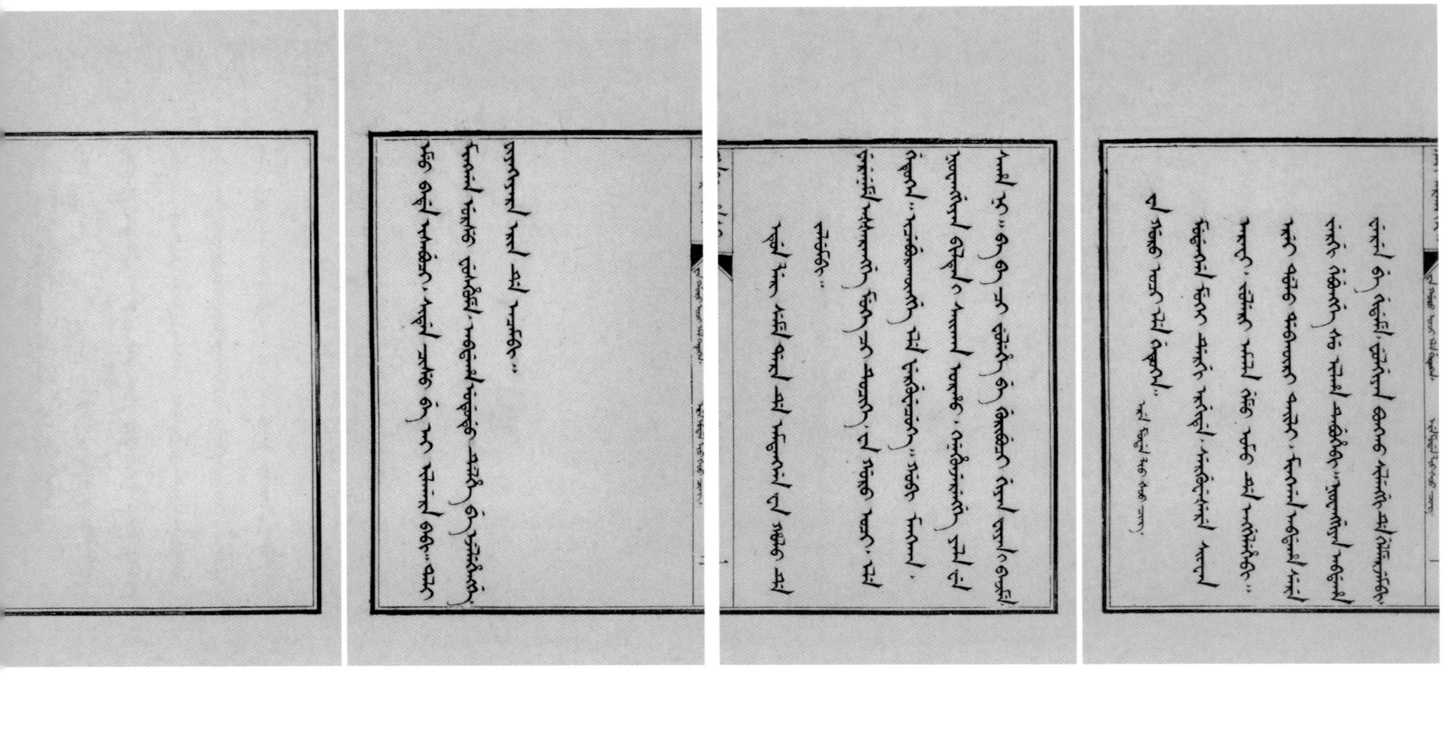

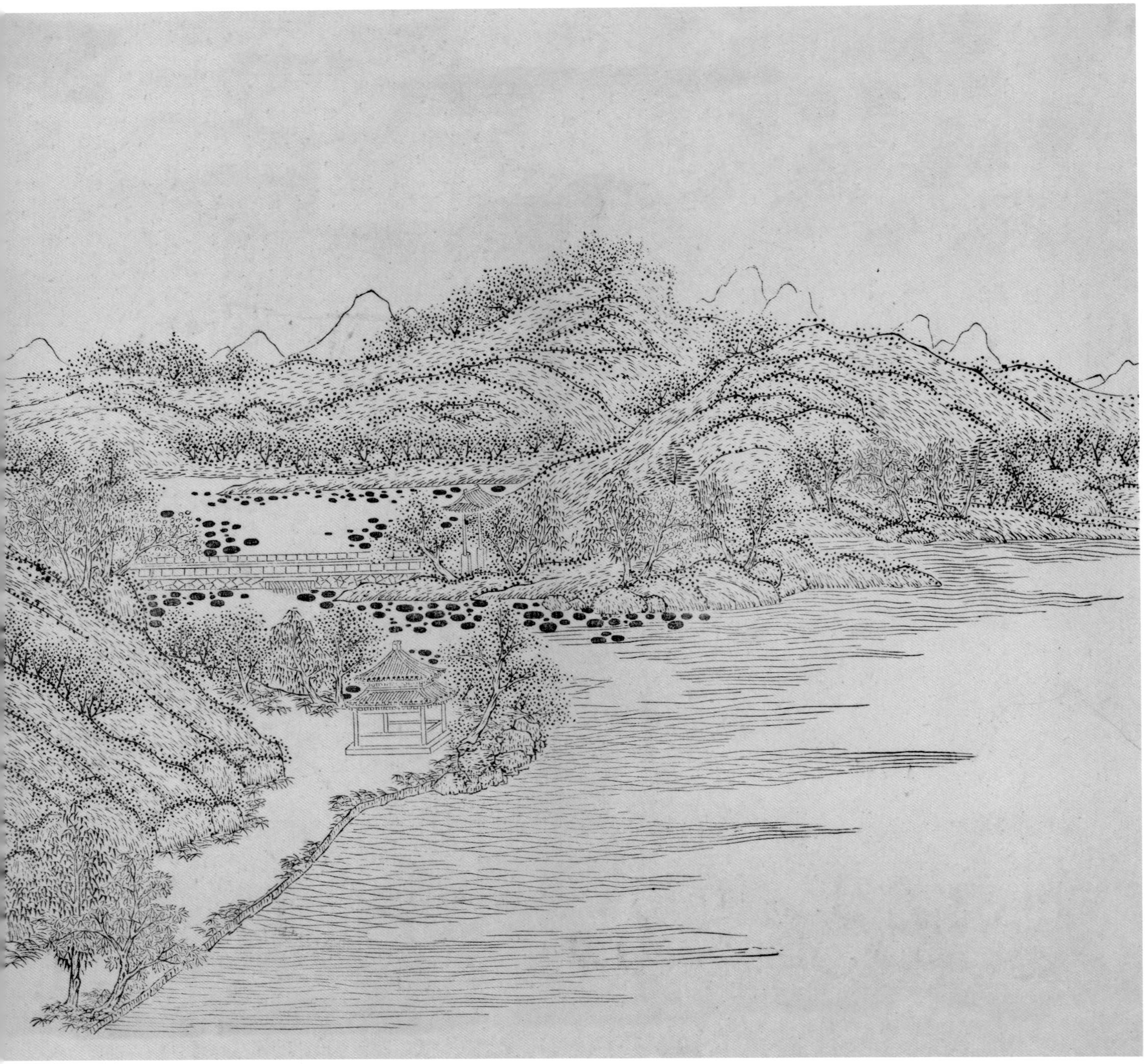

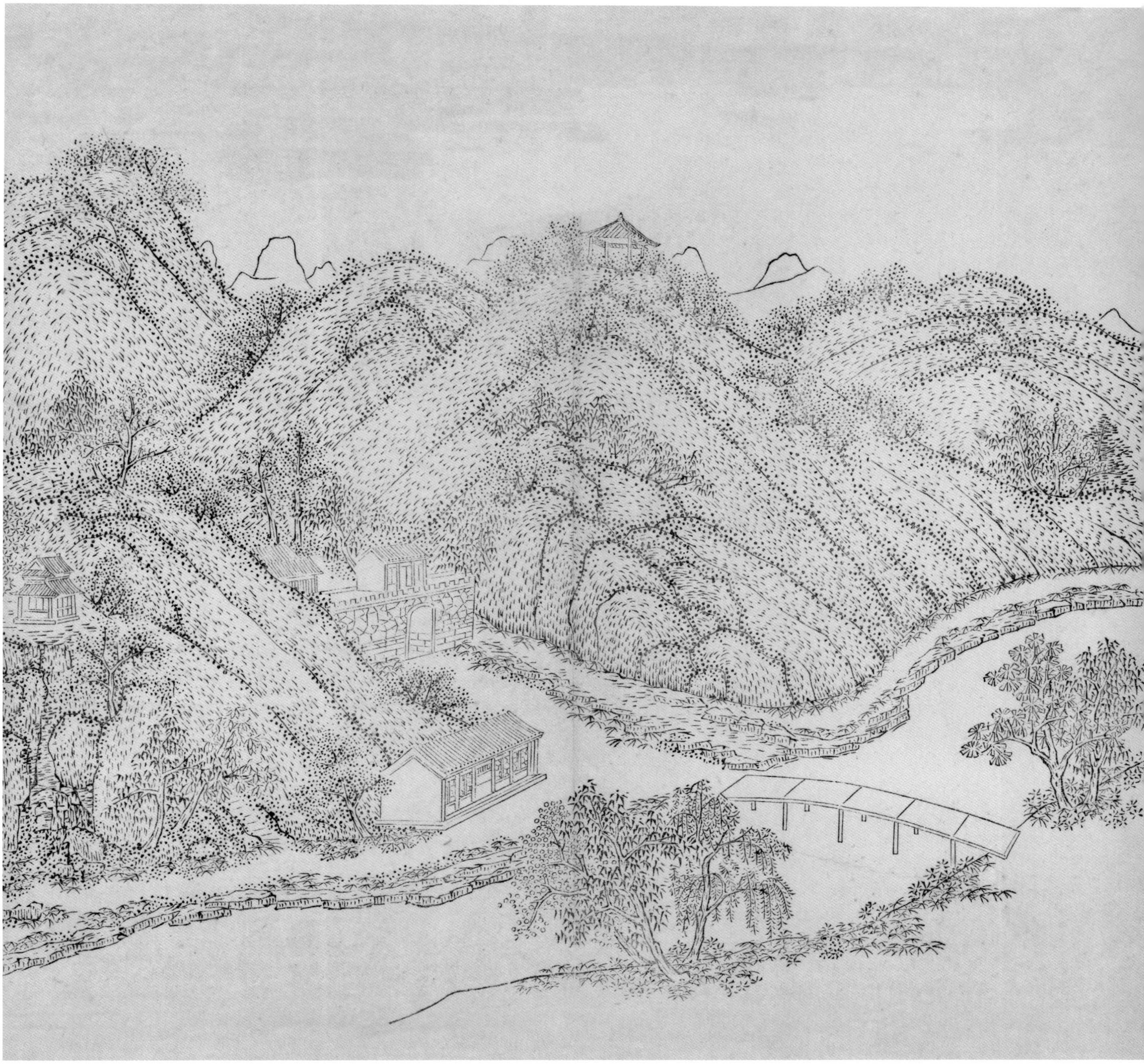

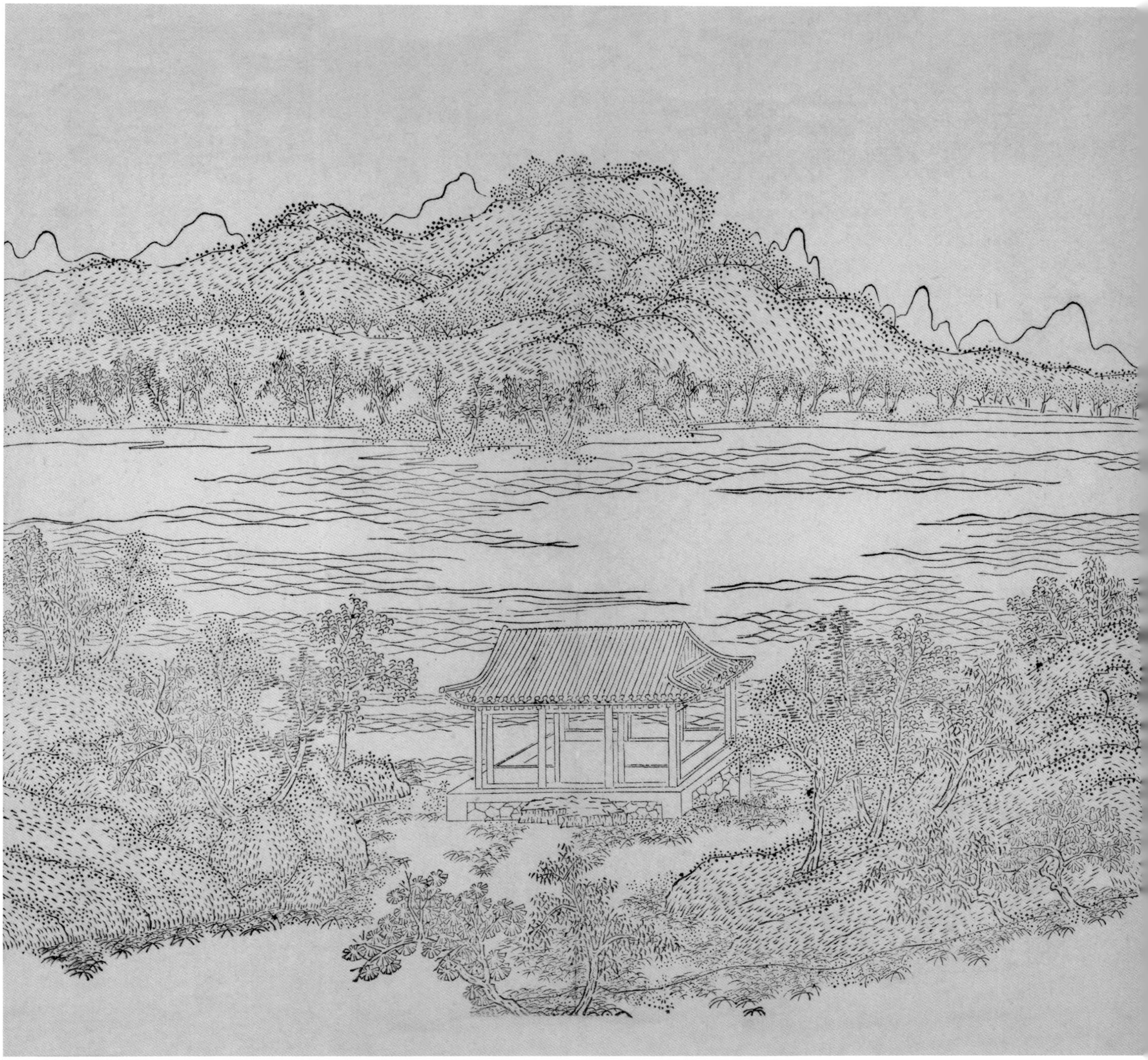

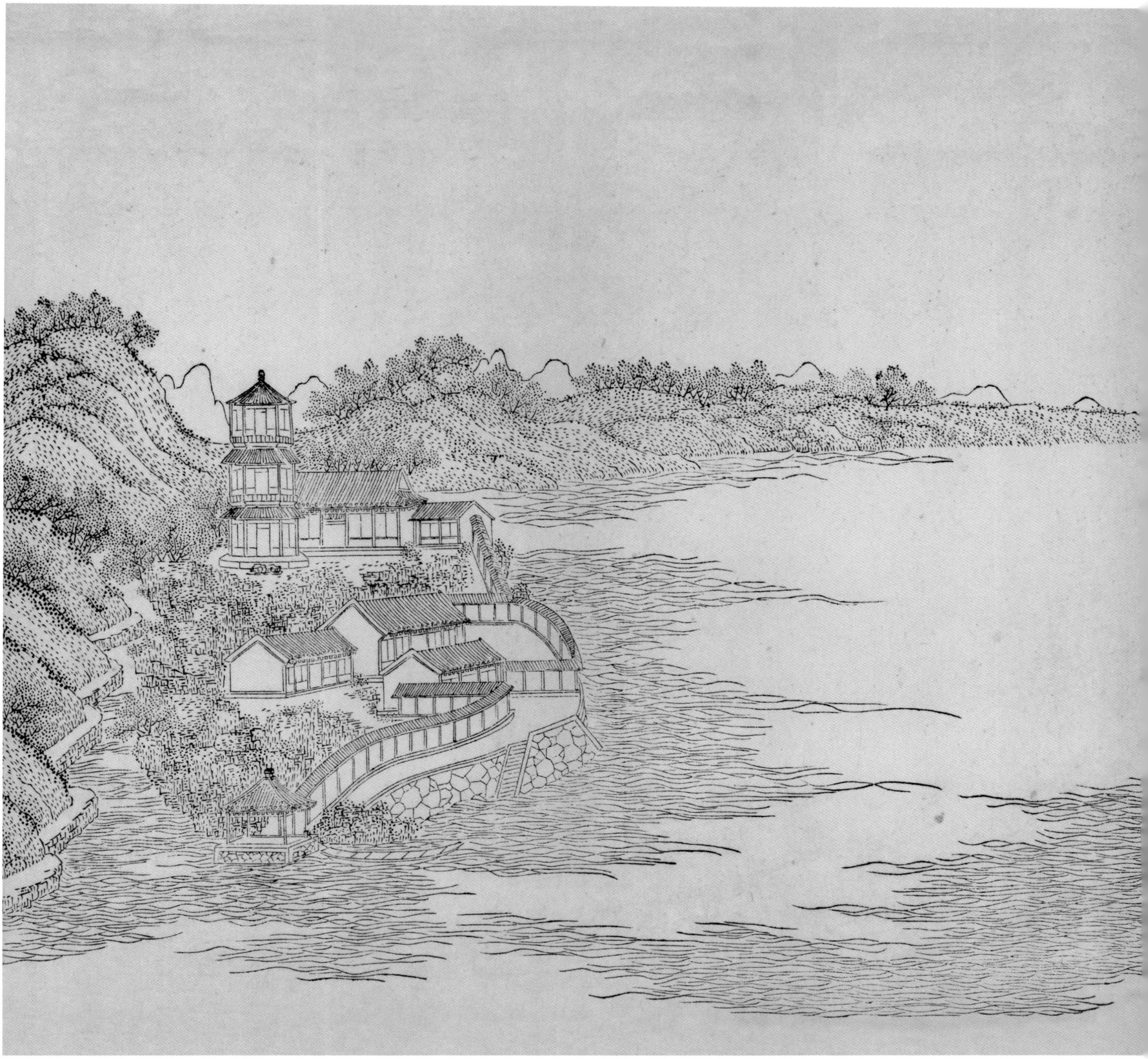

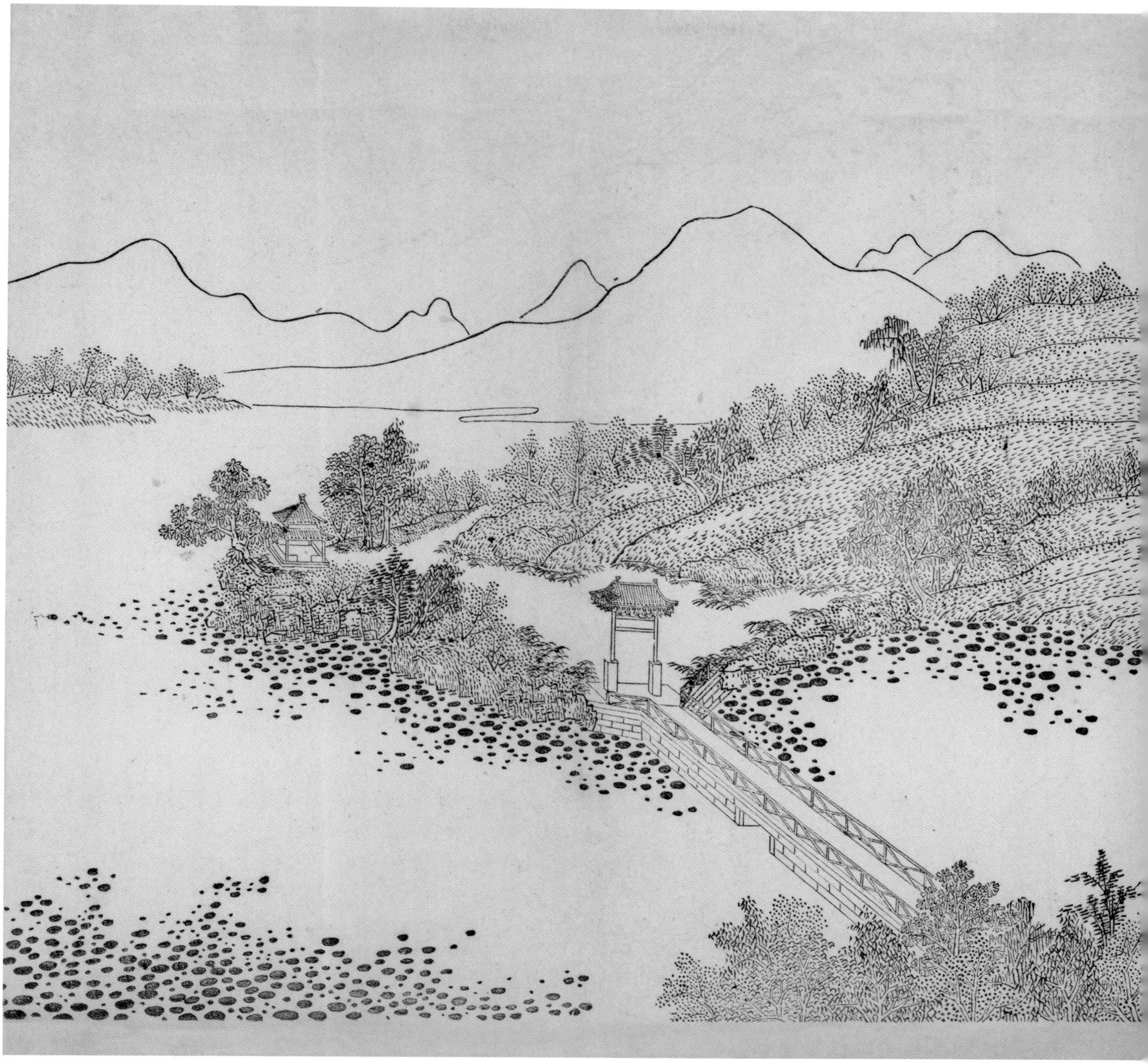

內務府司庫加一級臣沈
喻恭畫鴻臚寺序班加

避暑山莊全圖

作　者　（清）錢維城繪
年　代　清乾隆年間（一七三六—一七七二）
类　型　紙本彩繪
載體形態　一幅
尺　寸　縱一四一點五厘米，橫二三四厘米
索书号　211.911/074.45/1795

康熙二十年（一六八一），清政府爲加强對蒙古地方的管理，鞏固北部邊防，在距北京西北三百五十餘千米的翁牛特、喀喇沁等蒙古族游牧的地方建立了木蘭圍場。每年秋季，皇帝帶領王公大臣、八旗軍隊乃至後宫妃嬪、皇族子孫等數萬人前往木蘭圍場行圍狩獵，以達到訓練軍隊、固守邊防之目的。爲了解决皇帝沿途的吃住問題，在北京至木蘭圍場之間，相繼修建多座行宫，熱河行宫就是其中之一。熱河行宫又叫避暑山莊，位於今河北省承德市區北部，是清代皇帝夏天避暑和處理政務的場所。

避暑山莊及周圍寺廟自康熙四十二年（一七〇三）動工興建，至乾隆五十七年（一七九二）竣工，占地面積約五點六四平方千米。整個工程經歷了康熙、雍正、乾隆三代帝王，歷時八十九年。山莊的建築布局大體可分爲宫殿區和苑景區兩大部分。苑景區又可分成湖區、平原區和山區三部分，由康熙、乾隆二帝分别欽定的七十二景點遍布其內，擁有殿、堂、樓、館、亭、榭、閣、軒、齋、寺等建築一百餘處。園林的最大特色是山中有園，園中有山。

避暑山莊興建後，清帝每年都有大量時間在此處理軍政要事，接見外國使節和邊疆部族政教首領，避暑山莊成爲清代第二處政治行政中心和處理民族事務的重要場所。這裏發生的一系列重要事件，遺存的重要遺迹遺物，成爲中國多民族統一國家形成的歷史見證。直到嘉慶皇帝病死於此，行宫纔一度被冷落。清咸豐十年（一八六〇），咸豐皇帝爲避英法聯軍入侵北京之亂來熱河行宫，不久病死，清後期皇室懷疑此地不吉利而不再來。

圖中方向上北下南，全圖以鳥瞰全景畫形式生動描繪熱河行宫及其周圍的山水勝境與廟宇。十二座色彩絢麗、金碧輝煌的寺廟位於避暑山莊東部和北部丘陵起伏的地段，有衆星拱月之勢。除溥仁寺、溥善寺建於康熙年間，其餘十座寺廟均建於乾隆年間。當年有八座寺廟由理藩院管理，於北京喇嘛印務處注册，并在北京設有常駐喇嘛的『辦事處』，又都在古北口外，故統稱『外八廟』（即口外八廟之意）。久而久之，『外八廟』便成爲這十二座寺廟的代稱。山莊內外所有建築物與外八廟均貼紅簽，墨書名稱。麋鹿、白鶴不時在林間出没，形象生動，使整幅圖充滿了生機。全圖內容詳盡，畫工精緻，色彩艷麗，景點各要素均采用透視符號，形象逼真，立體感强，是一幅皇家園林專題地圖，也是中國古代同類地圖中的精品。

圖中繪有題爲『熱河』的景點，即熱河泉水流出山莊匯成的武列河。發源於蒙冀交界的武列河流至承德有温泉水注入，故武列河也叫熱河。康熙皇帝因留戀在温泉沐浴的情景，而引發修建避暑山莊的念頭，在山莊建成之後，還把温泉流經的地方命名爲『暖流暄波』。

宫殿區坐落在避暑山莊南部，東北接平原區和湖區，西北連山區。主體建築居中，附屬建築置於兩側，基本均衡對稱，由正宫、松鶴齋、東宫和萬壑松風四組建築組成。正宫是宫殿區的主體建築，包括九進院落，由麗正門、午門、閱射門、澹泊敬誠殿、四知書屋、十九間照房、烟波致爽殿、雲山勝地樓、岫雲門等組成。湖區多組建築巧妙地營構在洲島、堤岸和水面之中，展示出一幅水鄉景色。湖區的風景建築大多是仿照江南名勝建造的，如烟雨樓是模仿浙江嘉興南湖烟雨樓的形狀修建。山區古松參天，林木茂盛，自南而北，由四條溝壑組成，依次爲榛子峪、松林峪、梨樹峪、松雲峽，軒齋亭舍、佛教道觀等建築隱没於山巒之中。

避暑山莊及周圍寺廟是中國現存最大的古代帝王苑囿和皇家寺廟群。避暑山莊不僅規模宏大，而且在總體規劃布局和園林建築設計上都充分利用了原有自然山水的景觀特點和有利條件，吸取唐、宋、明歷代造園的優秀傳統和江南園林的創作經驗，加以綜合、提高，把園林藝術與技術水準推向了空前的高度，成爲中國古典園林的典範。

繪圖者錢維城，初名辛來，字宗磐，又字幼安，號幼庵、茶山，晚年又號稼軒，武進人，生於康熙五十九年（一七二〇），卒於乾隆三十七年（一七七二）。於乾隆十年（一七四五）得中狀元。此後錢維城曾官刑部侍郎，又入值南書房，并且一直在朝爲官，成爲乾隆皇帝倚重的文臣。錢維城爲官之餘，還擅長作畫，尤其以山水畫聞名畫壇。在錢維城的繪畫中，帶棱角的石形、雙鈎少皴的樹幹，以及中鋒含蓄的細筆、淡墨勾皴的綫條，都存有董邦達的筆意，但他更擅長縝密的用筆和青緑、赭石相間的設色，其中也顯示出清初『四王』（王時敏、王鑑、王翬、王原祁）的流派風格。在乾隆的收藏目録《石渠寶笈》中，收録錢維城作品一百六十餘幅。

《避暑山莊全圖》是一幅清皇家離宫專題地圖，忠實反映了避暑山莊全盛時期雄壯秀麗的景色，讓我們可以看到不少早已湮滅的避暑山莊建築的歷史面貌，具有很高的歷史價值和現實意義，同時也是一份極其珍貴的檔案資料和繪畫藝術品。

扎什倫布
普寧寺
普佑寺
澄暉樓
惠迪吉门
舍利塔
暖溜暄波
望源亭
永佑寺
蘋香泮
東船塢
熱河
安遠廟
布達拉
普樂寺
流盃亭门
普善寺
戒得堂
溥

殊像寺
天然亭
山近軒
斗母閣
北枕雙峰
霞標
廣元宮
南山積雪
如意亭
山神廟
暖觀
榛櫟林
雲容水態
笠雲亭
文津閣
靈澤
圃田叢越
水月庵
千尺雪
金山
鶯囀喬木
煙雨楼
遠近泉声
水流雲在
金蓮映日
意洲
法林寺
新所
臨芳墅
無暑清凉
月色江
環

普善寺
溥仁寺
流盃亭门
戒得堂

木
遠近泉声
水流雲在
金蓮映日
臨芳墅
無暑清凉
意洲
法林寺
新所
環碧
月色江聲
萬壑松風
八空閘
文
卷阿勝境
勤政殿
清音閣
錢粮處
德滙門

羅汗堂
戒台
五岑精舍
西北門
宜照齋
厰晴齋
如意亭
四面雲山
延靜堂
創得齋
含青齋
梨花伴月
九蓮池
食蔗居
觀
遠近泉声
極樂世界
湧翠岩
瀑布
石駿觀魚
垂峯落照
珠源寺
西船塢
虹飲練
河普渡
松鶴清越
芳渚臨
芳

西峪
鹫云寺
太古山房
鉄門
城隍庙
碧峯門
味甘書屋
碧峯
文廟

觀
遠近泉声
極樂世界
湧翠岩
瀑布
石磯觀魚
垂峯落照
珠源寺
西船塢
虹飲練
河普渡
芳渚臨流
松鶴清越
芳園居
如意湖
萬壑松風
雲山勝地
煙波致爽
四知書屋
綏成殿
澹泊敬誠
樂壽堂
總管衙門
阿哥所
避暑山莊
前宮
麗正門

城隍庙
碧峯門
味甘書屋
碧峯寺
文廟
綺望樓
坦坦蕩蕩

避暑山莊全圖

作　者 不詳

年　代 清光緒年間

類　型 紙本彩繪

載體形態 一幅

尺　寸 縱二一二厘米，橫三八四厘米

索書號 211.911/074.45/1900-2

避暑山莊，又稱『承德離宫』或『熱河行宫』，在今河北省承德市區北部，曾是清代皇帝夏天避暑和處理政務的場所，今爲全國重點文物保護單位，中國四大名園之一，也是世界文化遺産。圖中以紅色貼簽分别標示出殿閣及山川名稱。該圖采用中國古代地圖形象繪法，内容詳細，畫工精巧，色彩清雅，立體感强，生動地表現了承德離宫與外八廟及附近山水勝景全貌。

避暑山莊整體布局巧妙，善用地形，因山就勢，分區明確，康熙、乾隆欽定的七十二景分布其中。由圖中可以看出，山莊分宫殿區、湖泊區、平原區、山巒區四大部分，整個山莊東南多水，西北多山，濃縮了中國自然地貌的特徵。

宫殿區位於圖中南部，地形平坦，占地約一〇點二萬平方米，建築風格樸素淡雅，由正宫、松鶴齋、萬壑松風和東宫四組建築組成，是皇帝處理朝政、舉行慶典和生活起居的地方。湖泊區在宫殿區的北面，面積約

四九點六萬平方米。有大小湖泊八處，即西湖、澄湖、如意湖、上湖、下湖、銀湖、鏡湖及半月湖，統稱爲塞湖。湖區的風景建築大多是仿照江南名勝建造的，層次分明，洲島錯落，碧波蕩漾。平原區位於山莊北部，地勢開闊，占地約六〇點七萬平方米，主要爲草原與樹林，有試馬埭和萬樹園。試馬埭是皇帝舉行賽馬活動的場地。萬樹園內有不同規格的蒙古包，是避暑山莊內重要的政治活動中心之一，乾隆帝經常在此召見邊疆各部族的王公貴族、宗教首領和外國使節。萬樹園西側有中國四大皇家藏書名閣之一的文津閣。山巒區在圖中的西北部，面積四四三點五萬平方米，約占全園面積的五分之四，這裏山巒起伏，溝壑縱横，衆多殿堂樓閣、寺廟點綴其間，分布着溥仁寺、溥善寺（已毁）、普樂寺、安遠廟、普寧寺、須彌福寺之廟、普陀宗乘之廟、殊像寺等十二座寺廟，俗稱『外八廟』，爲邊疆各部族首領朝覲時的住所。外八廟以漢式宫殿建築爲基調，吸收了蒙、藏、維等民族建築藝術特徵，創造了中國多樣統一的寺廟建築風格。山莊周圍有許多奇峰怪石，各呈體態，與避暑山莊和外八廟融合成一處優美的風景勝地。《避暑山莊全圖》不僅展現了『中國古典園林最高範例』的全貌，亦爲後世研究歷史檔案、繪畫藝術、園林建築以及修復避暑山莊提供了珍貴資料。

藥王廟
老爺廟
普寧寺
普佑寺
二道河
安遠廟
老爺廟
溥善寺
溥仁寺
龍王閣
舍利塔
熱河
流杯亭門

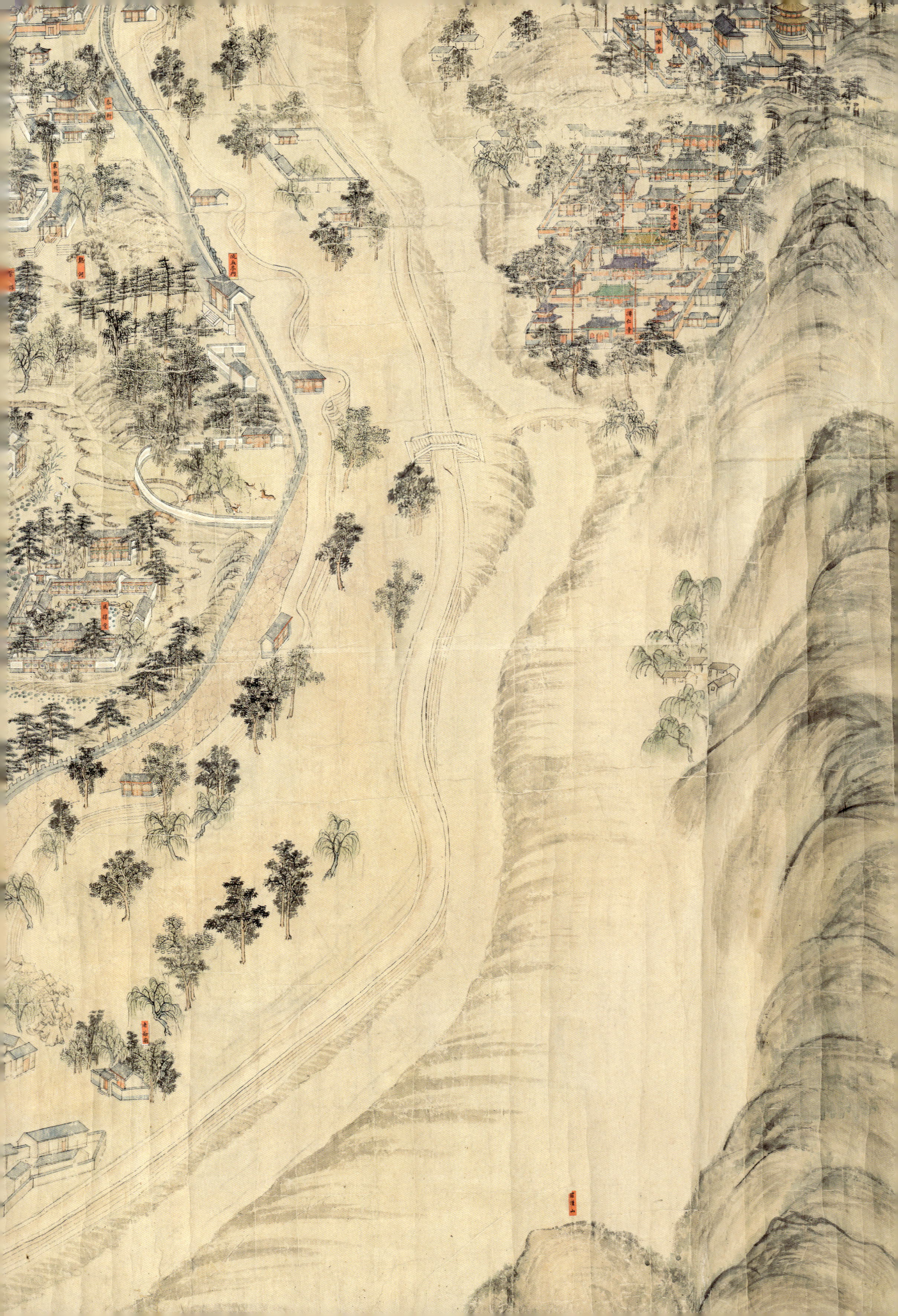

溥樂寺
流盃亭門
熱河
溥善寺
溥仁寺
戒得堂
羅漢山

烟雨樓
西嶺晨霞
如意洲
雲帆月舫
延薰山館
法林寺
觀蓮所
無暑清涼
芝逕雲堤
清音閣
水心榭
文園
德滙門

考棚
碧峯門
吉祥所
臥碑
承德府
城隍廟
御座房
兵備道
文廟
紅廟山
月牙城
坦坦蕩蕩
文昌閣
馬神廟
關帝廟
火神廟
武廟
財神廟
龍王廟

關中八景圖

作　　者　（清）朱集義製圖并詩

年　　代　清康熙十九年（一六八〇）

類　　型　石刻墨拓本

載體形態　一幅

尺　　寸　縱一一二厘米，横七〇厘米

索 書 號　215.01/074.2/1680

原碑現藏於西安碑林博物館。《關中八景圖》中的八景爲中國西部地區著名的景觀，是陝西八處人文景觀的合稱，至今仍是陝西自然與文化特質的重要符號。八景分别爲：華嶽仙掌、驪山晚照、霸柳風雪、曲江流飲、雁塔晨鐘、咸陽古渡、草堂烟霧、太白積雪。

作爲陰刻綫圖，《關中八景圖》布局全部爲『先圖後詩』，詩與圖的占比一致，各占一半，圖畫部分具有『集義』『介庵』兩印，而詩文采用行書題刻，有『朱集義印』『介庵』兩印。關於作者朱集義，圖後周王褒跋：『介庵朱年臺，周山世族，爲河東鹽使者。質庵先生之弟，弱冠筮仕朝坂，朝民稱爲召□督。……介庵不色喜，嘗往來青門，晋謁事務之餘，盱衡關中之八景，乃濡毫繪圖，口占成韻，讀其詩而烟雲萬狀，展其圖而曲盡幽人。』可知其工於詩書。

《華嶽仙掌》爲八景圖中的第一幅，畫中主體是西嶽華山，山間有房屋、林木、步道，右上部隸書『華嶽仙掌』。詩序爲：『太華山在華陰，爲西嶽。嶽有掌曰巨靈。遥望之如五指參差出壁上也，注目仰觀，其景逼真。』詩文爲：『玉屑金莖承露盤，武皇曾鑄舊長安。何如此地求仙訣，眼底烟雲指上看。』

《驪山晚照》上部爲驪山群峰，中有樹木、房屋，右上隸書『驪山晚照』。詩序爲：『驪山在城東，居震位，岩壑勝概，宛然在望，爰及薄暮，夕陽遥映，極目遠眺，真佳景也。』詩文爲：『幽王遺恨没荒臺，翠柏蒼松綉作堆。入暮晴霞紅一片，尚疑烽火自西來。』

《霸柳風雪》上部繪製山脉，中部繪有河流和楊柳，右下角有霸橋局部，左上部隸書『霸柳風雪』。詩序爲：『霸水者，本滋水也，穆公因誇霸功，故改今名。旁多樹柳，每至春杪，柳絮迎風直與冬雪無異耳。』詩文爲：『古橋石路半傾欹，柳色青青近掃眉。淺水平沙深客恨，輕盈飛絮欲題詩。』

《曲江流飲》上部爲群山和林木，下部爲蜿蜒的曲江，右上角則有三座建築，左上角隸書『曲江流飲』。詩序爲：『城東南十里許，有漢曲江池，其水曲折，似嘉陵江。迨至李唐，泛杯流飲，誠一時盛事。』詩文爲：『坐對迴波醉復醒，杏花春宴過蘭亭。如何但説山陰事，風度曾經數九齡。』

《雁塔晨鐘》左部爲薦福寺，其内有小雁塔，左上角隸書『雁塔晨鐘』。其詩序爲：『城南薦福寺有浮圖，聳立於霄漢間者，俗呼爲小雁塔是也。爰有古鐘，寺僧曉扣，則清音遠震。』詩文爲：『噌吰初破曉來霜，落月遲遲滿大荒。枕上一聲殘夢醒，千秋勝迹總蒼茫。』

《咸陽古渡》上部爲山巒，左部爲咸陽城門，中部爲寬闊的渭河，右上角隸書『咸陽古渡』。詩序爲：『咸陽，秦之故都。其城南帶渭水，巨波洪浪衝激多年而隍不齧，秦人稱爲古渡云。』詩文爲：『長天一色渡中流，如雪蘆花載滿舟。江上丈人何處去，烟波依舊漢時秋。』

《草堂烟霧》中所繪草堂位於山中，下有一條小溪，左上角隸書『草堂烟霧』。其詩序爲：『城西南有圭峰，下爲逍遥園故址。昔鳩摩羅什譯經於此。今謂之草堂寺。山嵐水氣，鬱爲烟霧。』詩文爲：『烟霧空濛叠嶂生，草堂龍象未分明。鐘聲縹緲雲端出，跨鶴人來玉女迎。』

《太白積雪》爲《關中八景圖》中最後一幅圖，圖中所繪主體爲太白山，山頂白雪皑皑，山間有建築、林木、棧橋，山頂上方隸書『太白積雪』。詩序爲：『去城西三百里，有山曰太白。盛夏積雪，凜若冰巘。五陵道上，引領遥望，有玉龍横卧天門之象。』詩文爲：『白玉山頭玉屑寒，松風飄拂上琅玕。雲深何處高僧卧，五月披裘此地看。』

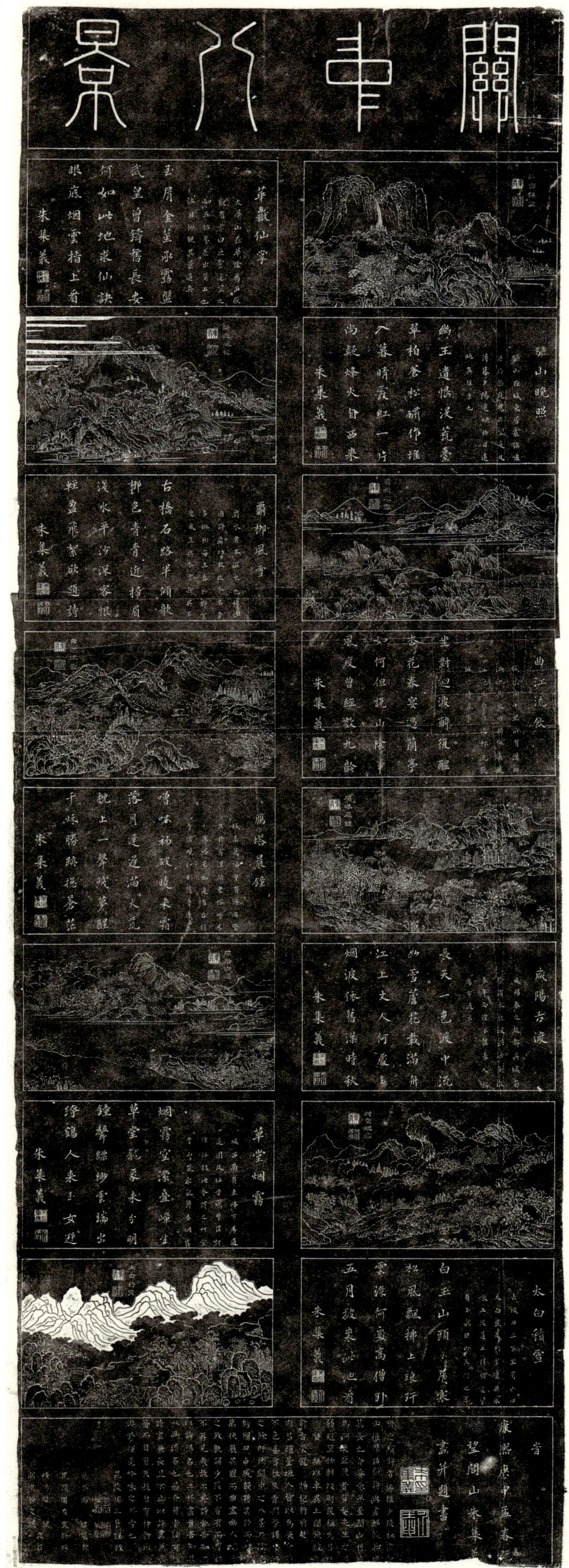
關中八景

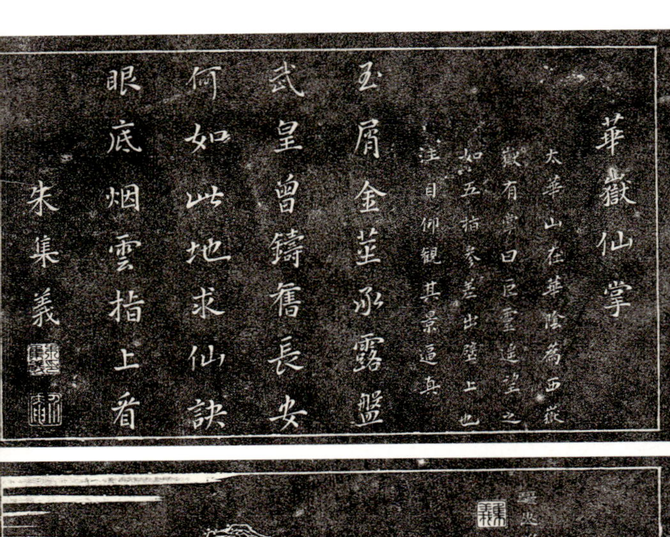

華嶽仙掌

太華山在華陰縣西嶽，有掌曰巨靈迹，望之如五指參差出壁上也。注目仰觀，其景逼真。

玉屑金莖承露盤
武皇曾鑄舊長安
何如此地求仙訣
眼底烟雲指上看

朱集義

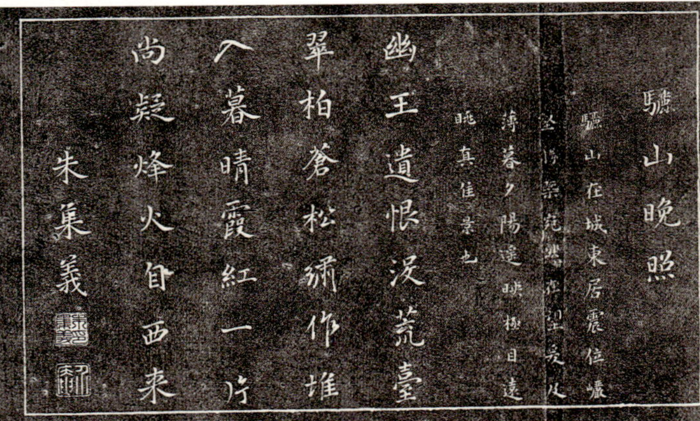

驪山晚照

幽王遺恨沒荒臺
翠柏蒼松繡作堆
入暮晴霞紅一片
尚疑烽火自西來

朱集義

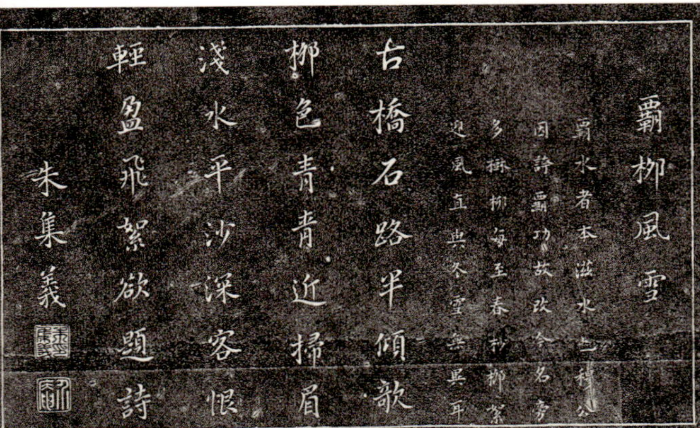

霸柳風雪

古橋石路半傾欹
柳色青青近掃眉
淺水平沙深客恨
輕盈飛絮欲題詩

朱集義

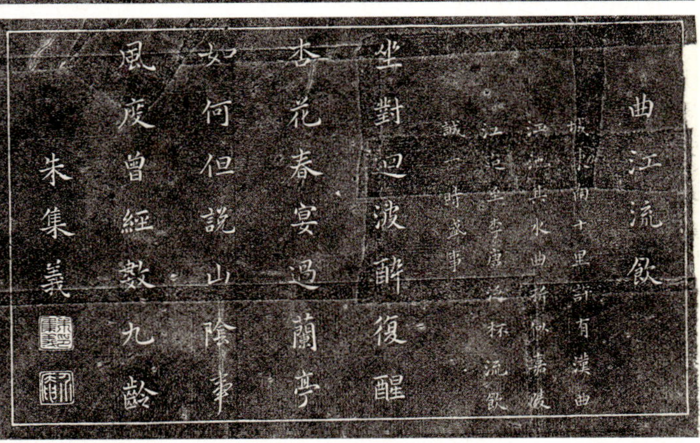

曲江流飲

坐對回波醉復醒
杏花春宴過蘭亭
如何但說山陰事
風度曾經數九齡

朱集義

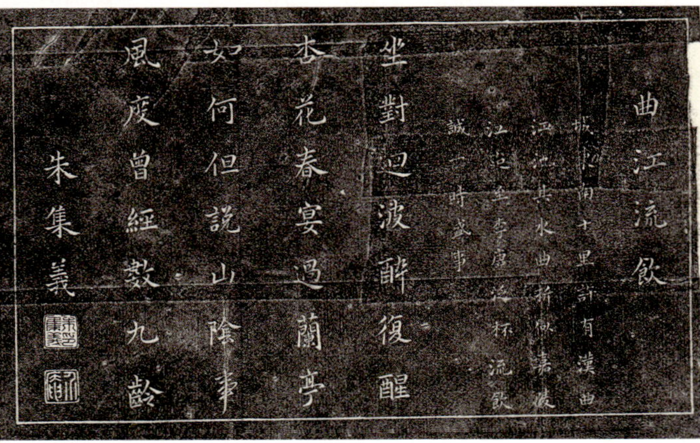

曲江流飲

坐對回波醉復醒
杏花春宴過蘭亭
如何但說山陰事
風度曾經數九齡

朱集義

雁塔晨鐘

城南薦福寺有浮圖聳立於霄漢間者俗呼為小雁塔是也寺有古鐘寺僧曉扣則清音遠震

噌吰初破曉來霜
落月遲遲滿大荒
枕上一聲殘夢醒
千秌勝跡總蒼茫

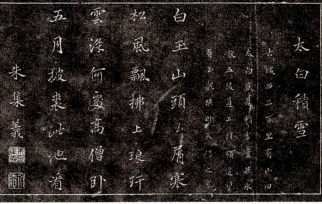

朱集義

咸陽古渡

咸陽秦之故都其城南帶渭水巨波浩渺多年而陸不留秦人稱為古渡云

長天一色渡中流
如雪蘆花載滿舟
江上丈人何處去
烟波依舊漾時秋

朱集義

草堂烟霧

城西南有圭峰下為逍遙園故址昔鳩摩羅什譯經於此今謂之艸堂寺山嵐水氣嘗為烟霧

烟霧空濛疊嶂生
草堂龍象未分明
鐘聲縹緲雲端出
跨鶴人來玉女迎

朱集義

太白積雪

去城西三百里有山曰太白盛夏積雪凜若冰霰五陵道上引頸遙望有玉龍插天門之象

白玉山頭玉屑寒
松風飄拂上琅玕
雲深何處高僧卧
五月披裘此地看

朱集義

旨

康熙庚申孟春既望閣山朱集義畫并題書

世之稱詩者必推少陵稱畫者
必推摩詰以詩與畫鮮能兼
其長也介菴朱年臺閣山世族
為河東鹽使者晉菴先生之弟
弱冠筮仕朝扳朝民稱為召
督撫以卓異上聞旋被
俞旨榮寵賜袍行將赴
內召擢臺垣人皆以為榮介
不色喜嘗往來青門晉謁
之餘盱衡關中之八景乃
繪圖口占成韻讀其詩而
萬狀展其圖而曲盡幽人
之致孰謂少陵不嘗有而
不再見哉故工於詩者吾知其
以詩得名也工於畫者吾知其
以畫得名也若介翁者詢可
詩畫兼長且不止以詩畫
著而自有天授自有神行以
游於揮毫吟咏之外者也

毘陵居王良謹跋

漆水馮繡篆額

毘陵周在豐鈎硃

岐陽趙鉞立石

關中吉文煜

山西山水圖

作　　者　不詳
年　　代　清康熙中葉（一六八五—一六九二）
類　　型　絹本彩繪
載體形態　三幅
尺　　寸　每幅縱一二六厘米，橫三四厘米
索 書 號　214/1725

這是一組由三幅圖組成的彩繪絹本，每一幅全圖方位采用上北下南，畫法采用山水畫法，比較精細地繪出山脉、河流，并標出各縣城之間的距離。

清初順治元年（一六四四），清廷沿襲明制，設山西布政使司，領五府、三直隸州，駐太原府。

圖内注記『北至天鎮衛界陸拾里』，清順治七年（一六五〇）裁前明鎮虜衛入天成衛，改名『天鎮衛』；雍正三年（一七二五）裁天鎮衛置天鎮縣，故此圖之繪製不會遲於雍正三年。又，康熙三十二年（一六九三）裁宣府鎮改置宣化府，而此圖内注記仍用『宣府』。同年於順聖西城地置西寧縣，圖内仍注記『東北至直隸西城樺澗嶺界』而未出現西寧縣。所以，此圖應繪製於康熙二十四年（一六八五）詔令編纂《大清一統志》，命各省呈送輿圖之際，不晚於康熙三十二年（一六九三）。

《山西山水圖》三幅圖中的第一幅上方的山峰上標注了祁縣和太谷縣，并在縣名的旁邊標注了山的名稱。祁縣、太谷二縣在雍正三年（一七二五）隸屬於山西太原府，其中太谷縣境内的一座山峰名爲鳳景山，爲今日的大佛山，地處太嶽山北麓、晉中盆地的東北部，該山以四面環山、怪石奇松而著名。而在祁縣黃羊坡的左側有一驛站，名爲『盤陀驛』，是明清時期途徑祁縣的兩條驛道中的一條，俗稱『盤陀官道』或『上黨官道』，主要爲祁商販賣茶葉的商道進出口。

沿着這條商道往南，從祁縣、太谷縣進入了沁源縣和武鄉縣。從武鄉縣分水嶺上流出一條河流，這條河流旁注明了其爲湼水，也作『涅水』，涅水在圖中蜿蜒向南流淌，其南側山峰的另一側就是沁州城。沁州再往南進入岳陽縣，在滲水崖的南麓是岳陽縣城。岳陽縣城的布局很有特色，爲兩個半圓形的城墻環環相扣。

《山西山水圖》的第二幅圖最上端立有兩座石碑，爲界碑。左邊的石碑旁寫有『山西碑界』，右邊的石碑則寫有『北直隸碑界』，以南爲廣靈縣和蔚州。廣靈縣城和蔚州縣城正好以廣靈縣境内飛鳳山隔開：在山的西邊爲廣靈縣城，東邊則是蔚州縣城。蔚州以南是廣昌縣，廣昌縣城三面環山一面臨水。

《山西山水圖》第三圖也是最後一幅圖的頂端，也是最北端是平定州，平定州縣城位於整幅圖的西北角。與其南部鳳凰山一山之隔是樂平縣，樂平縣縣城位於鳳凰山南麓。樂平縣縣城的東面是起伏的山脉，《山西山水圖》在這些山脉上繪製了三個關卡，分別屬於平定州和和順縣，在全圖的最南端是黎城縣，其東側的山脉上同樣繪製了兩個關卡，分別爲東陽關和壺口故關。

縱觀《山西山水圖》三幅圖，雖然此圖名爲『山水圖』，但在繪製時没有采用過於藝術化的水墨山水畫法，反而其作爲地圖的功能更爲突出：對畫中多數的山脉都標注了其所屬州縣和名稱，在城市和部分山脉標注了與各個地區的距離，這爲研究清代山西地名的演變提供了有意義的參考。

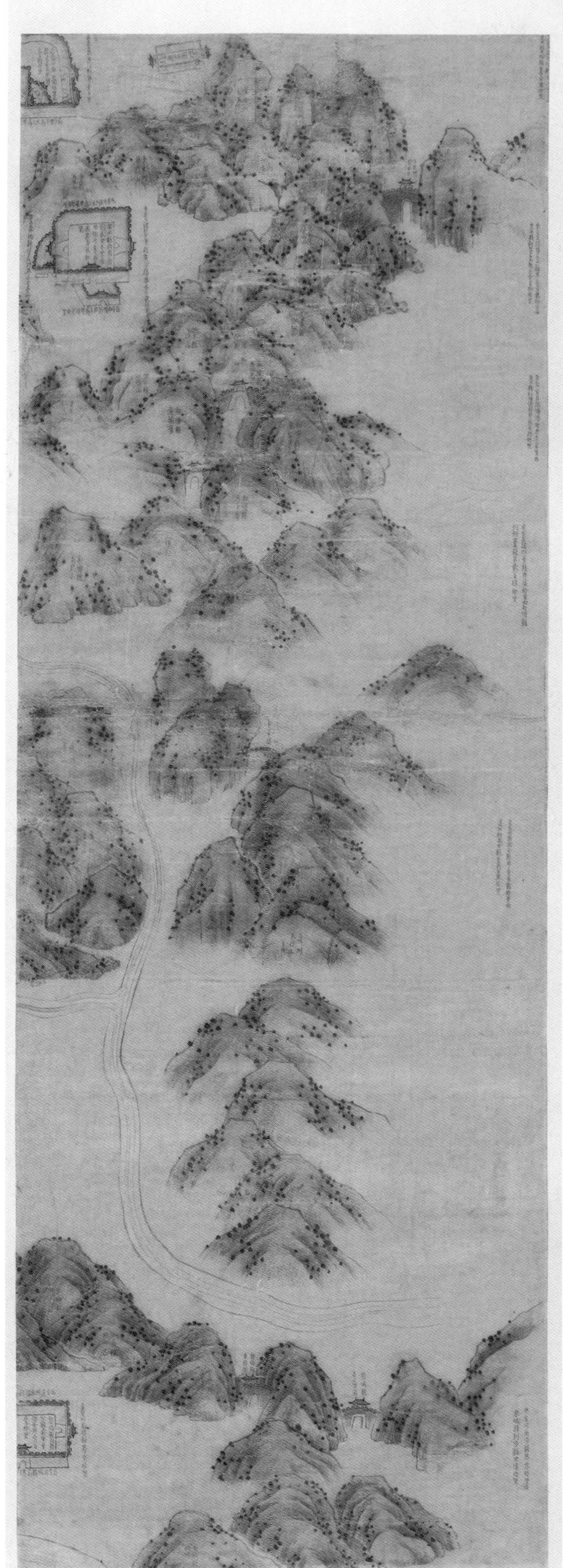

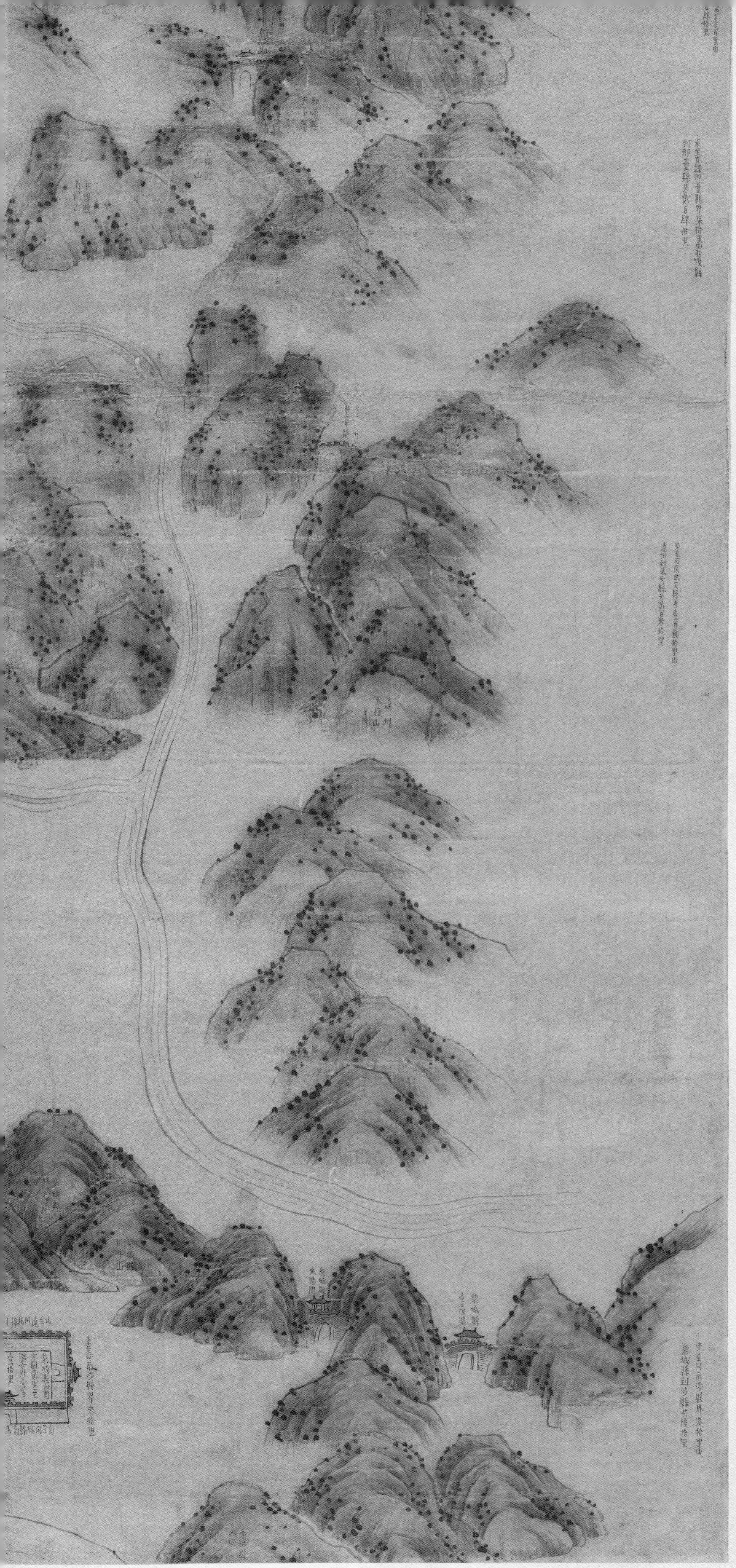

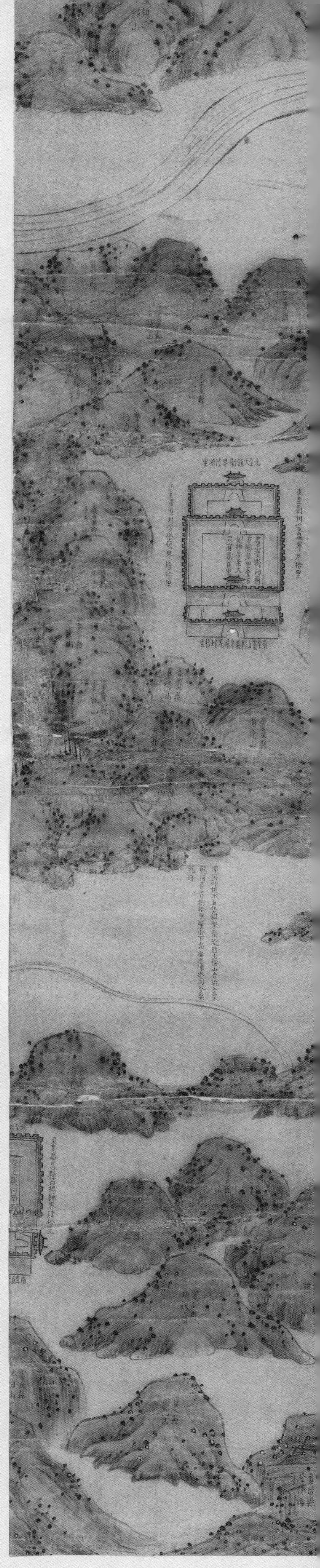

陝西輿圖

作　者　不詳
年　代　清康熙中葉
類　型　紙本彩繪
載體形態　一幅分五軸
尺　寸　縱二五六厘米，橫三三一厘米
索書號　215/1621

作爲紙本彩繪地圖，《陝西輿圖》是一幅清康熙時代的陝西區域地圖，所繪範圍包括今陝西省全境、甘肅、青海省東部及寧夏回族自治區大部分地區。與傳統的地圖不同，在方位上《陝西輿圖》以上爲南，以下爲北，同時左爲東，右爲西。全圖在采用我國古代傳統山水畫的基礎上，詳實地反映了清代前期我國西北地區的歷史、地理、交通和軍事。

鑒於圖内的靖虜衛已經改名爲『靖遠衛』，顯然屬於清朝遵照避諱之例而改。又，圖下緣寧夏平羅營畫驛路出長城邊墻闇門，墨書注記『三十五年出口進剿大路』，係指康熙三十五年（一六九六）分兵進剿噶尔丹，令陝西將軍孫恩克率陝西兵於三月初十前後出寧夏會大將軍費揚古前往翁金之路。噶尔丹被平定之後，康熙三十六年（一六九七），玄燁親臨寧夏巡邊，又在圖上録寫了注記。所以，此圖繪製於康熙中葉。

整幅《陝西輿圖》被黄河像裁紙刀一樣一分爲二，黄河從地圖的東北角蜿蜒到西南角。在其西北和東南，分布着諸多城堡要塞和城市，這裏在明代曾經屬於九邊重鎮中的甘肅鎮、寧夏鎮、固原鎮和延綏鎮，它們都位於陝西省。《陝西輿圖》中繪製的各段長城、邊堡雖然不算十分精細，但是却將其内部構造畫了出來，比如某些城的甕城和城樓都被體現了出來。在各個城市或者要塞之間連接的道路上，作者還標注了彼此的距離，十分細緻。

甘肅鎮地處明代西陲邊境，位於九邊重鎮中最西端的位置。其最著名的關隘要屬有『天下第一雄關』之稱的嘉峪關。在《陝西輿圖》中，嘉峪關位於全圖的最右下角，也就是地理位置的西北角。嘉峪關始建於明洪武五年（一三七二），由時任征西大將軍的馮勝在肅州以西的山上與北大河之間修建關城，并命名爲嘉峪關。後又歷經弘治七年（一四九四）、正德元年（一五〇六）、嘉靖十八年（一五三九）三次修築及加固，逐漸形成了以嘉峪關爲中心，同時擁有西長城、北長城和東長城的防禦體系。這一點在《陝西輿圖》中同樣有所體現，圖中嘉峪關的西、北、東三面均有長城。除了邊墻、要塞，明代還在嘉峪關外設置羈縻性質的衛所，這些衛所由關外游牧民族部落駐守，明廷給予這些部落酋長官爵封號，給予部落一定的物資和朝貢上的優惠，而這些酋長則爲明朝邊境提供保護。在《陝西輿圖》中，嘉峪關關外散落着衆多的帳篷，仍爲游牧民族放牧的地方。

在黄河的東南端，也就是《陝西輿圖》的左上方，以各個府城爲中心，散布着諸多衛所、縣城和驛站等的建築群。作爲重要的中心建築，各府城都使用了紅色作爲底色，且大小也比衛所和縣城畫得更大。相比府城、縣城、衛所畫出了具體的城市輪廓，驛站僅僅標注了名稱。從圖上城市的形制可以看出，大多數城市的布局都是以方形爲主，但細節又不盡相同，有的城市是兩個方形叠在一起的形態，比如扶風縣；比如固原州，是在兩個方形叠加在一起之後又在外面套了兩個叠加的方形。

總的來説，《陝西輿圖》是一幅繪製細緻并提供了大量地理信息的地圖。除了傳統意義上的地理方位、距離等，《陝西輿圖》對於瞭解我國清前期西北城市的布局提供了少見的圖像信息，具有很高的史料價值。

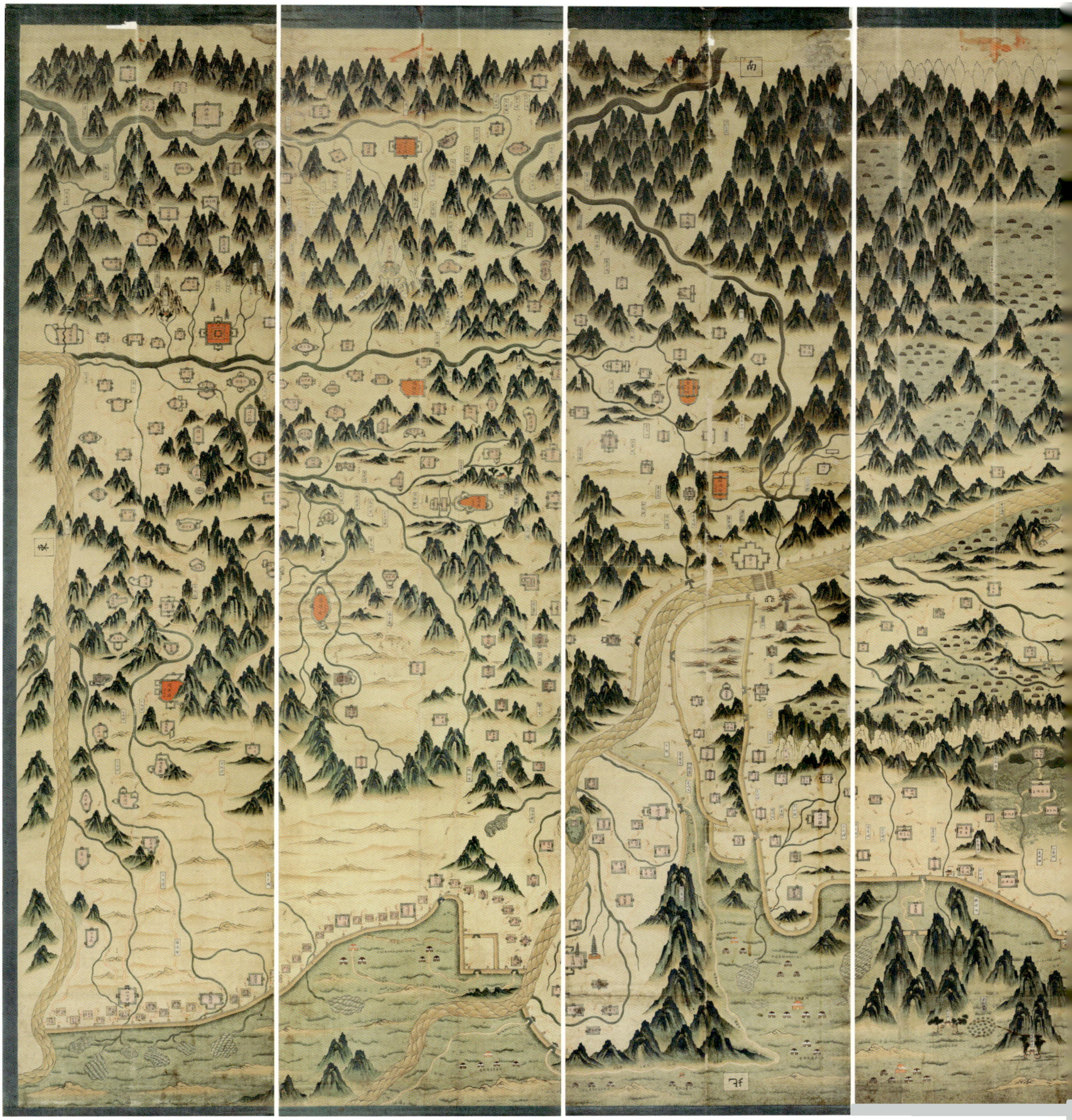
南

黄河
南川营
西宁镇

廣陵名勝全圖

作　者　不詳

年　代　清乾隆年間（約一七六五年）

類　型　單色刻本

載體形態　一册

尺　寸　每頁縱二三點二厘米，横二七點三厘米

索書號　221.551/074.2/1763

廣陵是古城揚州的舊稱。揚州位於長江與京杭大運河交匯處，有『淮左名都，竹西佳處』之稱。揚州自唐宋以來就是財賦重地，人文薈萃，到了清代，尤其是乾隆時期，這裏更是成爲了江南地區的大都市，風景秀麗，經濟繁榮，并成爲康熙皇帝和乾隆皇帝六下江南的必經之地。圖册分上下兩函，采用圖文相參的形式介紹了揚州境内的四十八處風景名勝。其中地圖運用中國傳統形象山水畫法繪製而成，利用繁複的工筆綫條勾勒出揚州城内的優美景致，精細生動，古樸典雅。圖説少則幾十字，多則百餘字，介紹了每處景觀的地理位置、名人淵源及清初至乾隆年間帝后的臨幸、題咏等情况。

圖册上函介紹的二十四處景觀是竹西芳徑、香阜寺、華祝迎恩、邗上農桑、平岡艷雪、杏花村舍、臨水紅霞、趣園、香海慈雲、荷浦薰風、净香園、西園曲水、卷石洞天、城闉清梵、豐市層樓、倚虹園、冶春詩社、長堤春柳、梅嶺春深、桃花塢、蓮性寺、春臺祝壽、平流湧瀑、筱園；下函介紹的二十四處景觀是高咏樓、蜀岡朝旭、春流畫舫、萬松叠翠、平山堂、法净寺、十畝梅園、松嶺長風、雙峰雲棧、功德山、山亭野眺、錦泉花嶼、石壁流淙、小方壺、望春樓、白塔晴雲、蓮花橋、水雲勝概、柳湖春泛、硯池染翰、高旻寺、錦春園、金山、焦山。金焦二山位於揚州與對岸鎮江的長江中，因其接近鎮江，一般視爲鎮江的景觀。

圖册并未標注編繪時間，但是圖説中明確記録了乾隆皇帝前三次南巡的臨幸、題咏情况，所以製作時間一定在乾隆第三次南巡，也就是乾隆二十七年（一七六二）之後。『法净寺』一景，目録中寫作『法净寺』，圖説中作『棲靈寺』。棲靈寺即今揚州大明寺。乾隆皇帝於三十年（一七六五）第四次駐蹕揚州時，爲棲靈寺賜名『法净寺』。由此推測，圖册整體完稿時間可能是在乾隆三十年（一七六五）之前。圖册編繪者不詳，不過圖説中鹽商紀事較多，所以有可能由當地鹽商斥資編製。《廣陵名勝全圖》對於瞭解揚州古城的歷史、景觀等具有重要的參考價值。

國家圖書館藏《廣陵名勝全圖》缺失了香海慈雲和金山二景的圖文。此外，圖册兩頁空白處有手書《千字文》共八十字，後題『壬子秋九月書於敦本堂』；圖説空白處又附有『繪事得法隨筆』，有十一幅繪畫習作。這也從另一角度反映出，圖册製作時間肯定不會晚於乾隆壬子年（一七九二）。清代文學家阮亨（一七八三—一八五九）於道光二十九年（一八四九）編撰的《廣陵名勝圖》與之相似，同樣是四十八處景觀，每處一圖一説，不過是袖珍便携版。

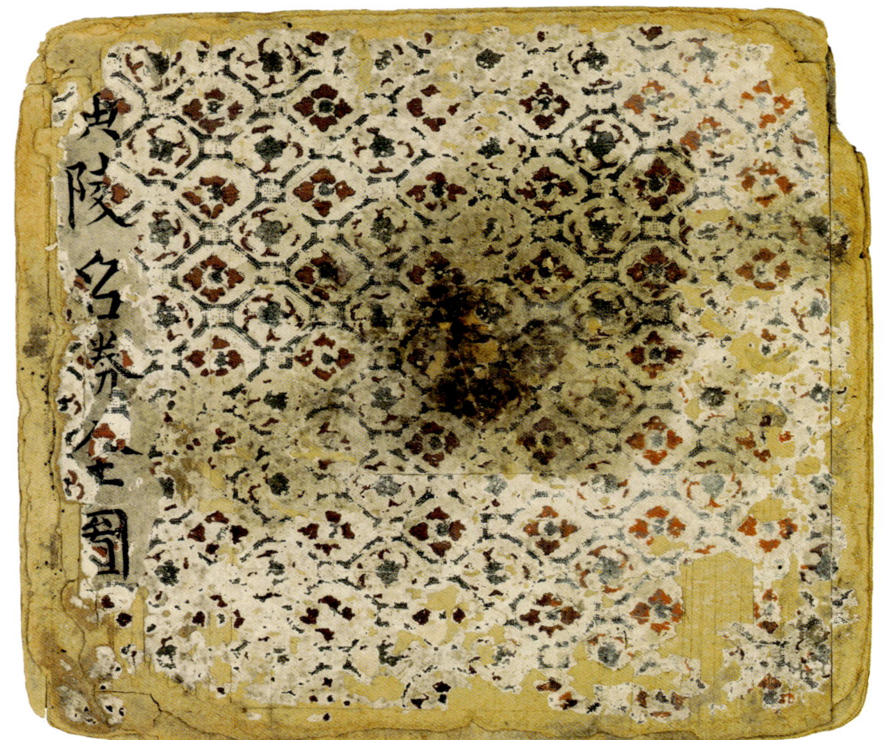

鳴鳳在樹，白駒食場。化被艸木，賴及萬方。恭惟鞠養，豈敢毀傷。女慕貞絜，男効才良。知過必改，得能莫忘。罔談彼短，靡恃己長。信使可覆，器欲難量。墨悲絲染，詩讚羔羊。景行維賢，克念作聖。德建名立，形端表正。壬子秋九月書於敦本堂。

《廣陵名勝全圖目録》上函

竹西芳徑　香阜寺　華祝迎恩　邗上農桑　平岡艷雪　杏花村舍　臨水紅霞　趣園　香海慈雲（缺）　荷浦薰風　净香園　西園曲水　卷石洞天　城闉清梵　豐市層樓　倚虹園　冶春詩社　長堤春柳　梅嶺春深　桃花塢　蓮性寺　春臺祝壽　平流湧瀑　篠園

繪事得法隨筆（附）

竹西芳徑，揚州城北十里有上方寺，一名禪智寺，又名竹西寺。舊藏石刻，唐吴道子畫寶誌像、李白贊、顔真卿書，亦稱三絶碑。歲久石泐，今存者，明僧本初所重刻也。又蘇軾送李孝博詩石刻在壁間，寺旁爲竹西亭。唐杜牧詩『誰知竹西路，歌吹是揚州』，亭之名以此。宋郡守向子固改歌吹亭。乾隆十九年翰林院編修程夢星重建，名仍其舊。《廣陵勝槩》：『茲亭實據上游，每天日晴朗，遥睇北固諸山，如在襟帶間。』亭西有崑丘臺，相傳歐陽修以爲遊觀之勝，今候選知縣尉涵山俱重加修葺。

看山詩就旋題壁。

香阜寺，在運河之東，崖岸稍峻，宛如岡阜，俗名小五臺山。康熙三十八年，聖祖仁皇帝南巡，賜今名，又賜『名香清梵』四字額，并頒賜諸珍物法寶。乾隆十六年、二十二年、二十七年皇上南巡，俱賜御書聯額詩章，内恭倫坐起，并修飾寺宇，洒掃路徑，俱前任户部郎中谷雲陞敬謹辦理。

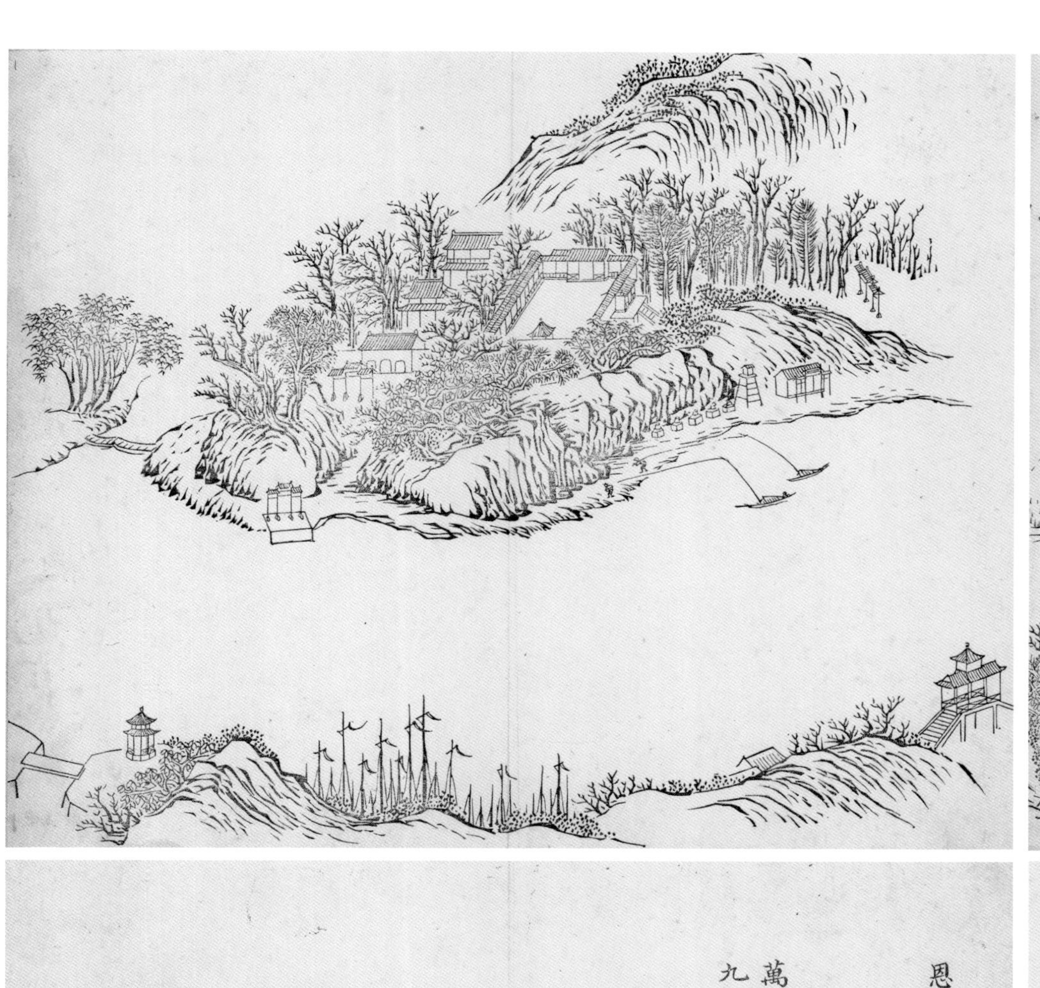

華祝迎
恩由香阜寺渡運河而西至高橋橋内為迎恩河橋外有壩所以蓄迎恩河之水也乘舟而西約二里許抵迎恩橋春風兩岸水木清華百伎雜陳千聲競奏商民於此仰
萬乘之龍鸞沐
九天之雨露自此曲折溯流紛綸引勝

華祝迎恩，由香阜寺渡運河而西至高橋，橋内爲迎恩河，橋外有壩，所以蓄迎恩河之水也。乘舟而西，約二里許，抵迎恩橋，春風兩岸，水木清華，百伎雜陳，千聲競奏，商民於此，仰萬乘之龍鸞，沐九天之雨露，自此曲折溯流，紛綸引勝。

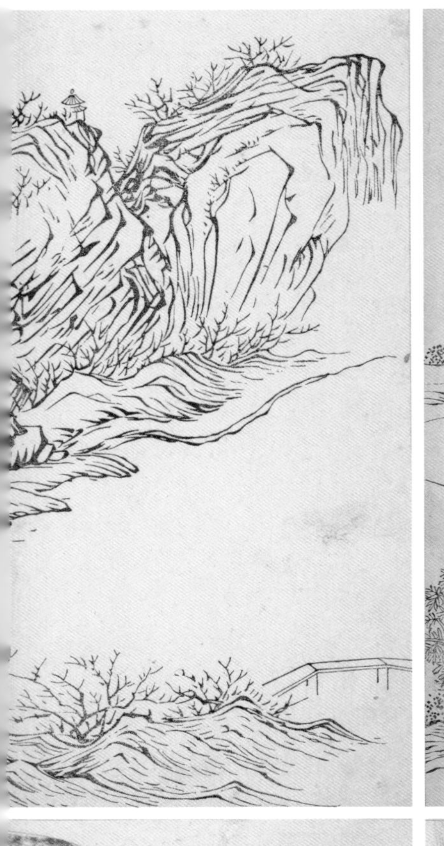

邗上農桑奉宸苑卿銜王勗營耕織之所於河北藝
長畝樹條桑香稻秋成懿筐春早豳風七月八章
彷彿在目足以見
聖世民力之勤焉

邗上農桑，奉宸苑卿銜王勗營耕織之所於河北，藝長畝，樹條桑，香稻秋成，懿筐春早。《豳風·七月》八章，彷彿在目，足以見聖世民力之勤焉。

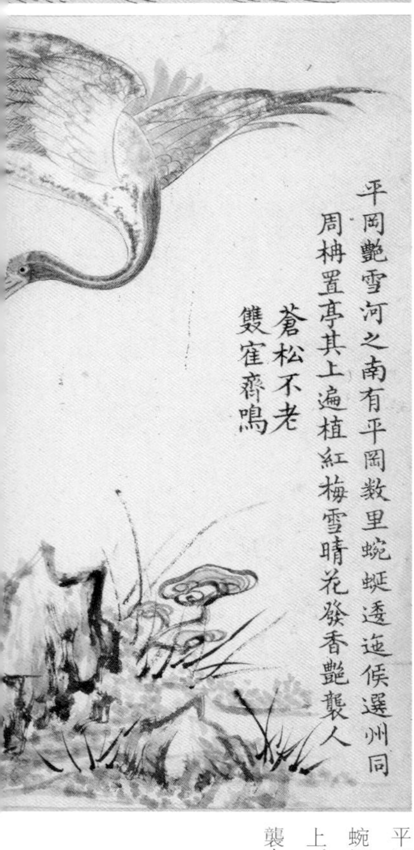
平岡艷雪河之南有平岡數里蜿蜒透迤候選州同
周柟置亭其上遍植紅梅雪晴花發香艷襲人
蒼松不老
雙隺齊鳴

平岡艷雪，河之南有平岡數里，蜿蜒透迤，候選州同周柟置亭其上，遍植紅梅，雪晴花發，香艷襲人，蒼松不老，雙隺齊鳴。

杏花村舍王昜搆竹籬茅舍於杏花深處當春深時
節繁英着雨小閣臨風屋角鳴鳩簾前語燕殊有
端居樂趣
仿於徐白齋筆法

杏花村舍，王昜搆竹籬茅舍於杏花深處。當春深時節，繁英着雨，小閣臨風，屋角鳴鳩，簾前語燕，殊有端居樂趣。

仿於徐白齋筆法。

趣園奉宸苑卿銜黃履暹舊業南望春波橋北則長春橋西則玉版橋又西為蓮花橋曲檻方塘汪洋千頃青萍紅蓼飛鷺浴鳧至若暝烟迤逗小雨廉纖登錦鏡閣撫軒窓環望四橋則如疊梁蝀影遠含深鎖蒼茫何極向目為四橋烟雨乾隆二十七年蒙

皇上賜名趣園

御書扁額並縈洄水抱中和氣平遠山如蘊藉人對一聯又目屬高低石步延曲折廊對一聯

臨水紅霞，周柟於此種桃千樹，春波瀲灔，落照緋花，不異朝霞初出時也。

趣園，奉宸苑卿銜黄履暹舊業，南望春波橋，北則長春橋，西則玉版橋，又西爲蓮花橋。曲檻方塘，汪洋千頃，青萍紅蓼，飛鷺浴鳧。至若暝煙迤逗，小雨廉纖，登錦鏡閣撫軒窓，環望四橋，則如畺梁蝀影，遠含深鎖，蒼茫何極，向目爲四橋煙雨。乾隆二十七年，

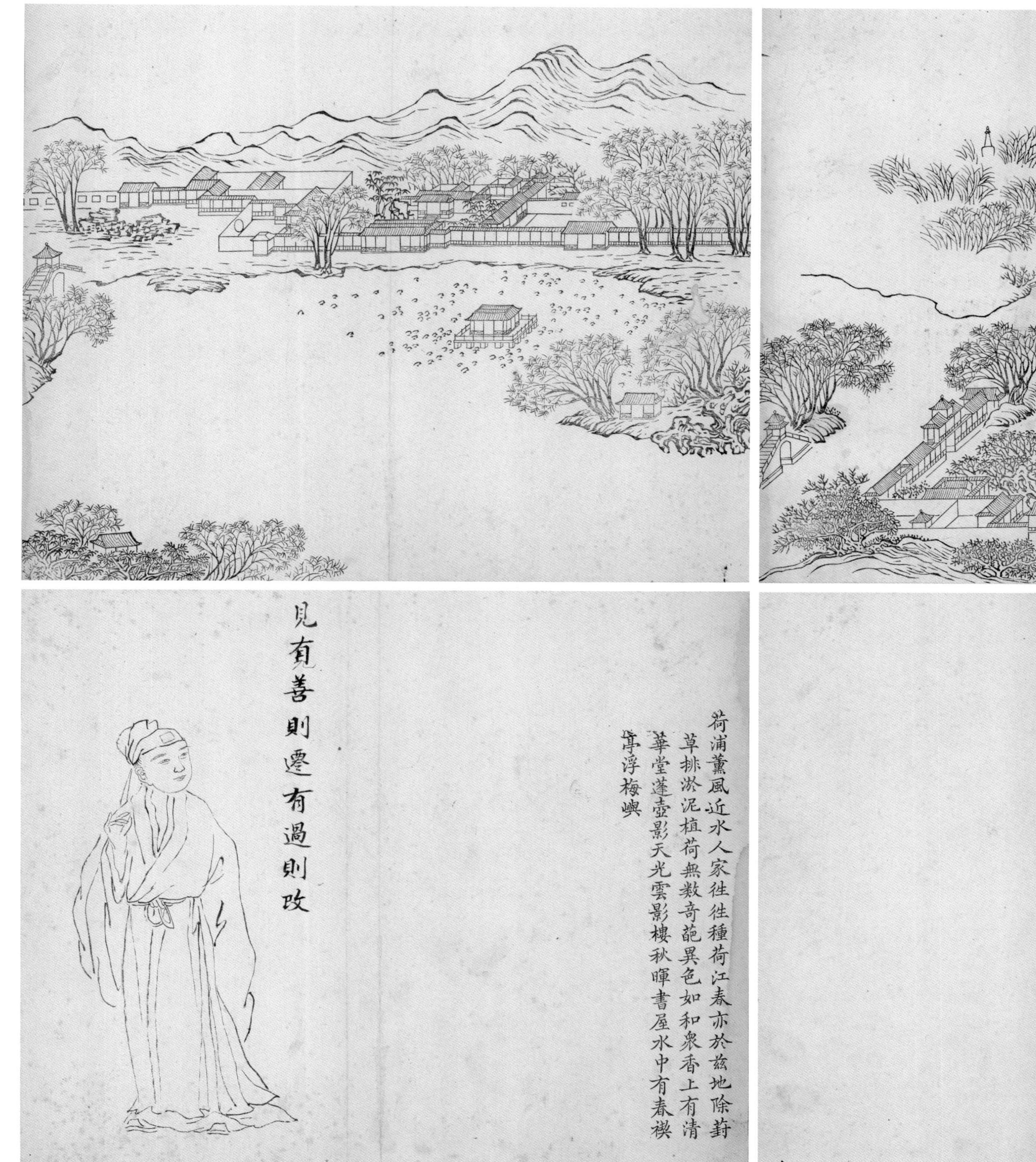
荷浦薰風近水人家往往種荷江春亦於兹地除葑草排淤泥植荷無數奇葩異色如和衆香上有清華堂蓬壺影天光雲影樓秋暉書屋水中有春禊亭浮梅嶼
見有善則遷有過則改

蒙皇上賜名趣園，御書匾額並『紫洄水抱中和氣，平遠山如蘊藉人』對一聯，又『目屬高低石，步延曲折廊』對一聯。

荷浦薰風，近水人家往往種荷。江春亦於兹地除葑草，排淤泥，植荷無數，奇葩異色，如和衆香。上有清華堂、蓬壺影、天光雲影樓、秋暉書屋，水中有春禊亭、浮梅嶼。見有善則遷，有過則改。

净香園即江春青琅玕館長廊曲室修竹四圍春雨含滋秋風響籜自覺亭亭玉立乾隆二十七年蒙
皇上賜名净香園恭奉
御書匾額并
御書結念底須懷爛漫洗心雅足契清凉對一聯又竹喧歸浣女蓮動下漁舟對一聯

西園曲水水自北而之東折若半壁舊有張氏園後為道員銜黃晟别業依水之曲以治亭館不假藩籬泛藻遊魚近依几席酒船歌舫時到庭階曠如也

净香園，即江春青琅玕館。長廊曲室，修竹四圍，春雨含滋，秋風響籜，自覺亭亭玉立。乾隆二十七年，蒙皇上賜名净香園，恭奉御書區額并御書『結念底須懷爛漫，洗心雅足契清凉』對一聯，又『竹喧歸浣女，蓮動下漁舟』對一聯。

西園曲水，水自北而之東，折若半壁。舊有張氏園，後爲道員銜黃晟別業。依水之曲，以治亭館，不假藩籬，泛藻遊魚，近依几席，酒船歌舫時到，庭階曠如也。

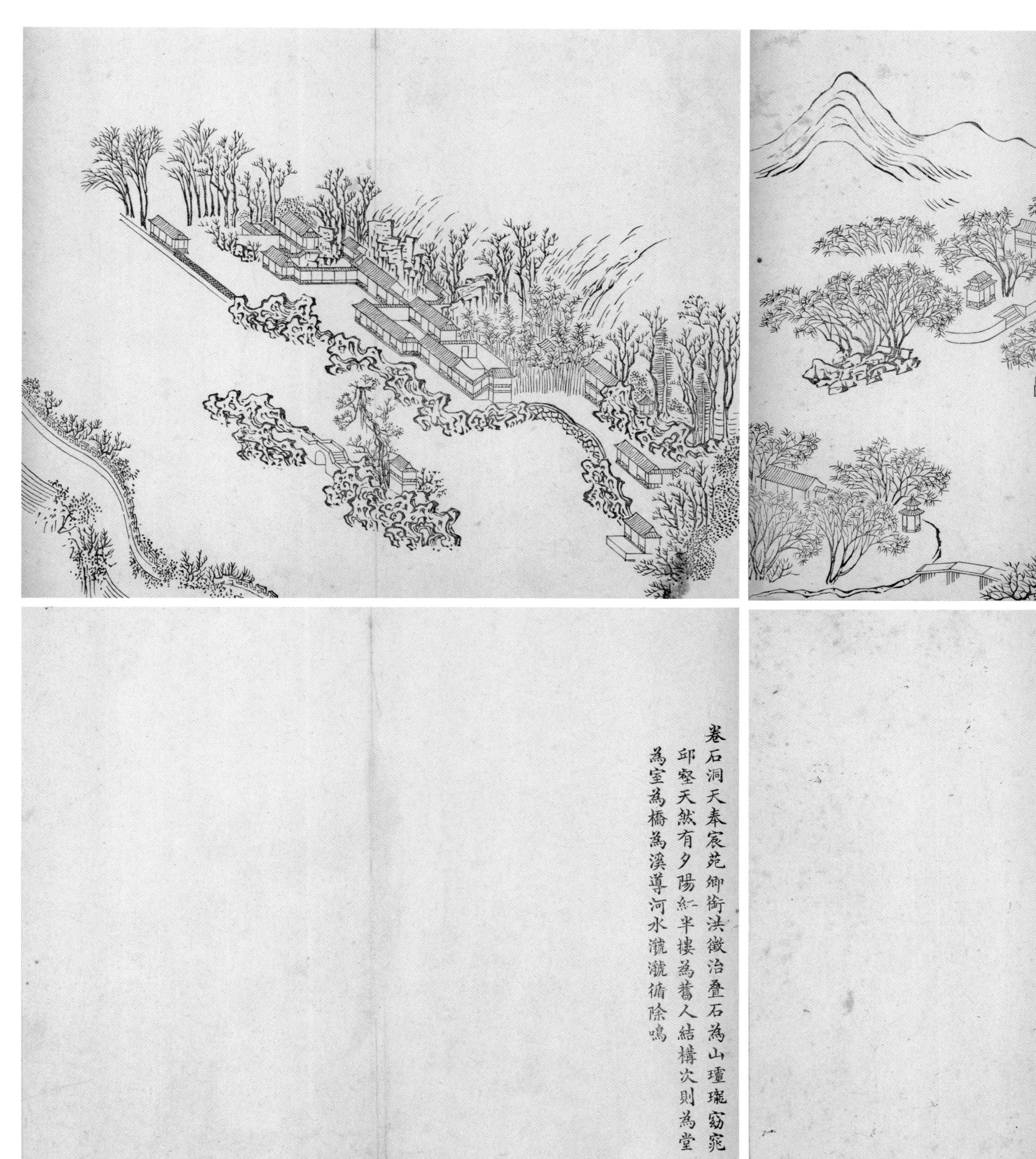

卷石洞天，奉宸苑卿銜洪徵治，疊石爲山，瓌瓏窈窕，邱壑天然，有夕陽紅半樓，爲舊人結構，次則爲堂、爲室、爲橋、爲溪，導河，水瀠瀠循除鳴。

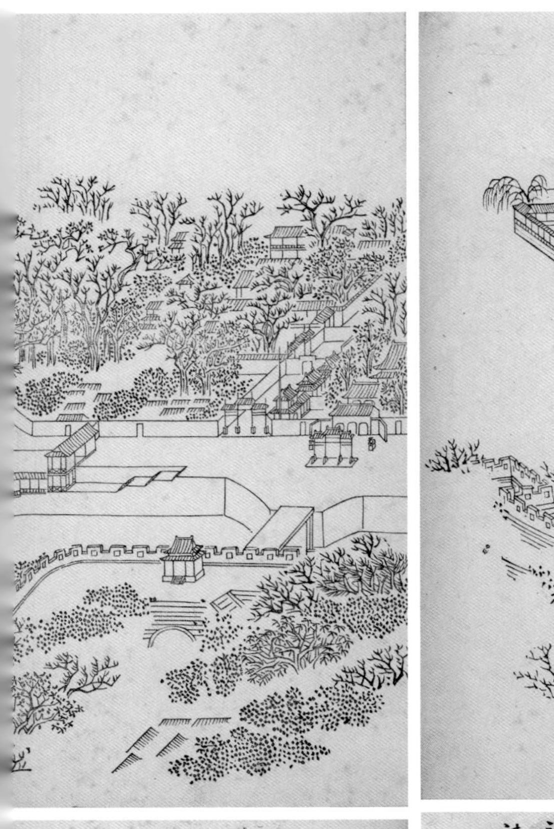

城闉清梵面北城者舊為舍利禪院乾隆十六年
皇上南巡賜名慧因寺西為斗姥宫
聖祖仁皇帝賜大智光三字額旁有苑圃修篁叢桂境地清
幽候補道畢本恕作香悟亭風篁精舍寺鐘初動
梵唱同聲抑亦静中之緣今歸候選盐課提舉閔
世儼修葺其西有居人汪熈寧葯園小築数椽藤
牀柒几茗椀香爐得雅人之致蒔芍葯頗多異種
尤工音律轉喉拍板洞簫和之清歌嘹嚦迥異俗
韻

是冊楷書雖印板猶不失其筆意也
不知何人所作若得其真筆跡當以為
法而臨之可謂應規入矩之筆

豐市層樓在鎮淮門(即北門)外東曰長春巷曰豐樂街
瀕臨城河高岸歷級而上皆為列肆排比搆接望
若層樓集百産之豐腴覘四民之熈皥摩肩連袂
徵貴取贏揚州固東南富庶之地夫亦惟是久樂
昇平故民物之盛乃爾豐樂街之東即天寧寺舊傳為晋
謝安别墅義興中有梵僧佛馱跋陀羅尊者譯華
嚴經於此褚叔度為請於謝琰捨為興教寺寺中
有萬佛樓供佛萬有一千一百尊在唐為證聖寺
宋改天寧寺

城闉清梵，面北城者，舊爲舍利禪院。乾隆十六年，皇上南巡賜名慧因寺。西爲斗姥宫，聖祖仁皇帝賜『大智光』三字額，旁有苑圃，修篁叢桂，境地清幽，候補道畢本恕作香悟亭、風篁精舍，寺鐘初動，梵唱同聲，抑亦静中之緣。今歸候選鹽課提舉閔世儼修葺，其西有居人汪熙寧葯園小築數椽，藤牀漆几、茗椀香爐，得雅人之致。蒔芍葯頗多異種。尤工音律，轉喉拍板，洞簫和之，清歌嘹嚦，迥異俗韻。

是冊楷書雖印板，猶不失其筆意也，不知何人所作，若得其真筆跡，當以爲法而臨之，可謂應規入矩之筆。

豐市層樓，在鎮淮門（即北門）外，東曰長春巷，曰豐樂街，瀕臨城河高岸，歷級而上，皆爲列肆，排比搆接，望若層樓，集百産之豐腴，覘四民之熙皞，摩肩連袂，徵貴取贏。揚州固東南富庶之地，夫亦惟是久樂昇平，故民物之盛乃爾。豐樂街之東，即天寧寺，舊傳爲晋謝安別墅。義興中有梵僧佛馱跋陀羅尊者譯《華嚴經》於此，褚叔度爲請於謝琰，捨爲興教寺，寺中有萬佛樓，供佛萬有一千一百尊，在唐爲證聖寺，宋改天寧寺。聖祖仁皇帝屢賜御書墨寶，我皇上南巡，

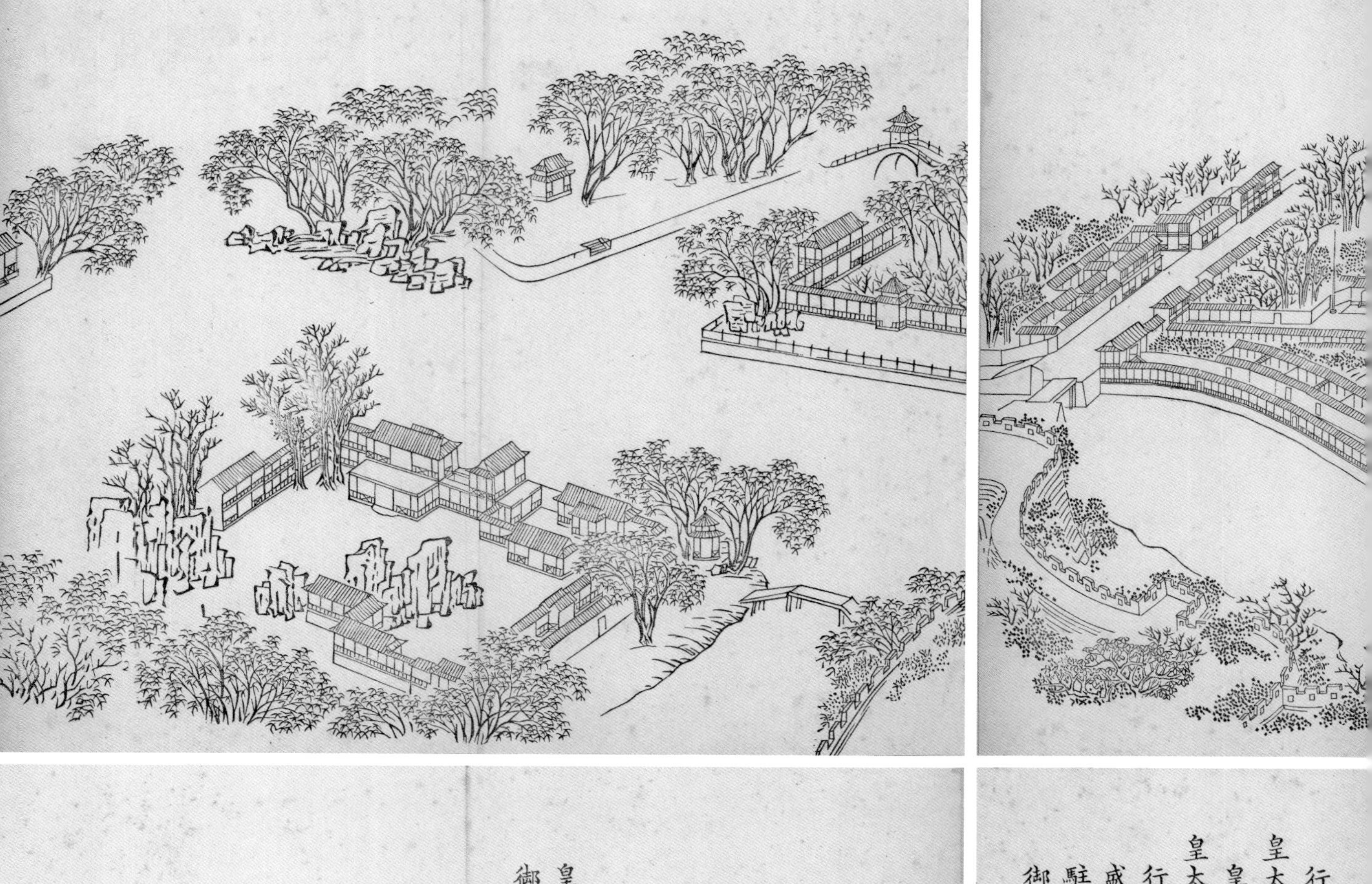

傳爲謝安手植乾隆二十一年商人先建
行宫於此二十五年商人以辛巳年恭逢
皇太后七旬萬壽普天同慶
皇上躬奉
皇太后安輿再巡江浙
行慶施惠
盛典光昭商人感幸同聲重加修葺於以供
駐蹕而肅觀瞻内奉
御書大觀堂額并對聯詩章

倚虹園前刑部尚書王士正司李揚州會當時名流
賦冶春二十首後遂以修禊爲廣陵故事揚人及
四方知名之士相逢令節祓水采蘭追觴詠之幽
情爲風流之高會橋始東板爲之按察使銜黄履
昂易之以石洪徵治於橋之東南爲修禊之所高
樓連苑華屋生春踠地垂楊明湖若鏡中間有峯
有嶼突兀嶙屼若大江之望小姑又有領芳軒軒
前牡丹最盛縠雨佳辰錦幃初卷香穠艷異自具
富麗之觀乾隆二十七年蒙
皇上賜名倚虹園
御書匾額并柳拖弱縷學垂手梅展芳姿初試嚬對一聯
又明月松間照清泉石上流對一聯

宗風。寺西餘地曰枝上村，曰杏園，奇石古樹，谽谺蓊鬱，有銀杏二，尤蒼古，相傳爲謝安手植。乾隆二十一年商人先建行宫於此，二十五年，商人以辛巳年恭逢皇太后七旬萬壽，普天同慶，皇上躬奉皇太后安輿再巡江浙，行慶施惠，盛典光昭，商人感幸同聲，重加修葺，於以供駐蹕而肅觀瞻，内奉御書『大觀堂』額并對聯詩章。

倚虹園，前刑部尚書王士正（禛）司李揚州，會當時名流，賦冶春二十首，後遂以修禊爲廣陵故事。揚人及四方知名之士相逢令節，祓水采蘭，追觴詠之幽情，爲風流之高會。橋始東板爲之，按察使銜黄履昂易之以石，洪徵治於橋之東南，爲修禊之所。高樓連苑，華屋生春，踠地垂楊，明湖若鏡，中間有峯有嶼，突兀嶙屼，若大江之望小姑。又有領芳軒，軒前牡丹最盛，縠雨佳辰，錦幃初卷，香穠艷異，自具富麗之觀。乾隆二十七年，蒙皇上賜名倚虹園，御書匾額并『柳拖弱縷學垂手，梅展芳姿初試嚬』對一聯，又『明月松間照，清泉石上流』對一聯。

冶春詩社王士正賦冶春詞即此地也冶春本酒家樓後為候選州同王士銘園亭今捐知府銜田毓瑞購而新之增置高亭畫檻與倚虹園諸勝遥遥映帶

冶春詩社，王士正（禛）賦冶春詞即此地也，冶春本酒家樓，後爲候選州同王士銘園亭，今捐知府銜田毓瑞購而新之，增置高亭畫檻，與倚虹園諸勝遥遥映帶。

長堤春柳由紅橋而北沙岸如繩遥看拂天高柳列若排衙弱絮飛時嬌鶯恰恰尤足供人清聽按舊稱廣陵城北至平山堂有十里荷香之勝景物不減西泠後以河道葑淤遊人頗少比年商人競治園圃疏滌水泉增置景物其間茶寮酒務紅閣青帘脆管繁絃行雲激水於是佳辰良夜筍輿果馬簾舫燈船復見遊觀之盛候選同知黄為蒲有濃陰草堂浮春檻曙光樓

長堤春柳，由紅橋而北，沙岸如繩，遥看拂天高柳，列若排衙，弱絮飛時，嬌鶯恰恰，尤足供人清聽。按舊稱廣陵。城北至平山堂，有十里荷香之勝，景物不減西泠。後以河道葑淤，遊人頗少。比年商人競治園圃，疏滌水泉，增置景物，其間茶寮酒務，紅閣青帘，脆管繁絃，行雲激水。於是佳辰良夜，筍輿果馬，簾舫燈船，復

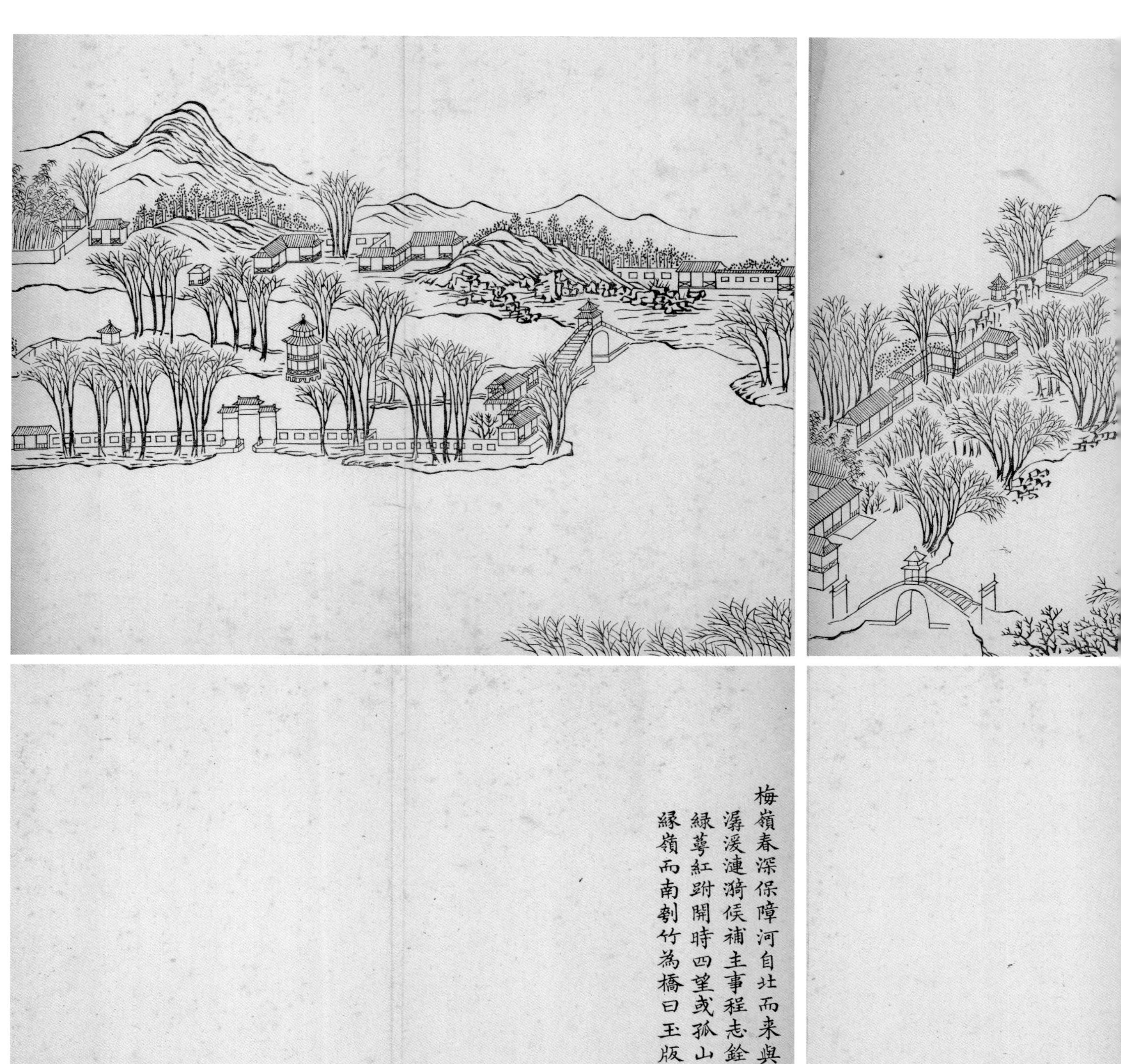

梅嶺春深，保障河自北而來，與迎恩河會，二水遶山潺湲漣漪。候補主事程志銓種梅嶺畔，冰姿玉骨，緑萼紅跗，開時四望，或孤山鄧尉之勝將竊似焉。緑嶺而南，刳竹爲橋，曰玉版橋，以通遊屐。

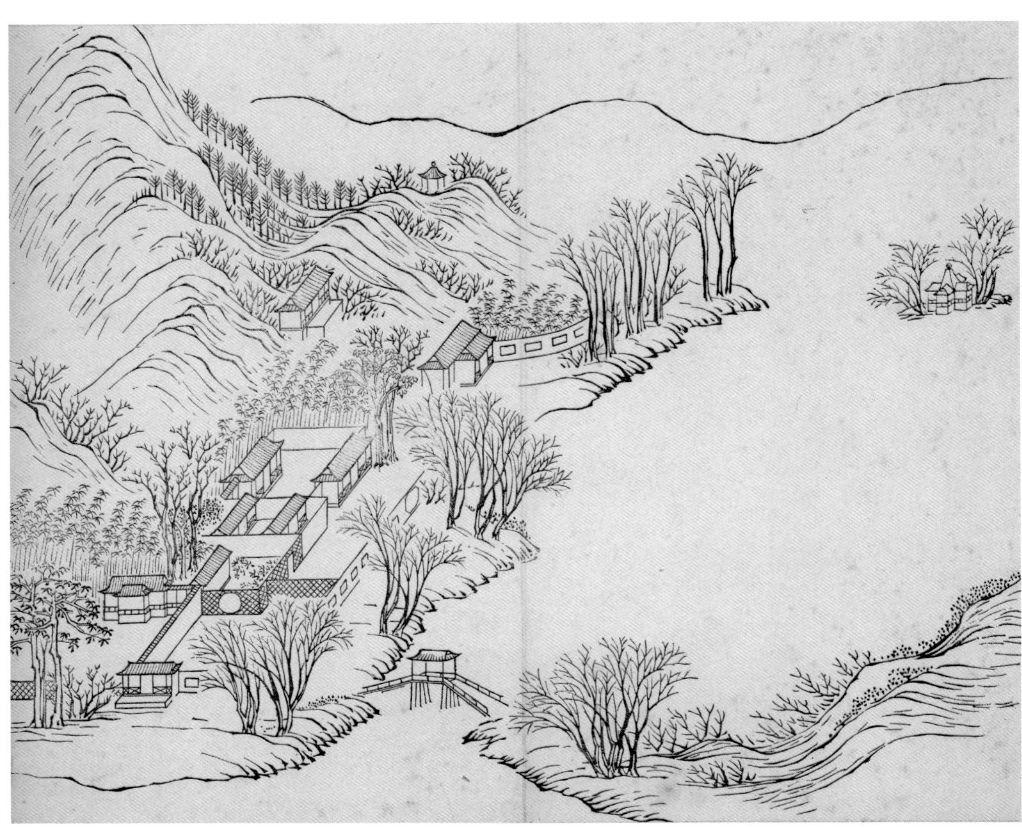

桃花塢道員銜黃為荃有蒸霞堂澄鮮閣中川亭諸結構踈籬掩映紅萼繽紛江南春早窺墻拂水無非灼灼争妍茲偏以静深自怡

桃花塢，道員銜黄爲荃有蒸霞堂、澄鮮閣、中川亭諸結構，疎籬掩映，紅萼繽紛，江南春早，窺墻拂水，無非灼灼争妍，兹偏以静深自怡。

蓮性寺舊名法海寺
聖祖仁皇帝賜今名乾隆十六年二十二年二十七年
皇上南巡
賜額
賜詩寺四面環水中有白塔有夕陽雙寺樓雲山閣門前為法海橋寺後則蓮花橋皆現任刑部郎中劉方烜候選員外郎許復弼知府銜張子韡張元溥同修

蓮性寺，舊名法海寺，聖祖仁皇帝賜今名，乾隆十六年、二十二年、二十七年皇上南巡，賜額、賜詩。寺四面環水，中有白塔，有夕陽雙寺樓、雲山閣，門前爲法海橋，寺後則蓮花橋，皆現任刑部郎中劉方烜、候選員外郎許復弼、知府銜張子韡、張元溥同修。

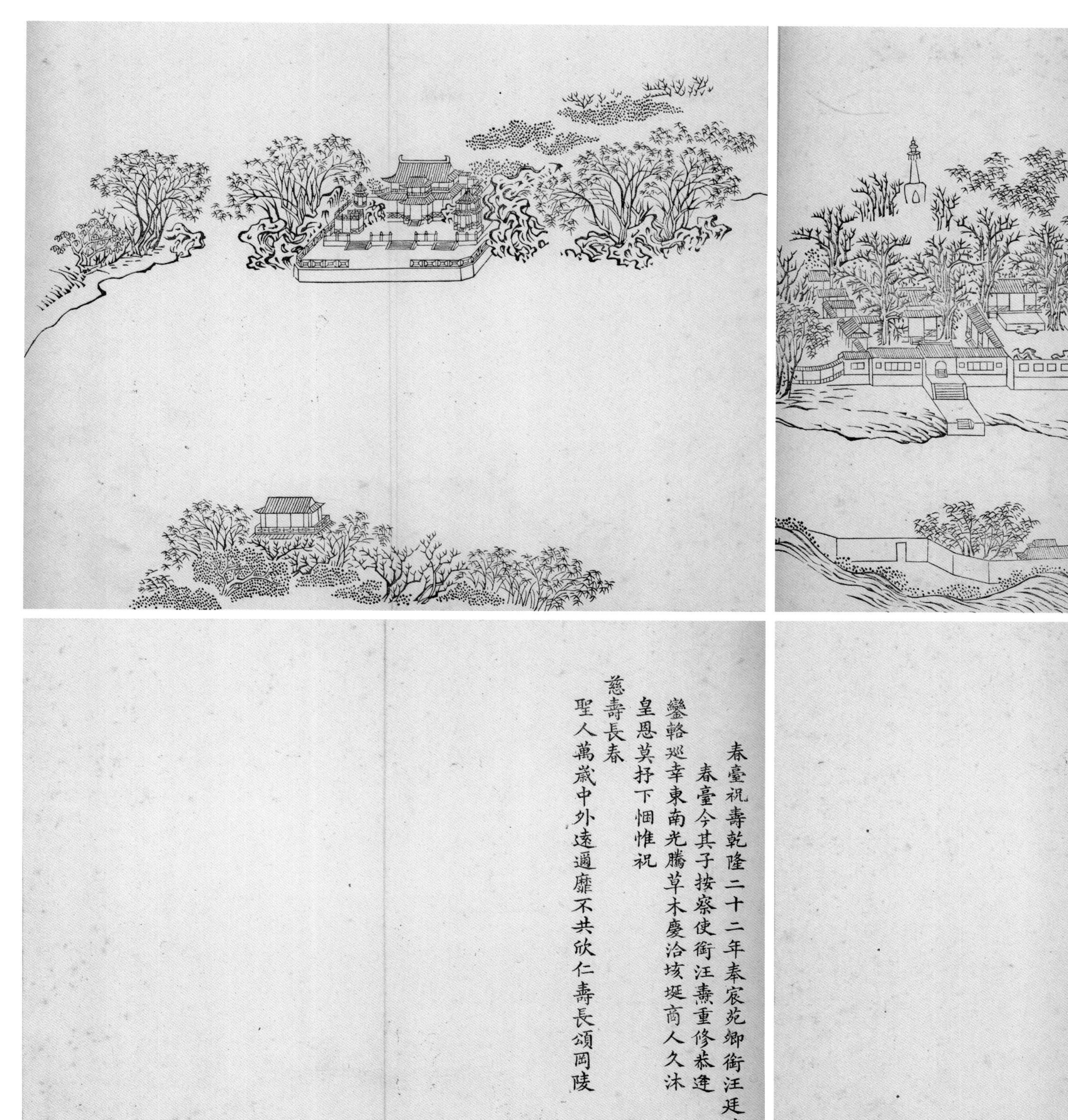

春臺祝壽乾隆二十二年奉宸苑卿銜汪廷璋起熙
春臺今其子按察使銜汪燾重修恭逢
鑾輅巡幸東南光騰草木慶洽垓埏商人久沐
皇恩莫抒下悃惟祝
慈壽長春
聖人萬歲中外遠邇靡不共欣仁壽長頌岡陵

春臺祝壽，乾隆二十二年奉宸苑卿銜汪廷璋起熙春臺，今其子按察使銜汪燾重修，恭逢鑾輅巡幸東南，光騰草木，慶洽垓埏。商人久沐皇恩，莫抒下悃，惟祝慈壽長春、聖人萬歲，中外遠邇，靡不共欣仁壽，長頌岡陵。

平流湧瀑水流層崖峭壁而下往往若飛若懸蜀岡之源水流清瀉經熙春臺之陰則洄漩湍激每遇山雨滂沱南流奔注潺潺活活如遥聽飛瀑之聲汪燾因有含珠堂鏡泉樓玲瓏花界諸處以攬泉石之異

篠園花瑞園向爲程夢星别墅汪燾於其西偏縛竹灌畦種芍藥千百本重臺千葉一蕚三花及並頭連跗者層見叠出揚州芍藥之瑞自昔有之此又嘉祥之盛於今日者也作瑞芍亭以紀勝右有三賢祠祀者爲宋歐陽修蘇軾我

朝王士正蘇軾有三過平山堂一詞因臨河而亭曰蘇亭

平流湧瀑，水流層崖峭壁而下，往往若飛若懸。蜀岡之源水流清瀉，經熙春臺之陰則洄漩湍激，每遇山雨滂沱，南流奔注，潺潺活活，如遥聽飛瀑之聲。汪燾因有含珠堂、鏡泉樓、玲瓏花界諸處，以攬泉石之異。

篠園、花瑞園，向爲程夢星别墅，汪燾於其西偏縛竹灌畦種芍藥千百本，重臺千葉，一蕚三花，及並頭連跗者層見叠出。揚州芍藥之瑞自昔有之，此又嘉祥之盛於今日者也，作瑞芍亭以紀勝。右有三賢祠，祀者爲宋歐陽修、蘇軾，我朝王士正（禎），蘇軾有《三過平山堂》一詞，因臨河而亭曰『蘇亭』。

廣陵名勝全圖目録
下函
高詠樓
蜀岡朝旭
春流畫舫
萬松叠翠
平山堂
法凈寺
十畝梅園
松嶺長風
雙峰雲棧
功德山
山亭野眺
錦泉花嶼
石壁流淙
小方壺
望春樓
白塔晴雲
蓮花橋
水雲勝槩
柳湖春汎
硯池染翰
高旻寺
錦春園
金山缺
焦山

《廣陵名勝全圖目録》下函
高詠樓　蜀岡朝旭　春流畫舫　萬松叠翠　平山堂　法凈寺　十畝梅園　松嶺長風　雙峰雲棧　功德山　山亭野眺　錦泉花嶼　石壁流淙　小方壺　望春樓　白塔晴雲　蓮花橋　水雲勝槩　柳湖春汎　硯池染翰　高旻寺　錦春園　金山（缺）　焦山

高詠樓舊傳宋蘇軾題西江月詞於此按察使銜李
志勳遂爲建樓以志流風餘韻乾隆二十七年蒙
御書高詠樓額并山堂返棹閒留憩畫閣開窗納景光對
一聯恭懸樓上

高詠樓，舊傳宋蘇軾題《西江月》詞於此，按察使銜李志勳遂爲建樓，以志流風餘韻。乾隆二十七年，蒙御書『高詠樓』額并『山堂返棹閒留憩，畫閣開窗納景光』對一聯，恭懸樓上。

蜀岡朝旭以蜀岡列岫於東故名李志勳有初日軒
眺聽烟霞月地雲階諸構

蜀岡朝旭，以蜀岡列岫於東，故名。李志勳有初日軒、眺聽烟霞、月地雲階諸構。

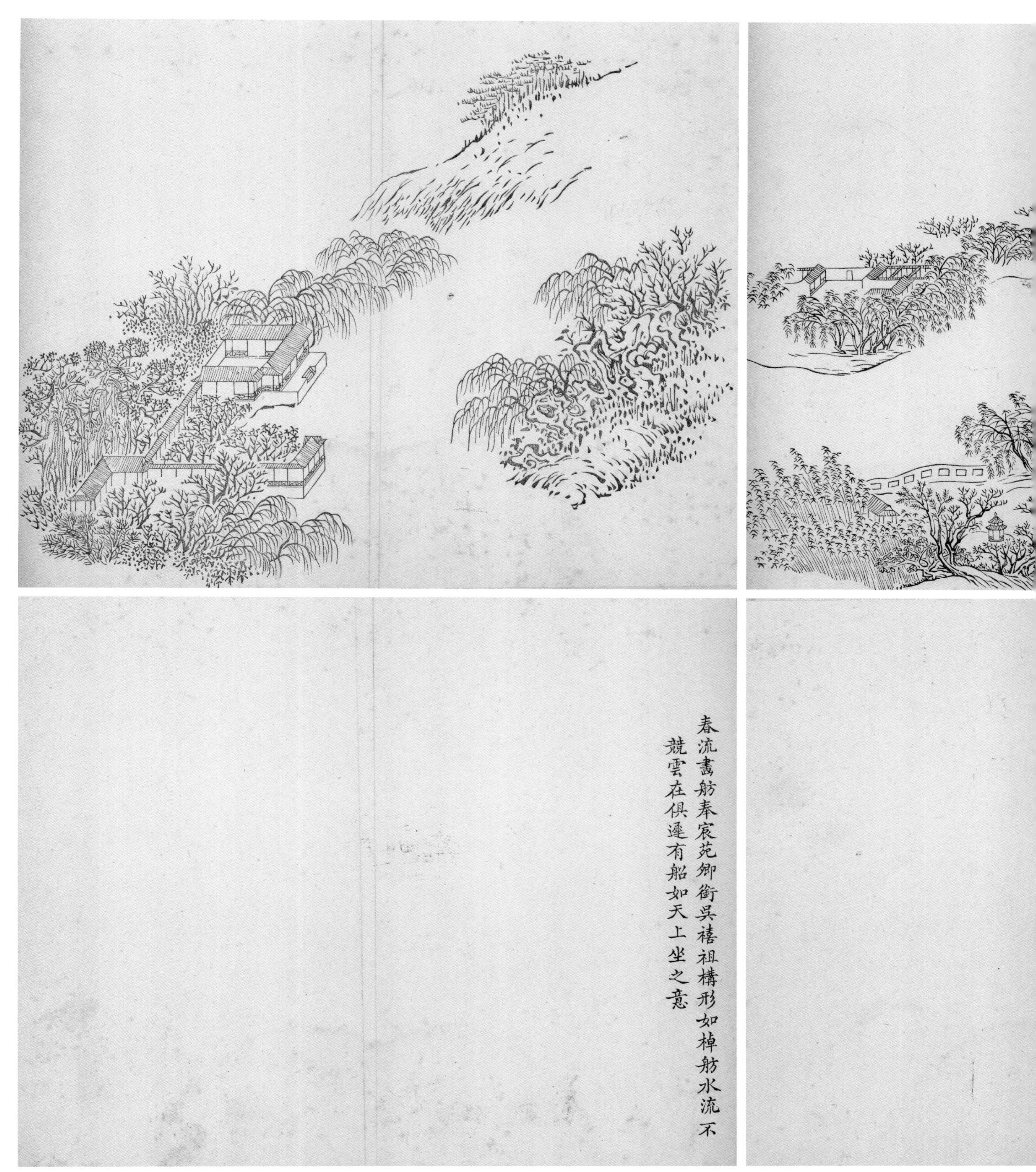
春流畫舫奉宸苑卿銜吴禧祖構形如棹舫水流不
競雲在俱遲有船如天上坐之意

春流畫舫，奉宸苑卿銜吴禧祖構，形如棹舫，水流不競，雲在俱遲，有船如天上坐之意。

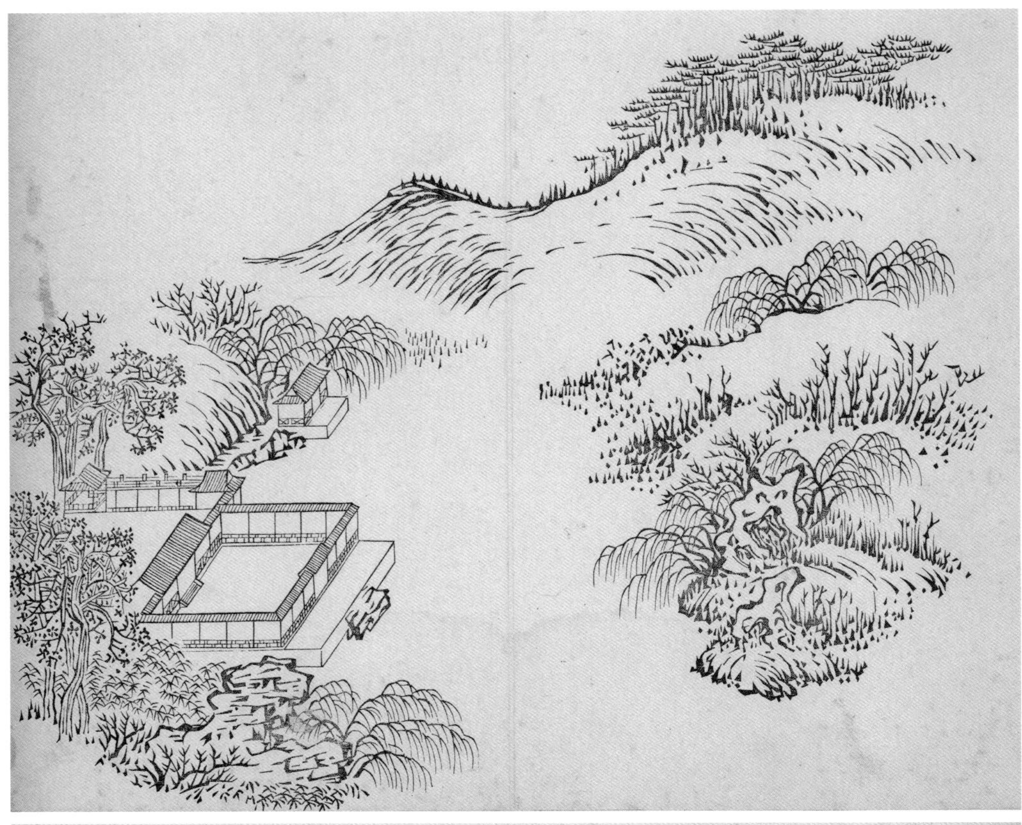

萬松疊翠爲吳禧祖别業軒窻乍拓覺蜀岡萬松來與人接晴光入戶清露沾檐蒼翠欲滴

萬松疊翠，爲吴禧祖别業，軒窻乍拓，覺蜀岡萬松來與人接，晴光入户，清露沾檐，蒼翠欲滴。

平山堂在蜀岡上宋歐陽修守揚州建以南徐諸山拱立環向望與檻平因名平山堂其時梅尧臣劉攽王安石蘇軾蘇轍秦觀諸人皆有唱和之什康熙二十三年
聖祖仁皇帝南巡
賜御書怡情二字額四十四年又
賜御書平山堂及賢守清風額乾隆十六年二十二年二十七年
皇上南巡俱

平山堂，在蜀岡上，宋歐陽修守揚州建。以南徐諸山拱立環向，望與檻平，因名平山堂。其時梅堯臣、劉攽、王安石、蘇軾、蘇轍、秦觀諸人皆有唱和之什。康熙二十三年，聖祖仁皇帝南巡，賜御書『怡情』二字額，四十四年又賜御書『平山堂』及『賢守

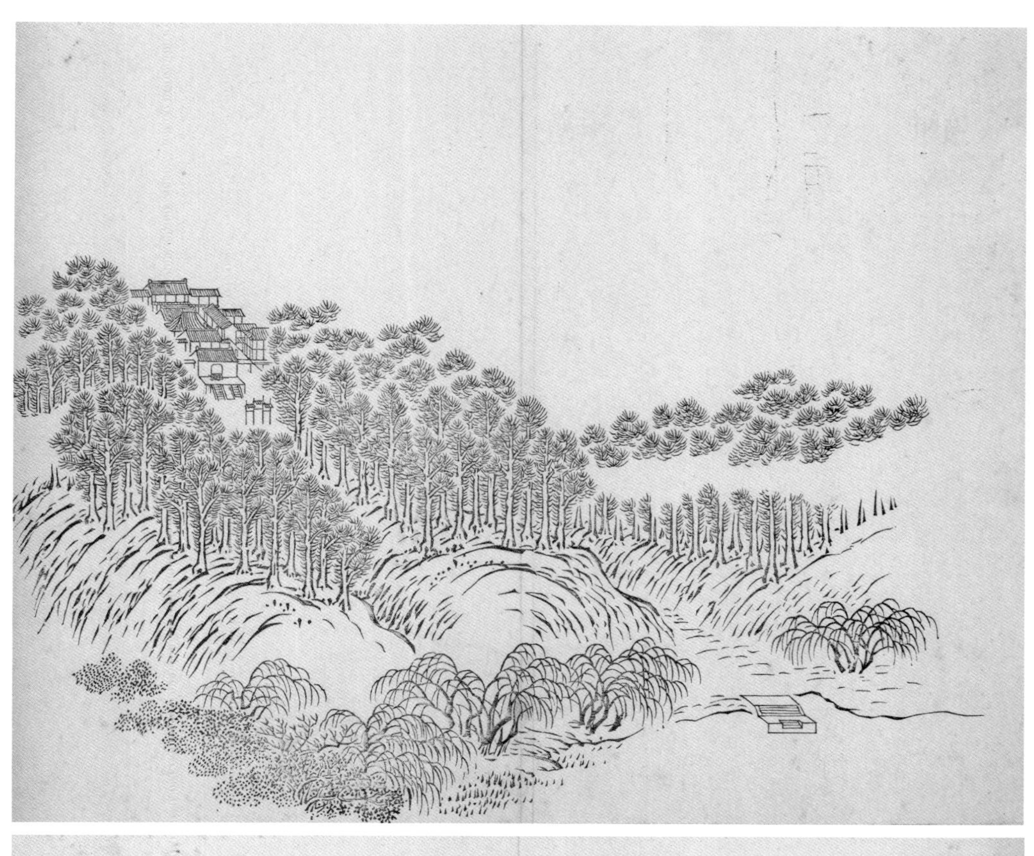

坐起

棲靈寺在平山堂之東志載寺有隋時浮屠九級唐
李白高適劉長卿皆有詩今未之見也康熙四十
四年
聖祖仁皇帝賜澄曠二字額我
皇上南廵臨幸山寺叠
賜御書聯額詩章亦汪立德汪秉德修葺寺東有層樓高
聳出雲曰平遠閣

澄曠』額。乾隆十六年、二十二年、二十七年，皇上南巡俱賜御書聯額詩章。天章燦爛，聖聖相承。堂之西有天下第五泉，光禄寺卿銜汪應庚曾構園亭，其孫奉宸苑卿銜汪立德、按察使銜汪秉德敬脩坐起。

棲靈寺，在平山堂之東。志載：寺有隋時浮屠九級，唐李白、高適、劉長卿皆有詩，今未之見也。康熙四十四年，聖祖仁皇帝賜『澄曠』二字額，我皇上南巡臨幸山寺，叠賜御書聯額詩章，亦汪立德、汪秉德修葺。寺東有層樓，高聳出雲，曰『平遠閣』。

十畝梅園在棲靈寺側就深谷履平原一望瓊枝鐵榦皆梅樹也月明雪淨疎影繁花洵爲清香世界並汪立德汪秉德所樹

十畝梅園，在棲靈寺側，就深谷，履平原，一望瓊枝鐵幹，皆梅樹也。月明雪净，疎影繁花，洵爲清香世界，並汪立德、汪秉德所樹。

松嶺長風在蜀岡上蜀岡一名崑岡見鮑昭賦汪立德汪秉德之祖汪應庚種松其巔名萬松嶺積三十年惟喬林立翠鬣蒼鱗或謖謖因風如聽廣陵濤響有橋在嶺下曰松風水月嶺之南爲恭迎

聖駕亭

松嶺長風，在蜀岡上。蜀岡一名崑岡，見鮑昭賦。汪立德、汪秉德之祖汪應庚，種松其巔，名『萬松嶺』。積三十年惟喬林立，翠鬣蒼鱗，或謖謖因風，如聽廣陵濤響，有橋在嶺下，曰『松風水月』，嶺之南爲『恭迎聖駕亭』。

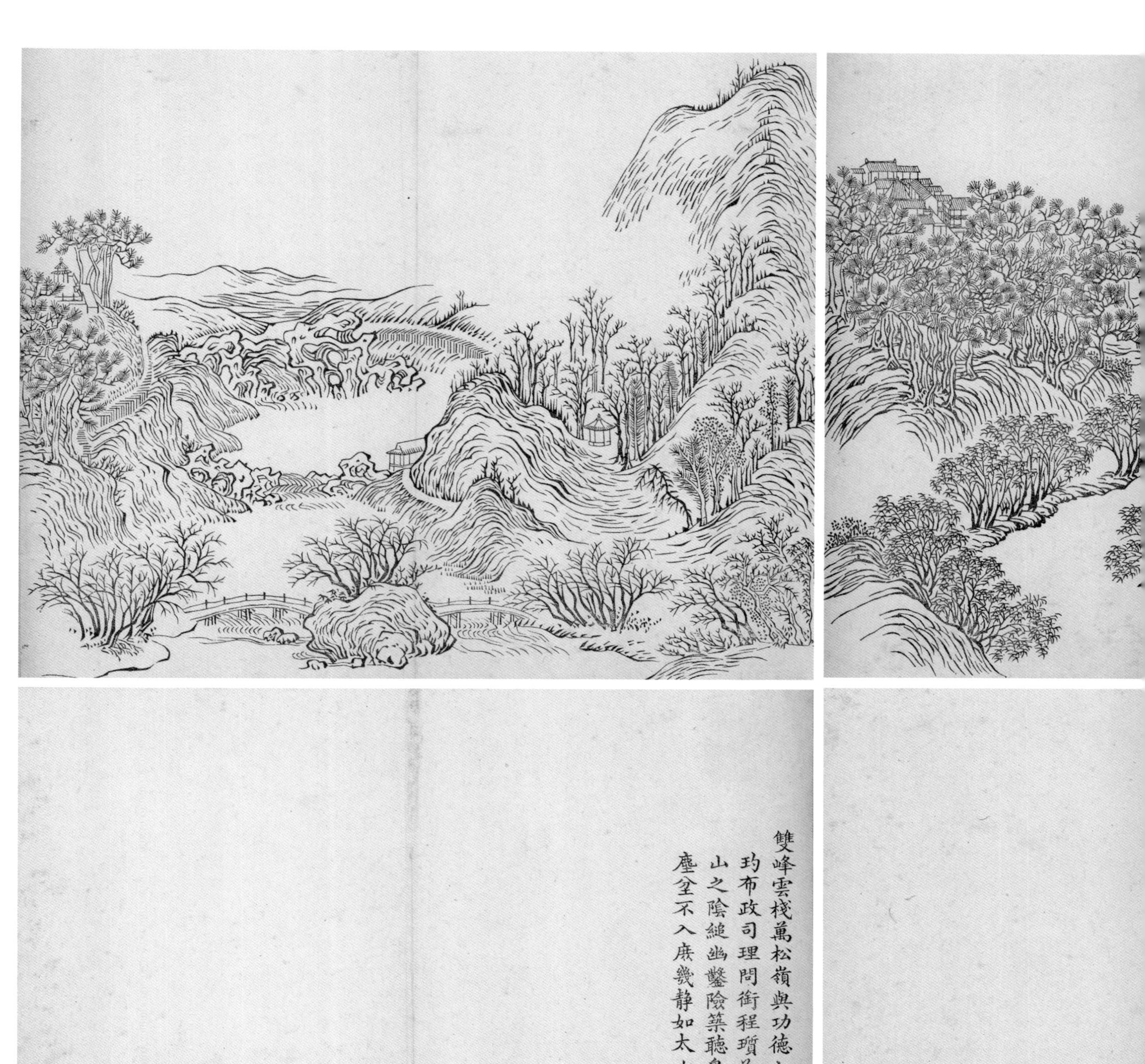
雙峰雲棧萬松嶺與功德山夾澗而峙按察使銜程
玓布政司理問銜程瓆爲橋以通往來又於功德
山之陰縋幽鑿險築聽泉樓飛泉噴薄陰森幽邃
塵坌不入庶幾静如太古

雙峰雲棧，萬松嶺與功德山夾澗而峙，按察使銜程玓、布政司理問銜程瓆爲橋，以通往來，又於功德山之陰，縋幽鑿險，築聽泉樓。飛泉噴薄，陰森幽邃，塵坌不入，庶幾静如太古。

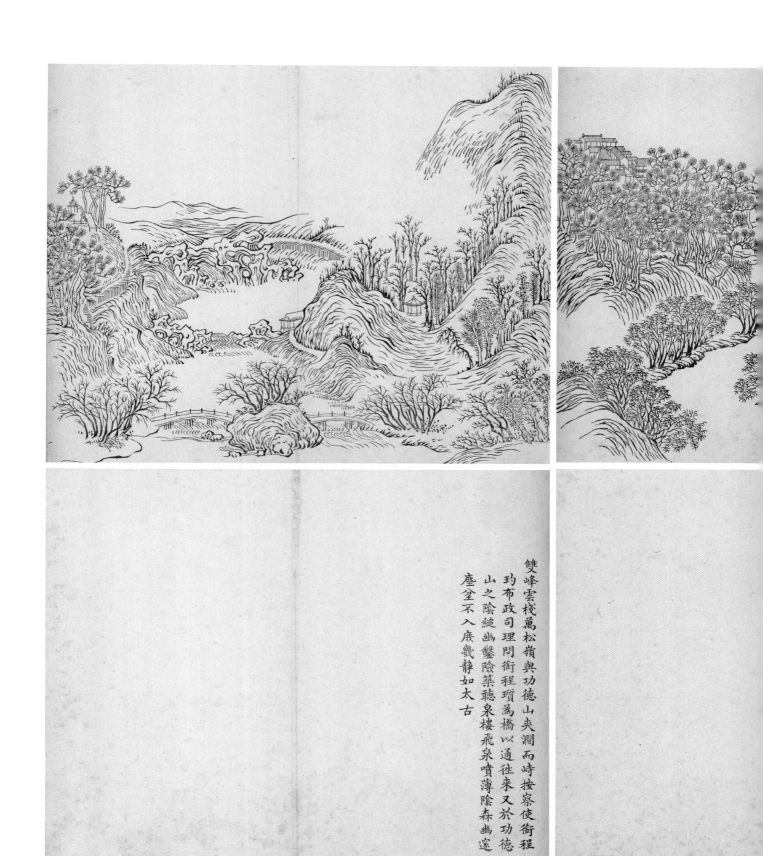

功德山山有觀音閣故亦名觀音山在蜀岡冣高處程玓歲事繕葺天花佛火僧戒梵音肅若名刹郡人信奉惟謹春祈秋報士女駢闐賈客販夫有如南墟北集紛紜輻輳遊者取攜自如售者獲利以去更見民蒙其福山上恭俻坐起乾隆二十二年蒙

皇上賜御製詩章

功德山，山有觀音閣，故亦名『觀音山』。在蜀岡最高處，程玓歲事繕葺，天花佛火，僧戒梵音，肅若名刹。郡人信奉，惟謹春祈秋報，士女駢闐，賈客販夫，有如南墟北集，紛紜輻輳，遊者取携自如，售者獲利以去。更見民蒙其福，山上恭俻坐起。乾隆二十二年，蒙皇上賜御製詩章。

山亭野眺山勢嶔崎而下程瓆爲亭於山之半春當三月西望穠桃始華緋紅滿谷灼灼欲燃其東則有荷池稻田炎暑初曛凉颸洊至緑鋪千頃紅艶半塘皆足騁懷游目

山亭野眺，山勢嶔崎而下，程瓆爲亭於山之半。春當三月，西望穠桃始華，緋紅滿谷，灼灼欲燃。其東則有荷池稻田，炎暑初曛，凉颸洊至，緑鋪千頃，紅艷半塘，皆足騁懷游目。

錦泉花嶼前員外郎吴山玉舊業今為捐知府銜張正治所有門前古籐轇轕蒙絡披離稍進而左則錦雲軒牡丹開時爛若叠錦澗西有微波館源泉出澗中盈而不竭時見碧紋鱗鱗

錦泉花嶼，前員外郎吴山玉舊業，今爲捐知府銜張正治所有。門前古藤轇轕，蒙絡披離，稍進而左則錦雲軒，牡丹開時，爛若叠錦。澗西有微波館，源泉出澗中，盈而不竭，時見碧紋鱗鱗。

石壁流淙山石壁立屈曲若展畫屏其間有花潭竹嶼又有玉蘭滿院者曰蒔玉居水依石壁而来遶於居後花時香融澄碧為奉宸苑卿銜徐士業園

石壁流淙，山石壁立屈曲，若展畫屏。其間有花潭竹嶼，又有玉蘭滿院者，曰『蒔玉居』。水依石壁而來，遶於居後，花時香融澄碧，爲奉宸苑卿銜徐士業園。

小方壺水中沙嶼樓閣巋然有隨風縹緲之勢亦徐士業置

小方壺，水中沙嶼，樓閣巋然，有隨風縹緲之勢，亦徐士業置。

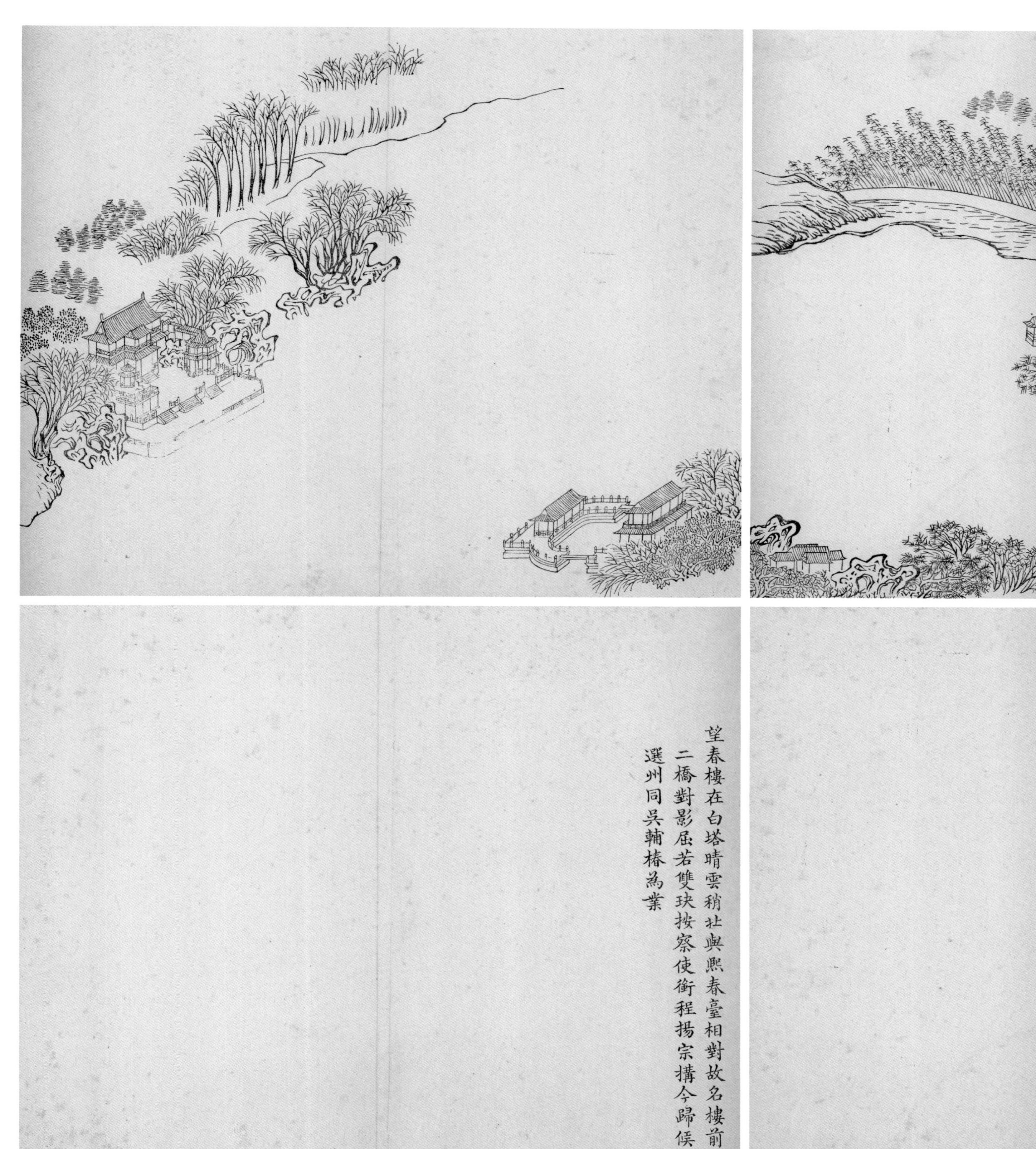
望春樓在白塔晴雲稍北與熙春臺相對故名樓前
二橋對影屈若雙玦按察使銜程揚宗搆今歸候
選州同吴輔椿爲業

望春樓，在白塔晴雲稍北，與熙春臺相對，故名。樓前二橋對影屈若雙玦，按察使銜程揚宗搆，今歸候選州同吴輔椿爲業。

白塔晴雲程揚宗嘗築花南水北堂積翠軒而蓮性寺白塔適當其前行雲無心天風朗朗可以得靜観之意今亦為吳輔椿別業

蓮花橋横亘保障河上為洞五上皆置亭朱緑金碧落曜天際象五岳之拱峙秋空明逈圓景淩波五洞皆銜滿月如遥天之列緯若滄海之出珠灧彩寒光清華瀰滿

白塔晴雲，程揚宗嘗築花南水北堂、積翠軒，而蓮性寺白塔適當其前，行雲無心，天風朗朗，可以得静觀之意。今亦爲吴輔椿别業。

蓮花橋，横亘保障河上，爲洞五，上皆置亭，朱緑金碧，落曜天際，象五岳之拱峙。秋空明逈，圓景淩波，五洞皆銜滿月，如遥天之列緯，若滄海之出珠，灧彩寒光，清華瀰滿。

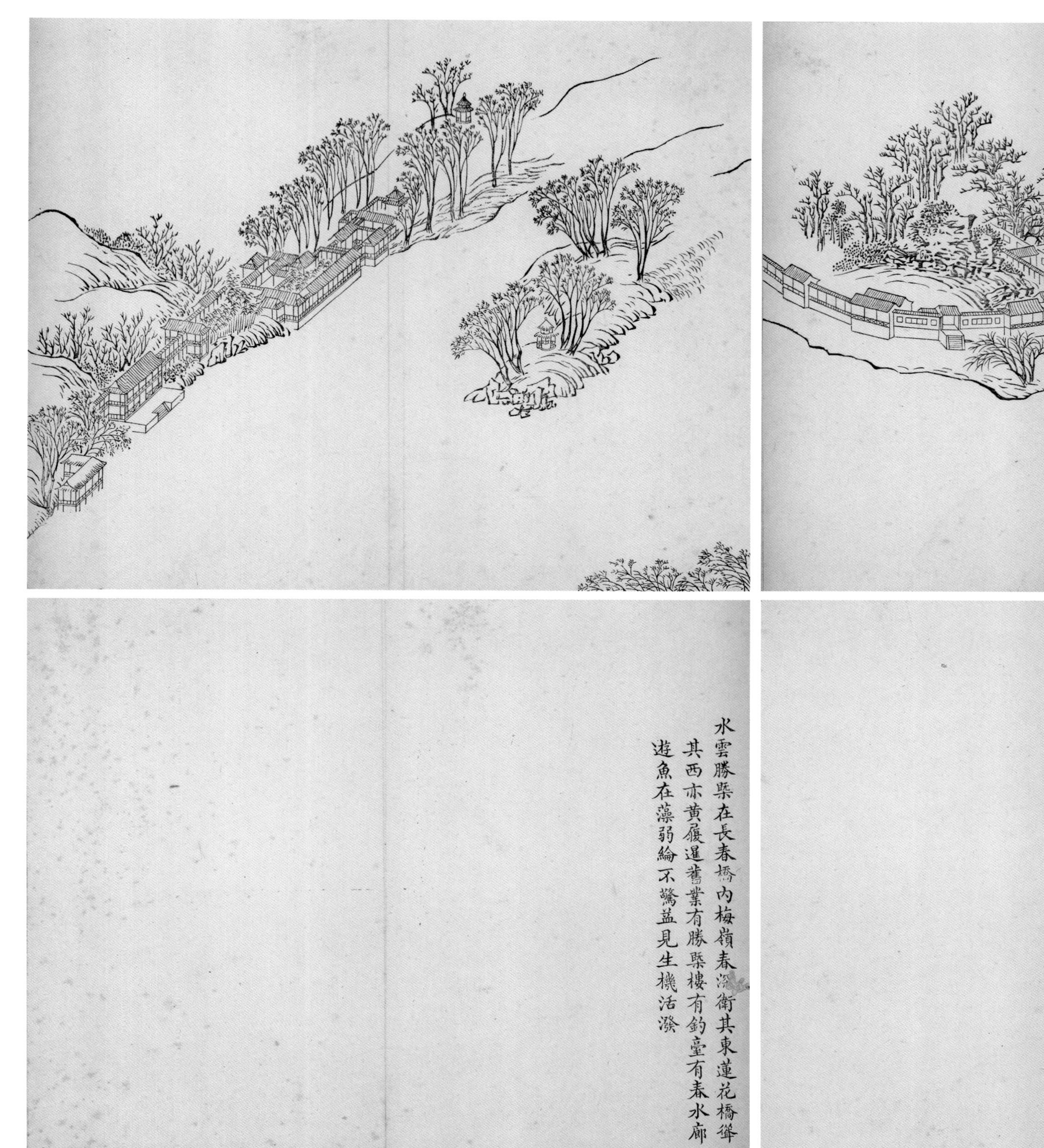
水雲勝槩在長春橋内梅嶺春深衛其東蓮花橋聳
其西亦黄履暹舊業有勝槩樓有釣臺有春水廊
遊魚在藻弱綸不驚益見生機活潑

水雲勝槩，在長春橋內，梅嶺春深衛其東，蓮花橋聳其西，亦黄履暹舊業。有勝槩樓，有釣臺，有春水廊，遊魚在藻，弱綸不驚，益見生機活潑。

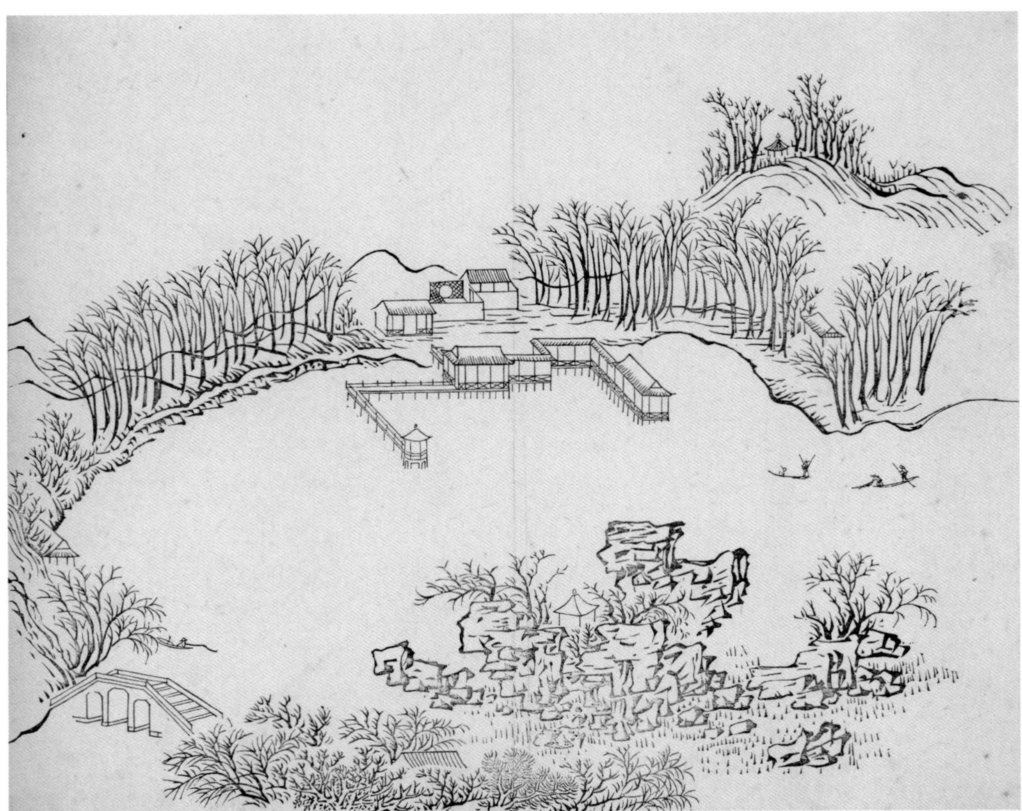

柳湖春汎在通泗門(即西門)外亦洪徵治園水榭風亭波光四面坐觀垂釣如在濠梁南出度春橋左抱城郭右繞山岡人家則松杪炊烟漁子則柳根繫艇春林鶗鴂秋雪荻蘆氣候四時景物萬狀皆類此也而南至於硯池

硯池染翰硯池在城南為廣陵名園有老樹若干株蒼古鬱茂候選主事汪長馨得太湖石於江南矗者若峯橫者若嶺蹲踞若卧虎秀抜若雅人於是雜植園中號九峯園又築臨池小榭以擬右軍墨池其南為風漪閣臨水傍城遥望運河風帆葉葉與雲煙都在遠近間乾隆二十七年賞
賜九峯園
御書匾額並雨後蘭芽猶帯潤風前梅朶始敷榮對一聯
又名園依緑水野竹上青霄對一聯

柳湖春汎，在通泗門（即西門）外，亦洪徵治園。水榭風亭，波光四面，坐觀垂釣，如在濠梁。南出度春橋，左抱城郭，右繞山岡，人家則松杪炊烟，漁子則柳根繫艇。春林鶗鴂，秋雪荻蘆，氣候四時，景物萬狀，皆類此也，而南至於硯池。

硯池染翰，硯池在城南爲廣陵名園，有老樹若干株，蒼古鬱茂，候選主事汪長馨得太湖石於江南，矗者若峯，横者若嶺，蹲踞若卧虎，秀拔若雅人。於是雜植園中，號九峯園，又築臨池小榭，以擬右軍墨池。其南爲風漪閣，臨水傍城，遥望運河，風帆葉葉，與雲煙都

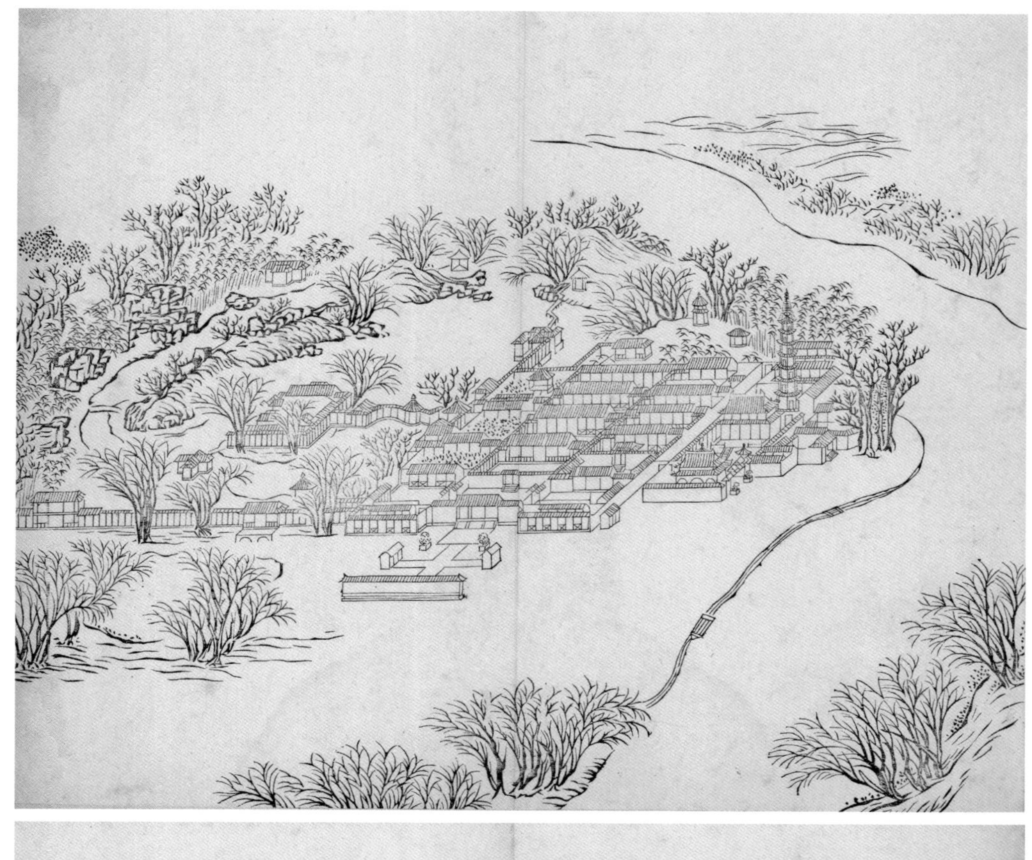

在遠近間。乾隆二十七年蒙賜『九峯園』，御書匾額並『雨後蘭芽猶帶潤，風前梅朵始敷榮』對一聯，又『名園依緑水，野竹上青霄』對一聯。

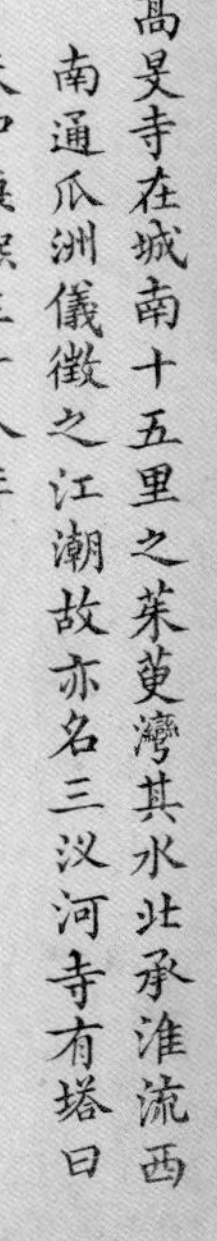

高旻寺在城南十五里之茱萸灣其水北承淮流西南通瓜洲儀徵之江潮故亦名三汊河寺有塔曰天中康熙三十八年

聖祖仁皇帝南巡

賜御書詩綾一幅四十二年兩淮商人建

行宫駐蹕

御書高旻寺及雲表天風塔額又移

大內金佛遺官賫供寺中四十四年

賜御書二聯四十六年

賜御書塔圖并額記詩章暨諸法寶乾隆十六年二十二年

二十七年

皇上南巡俱

賜御書聯額詩章

高旻寺，在城南十五里之茱萸灣，其水北承淮流，西南通瓜洲、儀徵之江潮，故亦名三汊河，寺有塔，曰『天中』。康熙三十八年，聖祖仁皇帝南巡，賜御書詩綾一幅。四十二年兩淮商人建行宫駐蹕，御書『高旻寺』及『雲表天風塔』額，又移大内金佛遺官賫供寺中。四十四年賜御書二聯，四十六年賜御書塔圖并額記詩章暨諸法寶，乾隆十六年、二十二年、二十七年，皇上南巡俱賜御書聯額詩章。

慧劍長明

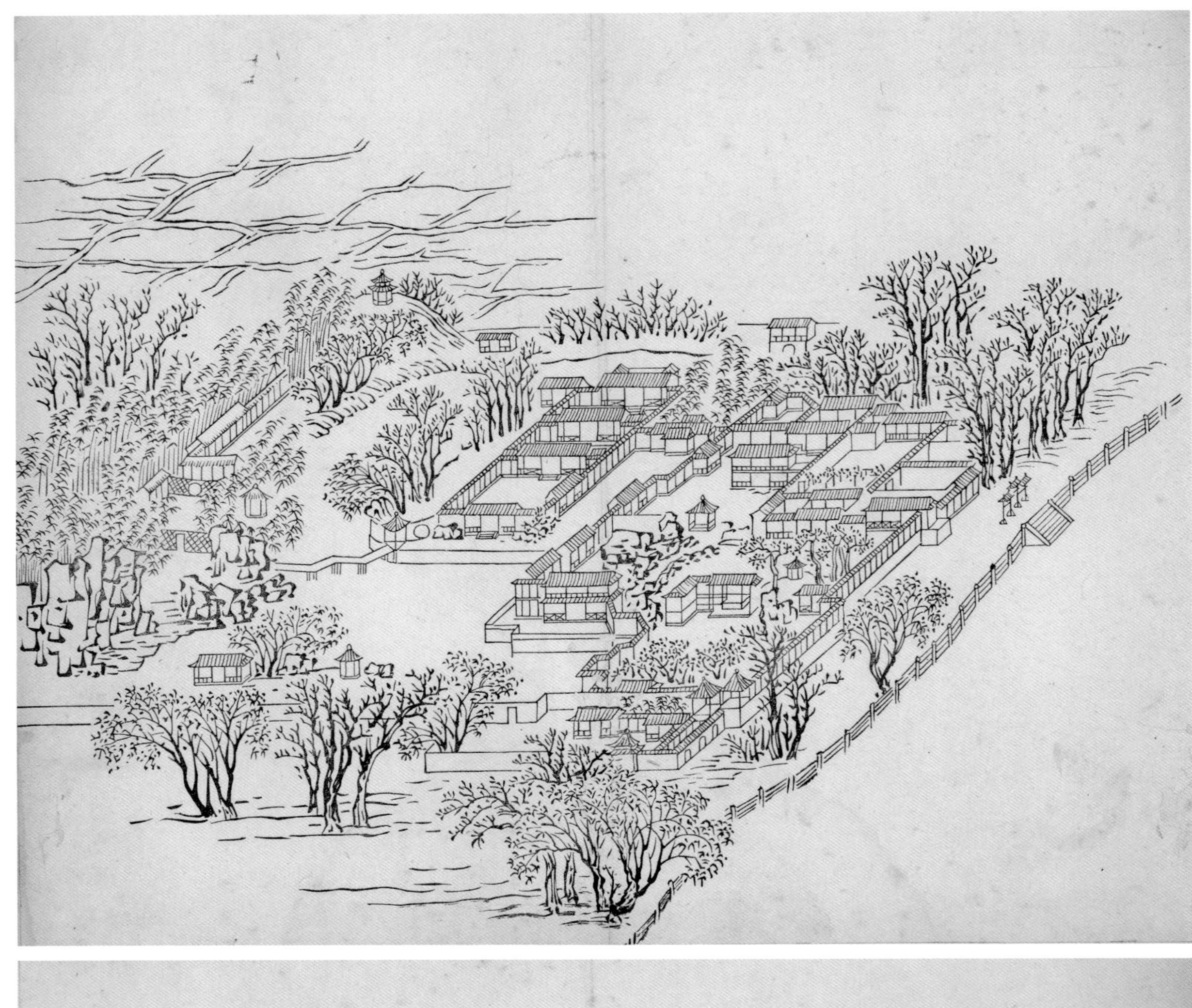

錦春園在瓜洲城北奉宸苑卿銜吴家龍舊園乾隆
十六年欣蒙
翠華臨幸
賞賜嘉名又
賜御刻三希堂法帖一部家龍之子候補道吴光政謹筦
鑰之司勤掃除之役水石益鮮花木彌茂遂爲江
干名勝二十二年
御書竹淨松蕤額二十七年
御製錦春園即景七律一首

錦春園，在瓜洲城北，奉宸苑卿銜吴家龍舊園。乾隆十六年，欣蒙翠華臨幸，賞賜嘉名，又賜御刻《三希堂法帖》一部。家龍之子候補道吴光政謹筦鑰之司，勤掃除之役，水石益鮮，花木彌茂，遂爲江干名勝。二十二年御書『竹净松蕤』額，二十七年御製《錦春園即景》七律一首。

有醉石、音石、石屏、釣魚臺石、霹靂石、東濡泉，西北曰碧桃灣，東北曰青玉塢，山之餘支，東出波心，曰松山、寥山，與山對峙，山寺建自東漢。康熙三十八年聖祖仁皇帝南巡，賜名定慧寺，又賜御書法寶。寺旁有焦處士祠、海西菴、水晶菴、松寥閣、自然菴、香林菴、石壁菴、海雲菴、文殊閣、海神廟、碧山菴、友竹菴、玉峯菴、海門菴，山半則佳處亭，山頂則雙峯閣。御題『鏡江樓』，其東

幸疊賜宸章寶翰，又御書《瘗鶴銘》敬謹勒石，龍章鳳彩永鎮名山，原碑仍樹寺中，寺東有舊禪堂基址，向名天開勝境，今即其處恭建行宮。二十七年，御書『清寄堂』額，寺西爲御書樓，供奉聖祖仁皇帝、皇上御書墨寶。

焦山自金山順流而下十五里漢處士焦光隱此故
名山有焦仙嶺西麓有三詔洞觀音崖其下有醉
石音石石屏釣魚臺石霹靂石東濡泉西北曰碧
桃灣東北曰青玉塢山之餘支東出波心曰松山
寥山與山對峙山寺建自東漢康熙三十八年
聖祖仁皇帝南巡賜名定慧寺又
賜御書法寶寺旁有焦處士祠海西菴水晶菴松寥閣自然
菴香林菴石壁菴海雲菴文殊閣海神廟碧山菴
友竹菴玉峯菴海門菴山半則佳處亭山頂則雙
峯閣
御題鏡江樓其東有亭供四面佛亭之北步磴而下為別
峰菴雲深菴乾隆十六年二十二年二十七年
皇上巡幸疊
賜宸章寶翰又
御書瘗鶴銘敬謹勒石
龍章鳳彩永鎮名山原碑仍樹寺中寺東有舊禪堂基址
向名天開勝境今即其處恭建
行宮二十七年
御書清寄堂額寺西為
御書樓供奉
聖祖仁皇帝
皇上御書墨寶

南巡臨幸勝迹圖（又名《江南名勝圖》）

作　者 不詳
年　代 清乾隆年間（一七八三—一七八四）
類　型 木刻墨印著色
載體形態 五册
尺　寸 每頁縱二四厘米，橫三〇厘米
索 書 號 221/074.3/1765

《南巡臨幸勝迹圖》又名《江南名勝圖》，每册分兩部分，第一部分爲若干頁圖説文字，介紹行宫或名勝的地理位置、修建情況、名人淵源、皇帝臨幸和題咏情況等；第二部分爲中國傳統形象山水圖畫，分幅描繪各處行宫建築和各地名勝，這些版畫雕版精細、布局繁密、綫條流暢，著色以青緑爲主，整體清淡典雅。

《南巡臨幸勝迹圖》第一册爲《行宫座落圖説》，介紹了江南省境内龍泉莊行宫、順河集行宫、林家莊行宫等二十四處行宫。第二册爲《揚州名勝圖説》，介紹了香阜寺、竹西芳徑、趣園等二十處揚州名勝。第三册也是《揚州名勝圖説》，介紹了香海慈雲、青琅玕館、西園曲水等二十一處揚州名勝。第四册爲《江南名勝圖説》，介紹了金山、焦山、甘露寺等二十三處名勝。第五册也是《江南名勝圖説》，介紹了寶華山、棲霞山、彩虹明鏡等二十一處名勝。

圖册中的「江南」并不是如今廣義上的江南地區，而是「江南省」。乾隆《江南通志》中的「江南省」包括十四府四州，即淮安府、揚州府、松江府、蘇州府、常州府、鎮江府、江寧府、太平府、寧國府、池州府、徽州府、安慶府、廬州府、鳳陽府、徐州、和州、滁州和廣德州，相當於現在江蘇和安徽兩省的行政區域。儘管圖册又名《江南名勝圖》，實際絶大部分行宫和名勝都位於江蘇境内，僅有少數屬於安徽。縱觀乾隆皇帝六次南巡，途經最多的地方確實是江蘇，尤其是江寧府、揚州府和蘇州府，是每次南巡的必經之地。這其中又以揚州爲最，從揚州占據了「名勝」所在地的一半數量即可看出。

《行宫座落圖説》中，「萬壽重寧寺」條有「乾隆四十八年兩淮商人恭建爲萬壽寺，以備巡幸」；「柳泉行宫」條有「乾隆四十八年奏請今次巡幸自萬年倉水營登岸，至徐州閲工，於適中之黄巘恭建行殿數重，以供駐蹕」。據此可以推斷，《南巡臨幸勝迹圖》應當繪製於乾隆四十八年（一七八三）至乾隆四十九年（一七八四）間，作用是供乾隆四十九年（一七八四）皇帝第六次巡幸江南前參閲，是一部官方版畫圖説。

目前流傳於世的以南巡爲主題的名勝圖説很多，直接以「南巡」爲題名的一般與官方有關，例如成書於乾隆三十五年（一七七〇）的《南巡盛典》。《南巡臨幸勝迹圖》成書時間晚於《南巡盛典》，其版畫是對後者的繼承和增改，選取的江南名勝範圍也基本一致，但是前者分類更細，所含名勝更多，稱得上是清代版畫中的精品。

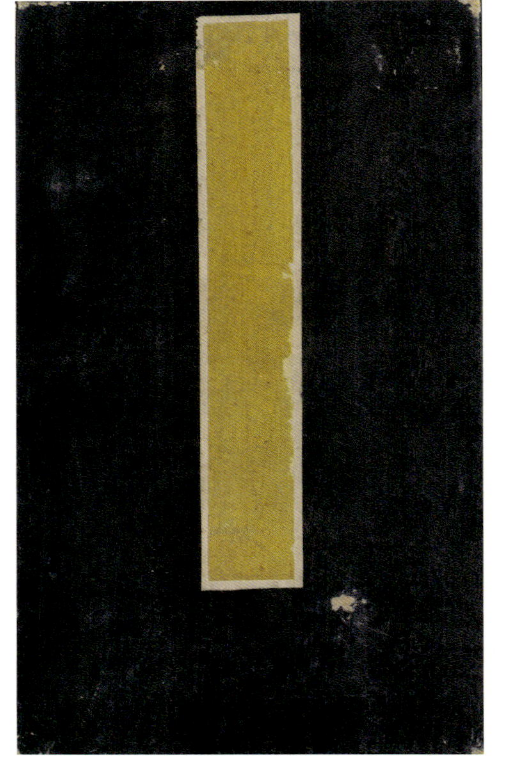

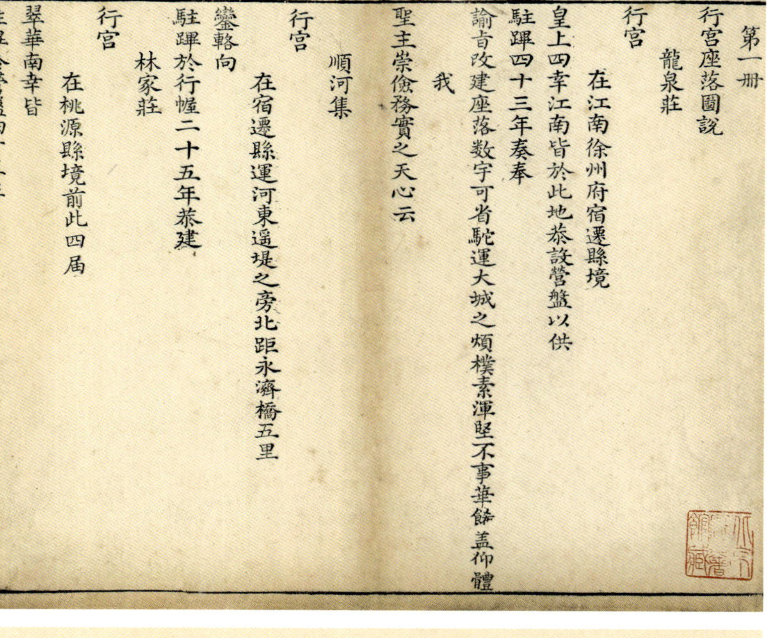

第一册《行宫座落圖説》

龍泉莊行宫　在江南徐州府宿遷縣境，皇上四幸江南皆於此地，恭設營盤以供駐蹕。四十三年奏奉諭旨改建座落數宇，可省駝運大城之煩，樸素渾堅，不事華飾，蓋仰體我聖主崇儉務實之天心云。

順河集行宫　在宿遷縣運河東遥堤之旁，北距永濟橋五里，鑾輅向駐蹕於行幄，二十五年恭建。

林家莊行宫　在桃源縣境，前此四届翠華南幸，皆駐蹕於營盤，四十五年奏明改建。

陳家莊行宫　在桃源縣境内，皇上三幸江南俱駐蹕於魯家莊營盤，二十九年恭建。

楊家莊行宫　在清河縣運河遥堤之旁，乾隆四十五年，聖駕南巡傳奉諭旨：『此次因閲視河工由陳家莊至桂家莊，將來不必經由桂家莊，欽此。』是以今次奏明將桂家莊行宫移建於此。

河神廟　座落在攔黄壩。

惠濟祠　在淮安府清河縣，祠臨大堤，中祀天后。明正德二年建，嘉靖中賜額曰『惠濟』，其神福河濟運，孚應若響。祠前黄淮合流，地當形勝，爲全河之樞要。國朝久邀崇祀，我皇上臨幸，升香薦帛，禮有加焉。

天寧寺行宫　在揚州府拱宸門外，舊爲晋太傅謝安别墅，義熙間梵僧譯《華嚴經》於此，褚叔度請於謝琰，遂捨爲寺，名『謝司空寺』。宋政和間改今名，乾隆二十一年於寺之右恭建行殿數重，自後恭逢聖駕南巡，俱邀駐蹕。

萬壽重寧寺　寺在拱宸門外天寧寺後，舊爲隙地，乾隆四十八年兩淮商人恭建爲萬壽寺，以備巡幸。經鹽政臣奏奉錫以今名，頒賜御書聯額，天章奎焕，並極莊嚴。

高旻寺行宫　在城南十五里，地名『三汊河』，其旁有塔曰『天中塔』，

在城南十五里地名三汊河其旁有塔曰天中塔
聖祖仁皇帝南巡於此敬建
行宮恭逢
皇上省方重葺其舊以備
臨御
金山
行宮説載名勝
焦山
座落説載名勝
蘇州
行宮　在府城内舊為織造官廨
聖祖南巡
駐蹕於此乾隆十五年重葺
虎邱
座落説載名勝
靈巖山
行宮説載名勝
千尺雪

鄧尉山
座落説載名勝
錢家港
行宮　在鎮江府西門外傍臨小港可達大江適當金山之麓乾隆二
十五年恭建以備
御舟
駐蹕之地
龍潭
行宮　在句容縣西北八十里背倚大江京口金陵適中之地
聖祖仁皇帝南巡恭建
行殿於此大吏重修以駐
清蹕
棲霞
行宮　在中峯之左與東峰相接秀石嵯峨茂林蒙密白鹿泉瀦其中
乾隆二十二年
翠華重幸大吏恭建以駐
清蹕

江寧府
行宮　地居會城之中向為織造廨署乾隆十六年改建
行殿恭備
臨幸
漢府　地居會城之東舊名漢府為織造機局乾隆十六年
聖駕南巡添建
看機座落數楹其餘悉因舊制量為修葺歷蒙
臨幸
閲視機工
柳泉
行宮　在銅山縣城東北鳳凰山南歷屆
巡幸徐州
閲工由韓莊閘登岸至雲龍山
行宮駐蹕仍回韓莊登舟乾隆四十八年
奏請今次
巡幸自萬年倉水營登岍至徐州
閲工於適中之黄巘恭建

行殿數重以供
駐蹕欽奉
諭旨該處與柳泉相近易以今名
雲龍山
行宮　在徐州府城南二里舊志云山有雲氣蜿蜒如龍故名東岩有
大石佛又名石佛山山上為宋山人張天驥放鶴處蘇軾為之
記乾隆二十二年守土諸臣於山麓恭搆數楹以奉
清蹕

聖祖仁皇帝南巡於此，敬建行宮，恭逢皇上省方重葺其舊以備臨御。

金山行宮　説載《名勝》。

焦山座落　説載《名勝》。

蘇州行宮　在府城内舊爲織造官廨，聖祖南巡，駐蹕於此。乾隆十五年重葺。

虎邱座落　説載《名勝》。

靈巖山行宮　説載《名勝》。

千尺雪座落　説載《名勝》。

鄧尉山座落　説載《名勝》。

錢家港行宮　在鎮江府西門外，傍臨小港，可達大江，適當金山之麓。乾隆二十五年恭建，以備御舟駐蹕之地。

龍潭行宮　在句容縣西北八十里，背倚大江，京口、金陵適中之地，聖祖仁皇帝南巡恭建行殿於此，大吏重修以駐清蹕。

棲霞行宮　在中峯之左，與東峰相接，秀石嵯峨，茂林蒙密，白鹿泉瀦其中，乾隆二十二年，翠華重幸，大吏恭建以駐清蹕。

江寧府行宮　地居會城之中，向爲織造廨署。乾隆十六年，改建行殿，恭備臨幸。

漢府　地居會城之東，舊名『漢府』，爲織造機局。乾隆十六年，聖駕南巡添建看機座落數楹，其餘悉因舊制，量爲修葺，歷蒙臨幸，閲視機工。

柳泉行宮　在銅山縣城東北鳳凰山南，歷屆巡幸徐州閲工，由韓莊閘登岸至雲龍山行宮駐蹕，仍回韓莊登舟。乾隆四十八年奏請，今次巡幸自萬年倉水營登岍至徐州閲工，於適中之黄巘恭建行殿數重，以供駐蹕，欽奉諭旨該處與柳泉相近，易以今名。

雲龍山行宮　在徐州府城南二里，舊志云：山有雲氣，蜿蜒如龍，故名。東岩有大石佛，又名『石佛山』，山上爲宋山人張天驥放鶴處，蘇軾爲之記。乾隆二十二年，守土諸臣於山麓恭搆數楹以奉清蹕。

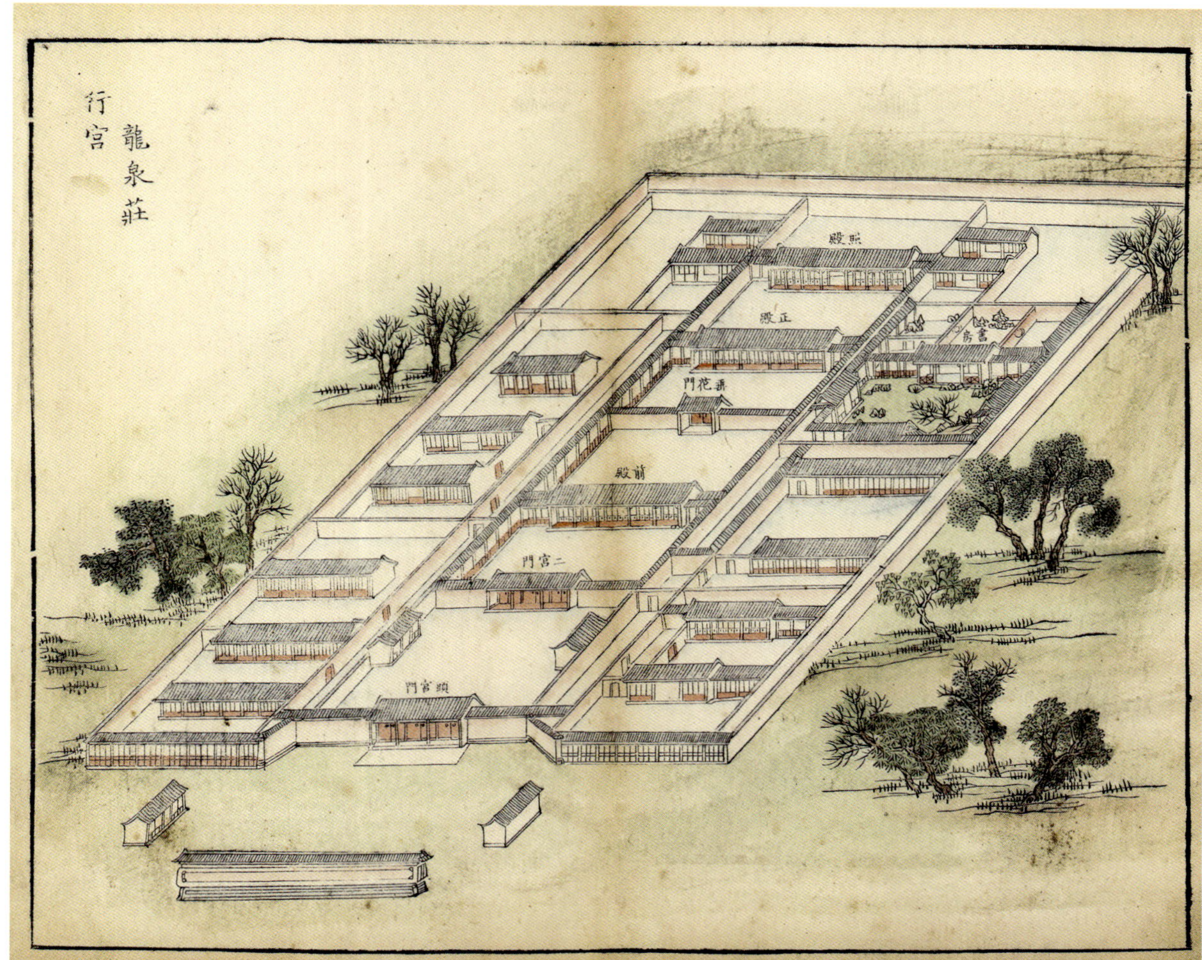
龍泉莊
行宫
照殿
正殿
書房
垂花門
前殿
二宫門
頭宫門

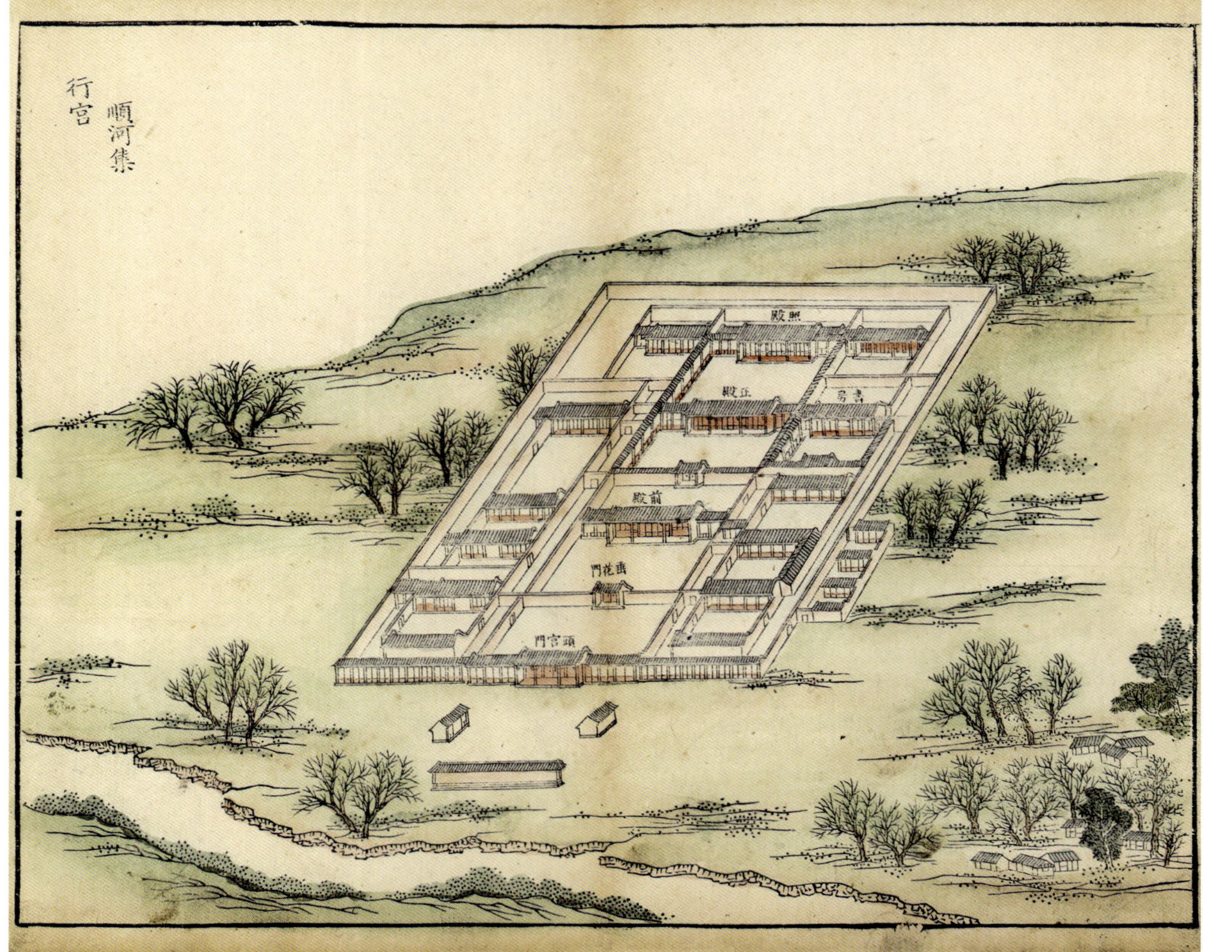
順河集
行宫
照殿
正殿
書房
前殿
垂花門
頭宫門

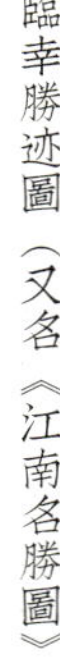

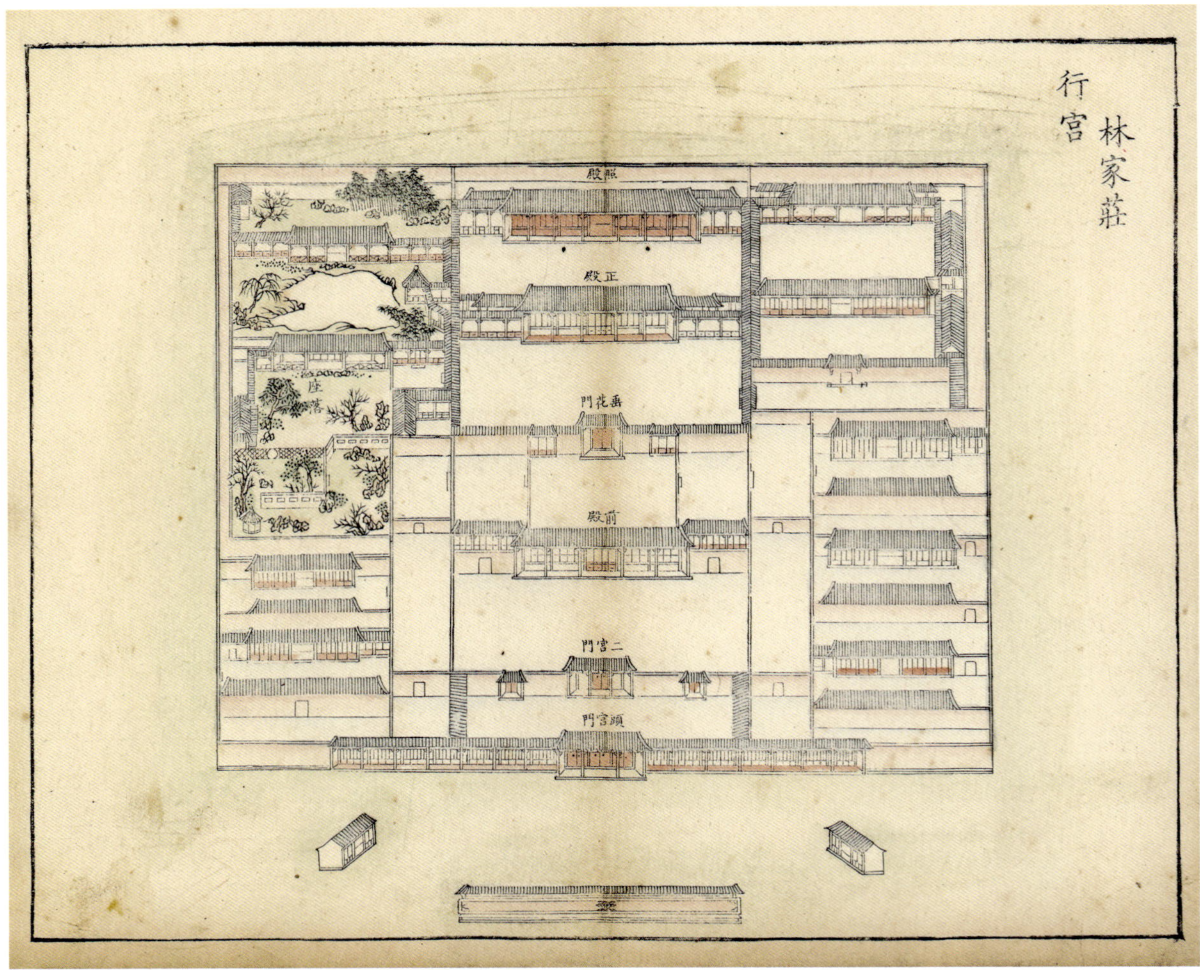
林家莊行宮
殿後
正殿
垂花門
前殿
二宮門
頭宮門

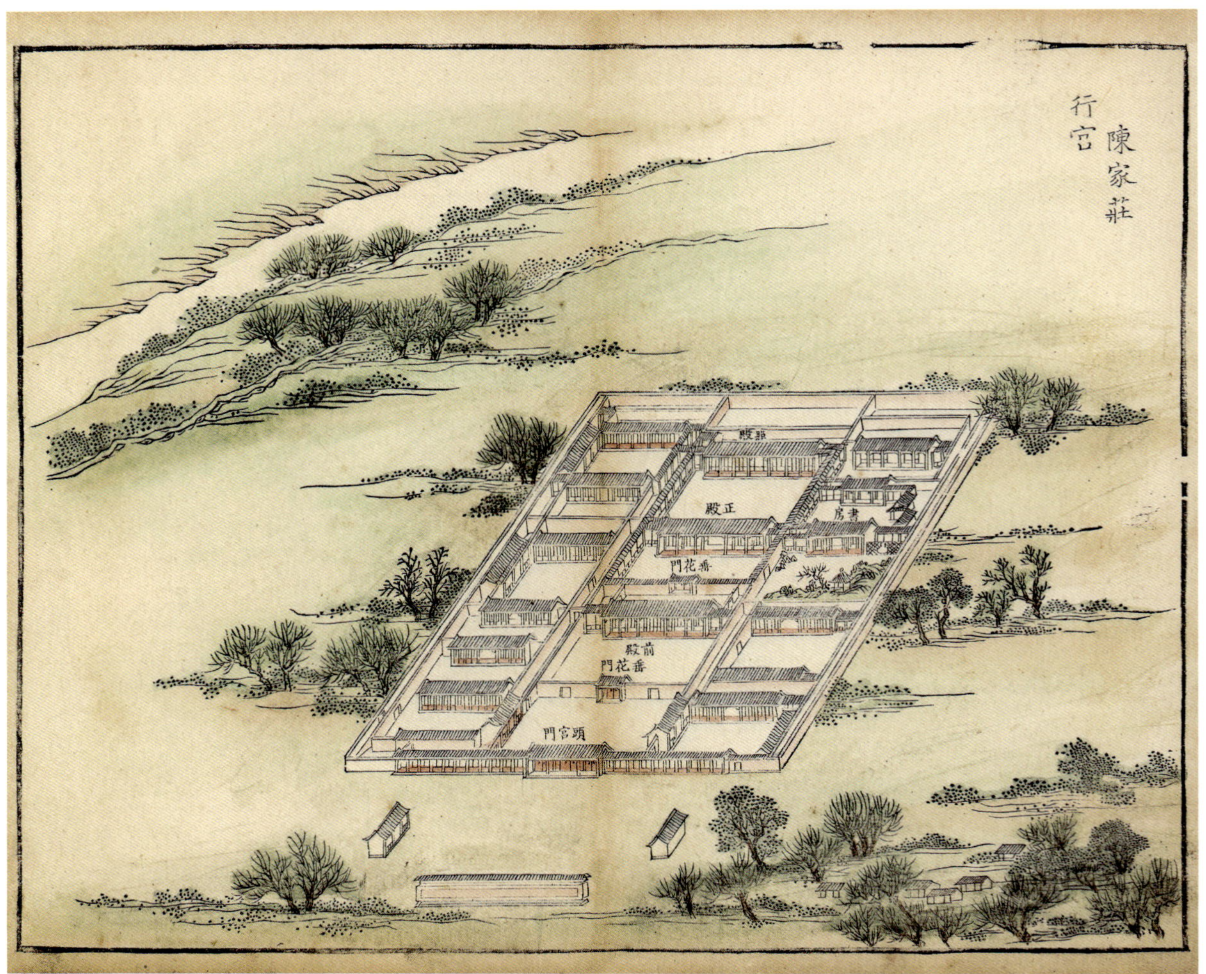
陳家莊行宮
後殿
正殿
書房
垂花門
前殿
垂花門
頭宮門

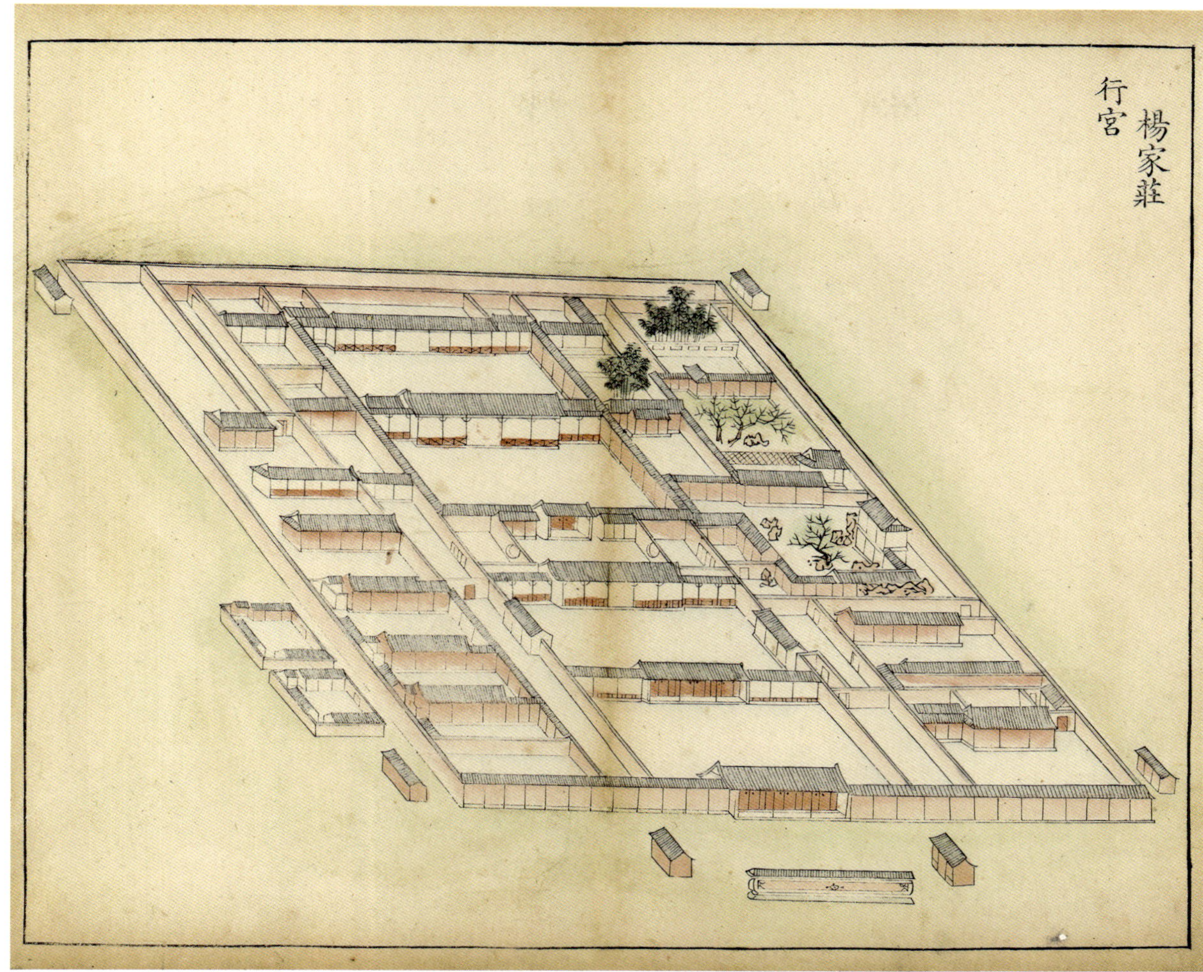
楊家莊
行宮

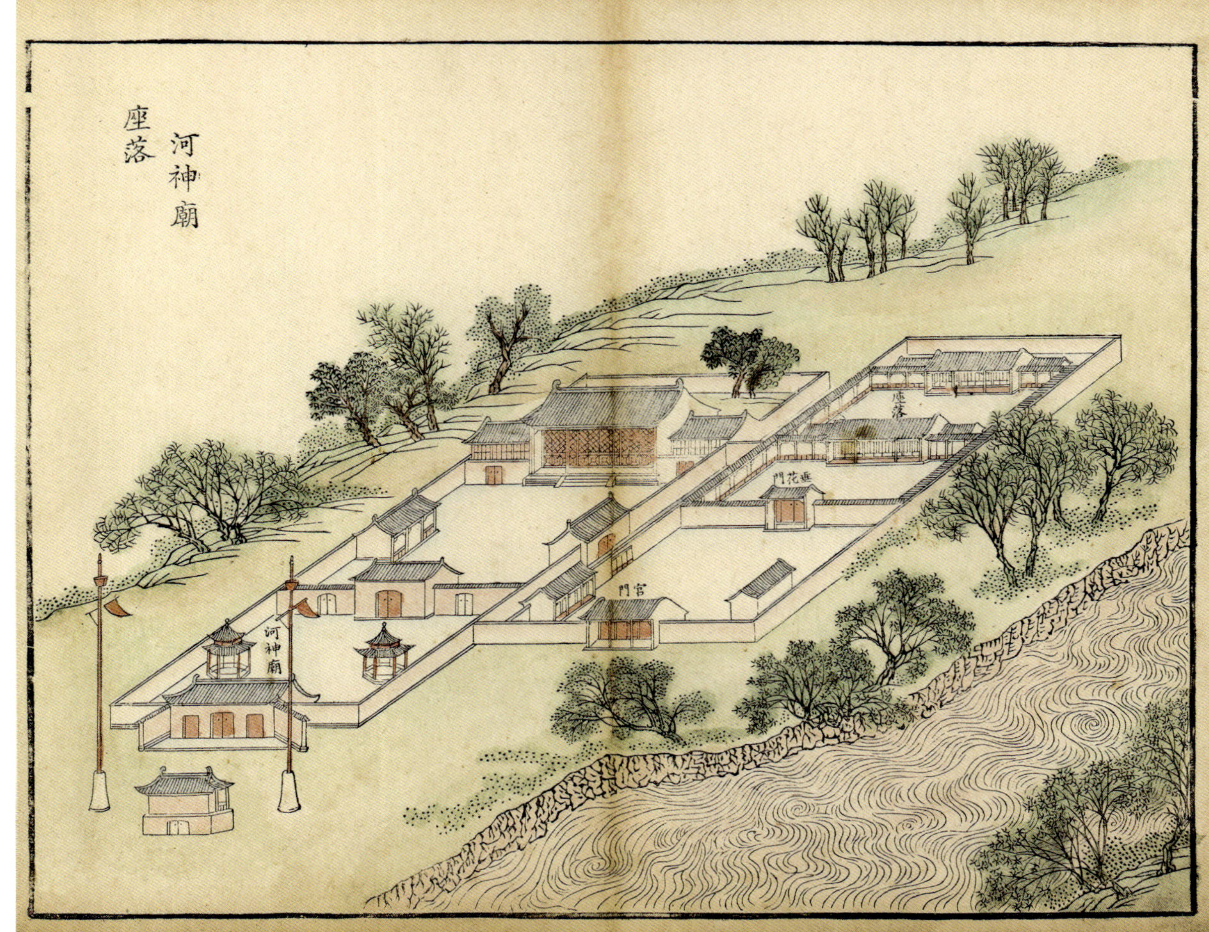
河神廟
座落
垂花門
宮門
河神廟

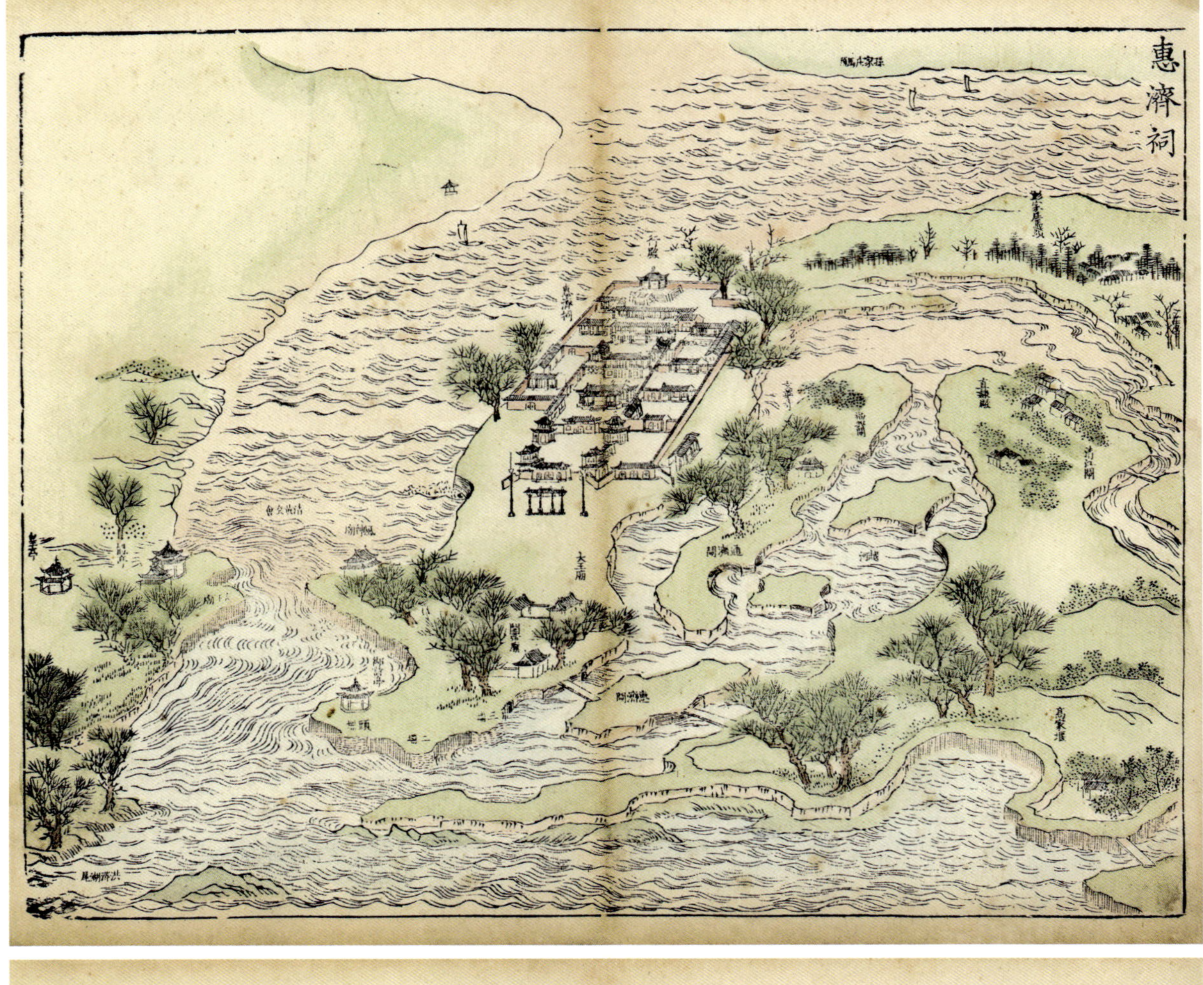
惠濟祠

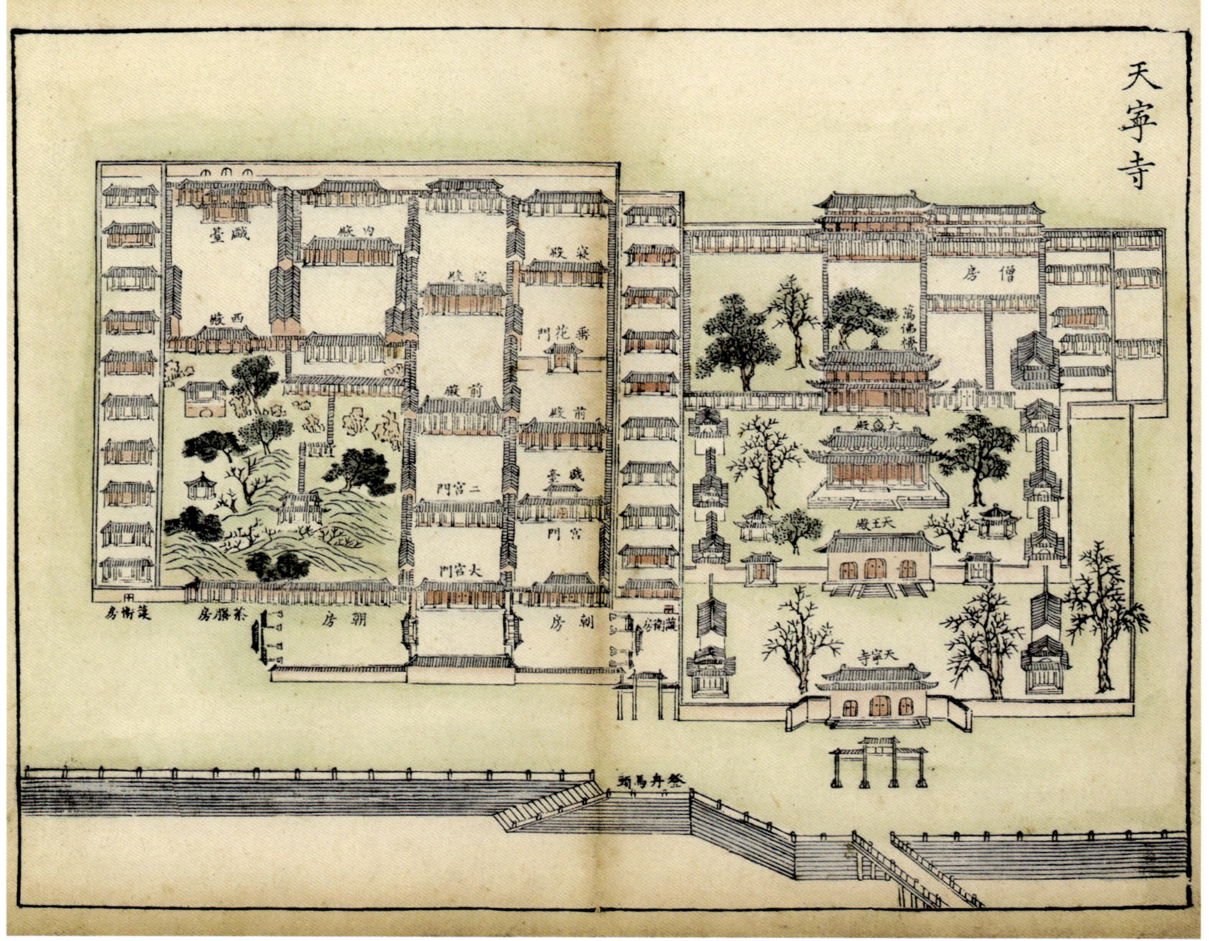
天寧寺
僧房
朝房
二宮門
大宮門
前殿
天王殿
天寧寺

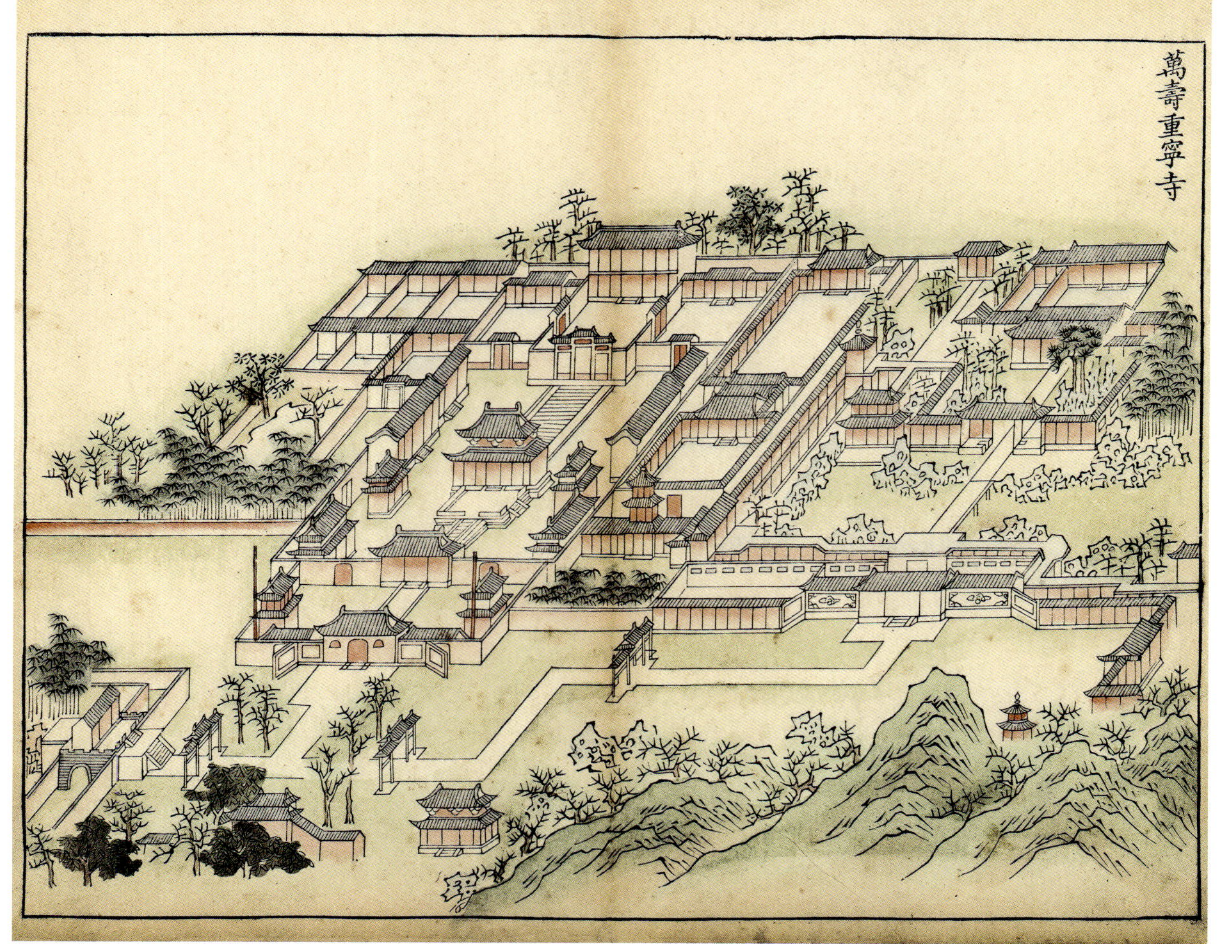
萬壽重寧寺

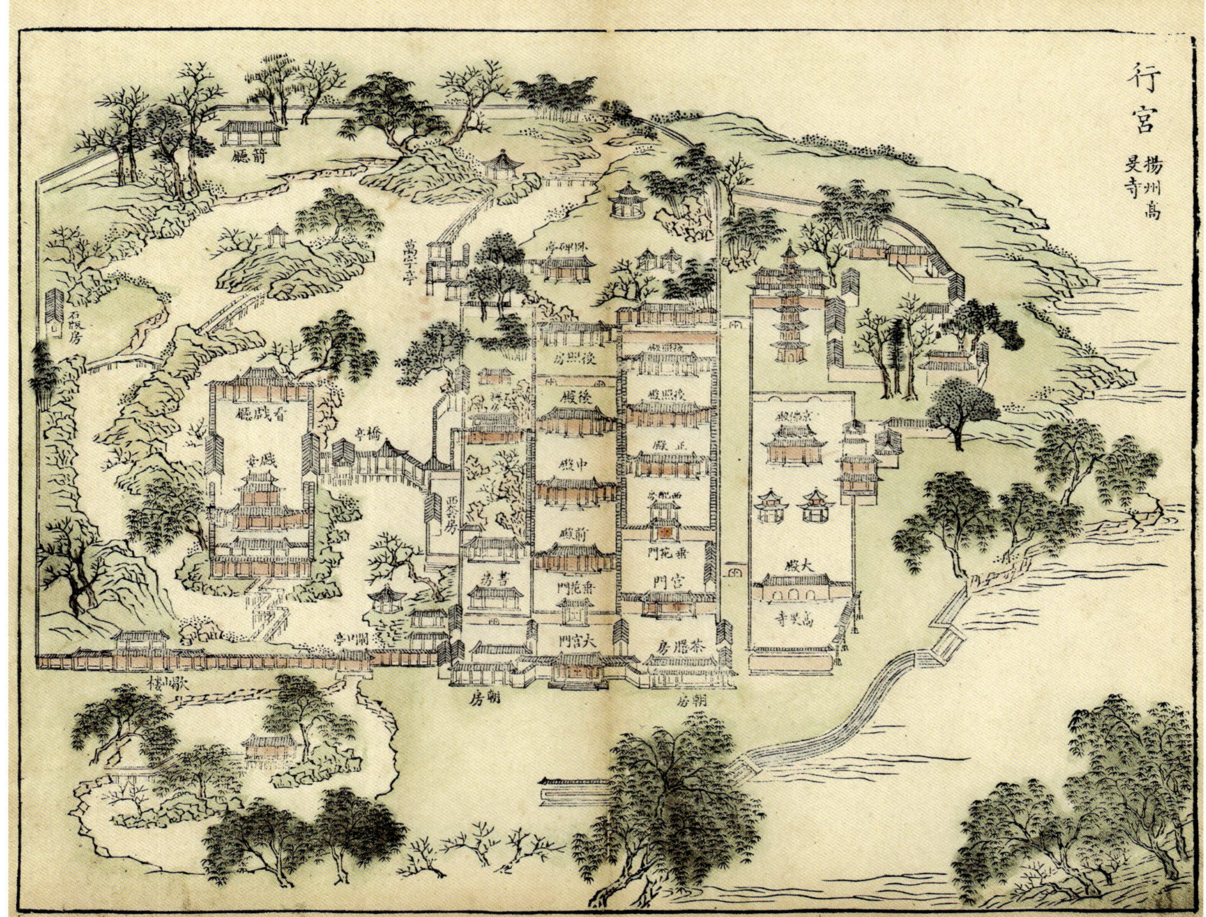
行宮
揚州高旻寺

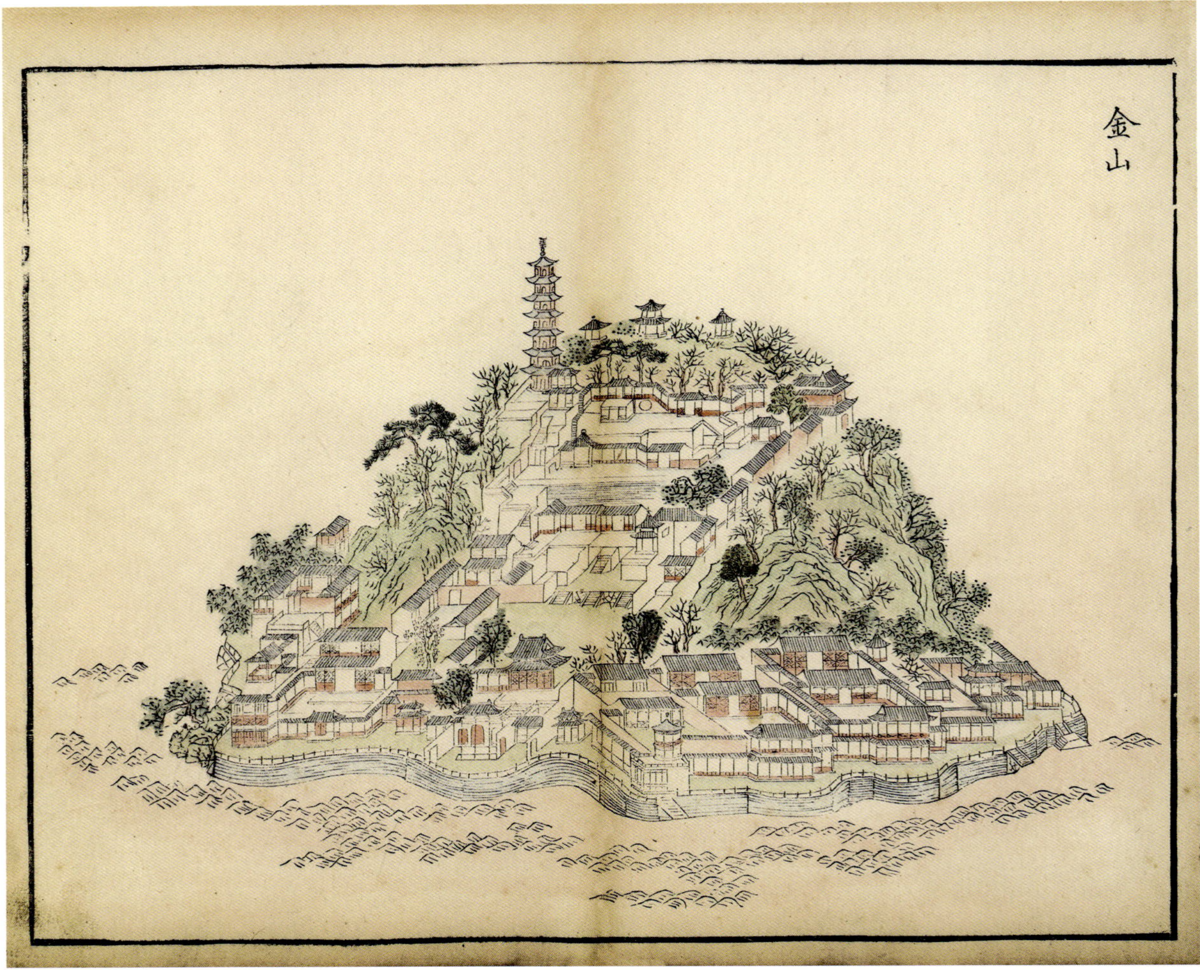
金山

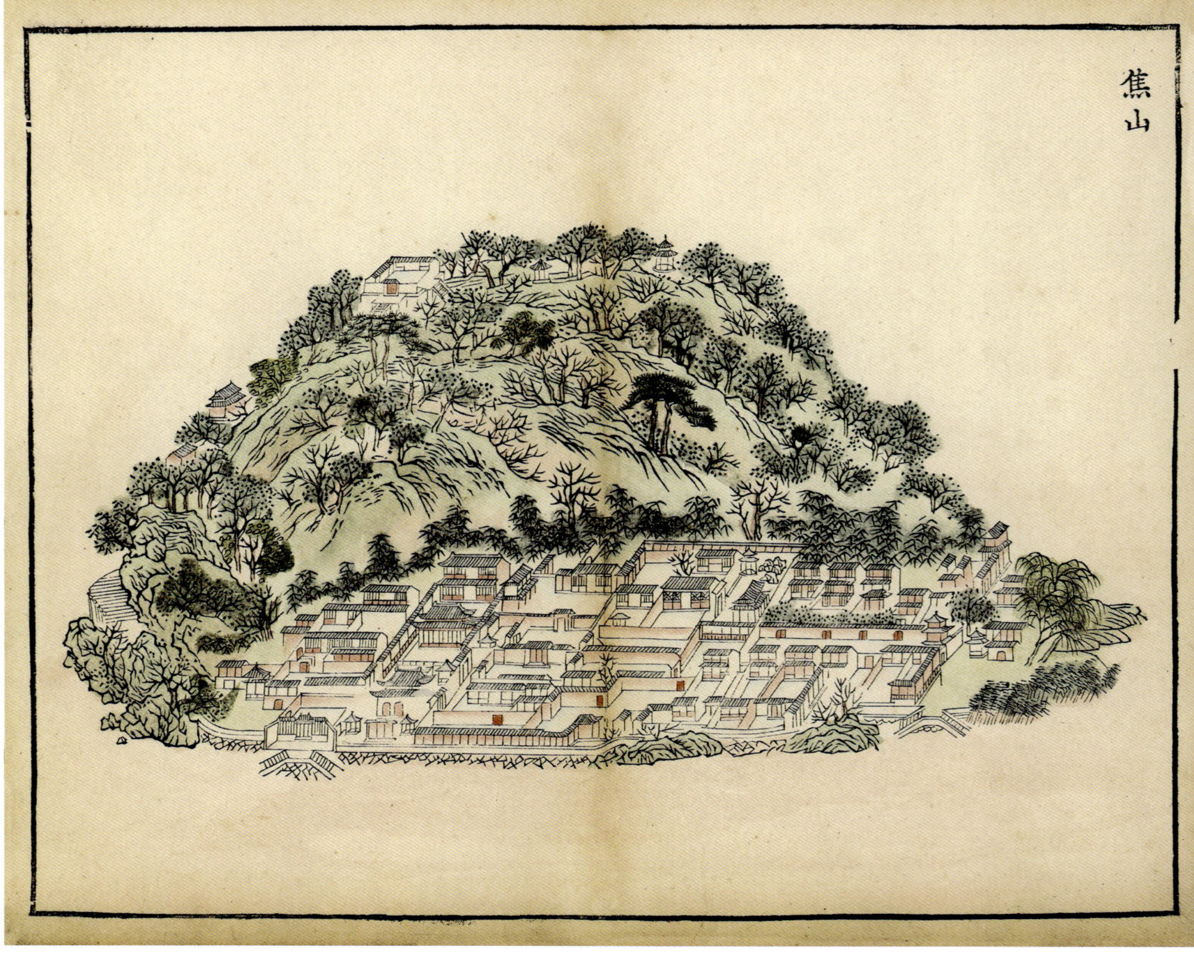
焦山

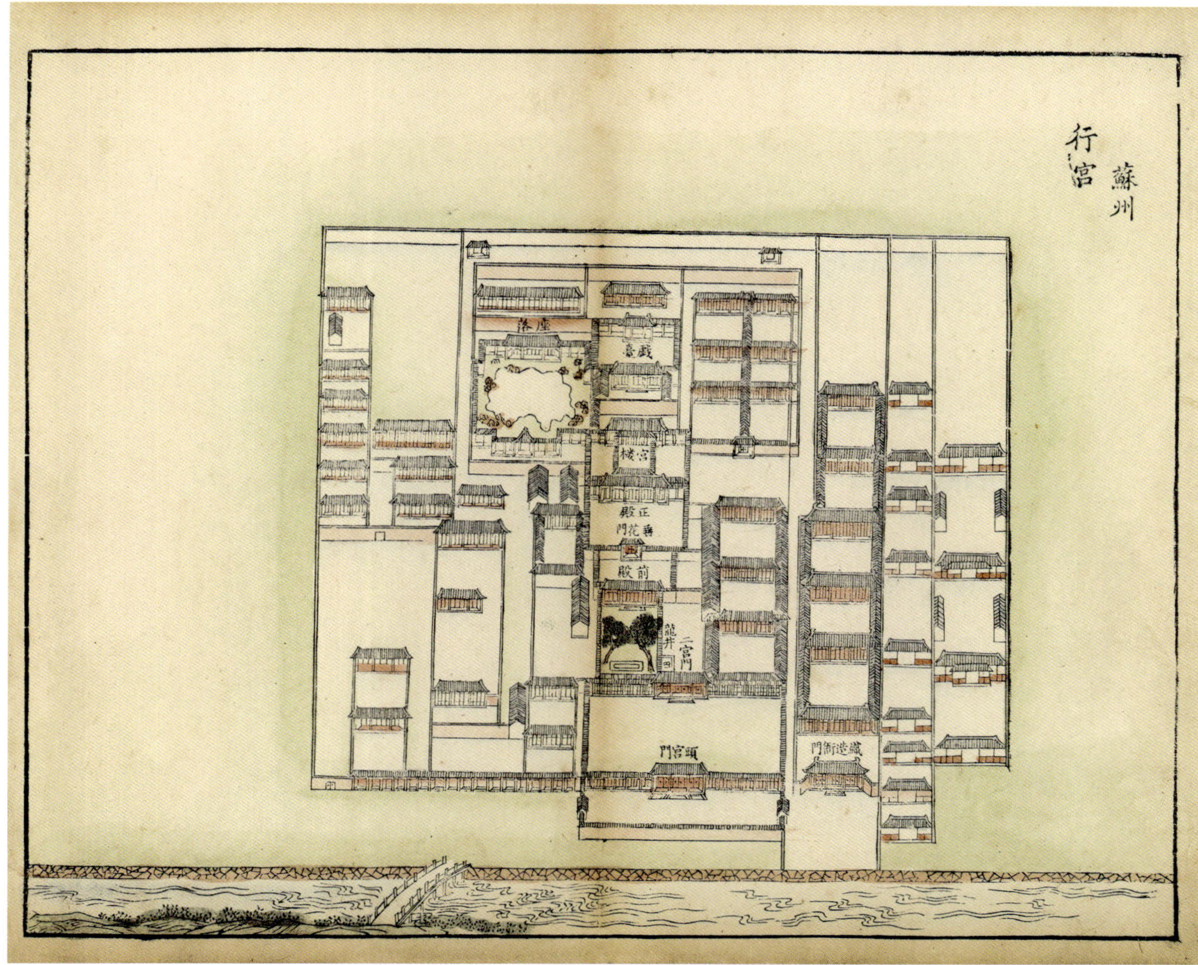
蘇州
行宮
座落
戲臺
宮樓
正殿
垂花門
前殿
龍井
二宮門
頭宮門
織造衙門

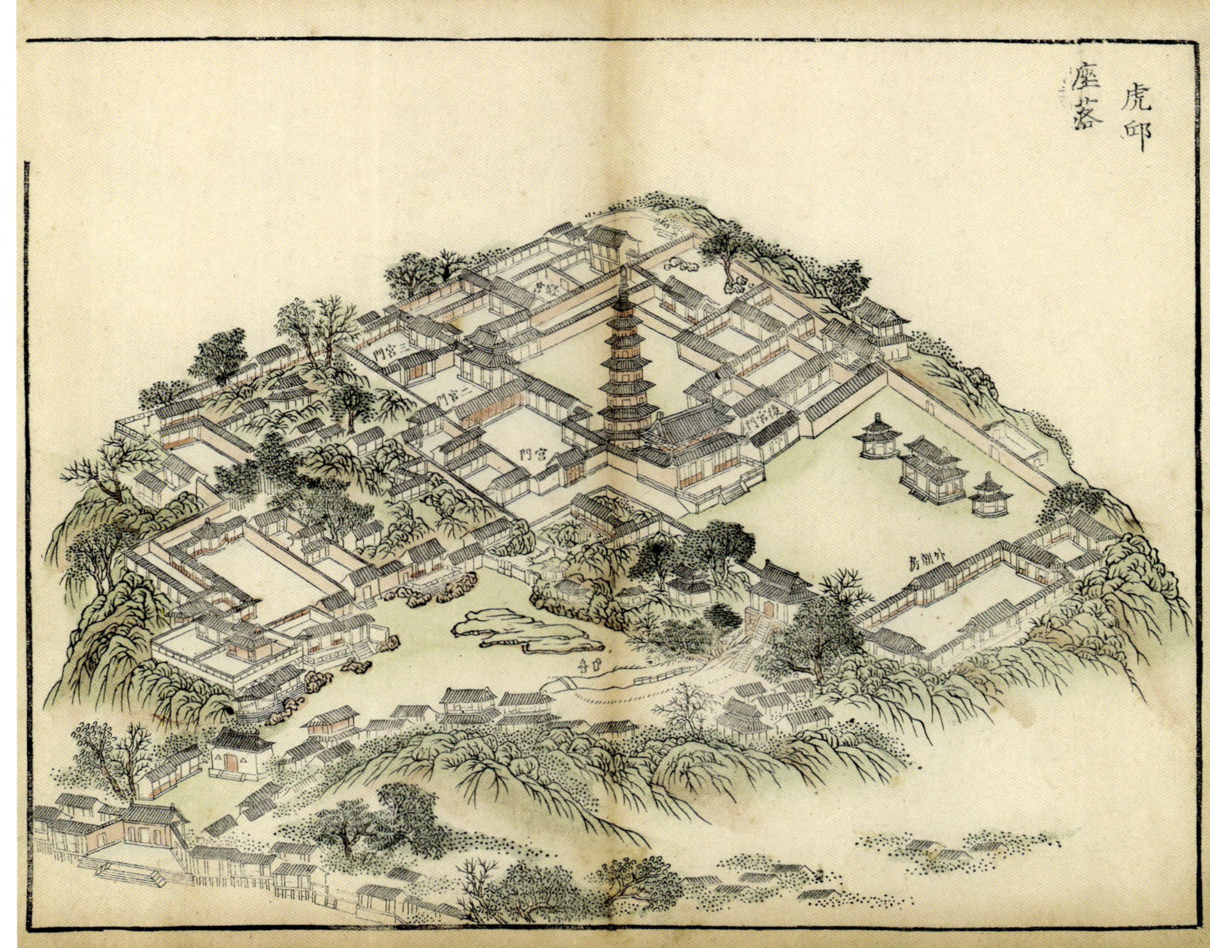
虎邱
座落
三宮門
二宮門
宮門
後宮門
外朝房

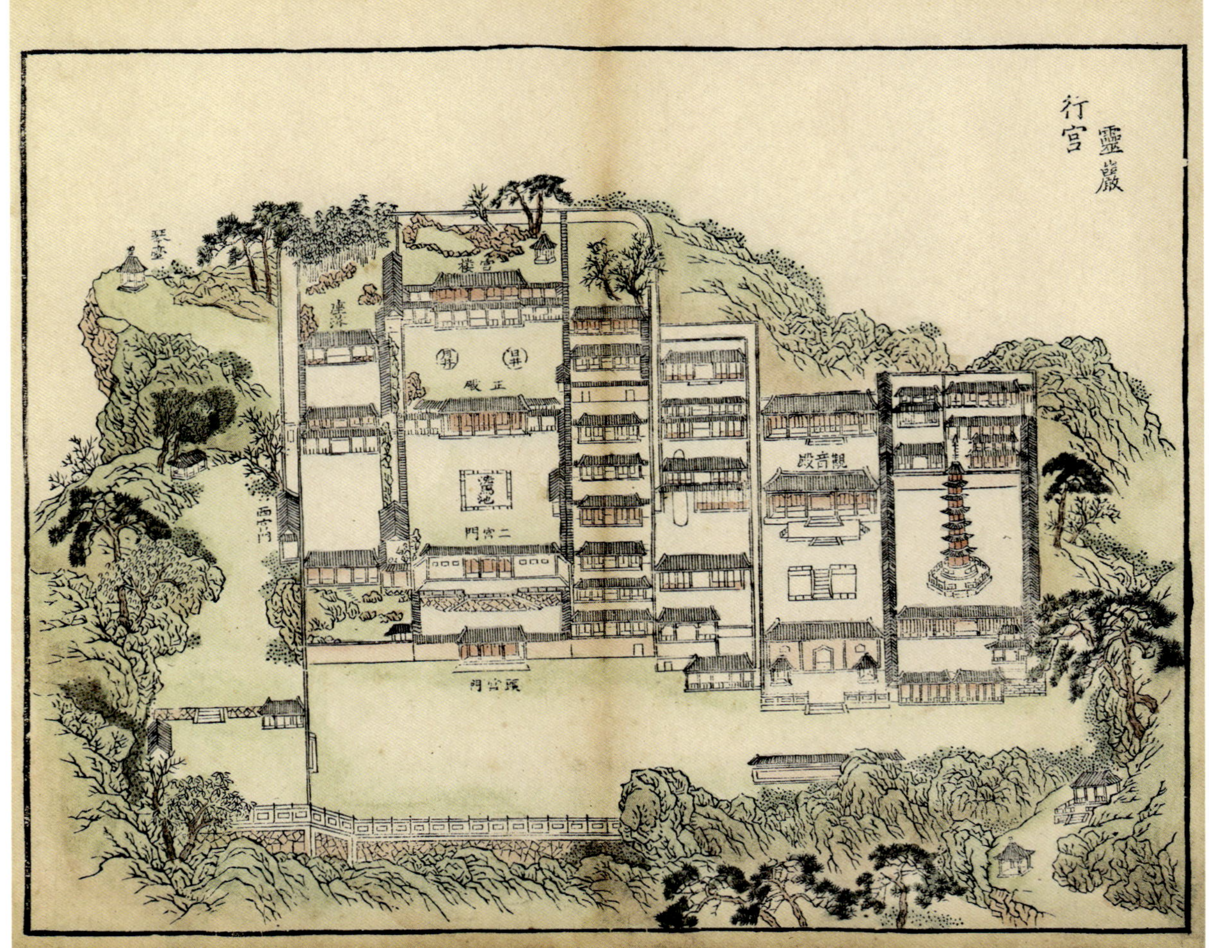
靈巖行宮

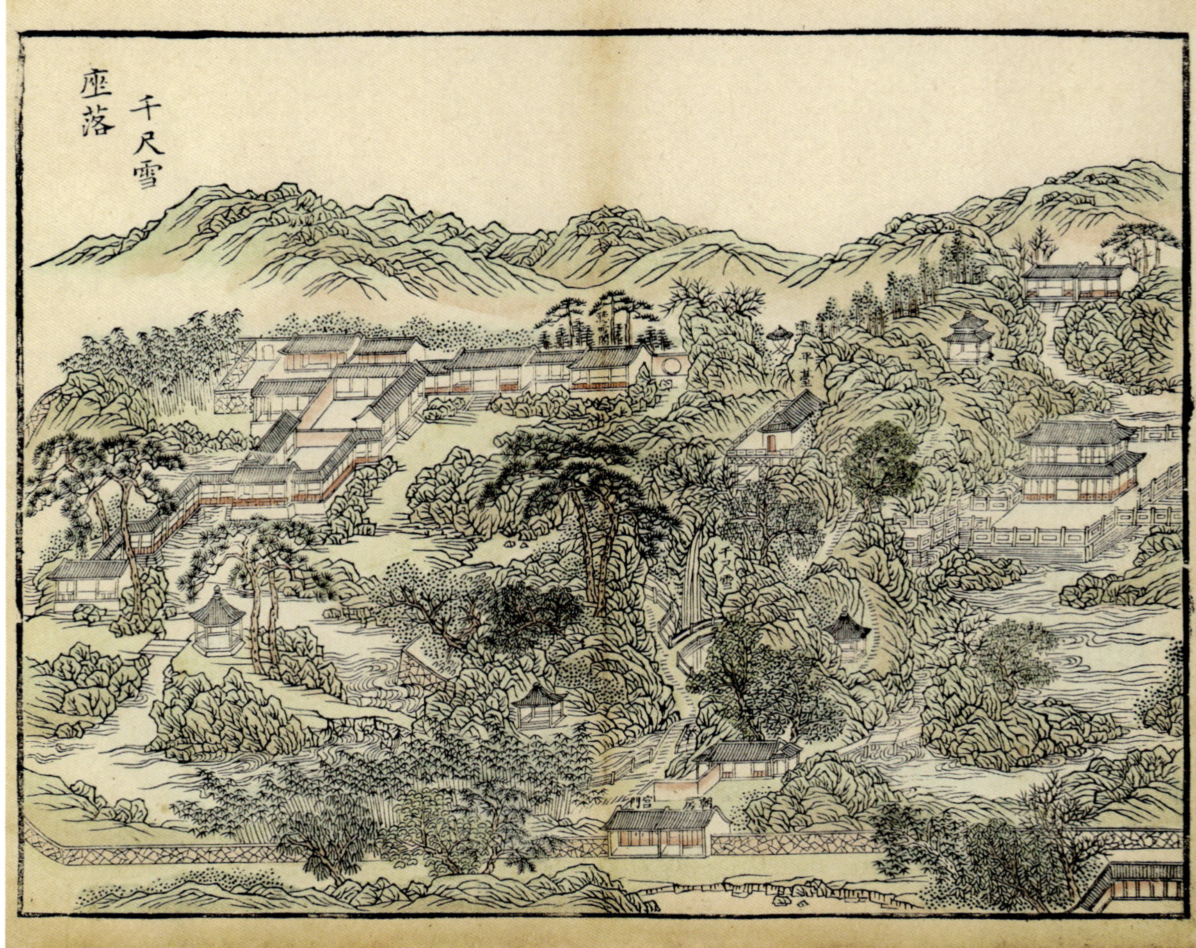
千尺雪座落

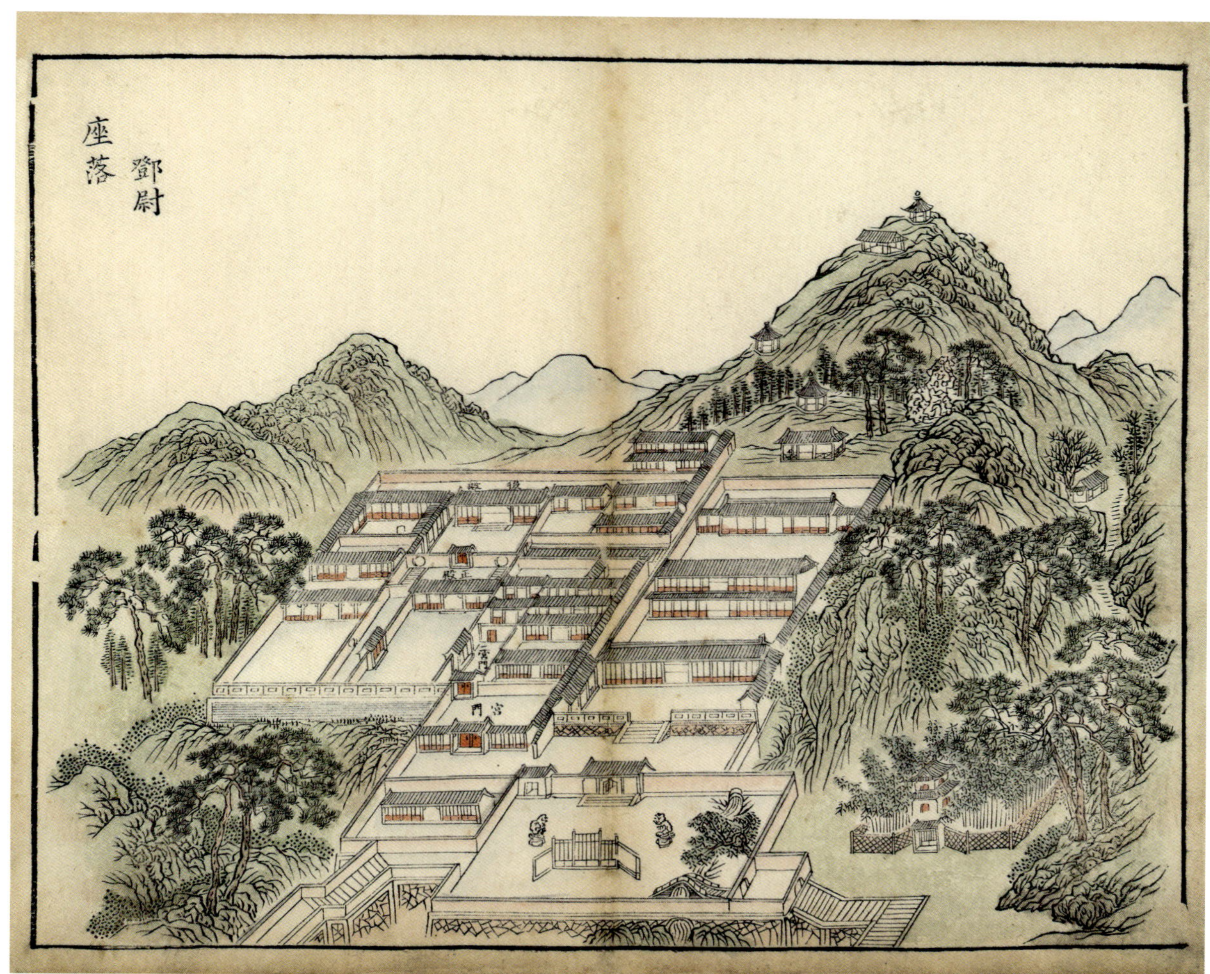
鄧尉座落
宮門

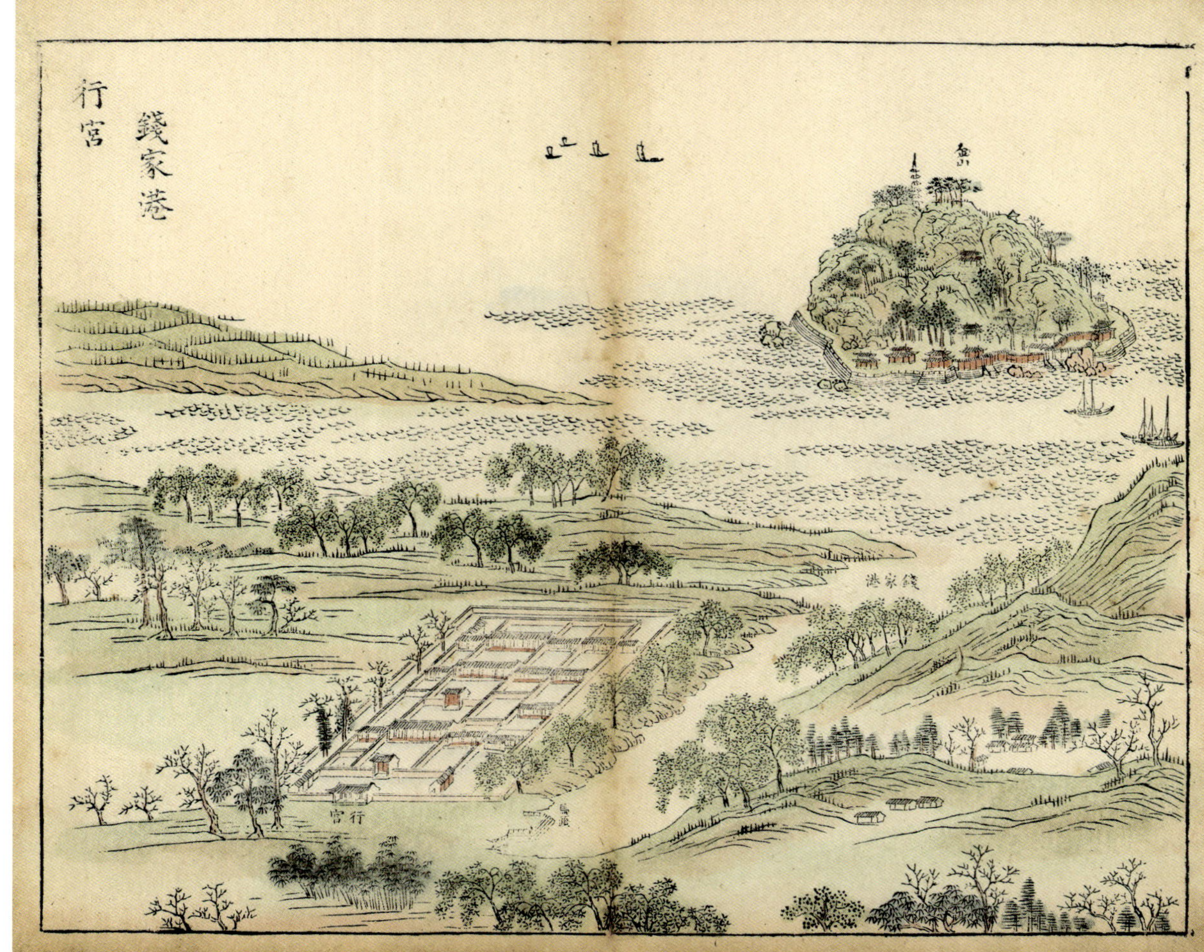
錢家港行宮
錢家港
行宮

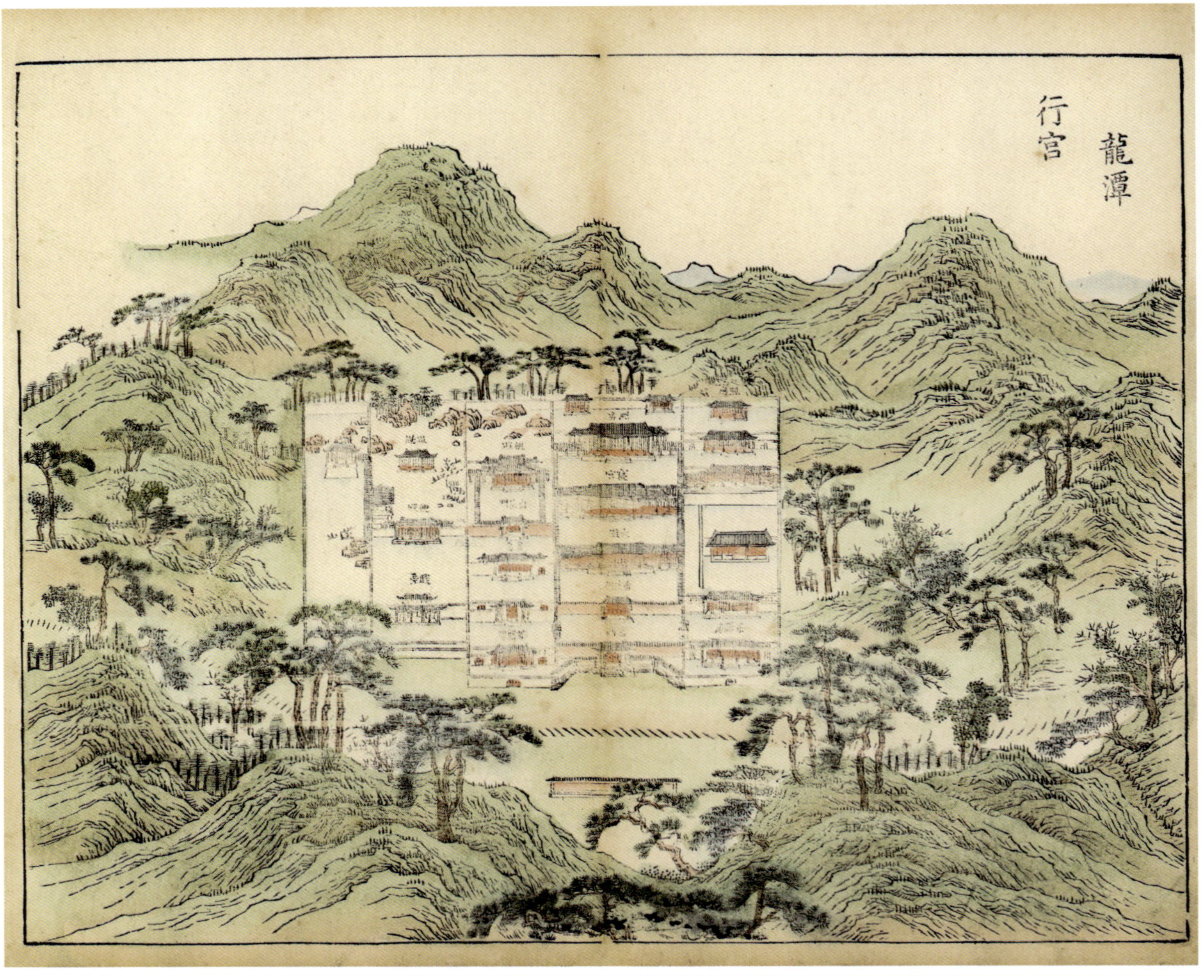
龍潭
行宮

白鹿泉
行宮

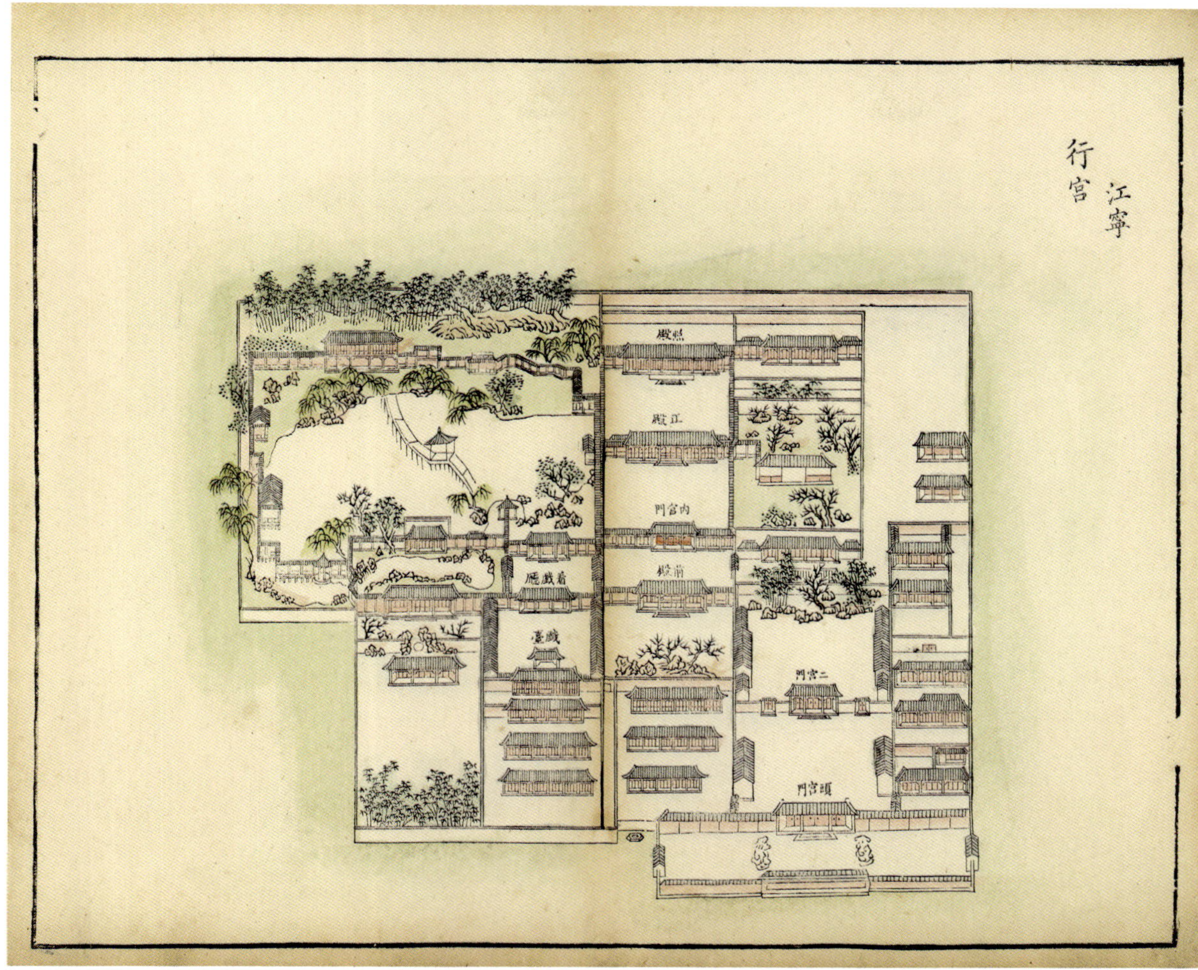
江寧行宫
照殿
江殿
内宫門
前殿
看戲廳
戲臺
二宫門
頭宫門

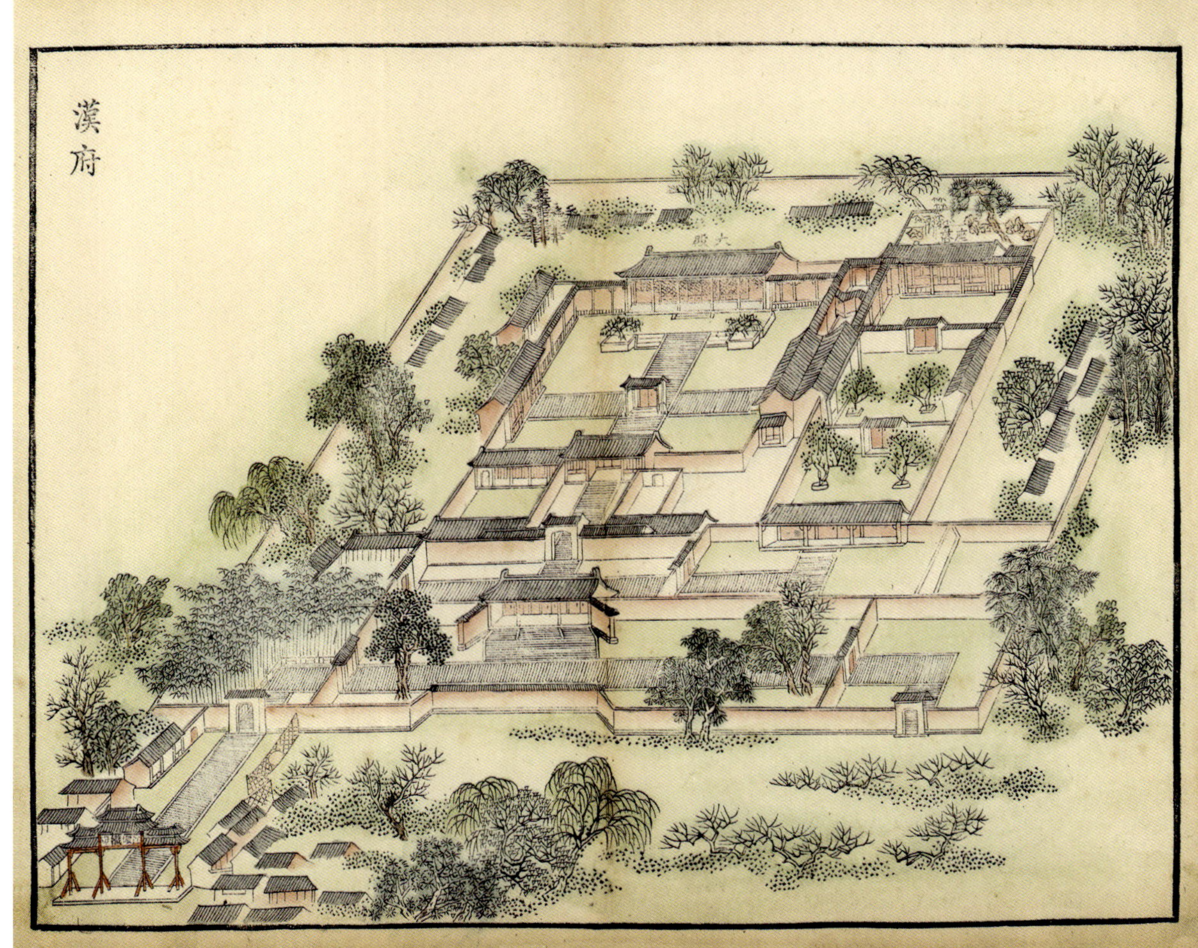
漢府
大殿

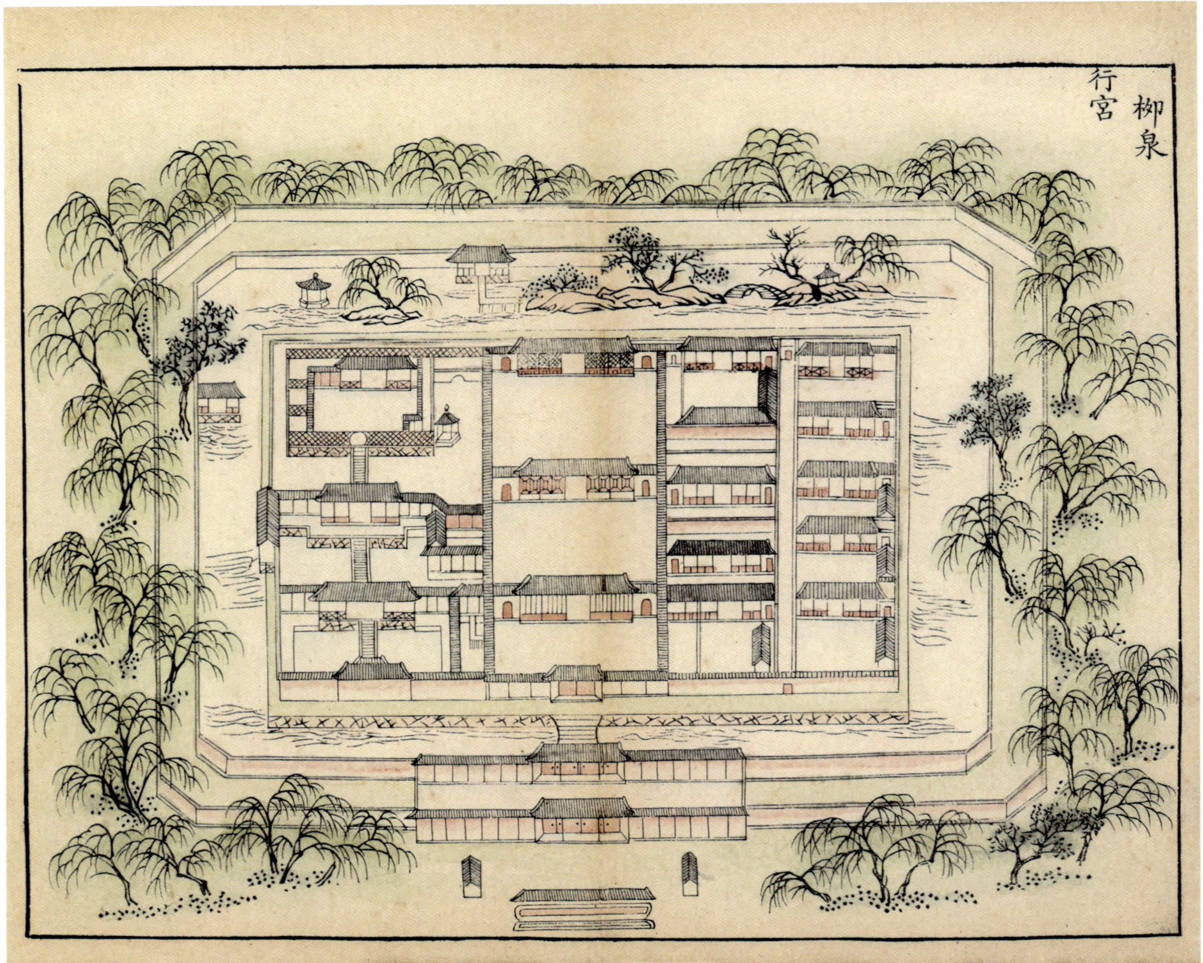
柳泉
行宮

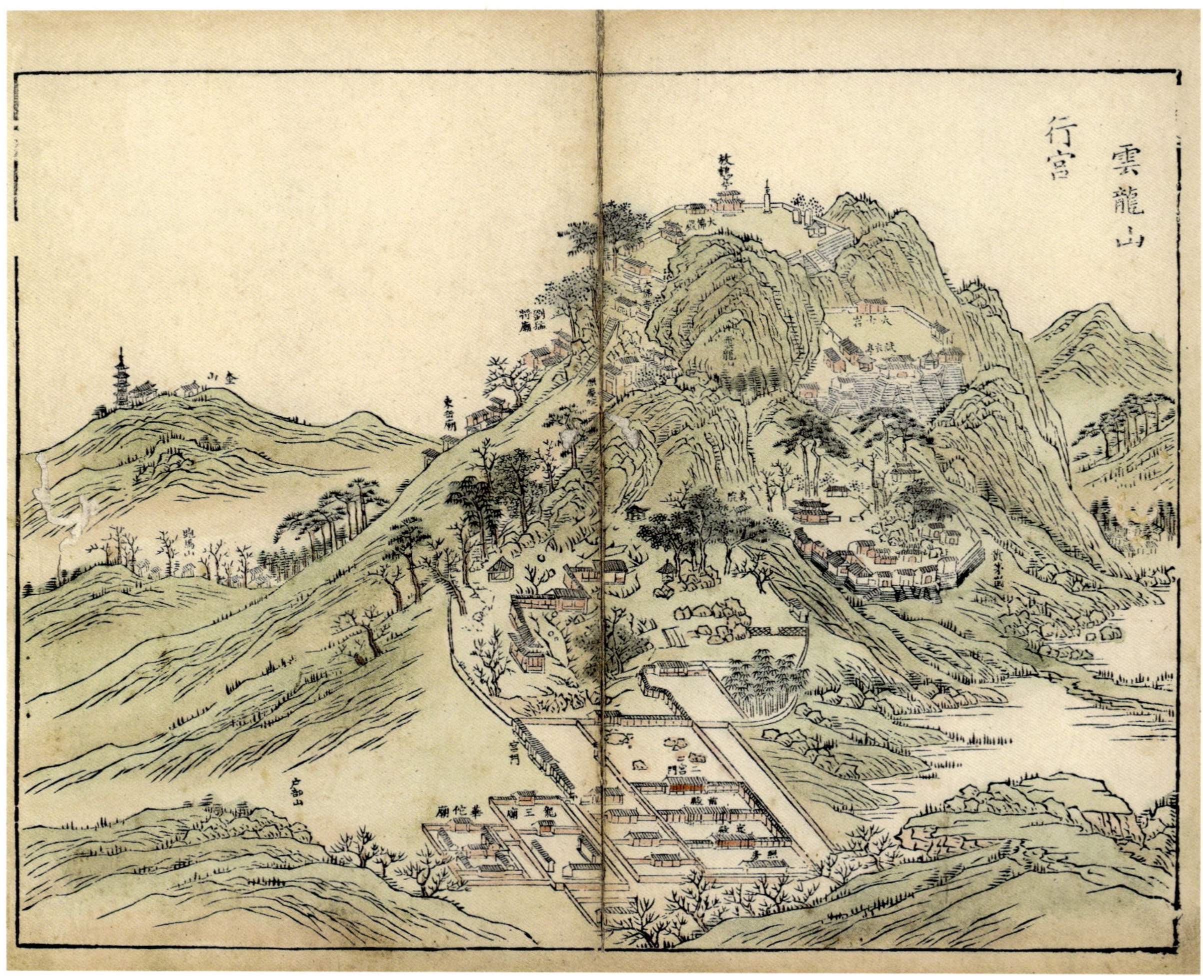
雲龍山
行宮

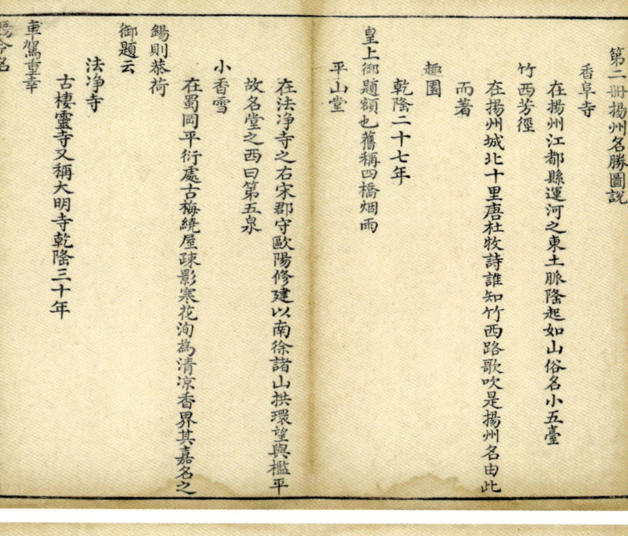

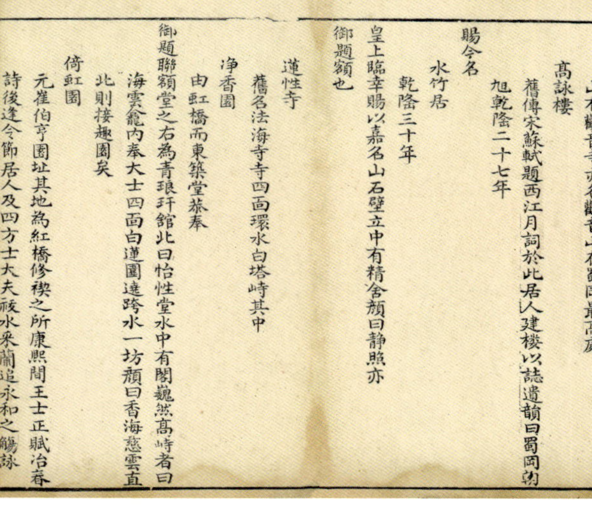

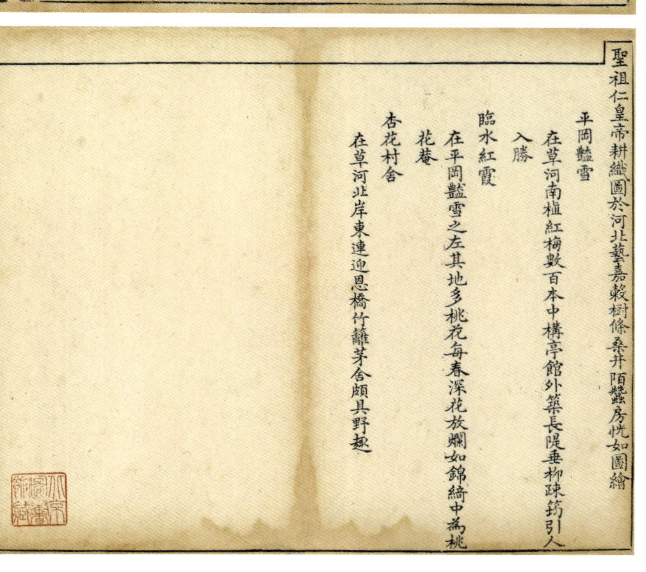

第二册《揚州名勝圖説》

香阜寺　在揚州江都縣運河之東，土脈隆起如山，俗名『小五臺』。

竹西芳徑　在揚州城北十里，唐杜牧詩『誰知竹西路，歌吹是揚州』，名由此而著。

趣園　乾隆二十七年，皇上御題額也，舊稱『四橋烟雨』。

平山堂　在法浄寺之右，宋郡守歐陽修建，以南徐諸山拱環，望與檻平，故名。堂之西曰『第五泉』。

小香雪　在蜀岡平衍處，古梅繞屋，疎影寒花，洵爲清涼香界。其嘉名之錫，則恭荷御題云。

法浄寺　古棲靈寺，又稱『大明寺』，乾隆三十年，車駕重幸，賜今名。

功德山　山有觀音寺，亦名觀音山，在蜀岡最高處。

高詠樓　舊傳宋蘇軾題《西江月》詞於此，居人建樓以誌遺韻，曰『蜀岡朝旭』。乾隆二十七年，賜今名。

水竹居　乾隆三十年，皇上臨幸賜以嘉名，山石壁立，中有精舍，顔曰『静照』，亦御題額也。

蓮性寺　舊名法海寺，寺四面環水，白塔峙其中。

浄香園　由虹橋而東，築堂恭奉。御題聯額。堂之右爲青琅玕館，北曰『怡性堂』。水中有閣，巍然高峙者，曰『海雲龕』。内奉大士，四面白蓮圍遶，跨水一坊，顔曰『香海慈雲』，直北則接趣園矣。

倚虹園　元崔伯亨園址，其地爲紅橋修禊之所。康熙間王士正（禛）賦冶春詩，後逢令節，居人及四方士大夫祓水采蘭，追永和之觴詠，

皇上先後臨幸並蒙睿賞焉。

慧因寺　向爲舍利禪院，乾隆十六年車駕臨幸，賜今名。

九峯園　園故多佳石，大者逾丈，小亦及尋，千形萬態，不可端倪，石間羅植卉木，又築臨池小樹，以擬右軍墨池。南爲風漪閣，可供眺望。

錦春園　在瓜步，距由閘關二里，恭蒙御舟臨幸，賜名『錦春』。

康山　在揚州府新城西南隅，明正德中，武功康修撰海寓居於此山，上爲康山草堂，其東爲觀山臺，遥望郭外風帆來往，隔江山色青翠如畫。乾隆四十五年，御題『康山草堂』扁額。

邗上農桑　在迎恩河西岸，敬仿

聖祖仁皇帝《耕織圖》，於河北藝嘉穀，樹條桑，井陌蠶房，恍如圖繪。

平岡艷雪　在草河南，植紅梅數百本，中構亭館，外築長隄，垂柳疎筠，引人入勝。

臨水紅霞　在平岡艷雪之左，其地多桃花，每春深，花放爛如錦綺，中爲桃花菴。

杏花村舍　在草河北岸，東連迎恩橋，竹籬茅舍，頗具野趣。

座落

官西亭

長春嶺
蓮花橋
玉版橋
長春橋
春波橋

平山堂
第五泉

法淨寺

天池
功德林觀音寺
菱荷深處

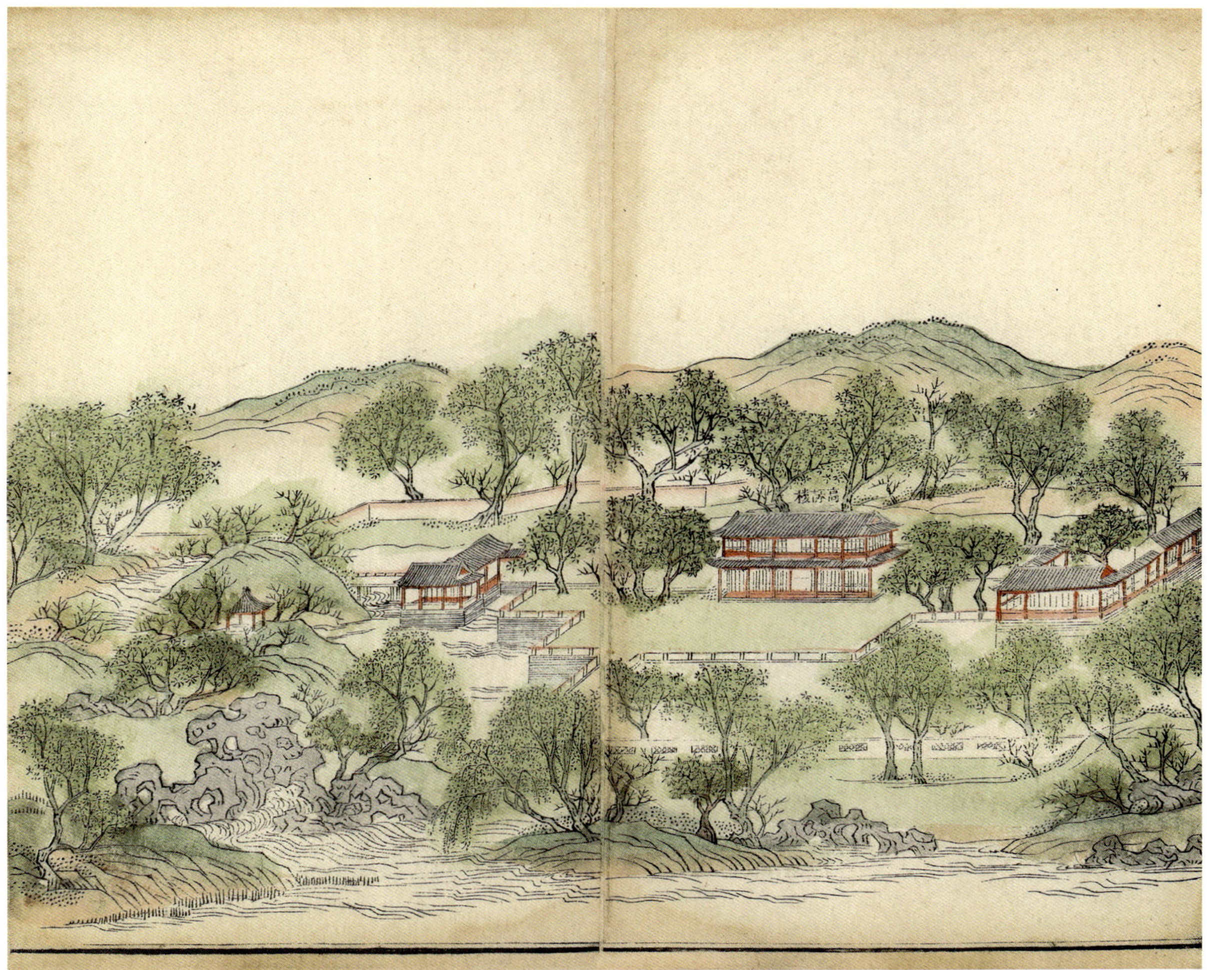

高詠樓

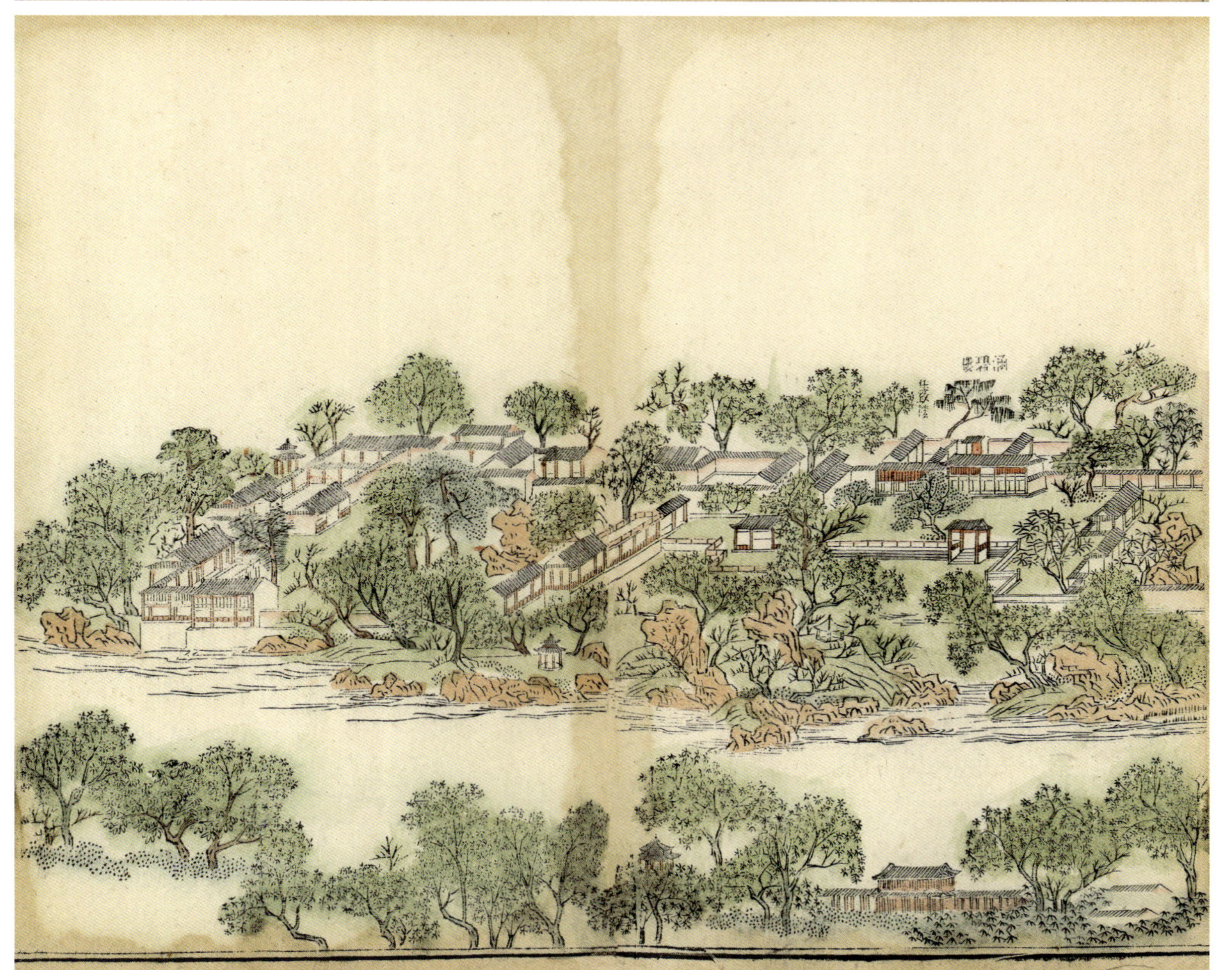

南巡臨幸勝迹圖（又名《江南名勝圖》）

綠楊城郭
荷圃

御書樓
臨池

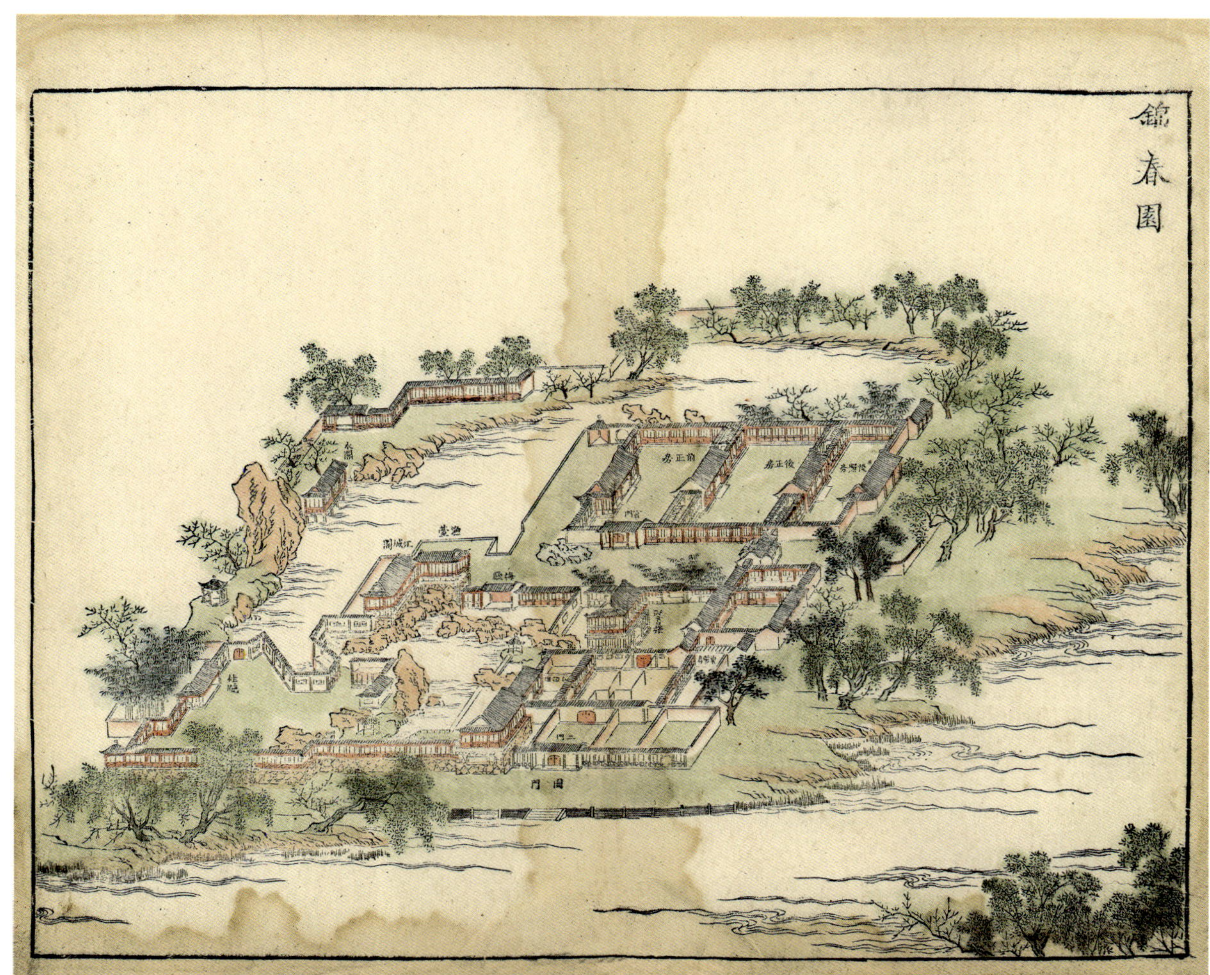
錦春園

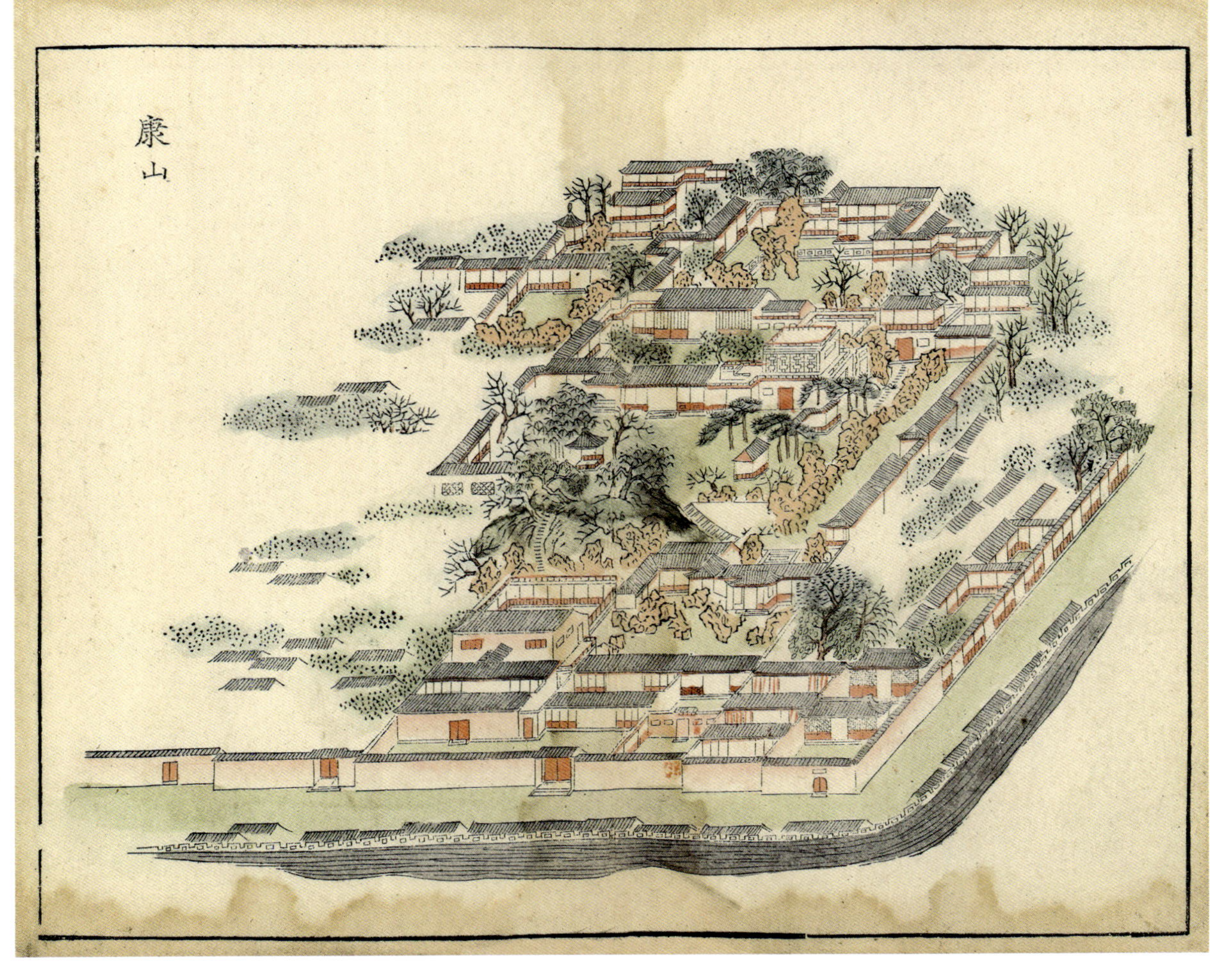
康山

平岡豔雪

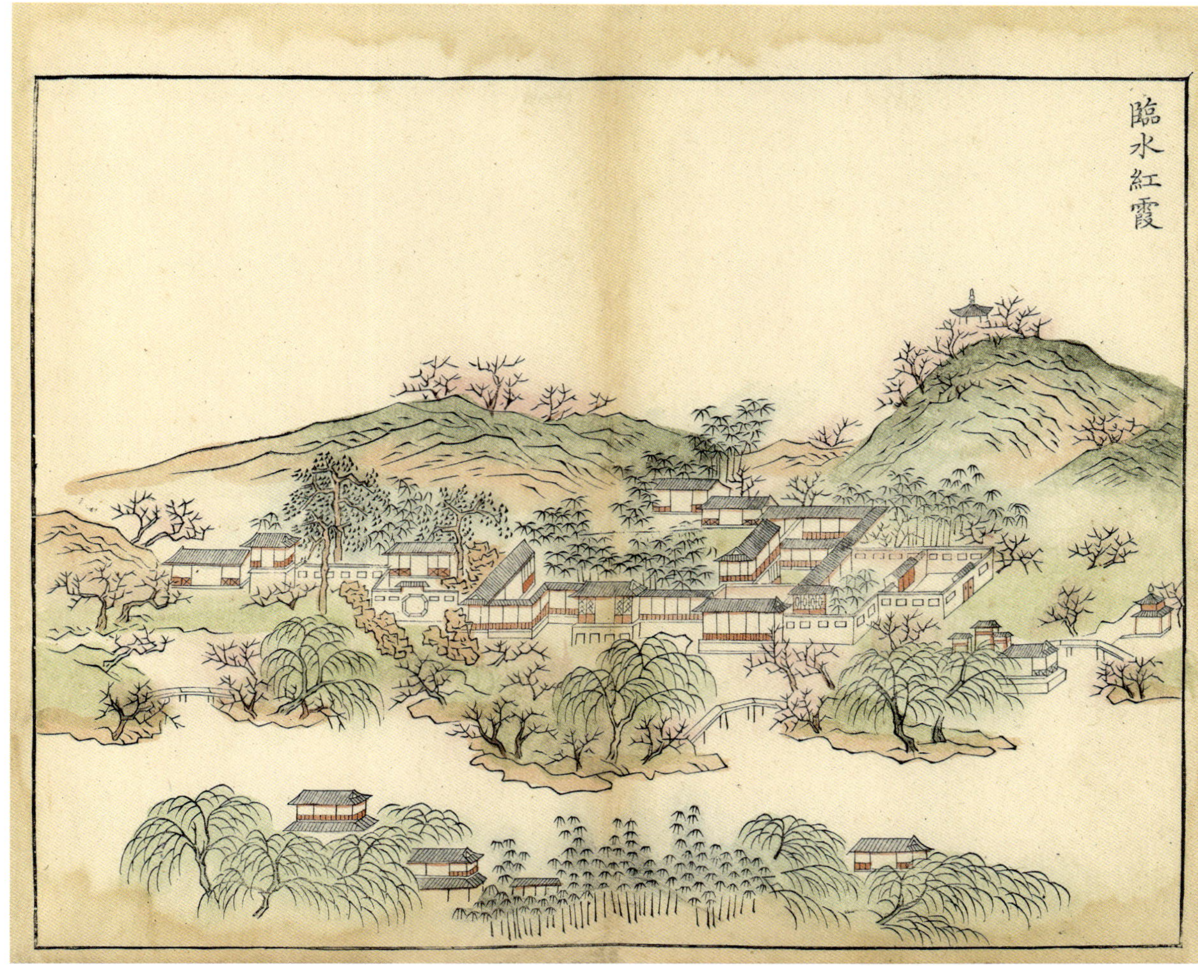
臨水紅霞

杏花村舍

第三册《揚州名勝圖説》

香海慈雲　在净香園之北，碧沼數畝，澄明如鏡，中爲海雲龕，奉大士像，其南爲來薰堂，堂之東爲春波橋。

青琅玕館　在净香園之右，蓺竹萬竿，中置亭館，石筍林立，掩映葱青。

西園曲水　在城河西北，水自北而東，折若半壁然，依水曲折以置亭館，有新月樓、觴詠樓、拂柳亭。

卷石洞天　在城河北岸，疊石爲山，巖壑天然。其旁爲宛委山房、契秋閣。

堞雲春暖　在北門外城隅，臨水爲園，屋宇參差，竹樹蓊鬱，大有濠濮閒想。

冶春詩社　在虹橋之西，與倚虹園東西相望，皆郡人上巳修禊之所，今爲冶春樓。取王士正（禛）詩名之，又有香影樓、懷仙館、秋思山房。

長隄春柳　由虹橋而北，沿岸皆高柳長條，踠地如行圖畫中。

梅嶺春深　即長春嶺也，嶺上多植梅花，故名。

桃花塢　在保障河西岸，西通法海橋，春日繁花齊放，望如錯繡，有蒸霞堂、澄鮮閣，山半有高樓，可以遠眺。

平流湧瀑　在熙春臺右，有竹亭，水由亭下過石橋入保障河，又有鏡泉樓、含珠堂，亦於登眺爲宜。

春臺祝壽　本名熙春臺，在保障河西岸，爲兩淮人士獻壽呼嵩之所，其左爲曲樓數十楹，與篠園相屬。

篠園花瑞　在熙春臺左，園廣數十畝，徧栽芍藥，其種有並頭三萼者，尤爲罕覯，因作瑞芍亭以紀盛云。

蜀岡朝旭　在高詠樓之右，其地近連蜀岡，初日照萬松間，如浮金疊翠，有來春堂、曠如亭、初日軒，皆登眺之所。

春流畫舫　在蜀岡朝旭之北，臨水爲屋，四面垂簾，波紋蕩漾。

萬松疊翠　園與蜀岡相對，萬松森立，滴露飄花，近落衣袖。

山亭野眺　在功德山之半，前爲南樓，可以眺遠，山後臨池爲屋，顔曰『芰荷深處』。

錦泉花嶼　在保障河東岸，南接水竹居，北連功德山，入門而左爲錦雲軒。牡丹開時，爛若疊錦。西有微波館，泉出澗中，泠泠不竭。

望春樓　與白塔晴雲相連，琢石爲池，左右二橋彎環如月，其對岸即熙春臺也。

白塔晴雲　與蓮性寺白塔隔水相對，故名。有花南水北之堂、積翠軒、林香草堂諸勝。

水雲勝概　在趣園之西偏，有勝概樓、吹香草堂、春水廊、小南屏，其右則蓮花橋。

柳湖春汎　在倚虹園之西，湖心壘石爲山，建亭其上，小橋通之。橋之西北，亭榭掩映，蘆荻參差，荷葉田田，一望無際。

香海慈雲

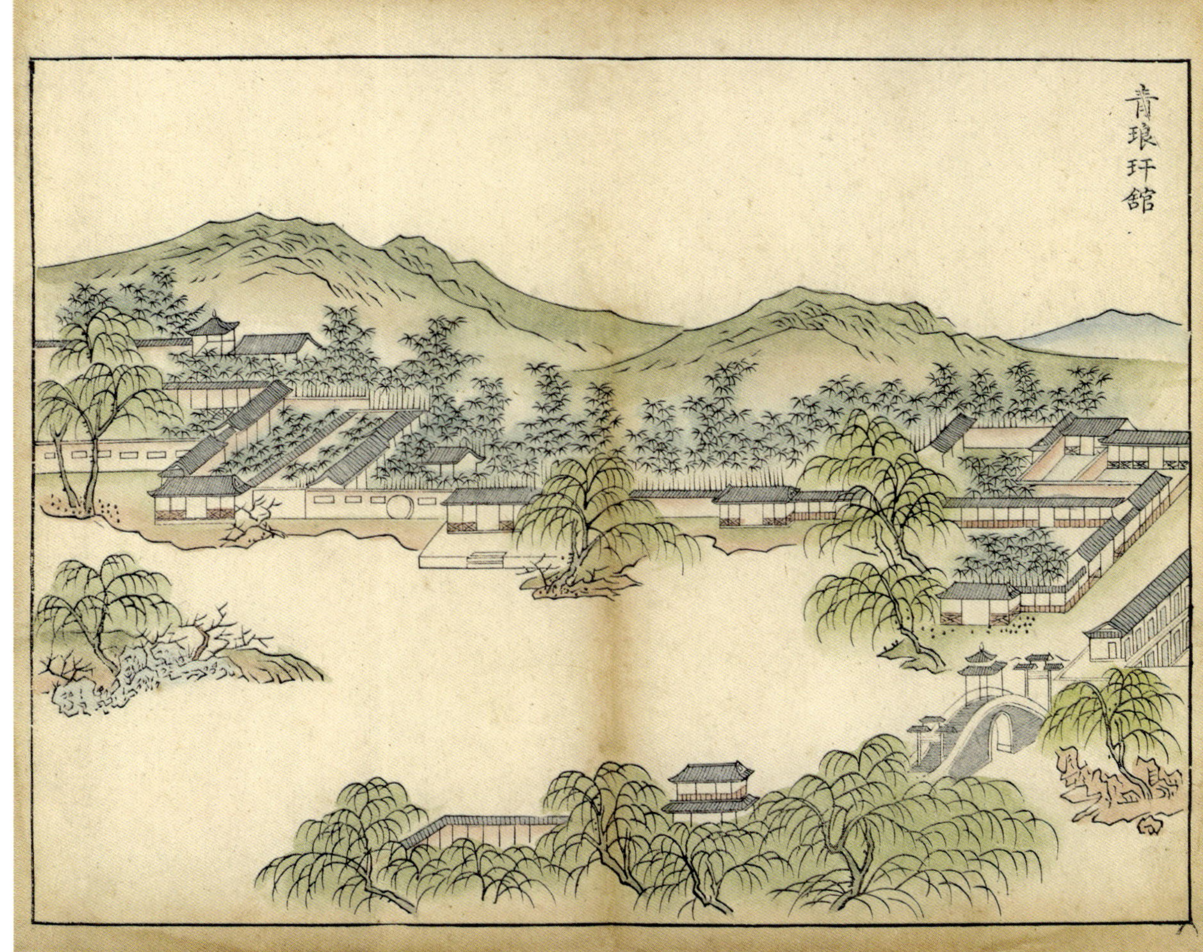
青琅玕館

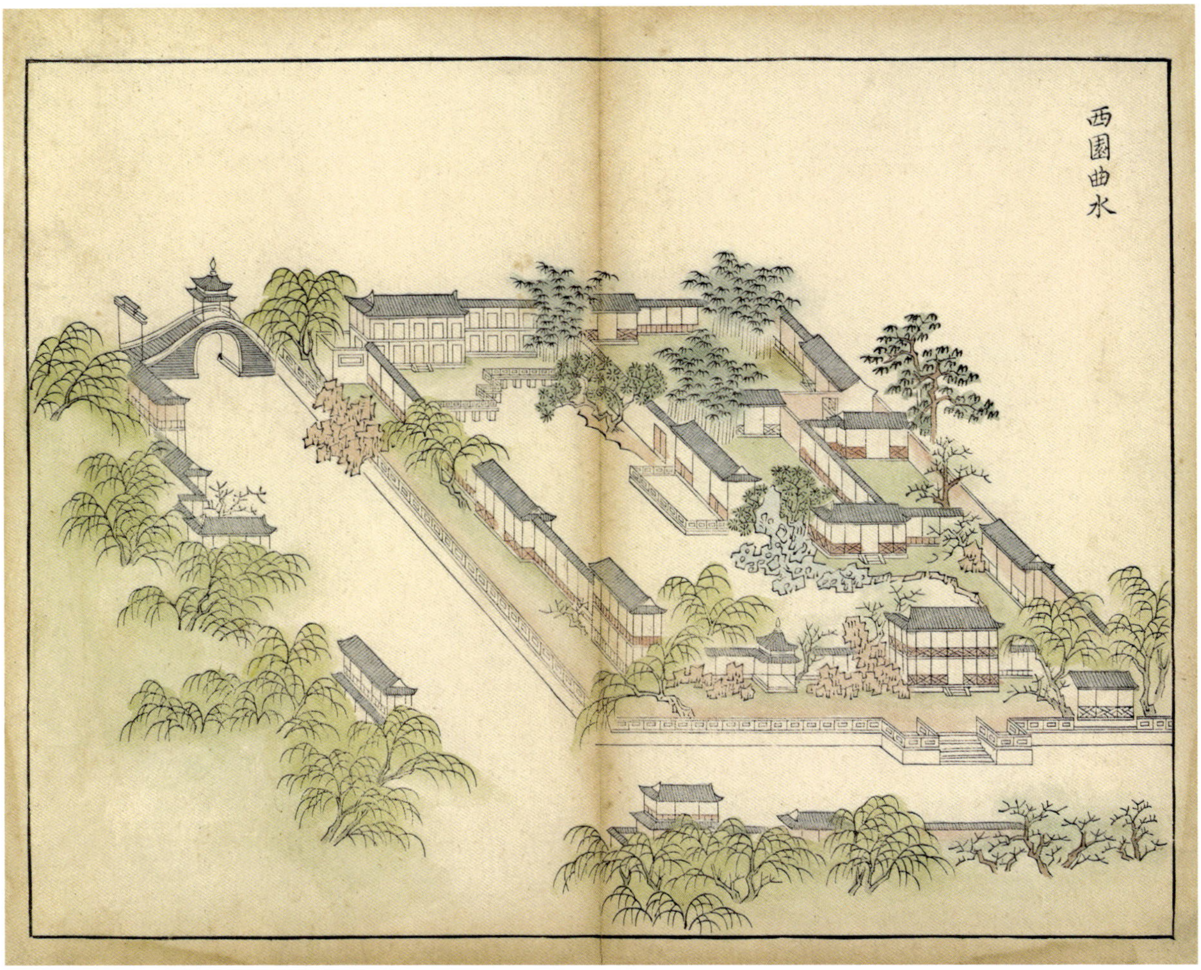

西園曲水

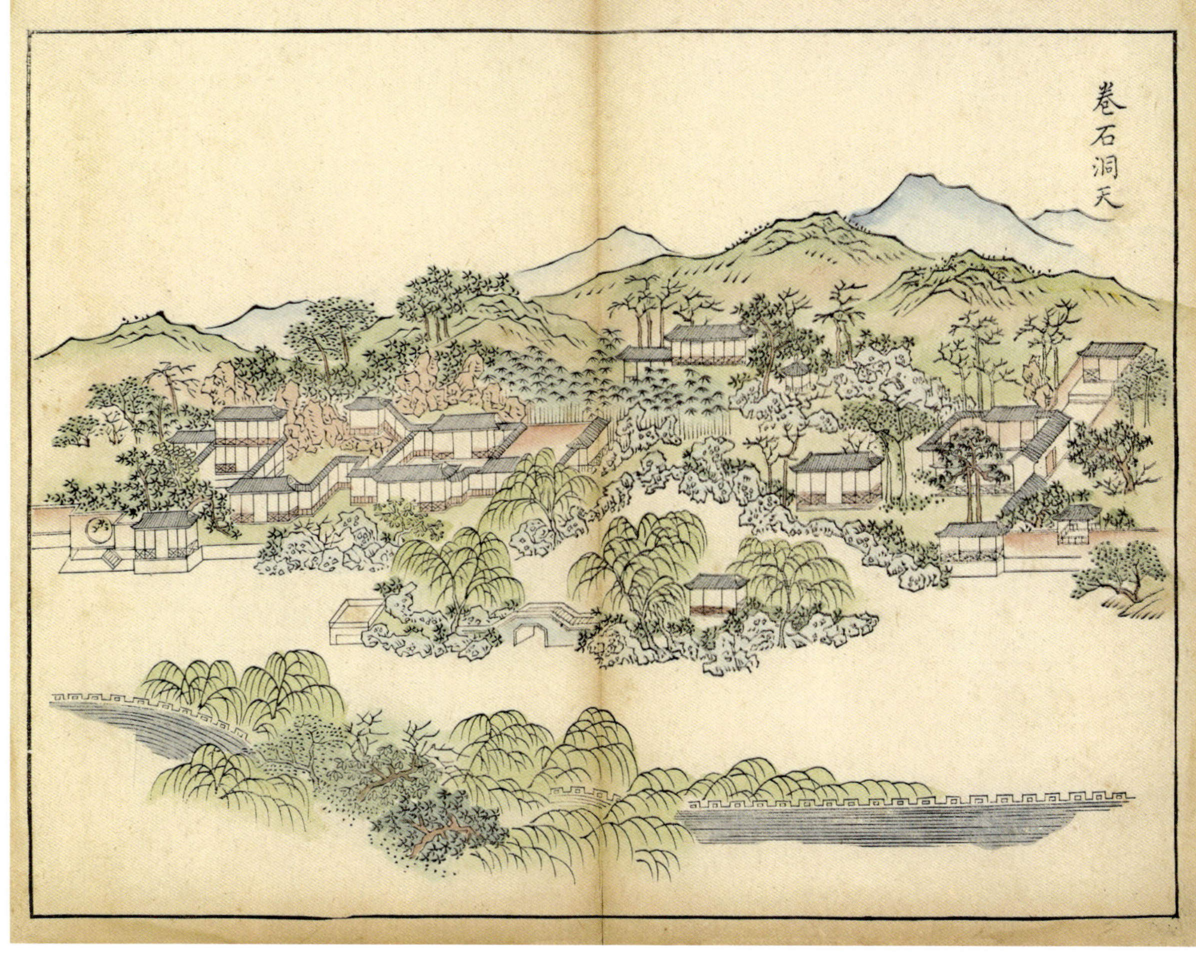

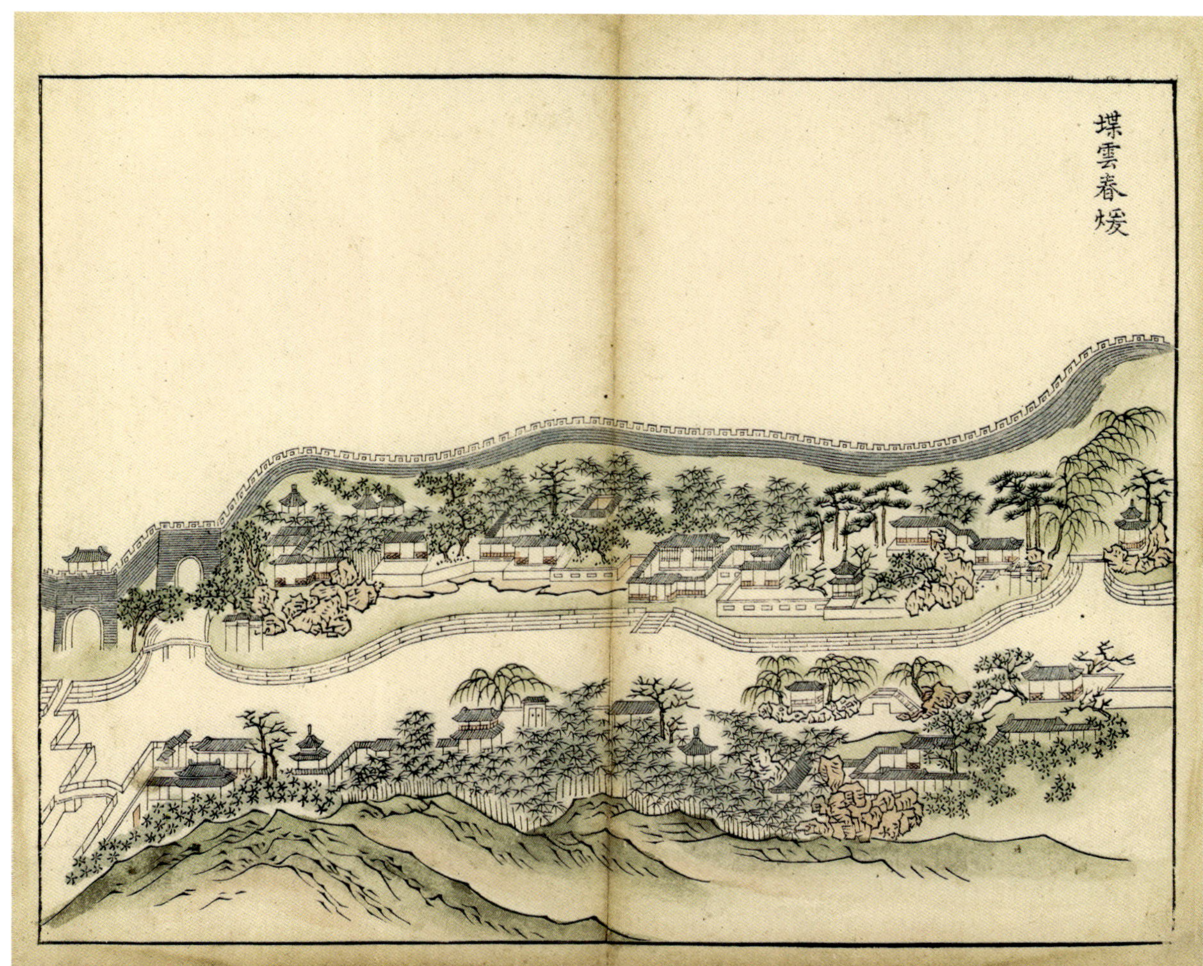
堞雲春煖

冶春詩社

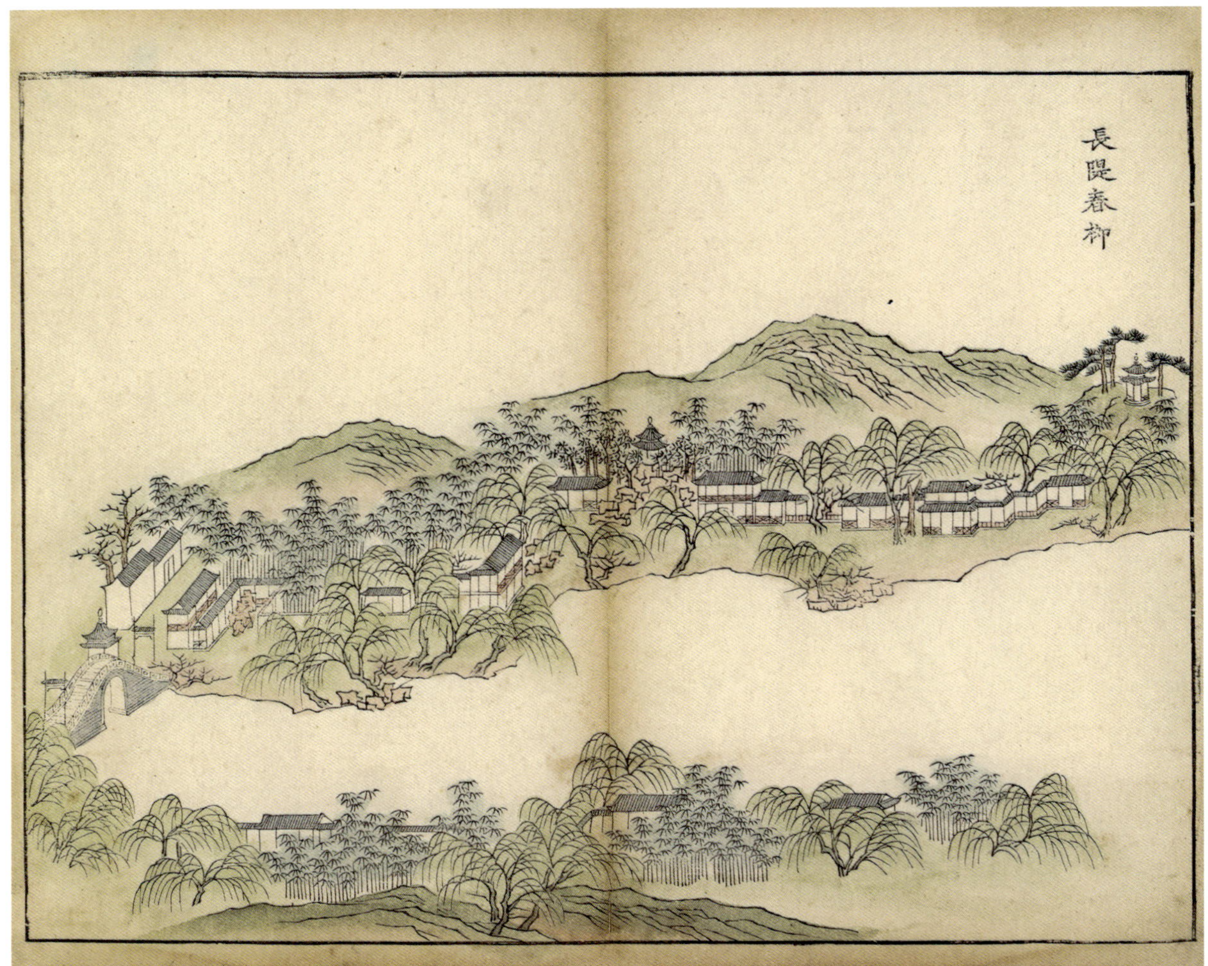
長隄春柳

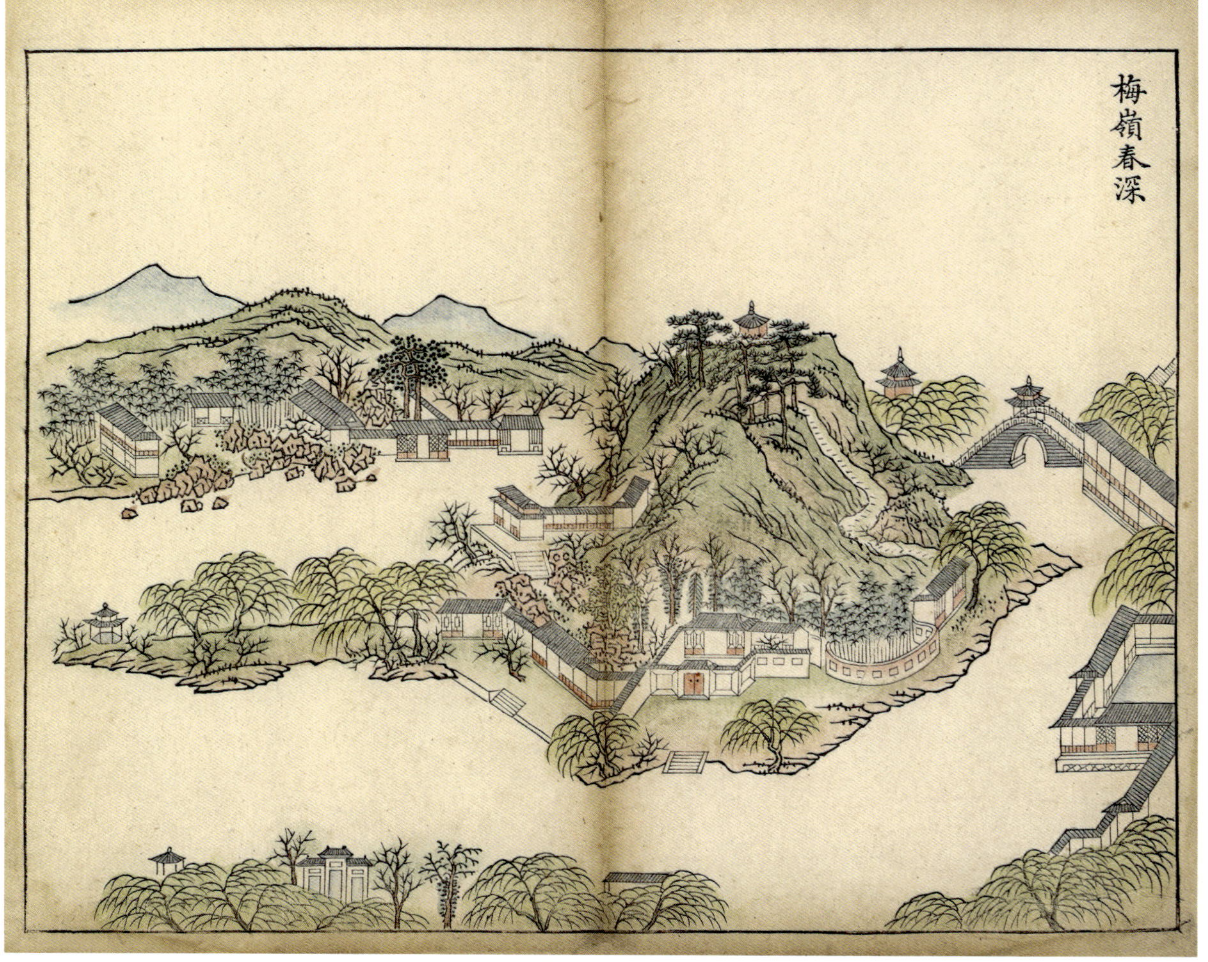
梅嶺春深

桃花塢

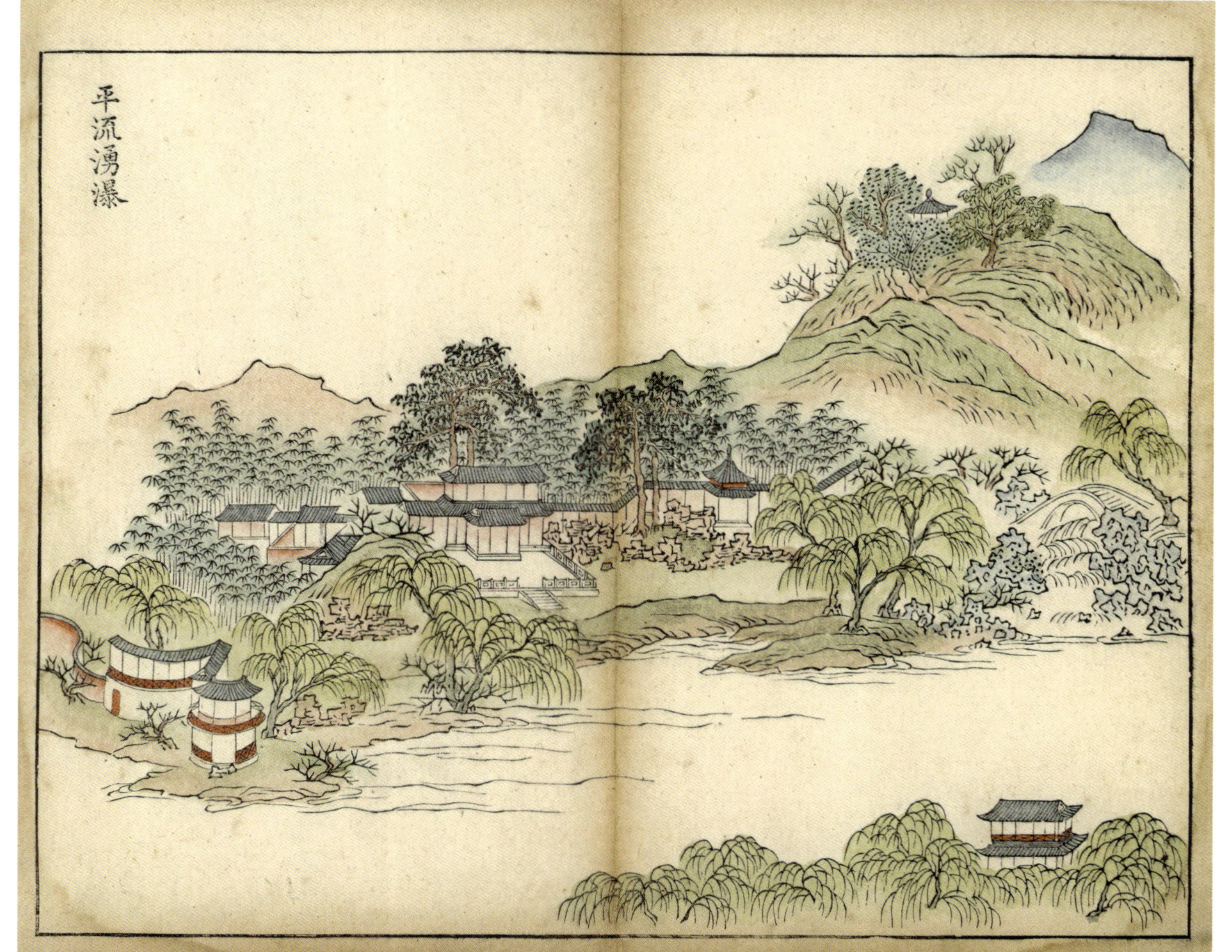
平流湧瀑

壽
春臺祝

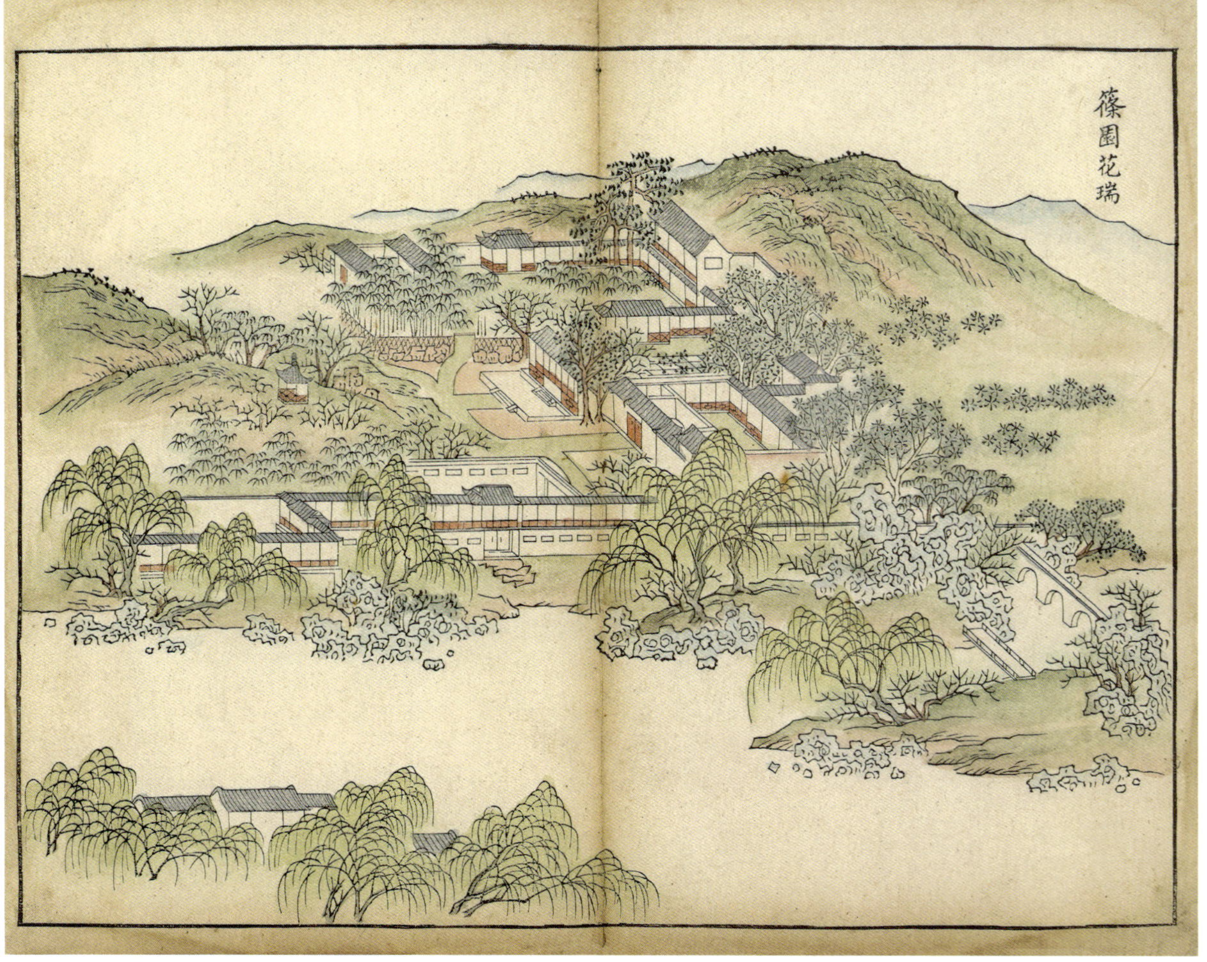
篠園花瑞

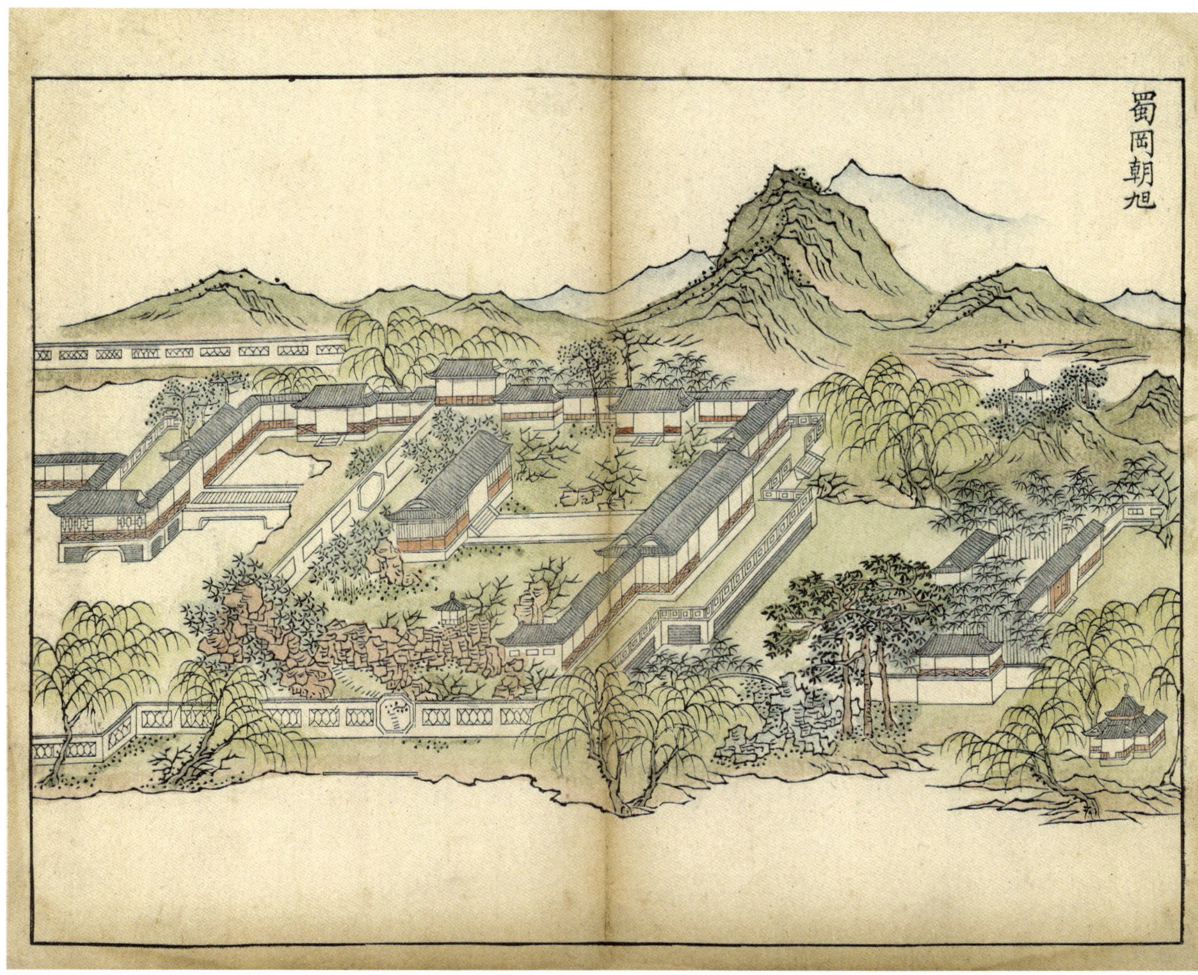
蜀岡朝旭

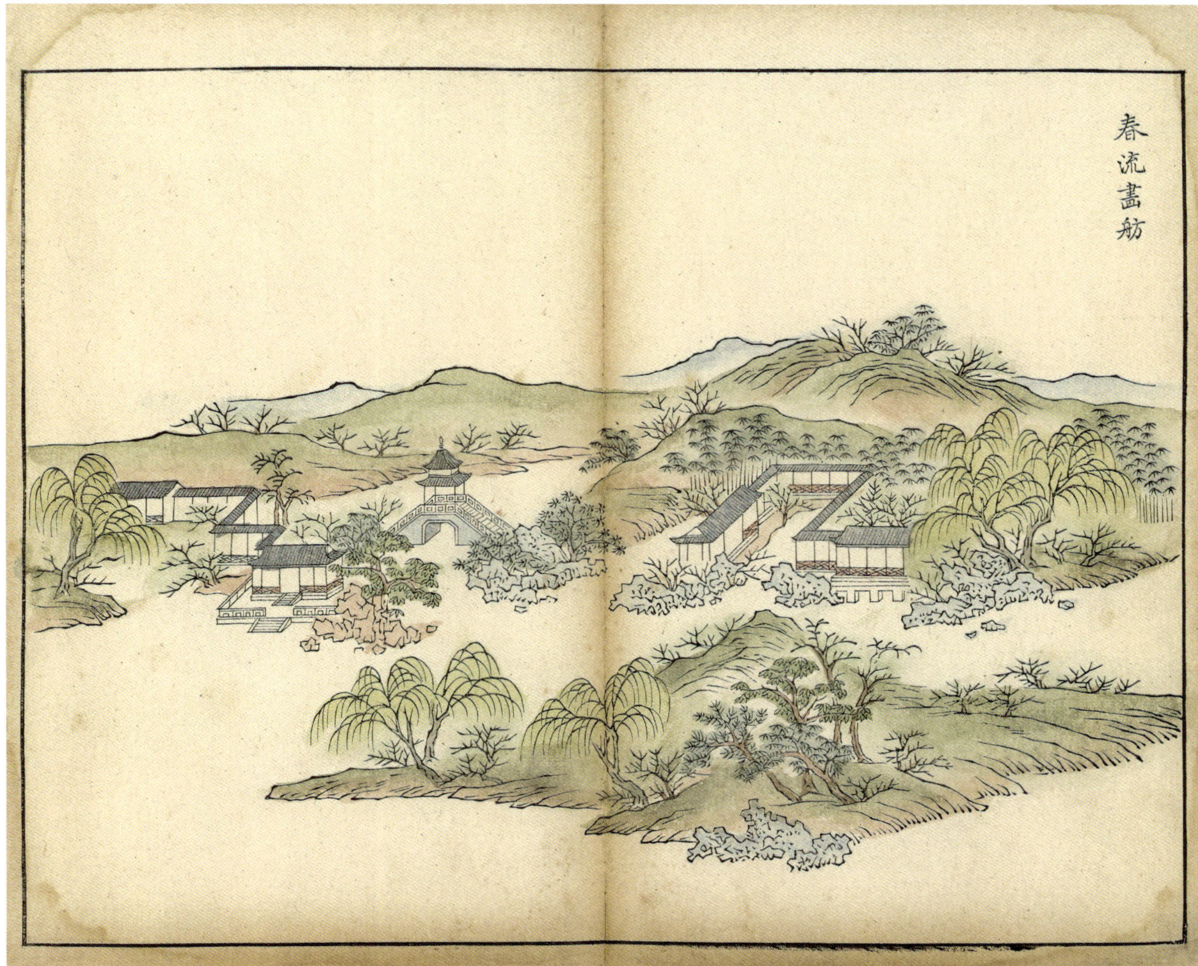
春流畫舫

萬松疊翠

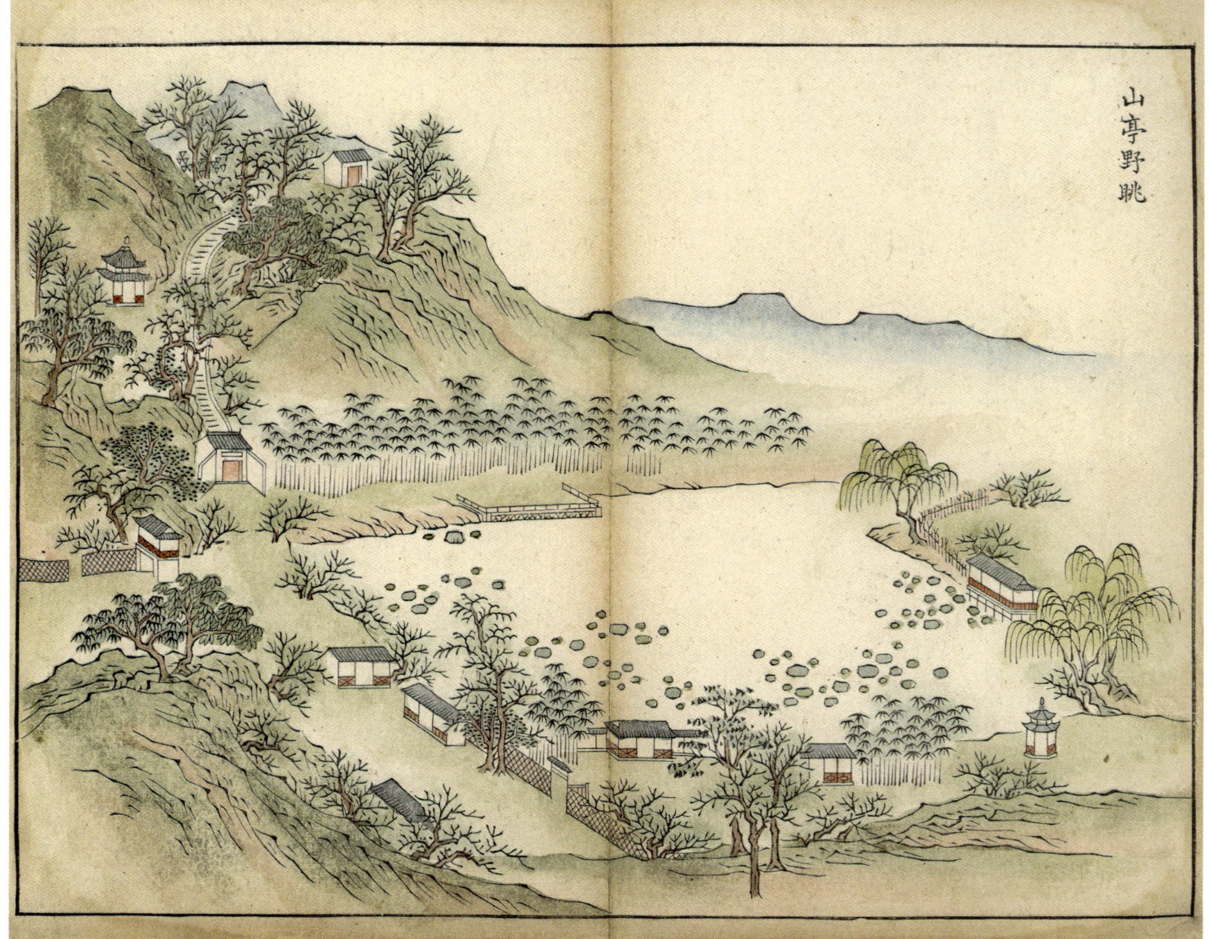
山亭野眺

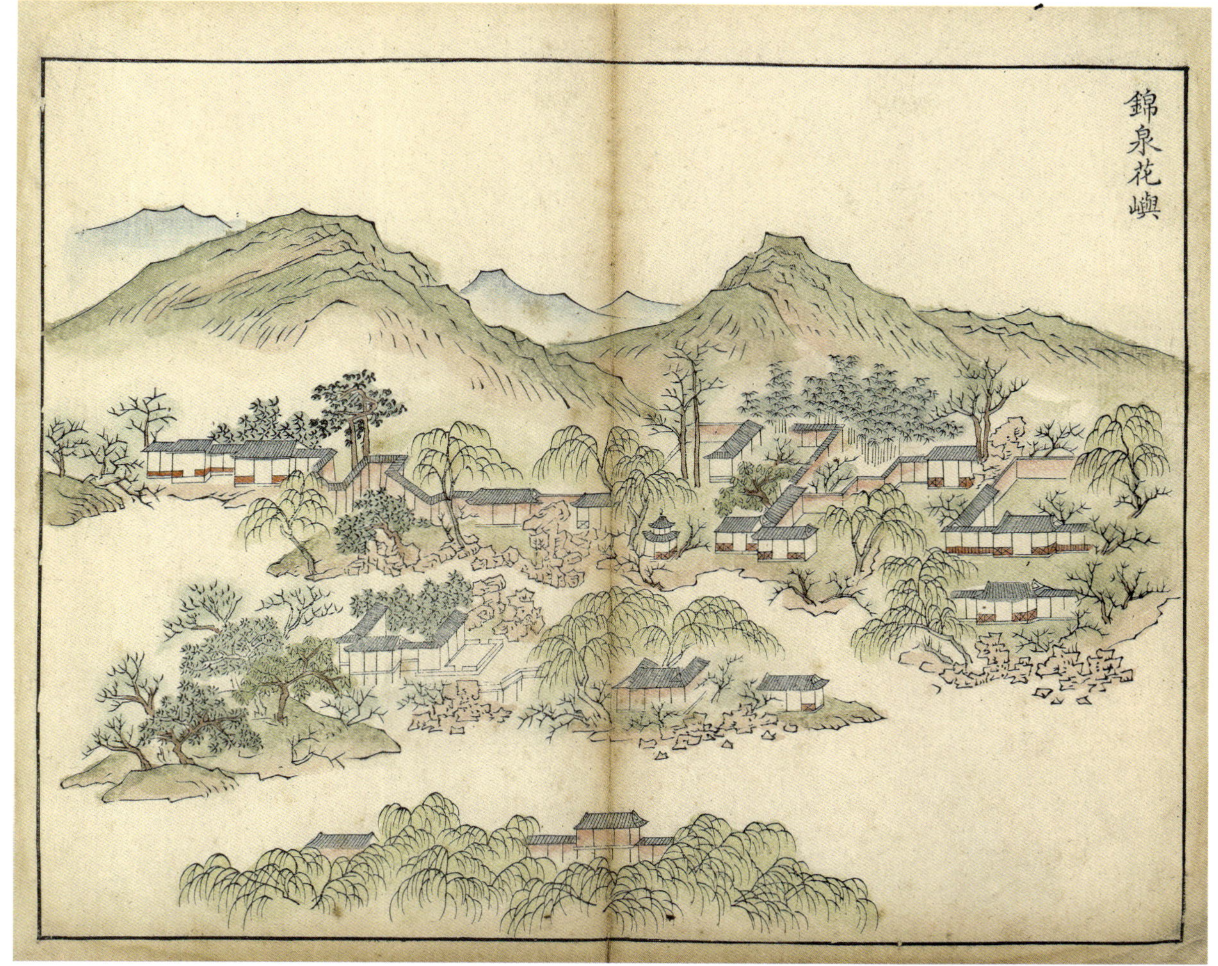
錦泉花嶼

望春樓

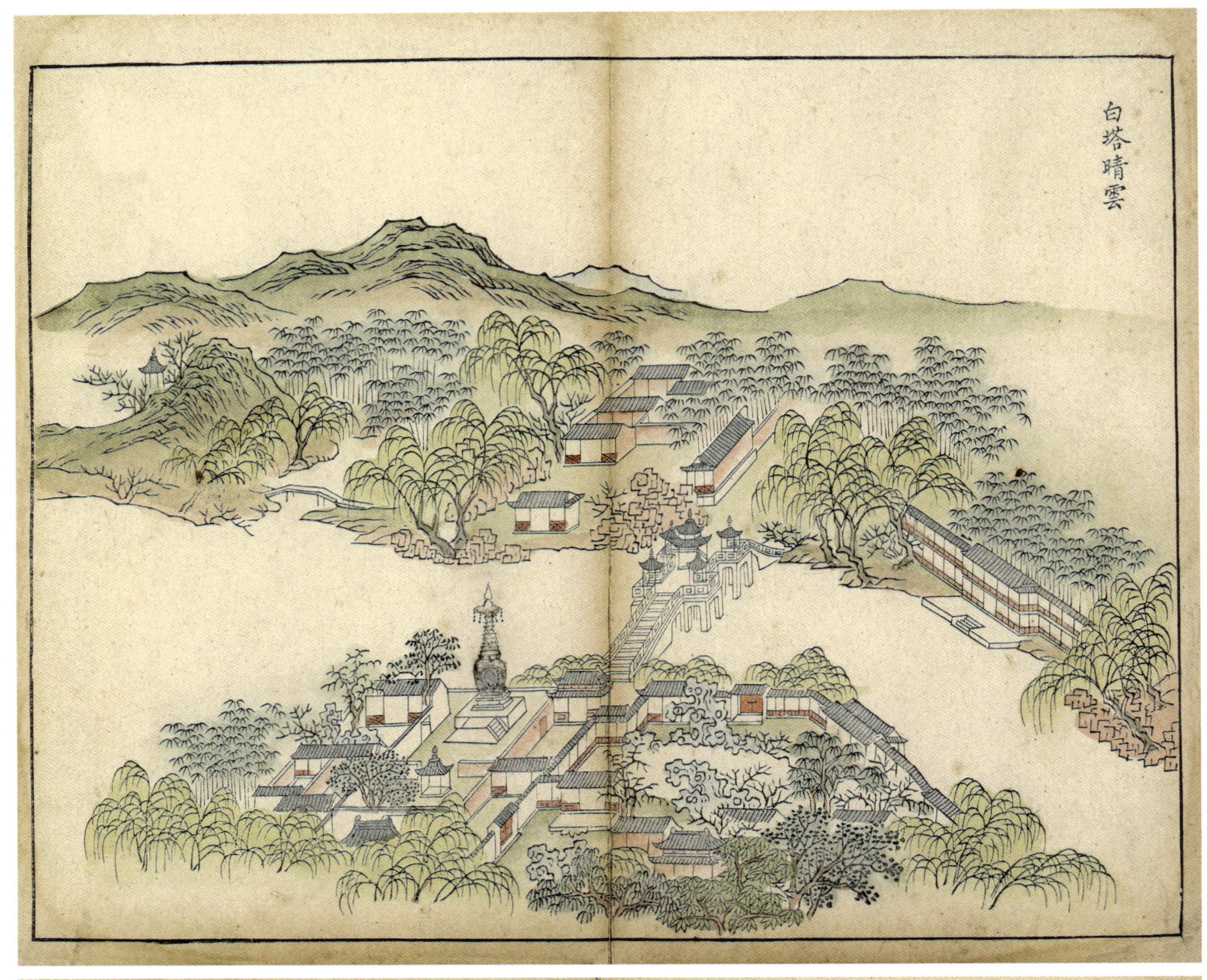
白塔晴雲

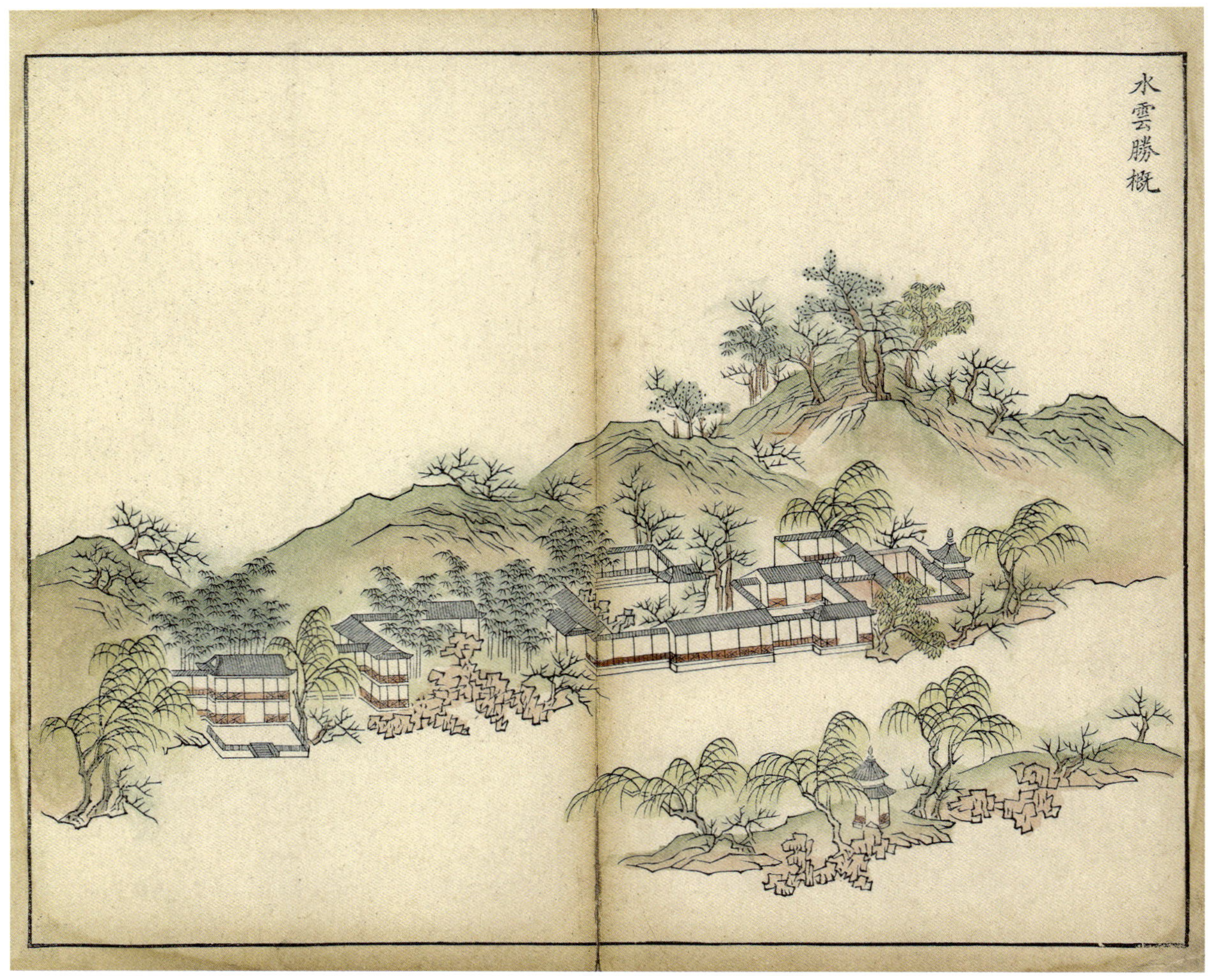
水雲勝概

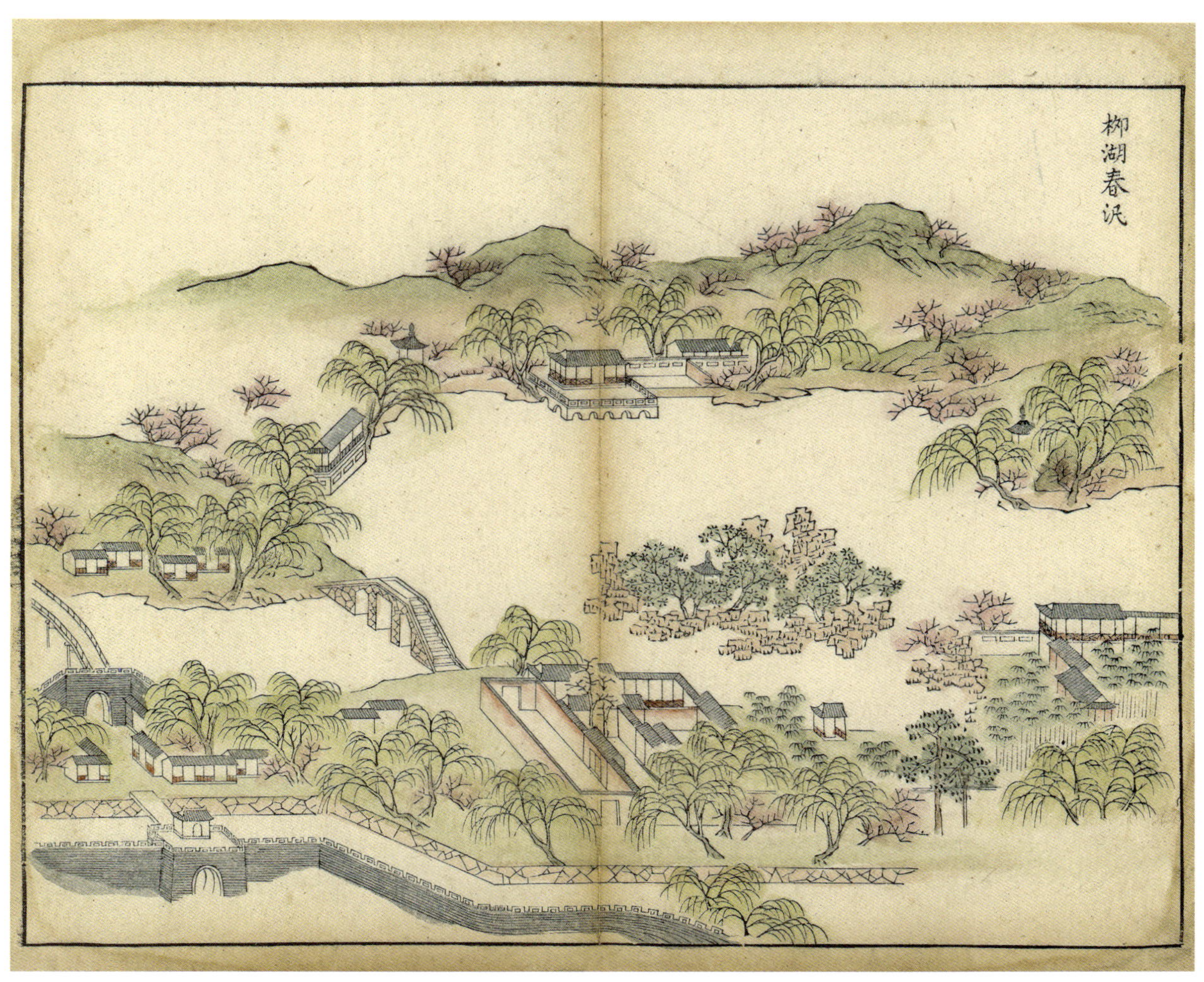
柳湖春汎

第四冊《江南名勝圖説》

金山　在鎮江府西北大江中，唐裴頭陀於此開山得金，故名。頂有金鰲、妙高諸峯，浮圖冠其上。亭閣隨山結構，丹堊相鮮，有泉名『中冷』，陸羽品爲天下第一。山之東有日照、妙空等巖，西有石排山，東麓有善才石，一名『鵲峯』。

焦山　在鎮江府東大江中，以東漢焦光隱此而名。與金山對峙，相去十五里。山之餘支東出並立於波間者曰『海門山』，金山綺豔，焦山幽冶，並稱『京口巨觀』。

甘露寺　在鎮江府北固山，吴主孫皓建時，改元甘露，故名。舊在山下，宋祥符間移建山上。

三義閣　在丹陽縣尹公橋東，明天啟二年建，閣旁文鋒塔，崇正（禎）六年建。

艤舟亭　在常州府東門外，宋蘇軾常繫舟於此，後人因以名亭。

惠山　在無錫縣錫山之西，舊名『西神山』，僧慧照居之，故又名『慧山』，山有九隴，蜿蜒如龍，故亦名『九龍山』。有泉出石間，陸羽品爲第二。甃以石，方圓各一，宋令蘇舜欽建亭於上，其左則惠山寺也。

寄暢園　在惠山之左，初本僧寮，曰『南隱』，又曰『漚寓』。明正德中尚書秦金闢爲園，名『鳳谷行窩』，子孫次第增葺，易名『寄暢』。

滄浪亭　在郡學之東，積水瀰漫，小山曲折。相傳爲錢元璙池館，宋蘇舜欽得之，作亭曰『滄浪』。歐陽修有『清風明月本無價』之句，其名遂著。尋屬章惇，後歸韓世忠，愈擴其址。元明間廢爲僧舍，嘉靖時知府胡纘宗重建韓祠，釋文瑩復於其旁建滄浪亭。本朝宋犖撫吴，搜訪遺蹟，搆亭於山巔，得文徵明隸書『滄浪亭』三字，揭諸楣。

獅林寺　在城東北隅，中多怪石，狀如狻猊，故名。倪元鎮曾作圖貌之。

虎邱　在蘇州府西北九里，晉司徒王珣別墅，後捨爲寺，兩崖劈分，劍池在焉。相傳爲闔閭試劍處，前爲千人石，晉異僧竺道生講經於此。

支硎山　在蘇州府西，晉沙門支遁居此，而山多平石如硎，故名。東址有觀音寺，故亦名『觀音山』。

寒山別墅　在支硎山西，明處士趙宧光隱此，築小宛堂以居。後爲僧寮，庭前古梅二本，相傳宧光手植。

千尺雪　在寒山，明趙宧光鑿山引泉，緣石壁而下，濺瀑如雪，不減匡廬。水簾上有閣，舊未著名。乾隆十六年，御題『聽雪』，山半有『雲中廬』，取王維『入雲中兮養鷄』之語，又有彈冠室、驚虹渡，皆仍宧光舊址。

池也晉太康間生十葉石蓮華因名華山一云山巔有蓮華峰故名

穹窿山

在蘇州府西南赤松子採赤石脂於此吳都賦所云赤須蟬蛻而附麗者是也在吳郡諸山中最為高峻山之陽有穹窿寺相傳朱買臣故宅

鄧尉山

在蘇州府西南七十里相傳漢有鄧尉隱此亦名光福山以地為光福里也西南六里曰元墓傳為東晉刺史郁泰元瘞處

香雪海

即吾家山鄧尉之支峰也居人皆業圃植梅花時數十里如積雪前撫臣宋犖題香雪海三字鐫於石

石湖

在蘇州府西南白洋灣所滙也界吳縣吳江之間相傳范蠡入五湖之口宋參政范成大居此孝宗書石湖二字賜之名石湖別墅上有普陀巖石鏤觀音大士像因名石佛寺

治平寺

在上方山下臨石湖之北梁天監年中建一名楞伽寺宋治平元年改今名

上方山

在蘇州府西南距石佛寺二里許一名楞伽山

法螺寺　在寒山，舊爲庵，山徑盤紆，從修篁中百折而上，勢如旋螺，故名。

高義園　在蘇州府西天平山，山有卓筆、飛來諸峯，望湖臺、照湖鏡、白雲泉、一線天、華盖松、穿山洞、蟾蜍石、龍門諸勝。南址有白雲寺，宋參政范仲淹祖墓在焉，旁爲范氏義莊，後闢爲園。乾隆十六年賜今額，園峯峰石林立，名萬笏林，俗呼『萬笏朝天』。

靈巖山　在蘇州府西三十里，一名『石鼓山』，又名『硯山』。吴王置館娃宫於此，今靈巖寺其址也。

華山　在蘇州府西，舊名『天池山』，山半有池在絶巘。横浸山腹，所謂天池也，晉太康間生十葉石蓮華，因名華山。一云山巔有蓮華峰，故名。

穹隆山　在蘇州府西南，赤松子採赤石脂於此，《吴都賦》所云赤須蟬蛻而附麗者是也。在吴郡諸山中最爲高峻，山之陽有穹窿寺，相傳朱買臣故宅。

鄧尉山　在蘇州府西南七十里，相傳漢有鄧尉隱此，亦名『光福山』，以地爲光福里也。西南六里曰『元墓』，傳爲東晉刺史郁泰元瘞處。

香雪海　即吾家山鄧尉之支峰也，居人皆業圃植梅花，時數十里如積雪。前撫臣宋犖，題『香雪海』三字鐫於石。

石湖　在蘇州府西南，白洋灣所滙也，界吴縣、吴江之間。相傳范蠡入五湖之口，宋參政范成大居此。孝宗書『石湖』二字賜之，名『石湖別墅』。上有普陀巖石，鏤觀音大士像，因名『石佛寺』。

治平寺　在上方山下，臨石湖之北，梁天監年中建，一名『楞伽寺』，宋治平元年改今名。

上方山　在蘇州府西南，距石佛寺二里許，一名『楞伽山』。

金山
焦山

甘露寺

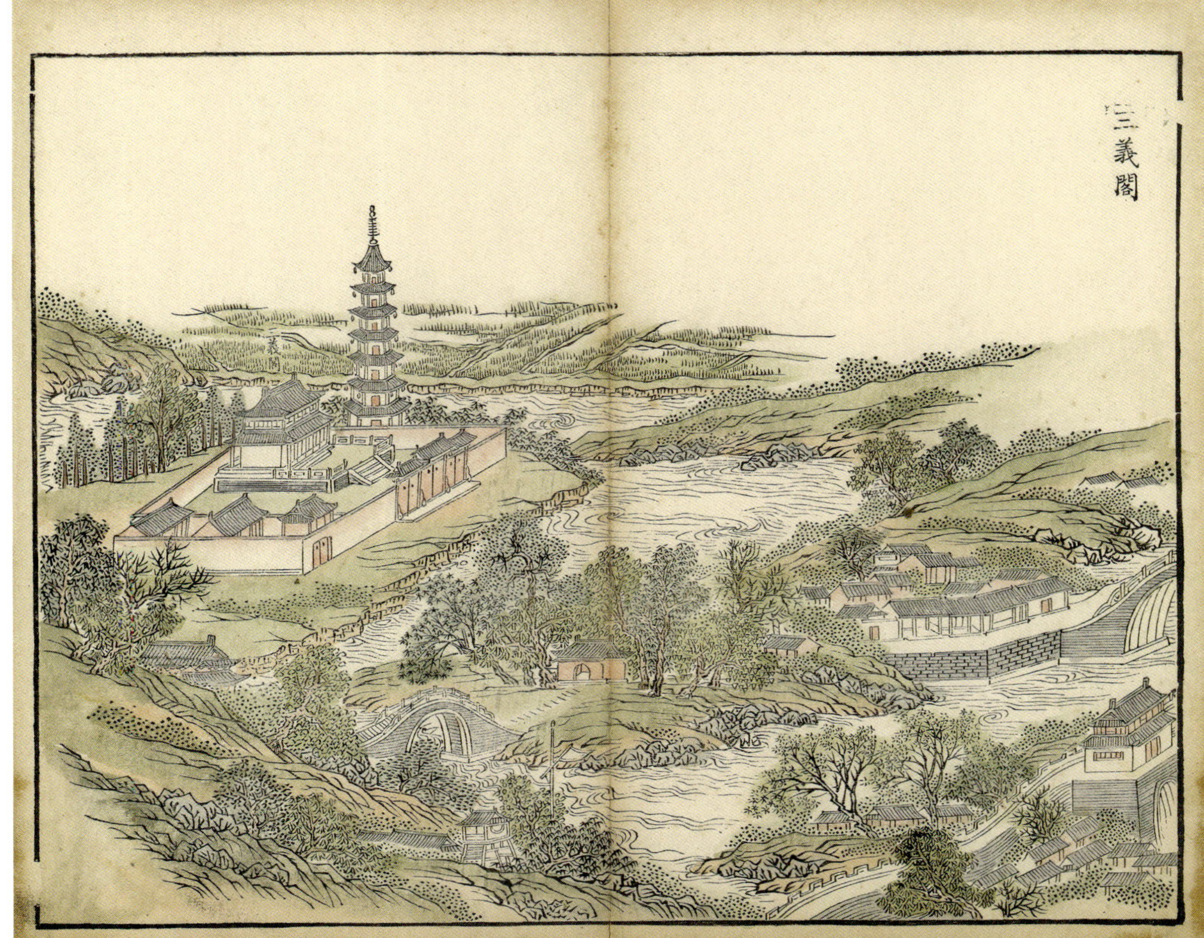
三義閣

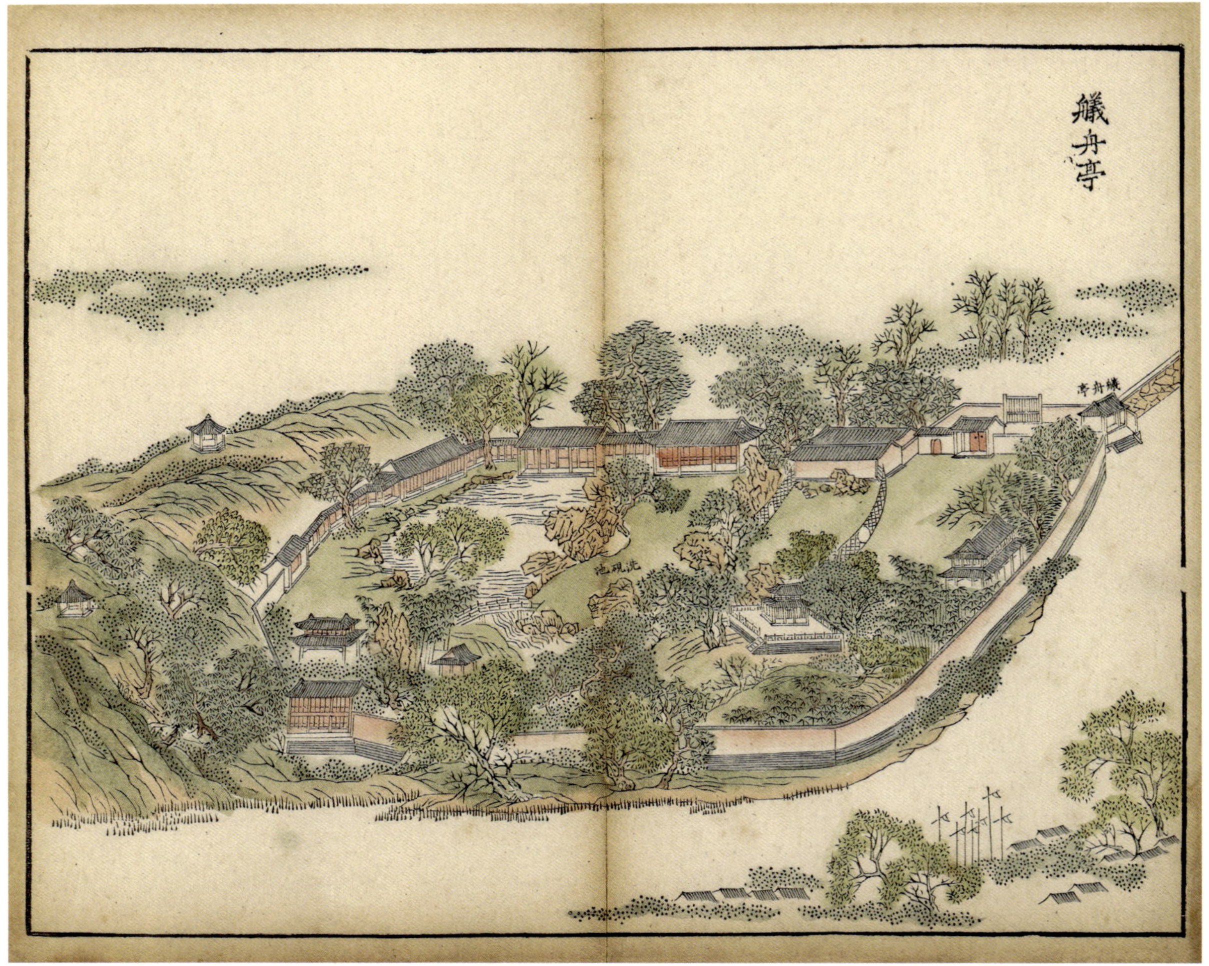
艤舟亭

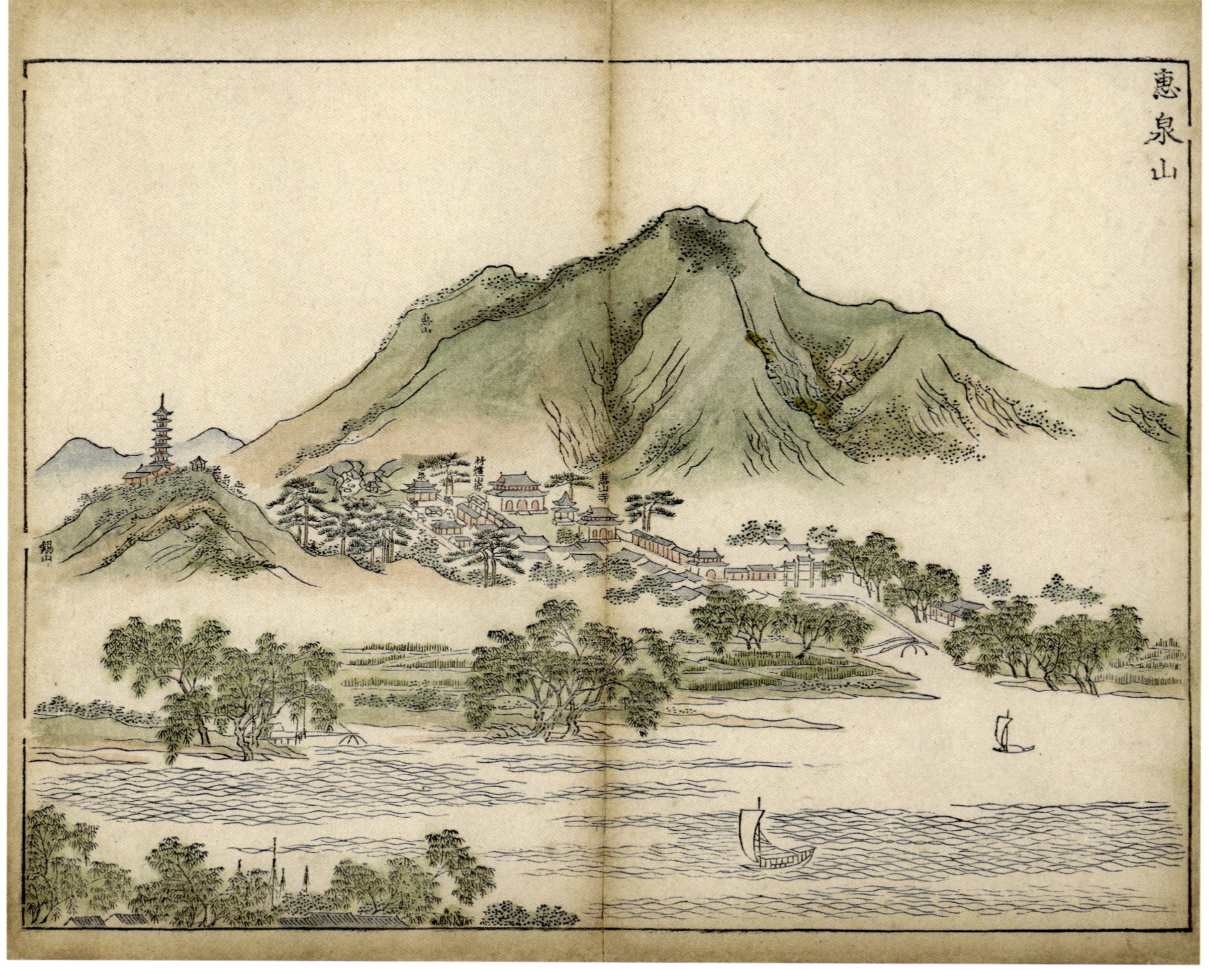
惠泉山

寄暢園

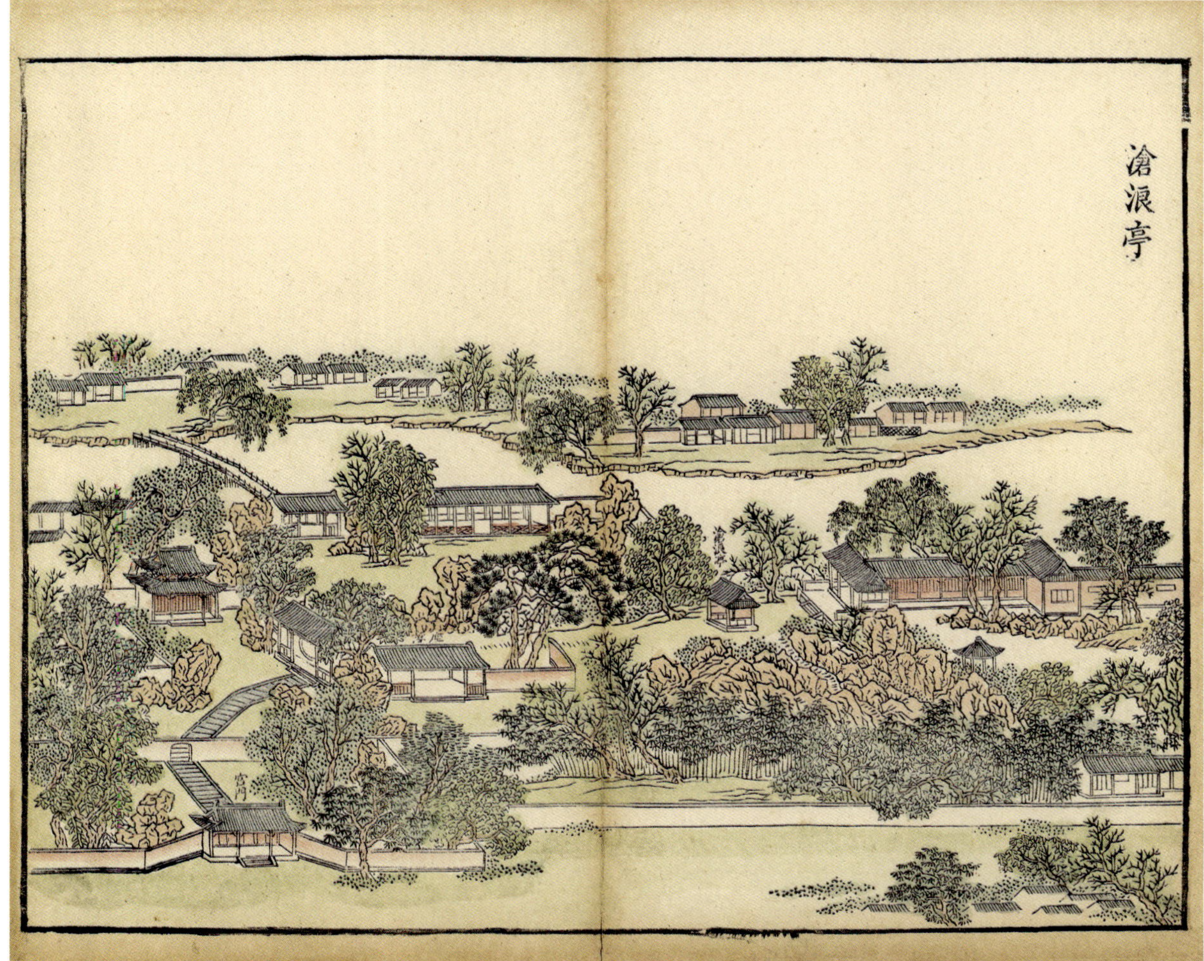
滄浪亭

獅子林

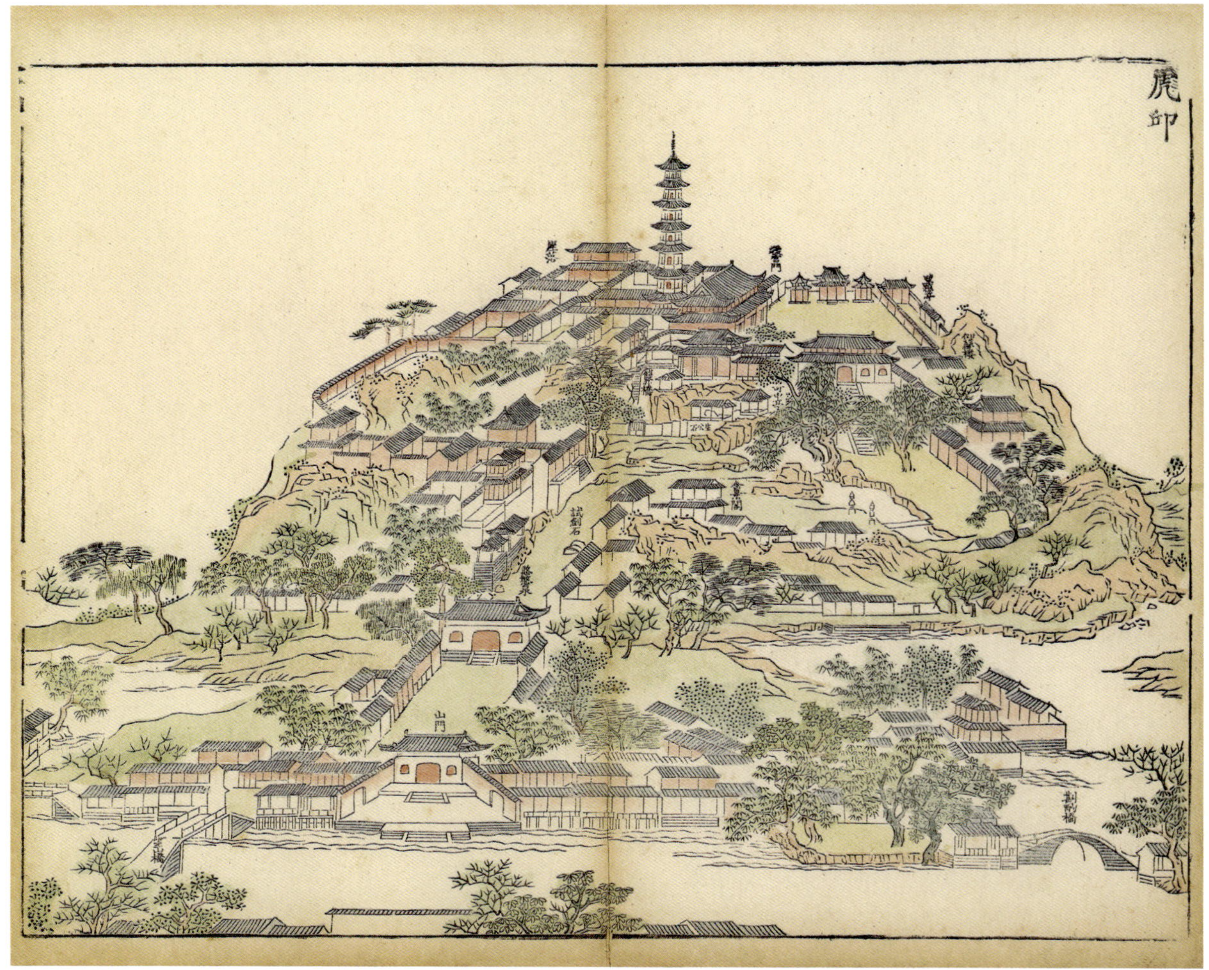
虎邱

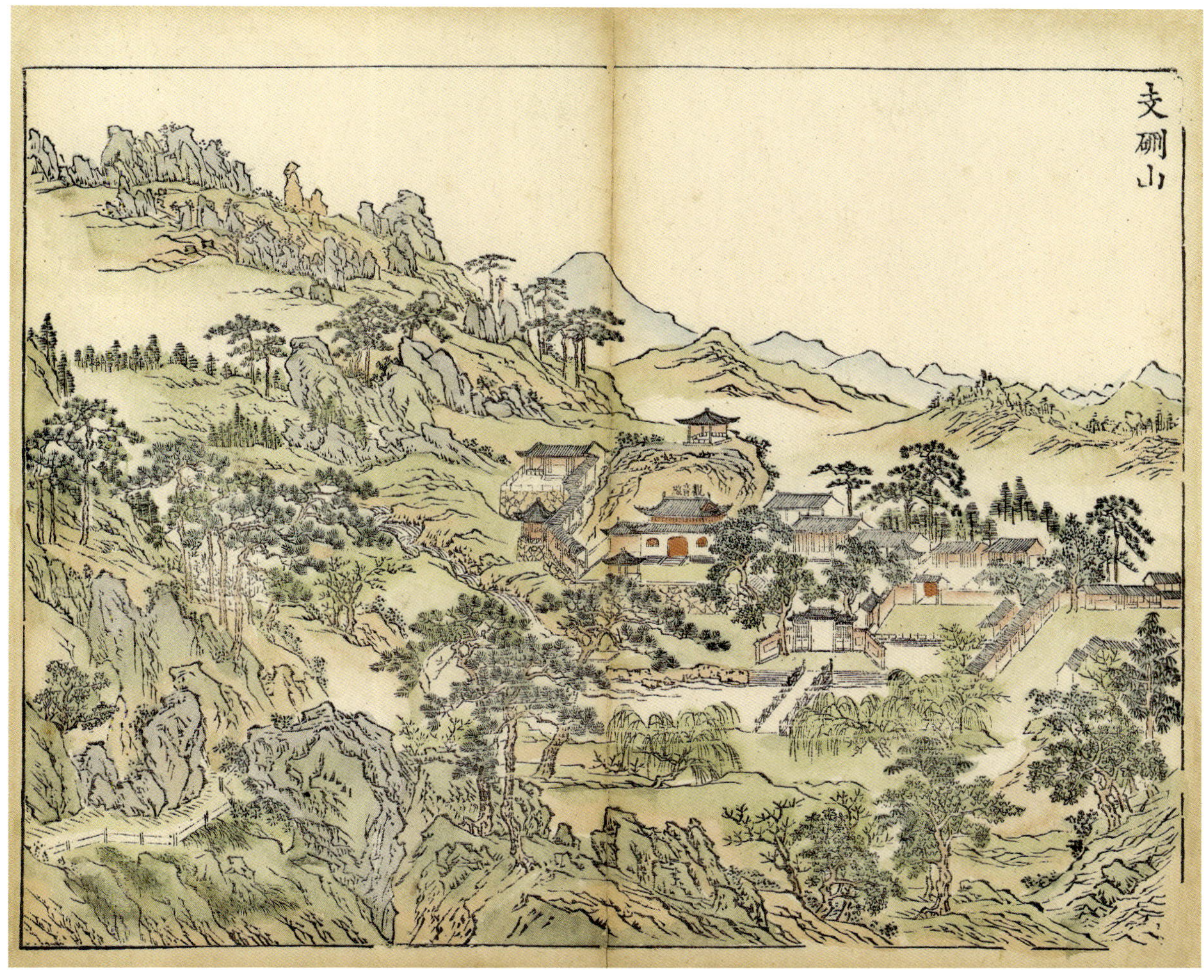
支硎山

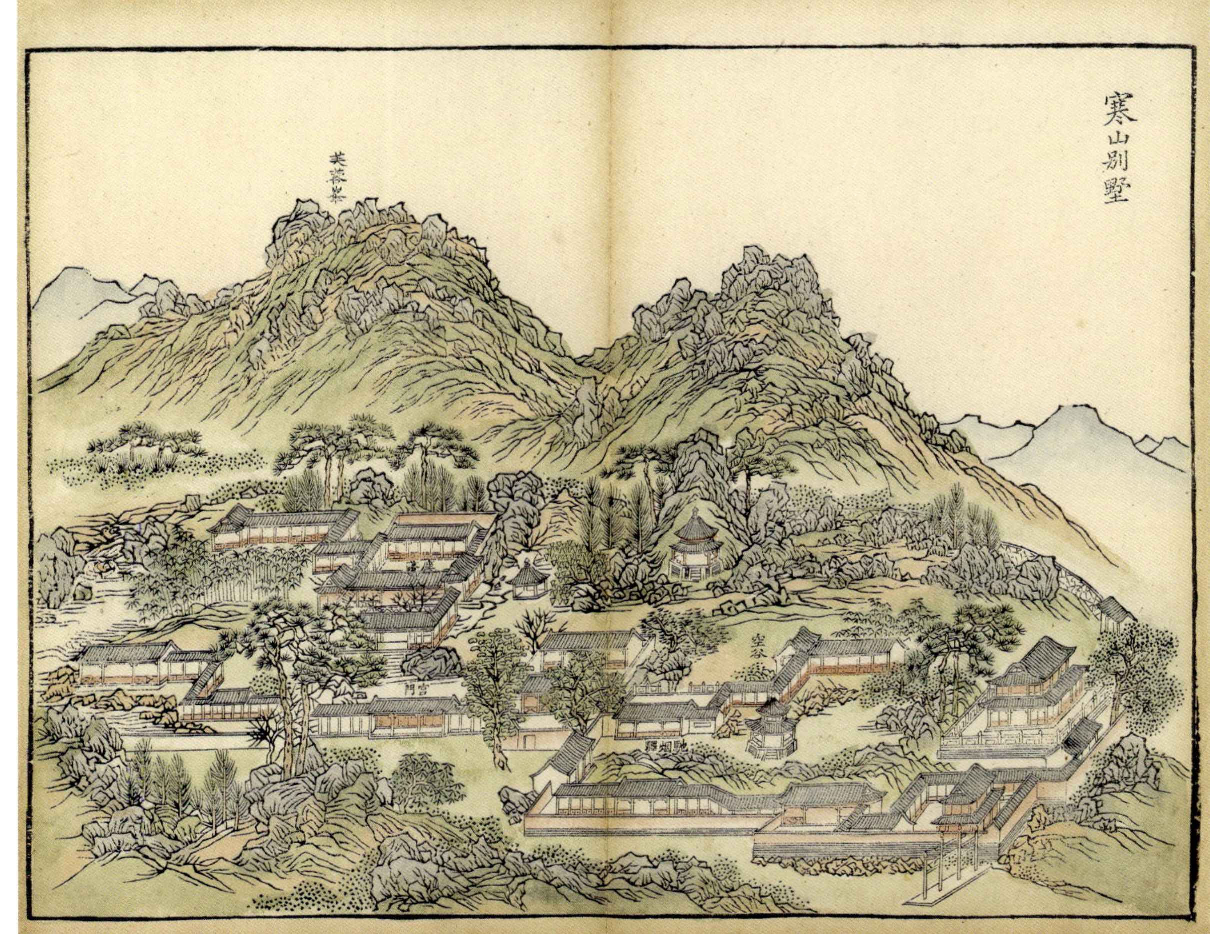
寒山別墅

千尺雪

法螺寺

高義園
天平山

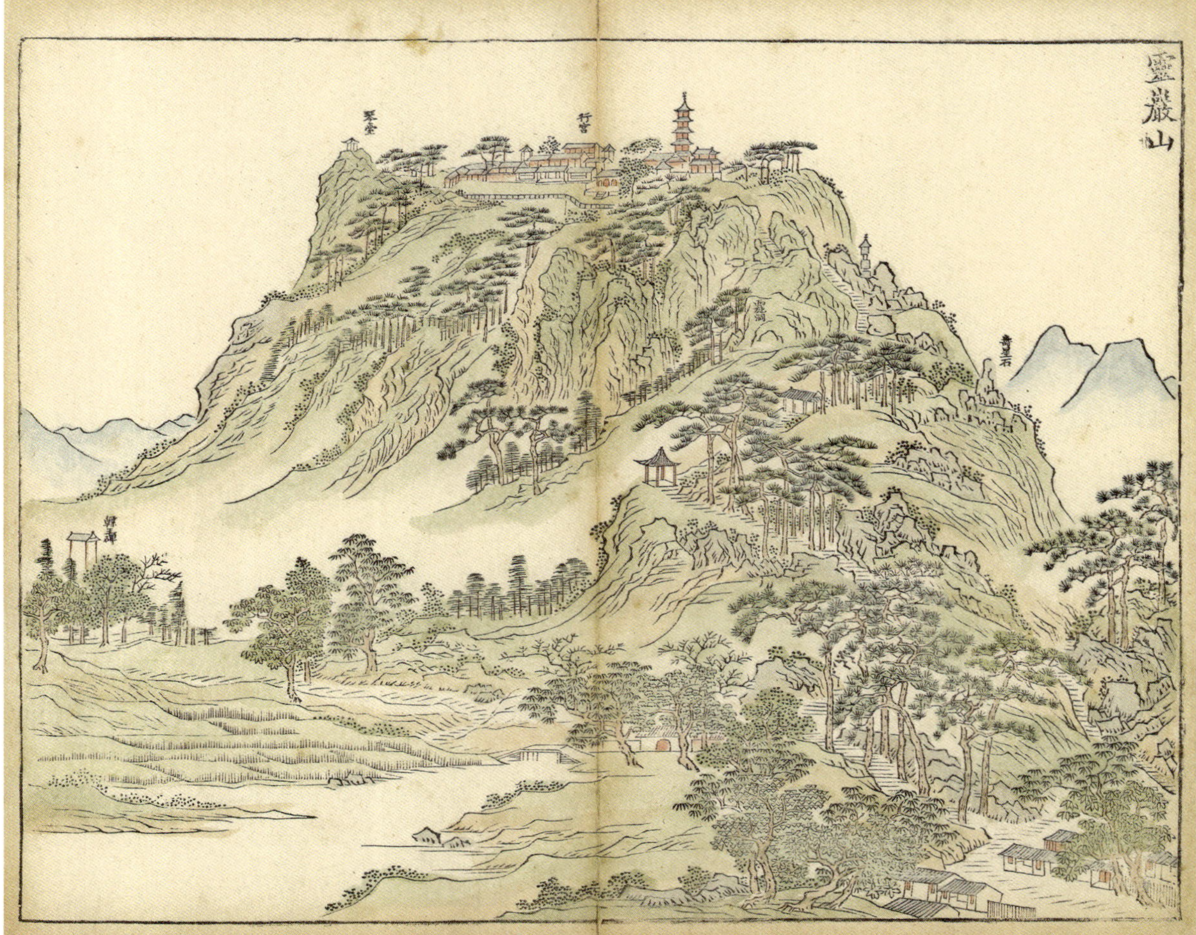
靈巖山

華山
華山觀

穹窿山
靈巖山

鄧尉山

香雪海

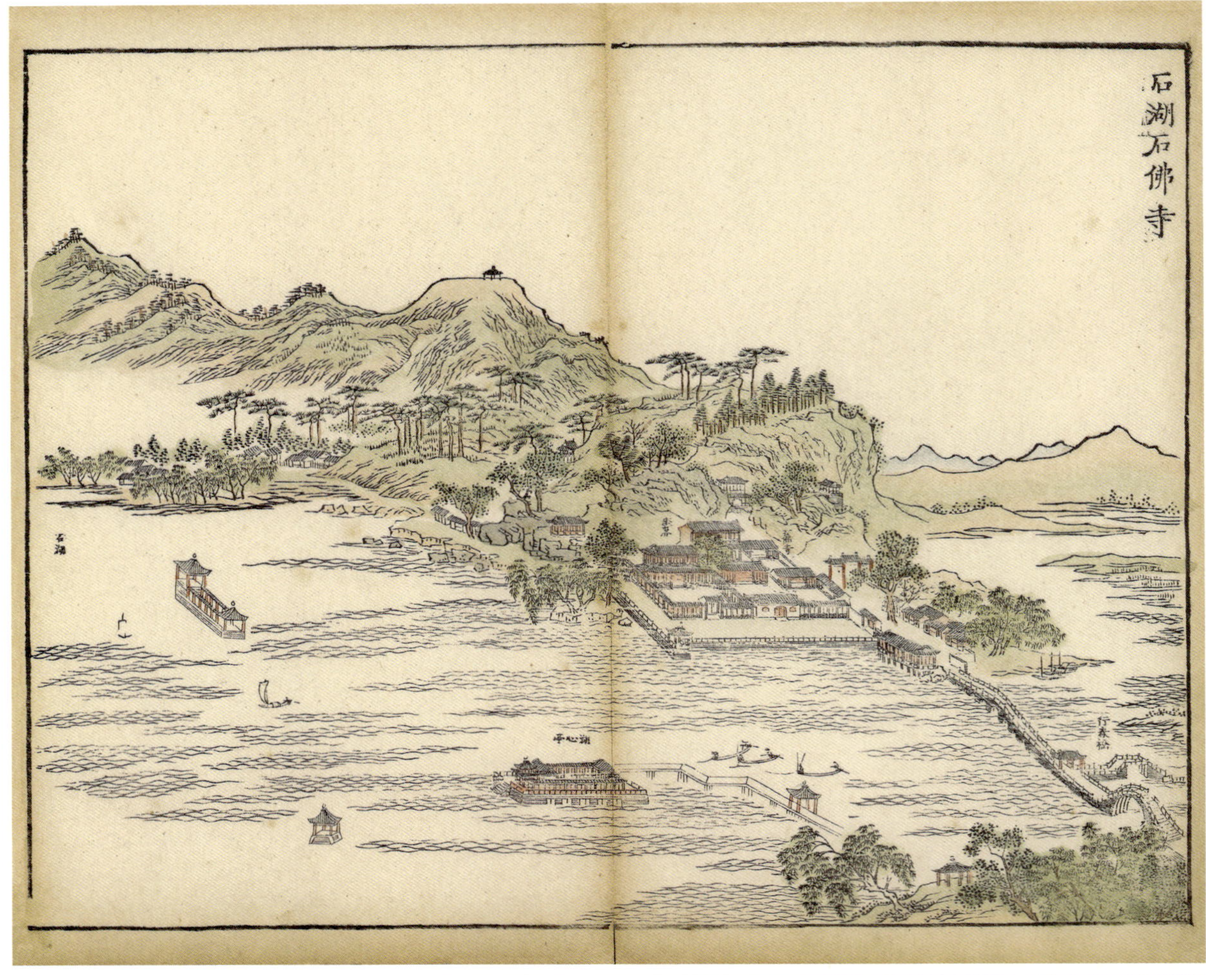
石湖石佛寺
湖心亭
行春橋

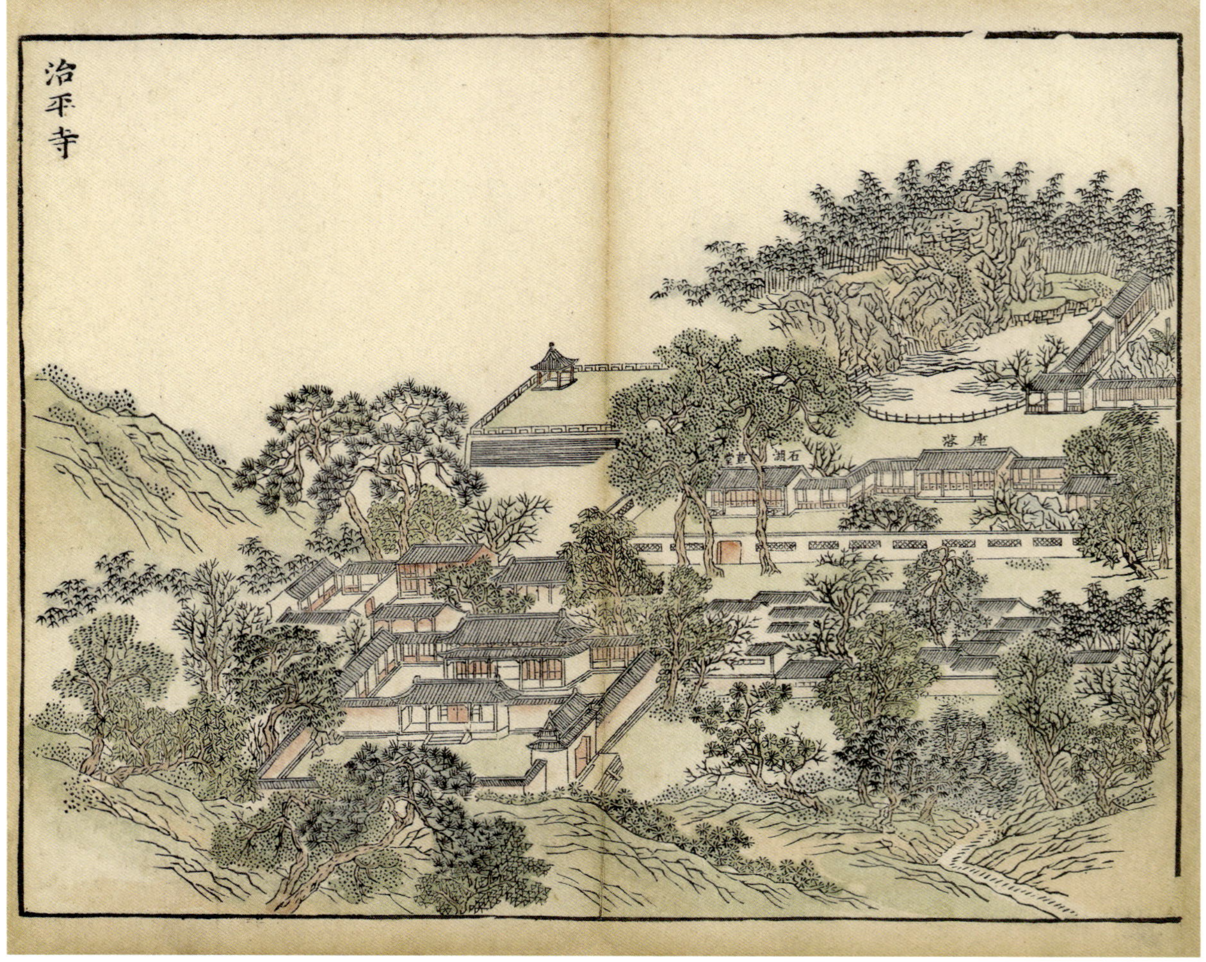
治平寺
石湖草堂

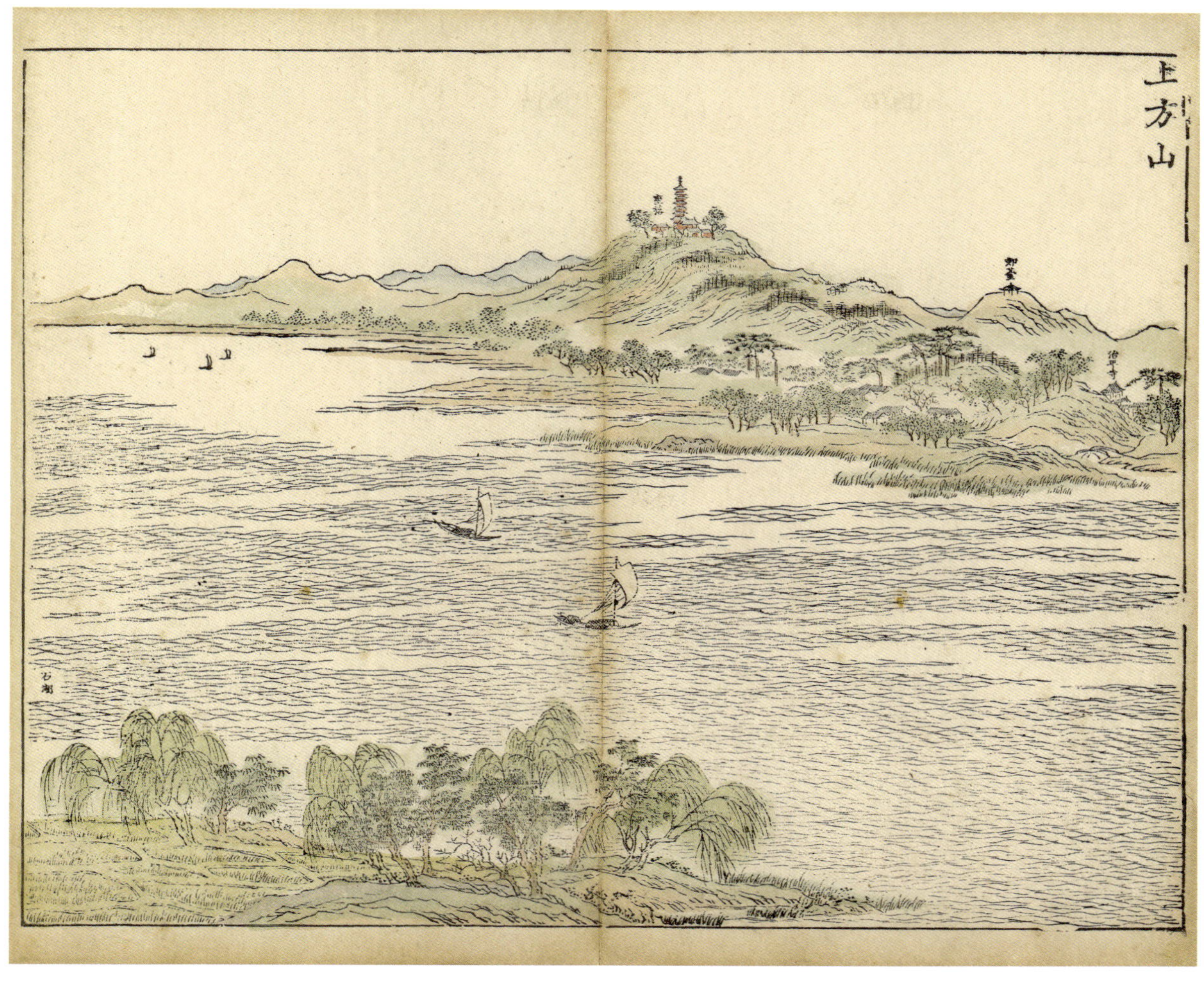
上方山
治平寺
石湖

第五册《江南名勝圖説》

寶華山　在江寧府句容縣北，一名『花山』，上有慧居寺，相傳爲梁高僧寶誌道場，故名『寶華山』。明慈聖太后夢登一山皆蓮花，訪得此山，勅建銅殿於寺中，與峨嵋、五臺同。

棲霞山　在江寧府東北，一名『攝山』，齊明僧紹隱此，捨宅爲寺。山有三峯，中峯屹立最高，東西二峯，左右拱抱，寺接於中峯之麓。中有白蓮池、六朝松，唐高宗御撰明隱君碑，碑陰書『棲霞』二大字。

彩虹明鏡　在三會殿之西，向有流泉散漫無所歸。乾隆二十二年，始鑿爲池，水從桃花澗下直噴池内，浩瀚瀰漫，一望無際。二十七年，翠華臨幸，肇錫嘉名焉。

紫峯閣　在中峯之麓，秀峙如錐。閣在山趾，羣巒環繞，皆軒翔聳拔。中通無量殿，明僧紹子仲璋依山琢大佛像，皆極莊嚴。峯旁舊有雲根泉，清澈可鑒，後於石壁間復搜得一泉，飛瀑從空而下，督臣尹繼善於入覲時偶奏及此，蒙皇上面錫嘉名曰『功德』。

玲峯池　在中峯之側，孤亭屼峍，與石梁遥對，羣山萬壑中，一泓湛然可鑒毫髮。御製詩云：『不肯瀉爲瀑，渟然守太初。』斯池千古生光矣。

白乳泉　在千佛嶺之東，爲金陵二十四泉之一，唐皇甫冉有《送陸鴻漸棲霞寺採茶詩》，今石壁上有隸書『白乳泉試茶亭』六字。乾隆四十五年，守臣於泉旁敬構數椽，恭請臨幸。

萬松山房　在中峯之半，山固多松，此尤蓊蔚，山風過處，謖謖如萬壑鳴濤，中有傑閣崇臺，掩映蒼翠，最爲幽勝。

叠浪崖　在西峯之側，層崖岝峉，亂石錯之，高低起伏，如大海潮汐波瀾。萬叠巖下有松九株，虬枝相亞，皆夭矯作拏攫狀，西通德雲菴之徑也。

德雲菴　在西峯之麓，坐對古澗，曰『桃花澗』。奇石玲瓏，萬竅穿溜，幽篁繞屋，間以喬柯，青陰彌望，西麓最幽勝處也。前□盤空飛翠者，即九株松。

幽居菴　在中峰之右，與西峰接，巖虚澗静，萬籟俱寂，丈室數楹，竹木環之，幽閒若在人境外。坡前亂石數叢，雲堆浪立，一亭據其上，四匝如張翠屏。

天開巖　在中峯之右，石壁奇峭如截，中通一線，若天開然，後爲迎賓石，禹碑在其陰，明楊時喬摹岣嶁石刻於此。

珍珠泉　泉出石間，歷澗而下，遊人拍手呼笑，則白珠點點上浮，晶瑩可玩。右爲般若臺，明王寅得四十二章經善本，乞諸名手各書一章，勒石四面。

燕子磯永濟寺　在江寧府觀音門外，乃觀音山之餘支，一峯怒突皆巉石叠起，三面斗絶，江上望之，形如燕飛。寺在磯之西南，明初即山建觀音閣，正德初因閣建寺，殿閣皆緣崖搆成，以鐵絙穿石繫棟，登之如憑虛御風。

嘉善寺三台洞　在鐵石山，明正統中，僧法通建。

後湖　在江寧府太平門外，一名『蔣陵湖』，一名『秣陵湖』。晋元帝肄舟師於此，宋元嘉中有黑龍見，改名『元武』，孝武帝大閲水軍，又名『昆明池』。明初開濬，置庫以貯天下圖籍，中有五洲，曰麟洲、趾洲、老洲、長洲、新洲，浮若島嶼，然東西二溝流入秦淮，即青溪之上源也。

鷄鳴寺北極閣　在江寧府城東北鷄鳴山，舊名『鷄籠』，宋隱士雷次宗開館教授，齊竟陵王子良開西邸輯《四部要畧》之處也。明初創鷄鳴寺，建浮圖五級，名『誌公塔』，又於山巔築觀象臺以測象緯，賜名『欽天山』。康熙中建北極閣於其地。

清凉山　在江寧府清凉門内，山據石頭城，下臨大江，上有清凉寺，山巔爲清凉臺，南唐建翠微亭於此。

朝天宫　地即冶城，相傳爲吴夫差鑄劍處，晋建冶城寺，宋爲天慶觀，蘇軾有《天慶觀詩》，明洪武重修，易今名。

靈谷寺　在鍾山東南，舊有道林寺在獨龍阜，明初徙於此，改名『靈谷』。入山門，松逕五里乃至殿廡，有無梁殿，不施一木，壘甓空洞而成，後有浮圖，即寶誌改塟處。塔前有石泉，僧曇隱所得八功德水也。東有琵琶街，履之有聲，乾隆三十二年蒙

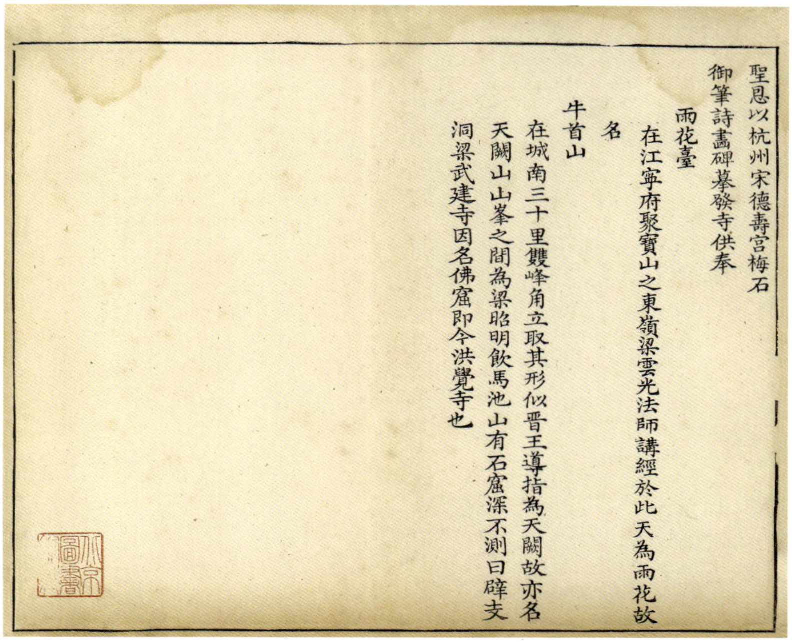

聖恩，以杭州宋德壽宫梅石御筆詩畫碑，摹發寺供奉。

雨花臺　在江寧府聚寶山之東嶺，梁雲光法師講經於此，天爲雨花，故名。

牛首山　在城南三十里，雙峰角立，取其形似，晋王導指爲天闕，故亦名『天闕山』。山峯之間，爲梁昭明飲馬池，山有石窟深不測，曰『辟支洞』，梁武建寺，因名『佛窟』，即今洪覺寺也。

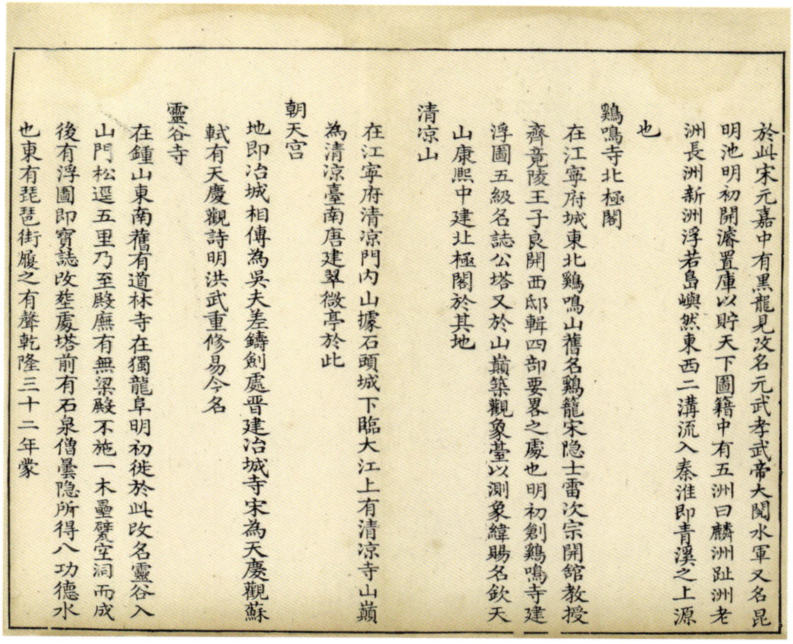

寶華山

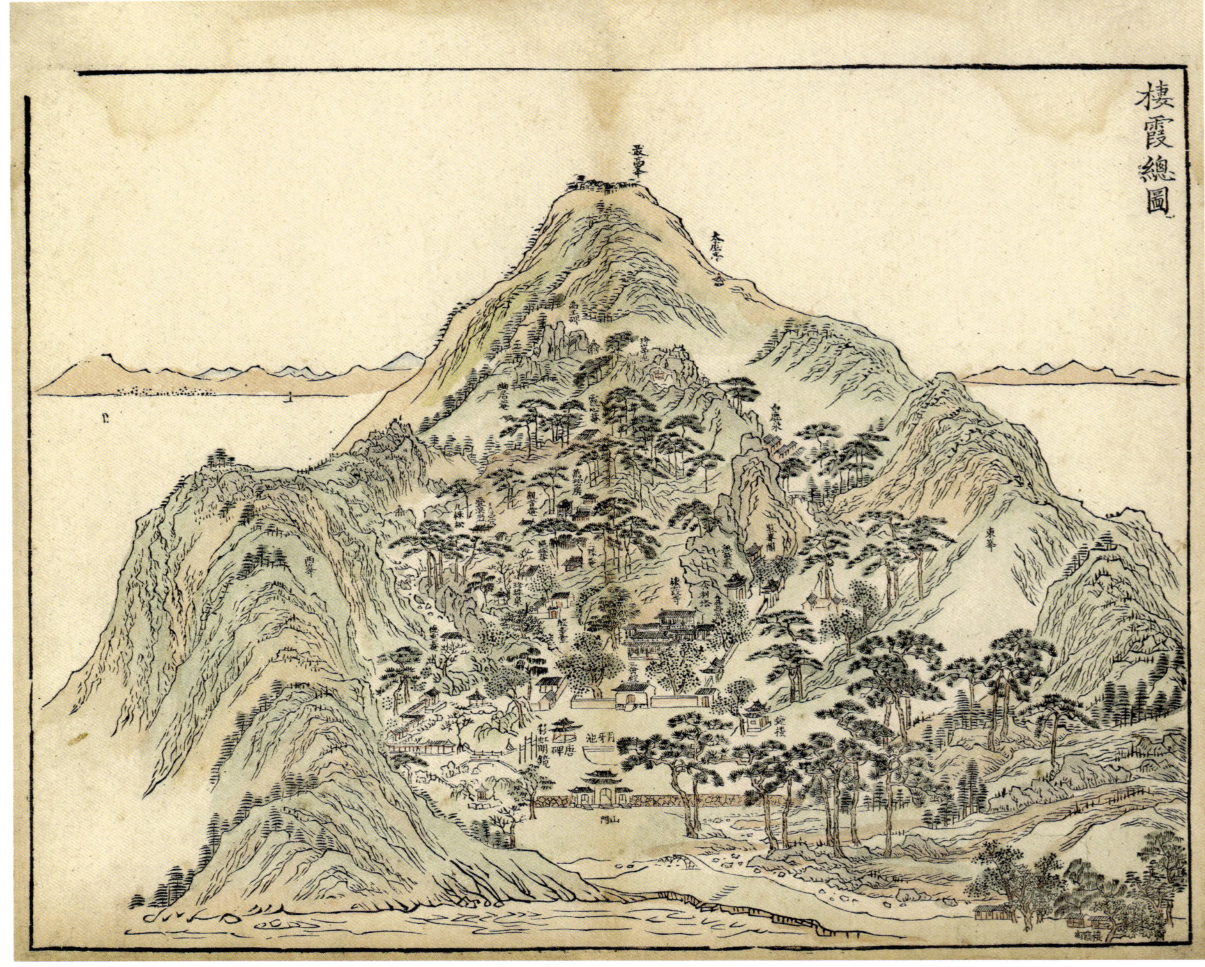
棲霞總圖

彩虹明鏡
唐碑
三會殿
鐘樓
月牙池
山門

紫峯閣

玲峯池
石泉亭

白乳泉

萬松山房

疊浪崖

德雲菴
德雲菴
九株松

幽居菴

天開巖
小書房

珍珠泉
珍珠泉

燕子磯

嘉善寺

後湖

雞鳴寺北極閣

清凉山

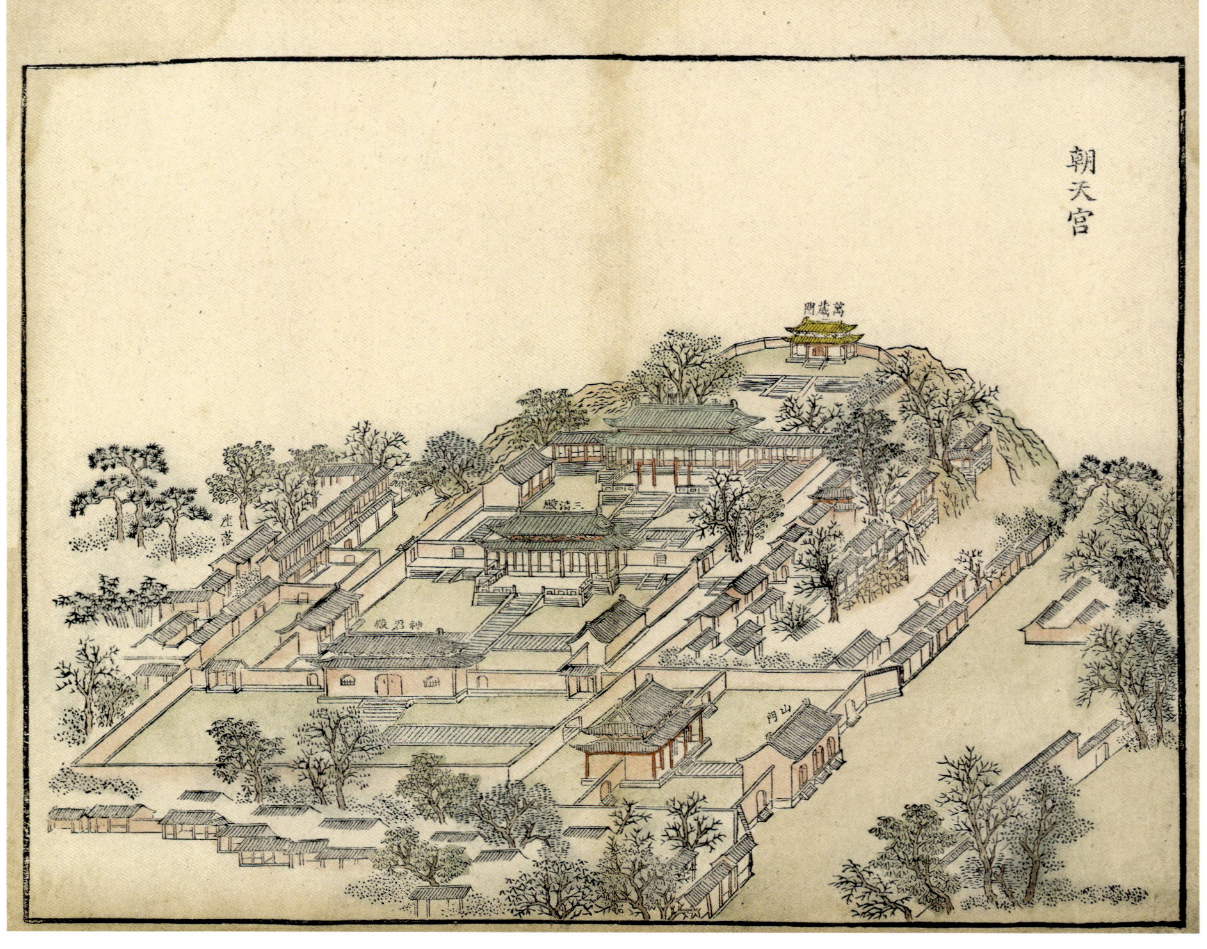
朝天宫

靈谷寺

報恩寺雨花臺

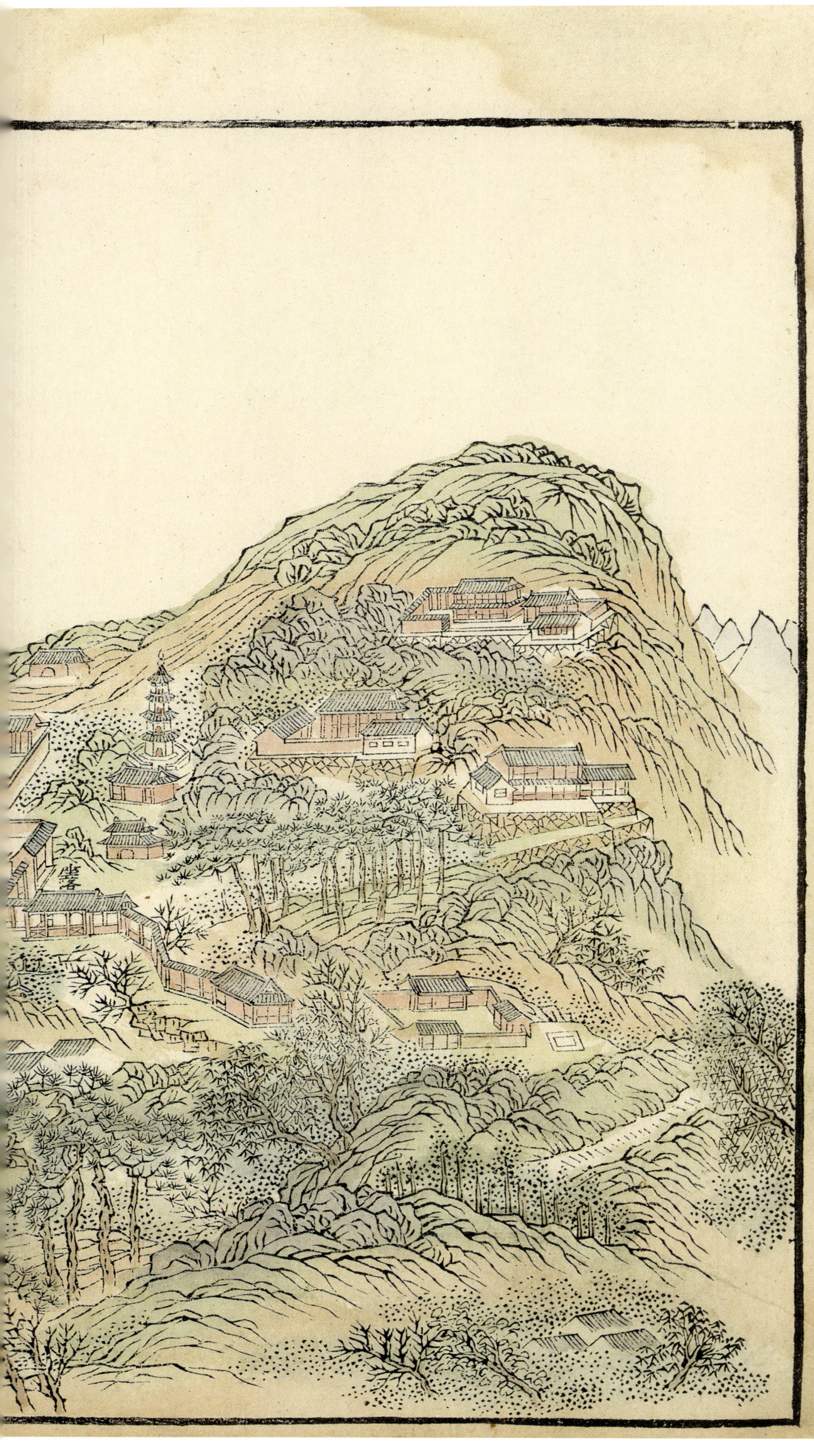

牛首山
白雲樓
白雲梯

自穀城均州至武當擬建行宮道里圖

作　者　不詳
年　代　清乾隆年間
類　型　絹本彩繪
載體形態　一幅長卷
尺　寸　縱三六厘米，橫六三三厘米
索書號　225.631/074.2/1795

《自穀城均州至武當擬建行宮道里圖》，又名《均州屬地名勝圖》，此圖采用中國傳統形象山水畫法，細緻描繪了均州附近的名勝古迹。均州即今湖北省丹江口市，其古城原址在丹江口市均縣鎮關門岩附近。均州城歷史悠久，『均州』一名始於隋朝，因境内均水而得名。均州從古及今都是重要的軍事、經濟重鎮，是溝通華中平原與湖北西北山區經濟、軍事、文化交流的必經通道，境内自然風光秀麗，名勝古迹衆多。古代有著名的『均州八景』，聞名遐邇的武當山也坐落在均州境内。

武當山是聞名古今的道教聖地，又名太和山、謝羅山等，『武當』一名最早出現於《漢書》中。武當山自唐代以後得到歷代皇帝的重視，其地位至明代達到頂峰，不僅被視作『皇室家廟』，還被封爲『大嶽』『治世玄嶽』，地位在五嶽之上。武當山在明代的家廟地位使其在清代較少受到扶持。不過，熱衷出巡的乾隆皇帝對武當山始終念念不忘，晚年曾打算前往武當山巡游。乾隆六十年（一七九五），官方專門組織人員爲乾隆皇帝登臨武當山勘測、調查，繪製了一幅出巡路綫圖，這就是《自穀城均州至武當擬建行宮道里圖》。

該圖以長卷的形式，從襄陽牛首起始，經穀城、老

河口、均州城及武當山古神道，一直通往武當山金頂，詳細描繪了沿途山川水系、風景名勝、宫觀建築、道路交通等。地圖對城鎮、村莊、寺廟、橋梁、景點等均有名稱標注，對兩地間里程數均有精確説明。作爲一幅爲乾隆皇帝巡游而作的行程路綫圖，圖中還特别標出了備選行宫紮營地，其中『可作行宫紮營之所』計九處，『内可作行宫外可作紮營之所』計一處，『内可作行宫外無紮營之所』計一處。

圖中的主要水道是漢水，漢水是長江最大的支流。最大的宫觀是净樂宫，净樂宫是武當山九宫之首，建造在均州城内，是永樂皇帝的行宫，其建築形制仿照北京故宫，有『小故宫』之稱。最顯眼且著名的山是武當山，其最高峰爲天柱峰，其上建有大嶽太和宫，即金頂。

從目前史料記載來看，乾隆皇帝巡游武當山的計劃最終并没有實施，但是供皇帝御覽的巡游路綫圖却成爲重要的史料。從二十世紀七十年代開始，丹江口大壩建成後形成的丹江口水庫以及此後的南水北調工程，使得包括古均州在内的許多地方永久没入水中。幸好該圖可以在一定程度上還原古均州的原貌。類似的地圖還有同爲長卷的《大嶽太和山全圖》，收入在康熙、乾隆及民國年間的《大嶽太和山志》中。

此處可作
行宮扎營之所

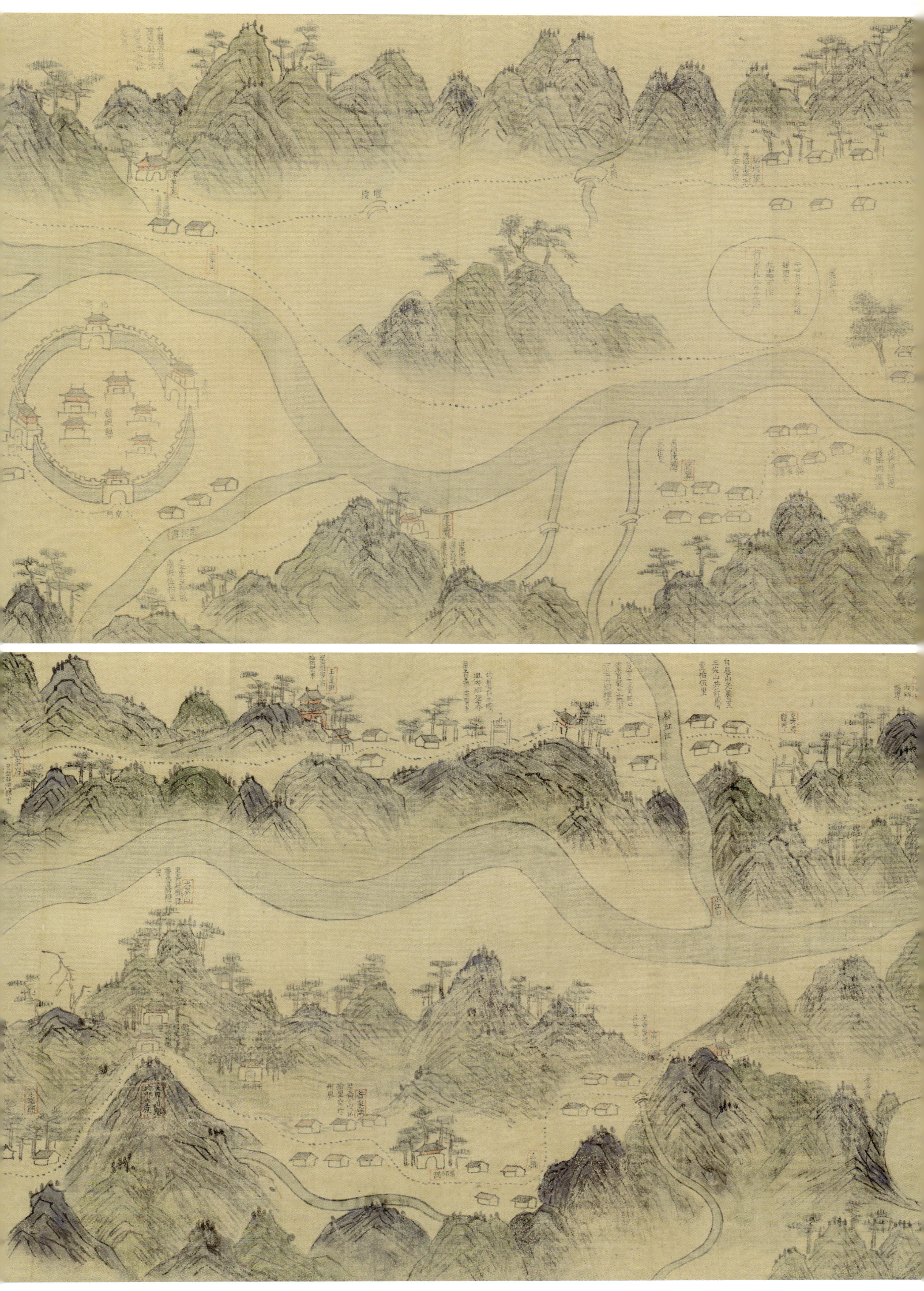

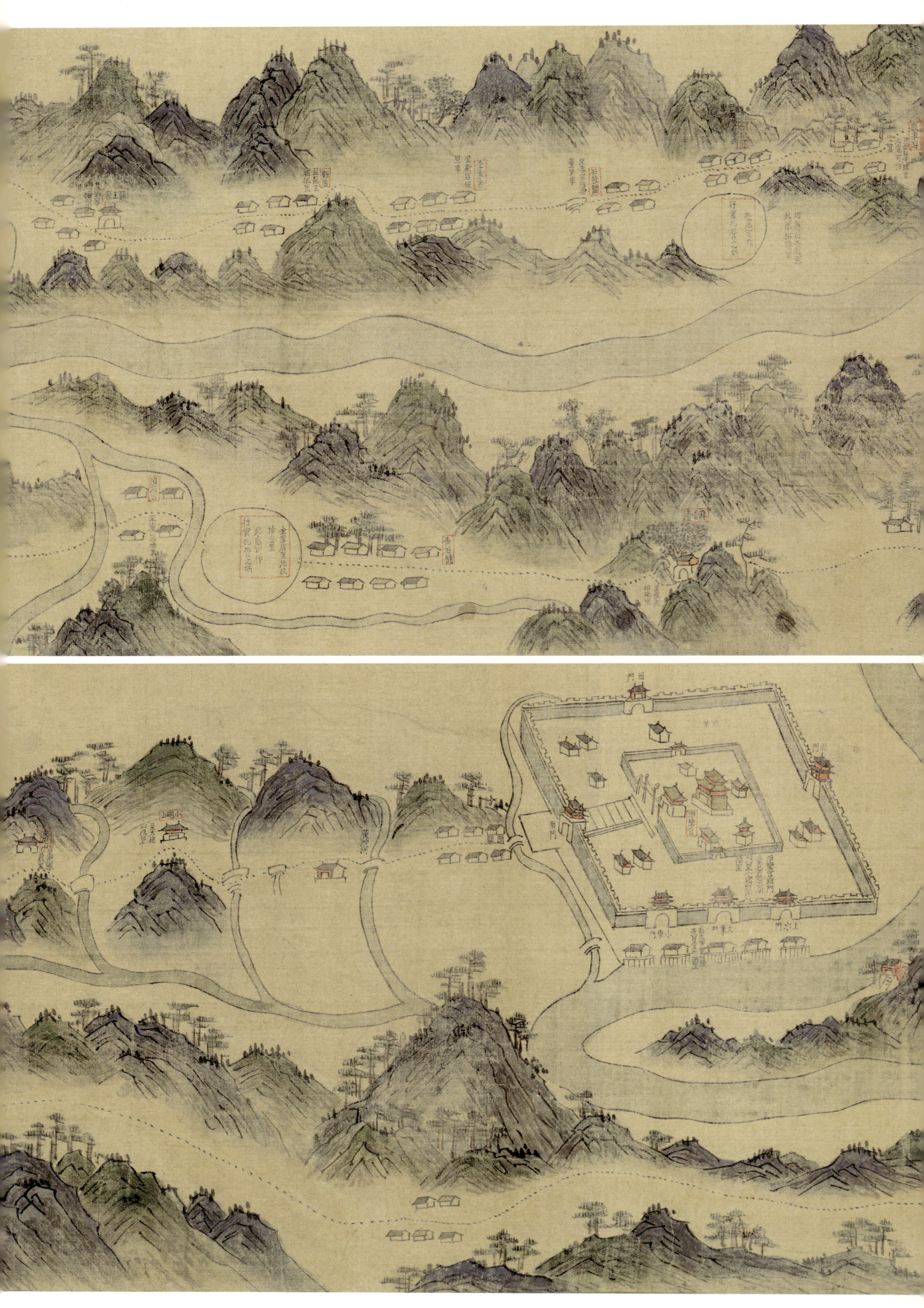
西門
北門
南門
小東門
大東門
上水門

飛身臺

南巖宮

榔梅樓

西湖三十二景圖

作　者　（清）錢維城繪

年　代　約清乾隆三十年至三十七年（一七六五—一七七二）

類　型　絹本彩繪

載體形態　四冊

尺　寸　每頁縱一九點五厘米，横一四厘米

索 書 號　223.01/074.2/1765

西湖位於浙江省杭州市區西。漢時稱明聖湖，唐時因湖在城西，始稱西湖。原是與杭州灣相通的淺海灣，後由泥沙堰塞而成。以孤山、白堤、蘇堤分隔爲外西湖、裏西湖、後西湖、小南湖及岳湖。湖光山色，風景綺麗，名勝古迹衆多，是著名的游覽勝地。

歷代描繪西湖美景的圖不計其數，但得以留存的并不多，保存下來的多是清代的。清朝康乾兩位皇帝喜歡江南美景，曾多次南巡。每次皇帝南巡前後都會有官繪本西湖圖問世，或是爲皇帝南巡作導游圖，或是總結皇帝南巡路綫。國家圖書館藏的《西湖三十二景圖》繪於乾隆三十年至三十七年（一七六五—一七七二），絹本彩繪，經摺裝，全圖采用形象畫法。裝在一個縱二一點三厘米，横一六厘米，高一四厘米的木製盒套裏，盒套上刻有『錢文敏公西湖三十二景』字様。盒套是後做的。

全圖分四冊，每冊包括八幅繪製精美的地圖，圖後附説明，介紹各景點的地理位置、勝景來由，及康熙、乾隆皇帝南巡時的御書。

如：『三潭印月。舊湖心寺外，三塔鼎立。相傳，湖中有三潭，深不可測，故建浮屠以鎮之。塔影如瓶，浮漾水中，月光映潭，影分爲三。繞潭作埂，爲放生池，内置高軒傑閣，度平橋三折而入，空明窅映，儼然湖中之湖，洵可濯魄洗心，頓消塵慮。聖祖仁皇帝南巡，御書「三潭印月」匾額，并建碑亭於池北。』

最後一幅圖上落款爲『臣錢維城恭畫』，并有『臣』『城』朱文方印。最後一篇説明上落款爲『臣裘曰修敬書』，并有『臣』『裘曰修』朱文方印。

第一冊八景爲：蘇堤春曉、柳浪聞鶯、花港觀魚、曲院風荷、雙峰插雲、雷峰西照、三潭印月、平湖秋月。

第二冊八景爲：南屏晚鐘、斷橋殘雪、湖心平眺、吴山大觀、湖山春社、浙江秋濤、梅林歸鶴、玉泉魚躍。

第三冊八景爲：玉帶晴虹、天竺香市、北高峰、韜光觀海、敷文書院、雲棲寺、蕉石鳴琴、冷泉猿嘯。

第四冊八景爲：六和塔、雲林寺、昭慶寺、理安寺、虎跑泉、水樂洞、宗陽宫、小有天園。

西湖十景之『雷峰夕照』在此圖冊中爲『雷峰西照』，是因爲『聖祖仁皇帝御書，易「夕照」爲「西照」』。每當日輪西映，亭臺金碧，與山光互耀，如寶鑒初開、火珠半墜，雖赤城棲霞不是過也』。

繪圖者錢維城，初名辛來，字宗磐，又字幼安，號幼庵、茶山，晚年又號稼軒，武進（今江蘇常州）人，生於康熙五十九年（一七二〇），卒於乾隆三十七年（一七七二）。於乾隆十年（一七四五）得中狀元。此後錢維城曾任刑部侍郎，又入值南書房，并且一直在朝廷爲官，成爲乾隆皇帝倚重的文臣。錢維城死後謚『文敏』。《清史稿》中有小傳。錢維城爲官之餘，還擅長作畫，尤其以山水畫聞名清朝畫壇。他的繪畫遠學『元四家』（黄公望、吴鎮、倪瓚、王蒙），近學『清四王』（王時敏、王鑒、王翬、王原祁），直接得自於董邦達（一六九九—一七六九）的傳授和指點。在錢維城的繪畫中，帶棱角的石形、雙鈎少皴的樹幹，以及中鋒含蓄的細筆、淡墨勾皴的綫條，都存有董邦達的筆意，但他更擅長縝密的用筆和青緑、赭石相間的設色，其中也顯示出清初『四王』的流派風格，他的作品經常呈現出來的是一派宫廷富貴的氣息。在乾隆的收藏目録《石渠寶笈》中，收録錢維城作品有一百六十多幅，由此可見乾隆皇帝對錢維城作品的賞識程度。

撰説者裘曰修，字叔度，江西新建人。乾隆四年（一七三九）進士，歷任翰林院編修、吏部侍郎、軍機處行走、工部尚書。乾隆皇帝常與其探討詩文。

由乾隆皇帝賞識重用的錢、裘兩位大臣編繪此圖説，可見《西湖三十二景圖》在乾隆皇帝心目中的分量。

蘇堤春曉

宋元祐間蘇軾守臨安築堤湖上自南山至北山夾道植柳嗣守林希榜曰蘇公堤康熙三十八年

聖祖仁皇帝臨幸

御書蘇堤春曉為十景之首並構曙霞亭于左榱桷凌雲蒼牙浸水春時晨光初啓宿霧未散襍花生樹飛英蘸波紛披掩映如列錦鋪繡攬勝者咸謂四時皆宜而春曉為最

柳浪聞鶯

宋時豐豫門外沿堤植柳地名柳洲有柳浪橋豐豫門即今湧金門也

聖祖仁皇帝臨幸

御書柳浪聞鶯匾額並建亭構舫平臨湖曲架石梁于堤上柳絲踠地輕風摇颺如翠浪翻空春時黄鳥睍睆其間流連傾聽與画舫笙歌相應答焉

花港觀魚

蘇堤第三橋曰望山與西岸第四橋斜對水通花家山故名花港因宋時廢園鑿池甃石引湖水其中畜異魚數十種並建樓于花港之南飛甍倒水重檐接霄方池一奩清可見底揚鬐鼓鬣之狀鱗萃畢陳雖濠濮之間無以踰此康熙三十八年

聖祖仁皇帝臨幸

御書花港觀魚匾額

曲院風荷

宋時取金沙澗之水造麴以釀官酒名麴院中多荷花稱麴院荷風後停造焉

國朝因其舊址平臨湖面環植芙蕖引流叠石為盤曲之勢

聖祖仁皇帝親灑宸翰改為曲院風荷並構亭于跨虹橋之西軒檻瓌瓏池亭窈窱花時香風四起水波不興綠蓋紅衣紛披掩映穆然如見南風解愠時也

蘇堤春曉　宋元祐間，蘇軾守臨安，築堤湖上。自南山至北山，夾道植柳，嗣守林希榜曰蘇公堤。康熙三十八年，聖祖仁皇帝臨幸，御書『蘇堤春曉』，爲十景之首，並構『曙霞亭』于左。榱桷凌雲，蒼牙浸水。春時，晨光初啓，宿霧未散，襍花生樹，飛英蘸波，紛披掩映，如列錦鋪繡，攬勝者咸謂四時皆宜，而春曉爲最。

柳浪聞鶯　宋時，豐豫門外沿堤植柳，地名柳洲，有柳浪橋。豐豫門，即今湧金門也。聖祖仁皇帝臨幸，御書『柳浪聞鶯』匾額，並建亭構舫，平臨湖曲，架石梁于堤上。柳絲踠地，輕風摇颺，如翠浪翻空。春時，黄鳥睍睆其間，流連傾聽，與画舫笙歌相應答焉。

花港觀魚　蘇堤第三橋曰『望山』，與西岸第四橋斜對，水通花家山，故名花港。因宋時廢園，鑿池甃石，引湖水其中，畜異魚數十種，並建樓于花港之南。飛甍倒水，重檐接霄，方池一奩，清可見底。揚鬐鼓鬣之狀，鱗萃畢陳，雖濠濮之間無以踰此。康熙三十八年，聖祖仁皇帝臨幸，御書『花港觀魚』匾額。

曲院風荷　宋時，取金沙澗之水造麴，以釀官酒，名麴院，中多荷花，稱『麴院荷風』，後停造焉。國朝因其舊址平臨湖面，環植芙蕖，引流叠石，爲盤曲之勢。聖祖仁皇帝親灑宸翰，改爲『曲院風荷』，並構亭于跨虹橋之西。軒檻瓌瓏，池亭窈窱。花時，香風四起，水波不興，綠蓋紅衣，紛披掩映，穆然如見南風解愠時也。

雙峰插雲
南北兩峰相去十里許中間層巒叠嶂蜿蜒
蟠結列峙爭雄而兩峰獨高出衆山為會城
之巨鎮每當雲氣蓊鬱時露雙尖望之如插
故稱兩峰插雲
聖祖仁皇帝臨幸西湖易兩峰為雙峰構亭于行春
橋側春秋佳日憑欄四眺儼如天門雙闕拔
地撑霄叆叇祥雲隨風舒卷益徵太平雲物
之應云

雷峰西照
淨慈寺北有峰自九曜山來逶迤起伏為南
屏支脈舊名雷峰吳越時建塔峰頂林逋詩
云夕照前村見故十景有雷峰夕照之目康
熙三十八年
聖祖仁皇帝御書易夕照為西照每當日輪西映亭
臺金碧與山光互耀如寶鑑初開火珠半墜
雖赤城棲霞不是過也

三潭印月
舊湖心寺外三塔鼎立相傳湖中有三潭深
不可測故建浮屠以鎮之塔影如瓶浮漾水
中月光映潭影分為三繞潭作埂為放生池
內置高軒傑閣度平橋三折而入空明窅映
儼然湖中之湖洵可濯魄洗心頓消塵慮
聖祖仁皇帝南巡
御書三潭印月匾額並建碑亭于池北

平湖秋月
宋時有水仙王廟在蘇堤三橋之南明季移
建于孤山路口曰望湖亭
聖祖仁皇帝巡幸西湖
御書平湖秋月匾額建亭其址前為石臺三面臨水
旁構水軒蟬聯金碧當清秋氣爽水痕初收
皓魄中天玻璃澄澈恍若置身于瓊樓玉宇
間也

雙峰插雲　南北兩峰相去十里許，中間層巒叠嶂，蜿蜒蟠結，列峙爭雄，而兩峰獨高出衆山，爲會城之巨鎮。每當雲氣蓊鬱，時露雙尖，望之如插，故稱『兩峰插雲』。聖祖仁皇帝臨幸西湖，易『兩峰』爲『雙峰』，構亭于行春橋側。春秋佳日，憑欄四眺，儼如天門雙闕，拔地撑霄。叆叇祥雲，隨風舒捲，益徵太平雲物之應云。

雷峰西照　浄慈寺北有峰，自九曜山來，逶迤起伏，爲南屏支脉，舊名雷峰。吴越時，建塔峰頂，林逋詩云『夕照前村見』，故十景有雷峰夕照之目。康熙三十八年，聖祖仁皇帝御書，易『夕照』爲『西照』，每當日輪西映，亭臺金碧，與山光互耀，如寶鑑初開，火珠半墜，雖赤城棲霞不是過也。

三潭印月　舊湖心寺外，三塔鼎立。相傳，湖中有三潭，深不可測，故建浮屠以鎮之。塔影如瓶，浮漾水中，月光映潭，影分爲三。繞潭作埂，爲放生池，内置高軒傑閣，度平橋三折而入，空明窅映，儼然湖中之湖，洵可濯魄洗心，頓消塵慮。聖祖仁皇帝南巡，御書『三潭印月』匾額，並建碑亭于池北。

平湖秋月　宋時，有水仙王廟，在蘇堤三橋之南，明季移建于孤山路口，曰『望湖亭』。聖祖仁皇帝巡幸西湖，御書『平湖秋月』匾額，建亭其址，前爲石臺，三面臨水，旁構水軒，蟬聯金碧。當清秋氣爽，水痕初收，皓魄中天，玻璃澄澈，恍若置身于瓊樓玉宇間也。

南屏晚鐘

南屏山當西湖之南正對孤山層巒聳列翠嶺横披宛若屏嶂凌空而中峙者為慧日峯其下即淨慈寺也每當雲歸穴瞑天籟俱寂寺鐘一鳴山谷皆應逾時方息盖兹山隆起内多巖穴故聲傳獨遠康熙三十八年

聖祖仁皇帝南巡

御書南屏晚鐘扁額

斷橋殘雪

出錢塘門循湖行入白沙堤第一橋曰斷橋界于前後兩湖之間水光瀲灎橋影倒浸如玉腰金背

聖祖仁皇帝御書斷橋殘雪扁額建亭橋上凡探梅孤山蠟屐過此輙當春雪飛霙葛嶺東西悉瓊林瑶樹晶瑩朗澈不啻玉山上行迨至條風將届春雪初消寒巖深谷塔頂峰頭餘光尚積允矣熙時瑞象

湖心平眺

湖心亭居全湖之中四面平臨浩漾南北兩峰左右對峙前築石臺後啓舫軒中搆層樓周遭襍植花柳雕欄画檻金碧掩映春容澹沲天影涵虚極水光山色之勝

聖祖仁皇帝臨幸

御書静觀萬類四字對聯一副又

御題天然圖畫扁額並製詩章恭摹勒石於亭上

吴山大觀

大觀臺在紫陽山之巔左江右湖近在几席而環城三十里烟火萬家與山光雲影相為映射洵一郡之大觀也

聖祖仁皇帝臨幸

御製詩章勒石建亭山上

南屏晚鐘　南屏山，當西湖之南，正對孤山，層巒聳列，翠嶺横披，宛若屏嶂。凌空而中峙者，爲慧日峰，其下即净慈寺也。每當雲歸穴暝，天籟俱寂，寺鐘一鳴，山谷皆應，逾時方息。蓋兹山隆起，内多巖穴，故聲傳獨遠。康熙三十八年，聖祖仁皇帝南巡，御書『南屏晚鐘』匾額。

斷橋殘雪　出錢塘門，循湖行，入白沙堤，第一橋曰『斷橋』，界于前後兩湖之間，水光瀲灧，橋影倒浸，如玉腰金背。聖祖仁皇帝御書『斷橋殘雪』匾額，建亭橋上。凡探梅孤山，蠟屐過此，輒當春雪飛霙。葛嶺東西，悉瓊林瑶樹，晶瑩朗澈，不啻玉山上行。迨至條風將屆，春雪初消，寒巖深谷，塔頂峰頭，餘光尚積，允矣熙時瑞象。

湖心平眺　湖心亭，居全湖之中，四面平臨浩漾，南北兩峰，左右對峙，前築石臺，後啓舫軒，中搆層樓，周遭襍植花柳，雕欄画檻，金碧掩映，春容澹沲，天影涵虚，極水光山色之勝。聖祖仁皇帝臨幸，御書『静觀萬類』四字，對聯一副，又御題『天然圖畫』匾額，並製詩章，恭摹勒石於亭上。

吴山大觀　大觀臺，在紫陽山之巔，左江右湖，近在几席，而環城三十里，烟火萬家，與山光雲影相爲映射，洵一郡之大觀也。聖祖仁皇帝臨幸，御製詩章，勒石建亭山上。

湖山春社　在金沙澗北，有泉發自棲霞山。涓涓下流，伏榛莽中，上多桃花，舊名桃溪。雍正九年，創建祠宇，祀湖山之神，闢地爲園，盛蒔卉木，中構高軒，右爲溪流，屈曲環繞，作流觴亭。亭西置舫齋，曰『臨花舫』，迤南爲水月亭，後有樓曰『聚景』，寂後爲觀瀑軒，爲泉香室。

浙江秋濤　浙江，亦名曲江。潮汐自海入江，爲龕赭二山所約束，蹙不得騁，激而爲濤，一日夜再至，歷四時皆同，而秋八月爲尤盛。聖祖仁皇帝御題『恬波利濟』四字匾額，並製詩章。我皇上法祖勤民，疊蒙臨幸，天章璀璨，照耀全江，自是川靈効順，潮汐以時利涉，興歌安瀾，永有慶焉。

梅林歸鶴　放鶴亭，宋和靖處士林逋遁跡處也，在孤山之陰，遥對葛嶺。舊傳逋于孤山植梅三百本，歲久不存，後人補植者多，今已成林。緣逋嘗放鶴于此，遂建亭其上。早春雪霽，梅花盛開，輒有白鶴翩翻，翔舞其處。聖祖仁皇帝臨幸，御書『放鶴』二字，並製詩章，又御臨董其昌書《舞鶴賦》，勒碑亭上。

玉泉魚躍　在清漣寺内，發源西山，伏流數十里至此始見。甃石爲池，方廣三丈許，清澈見底，畜五色魚，鱗鬣可數，投以香餌，則揚鬐而來，吞之輒去，有相忘江湖之樂。泉上有亭，曰『洗心』，旁一小池，水色翠綠，以白粉投之，亦成綠色。聖祖仁皇帝臨幸，御製詩章，恭摹勒石，奉懸寺内焉。

玉帶晴虹

玉帶橋在蘓堤之西金沙堤中設有三洞以通裏湖舟楫南即丁家山隔湖眺望林壑深窅恍如蓬闕之浮漾海上橋西與關帝祠相屬飛閣撑空廻廊繞水朱欄畫拱金碧澄鮮橋畔花柳夾映灣環如帶宛若長虹卧波横亘霄漢

天竺香市

在乳竇峰北白雲峰南夾道溪流瑽琤松竹茂密林木俱自岩骨拔起不土而生寺有下竺中竺上竺故稱三竺以奉普門大士所在郁市野店春時遠近鄉民駢肩接踵焚香頂禮以祝豐年三竺皆極宏麗而上竺為尤甚

聖祖仁皇帝御題法雨慈雲及靈竺慈緣扁額

世宗憲皇帝賜帑重建大殿併製碑文

皇上南巡臨幸

賜上竺名法喜寺中竺名法淨寺下竺名法鏡寺

北高峰

在雲林寺後為湖上諸山冣高之一峰也石磴數百級曲折三十六灣乃至峰頂憑高俯瞰羣山培塿湖水盃盃雲光倒垂萬象在下遥望浙江如匹練横亘洵足游目騁懷超絶塵壒

韜光觀海

從雲林寺而西山徑屈曲松篁夾道草樹蒙密晨曦穿漏如行深谷中約三四里始達韜光庵懸崖結屋勢若凌空五六月中無暑氣上至寺頂有石樓方丈正對錢江江盡處即海雲濤浩渺直接海壖唐宋之問詩樓觀滄海日門對浙江潮即其地也

玉帶晴虹　玉帶橋，在蘇堤之西金沙堤中，設有三洞，以通裏湖舟楫。南即丁家山，隔湖眺望，林壑深窅，恍如蓬闕之浮漾海上。橋西與關帝祠相屬，飛閣撑空，廻廊繞水，朱欄畫拱，金碧澄鮮，橋畔花柳夾映，灣環如帶，宛若長虹，卧波横亘霄漢。

天竺香市　在乳竇峰北白雲峰南，夾道溪流瑽琤，松竹茂密。林木俱自岩骨拔起，不土而生。寺有下竺、中竺、上竺，故稱三竺，以奉普門大士。所在郁市野店，春時，遠近鄉民，駢肩接踵，焚香頂禮，以祝豐年。三竺皆極宏麗，而上竺爲尤甚。聖祖仁皇帝御題『法雨慈雲』及『靈竺慈緣』匾額，世宗憲皇帝賜帑，重建大殿，併製碑文。皇上南巡臨幸，賜上竺名『法喜寺』，中竺名『法淨寺』，下竺名『法鏡寺』。

北高峰　在雲林寺後，爲湖上諸山最高之一峰也。石磴數百級，曲折三十六灣，乃至峰頂。憑高俯瞰，羣山培塿，湖水盃盃，雲光倒垂，萬象在下。遥望浙江，如匹練横亘，洵足游目騁懷，超絶塵壒。

韜光觀海　從雲林寺而西，山徑屈曲，松篁夾道，草樹蒙密，晨曦穿漏，如行深谷中，約三四里始達韜光庵。懸崖結屋，勢若凌空，五六月中無暑氣，上至寺頂有石樓方丈，正對錢江，江盡處即海，雲濤浩渺，直接海壖，唐宋之問詩『樓觀滄海日，門對浙江潮』，即其地也。

敷文書院

在鳳凰山之萬松嶺嶺為會城來脉形勢雄
傑有左江右湖之勝夾道栽松舊為萬松書
院康熙五十五年
聖祖仁皇帝賜浙水敷文額因名敷文雍正十一年
世宗憲皇帝特賜帑金以資膏火延掌教講學其中
集通省士之秀者朝稽夕考恭逢我
皇上四屆南巡右文臨幸
御製詩章令士子恭和以昭雅化于是鳳嶺群松
比于薪槱棫樸矣

雲棲寺

寺在五雲山之西舊傳山上時有五色瑞雲
飛集遂名雲棲前繞大江沿江取路而入行
萬竹中延緣十餘里轉入轉深山半有洗心
亭行久漸聞鐘磬音則雲棲寺在焉明隆萬
間釋袾宏號蓮池者居之
聖祖仁皇帝南巡臨幸
御書雲棲及松雲間匾額並
御製古今體詩共五章寺有大竹一竿
賜名皇竹前督臣梁鼐恭建皇竹亭輝映山寺

蕉石鳴琴

蕉石鳴琴在丁家山上有岡阜俯瞰全湖與
北岸之烏石峰棲霞嶺相拱揖奇石林立狀
類芭蕉題曰蕉石山房其下有池泉從石罅
出瀄瀄作琴筑聲磴道之南有石壁高丈許
卓立如屏遂稱蕉屏內庋石牀石几瑩潤無
滓時携焦尾作梅花三弄古音疏越響入行
雲

冷泉猿嘯

冷泉在雲林寺外飛來峰下峰有呼猿洞六
朝時僧智一善嘯嘗畜猿山中臨澗長嘯聲
振林木則衆猿畢集其下有泉清瑩寒澈沁
人心脾唐時作冷泉亭于水中宋時改建于
岸上今仍其舊

敷文書院　在鳳凰山之萬松嶺。嶺爲會成來脉，形勢雄傑，有左江右湖之勝，夾道栽松，舊爲萬松書院。康熙五十五年，聖祖仁皇帝賜『浙水敷文』額，因名『敷文』。雍正十一年，世宗憲皇帝特賜帑金以資膏火。延掌教講學其中，集通省士之秀者，朝稽夕考。恭逢我皇上四屆南巡，右文臨幸，御製詩章，令士子恭和以昭雅化，于是鳳嶺群松比于薪槱棫樸矣。

雲棲寺　寺在五雲山之西，舊傳山上時有五色瑞雲飛集，遂名雲棲。前繞大江，沿江取路而入，行萬竹中。延緣十餘里，轉入轉深山，半有洗心亭。行久，漸聞鐘磬音，則雲棲寺在焉。明隆、萬間，釋袾宏號蓮池者居之。聖祖仁皇帝南巡臨幸，御書『雲棲』及『松雲間』匾額，並御製古今體詩共五章。寺有大竹一竿，賜名皇竹，前督臣梁鼐恭建皇竹亭，輝映山寺。

蕉石鳴琴　蕉石鳴琴在丁家山，上有岡阜，俯瞰全湖，與北岸之烏石峰、棲霞嶺相拱揖，奇石林立，狀類芭蕉，題曰『蕉石山房』。其下有池泉從石罅出，瀄瀄作琴筑聲。磴道之南有石壁，高丈許，卓立如屏，遂稱『蕉屏』。內庋石牀、石几，瑩潤無滓，時携焦尾作《梅花三弄》，古音疏越，響入行雲。

冷泉猿嘯　冷泉，在雲林寺外飛來峰下。峰有呼猿洞，六朝時，僧智一善嘯，嘗畜猿山中，臨澗長嘯，聲振林木，則衆猿畢集。其下有泉，清瑩寒澈，沁人心脾。唐時，作冷泉亭于水中，宋時，改建于岸上，今仍其舊。

六和塔

宋開寶三年僧智覺于龍山月輪峰開山建塔以鎮江潮並創塔院雍正十三年奉
勅鼎建乾隆十六年
聖駕南巡釐念海塘
特幸寺登塔頂悉江流之曲折溯流東望遥見龕赭二山其時江水海潮並由中小亹出入陽侯順軌海若不驚
聖情悦豫爰
親灑宸翰為文以紀盛事焉塔院即開化寺

雲林寺

在靈隱山之陰北高峰下即古靈隱寺自晉迄元明屢建屢燬
國朝重脩大雄殿及諸堂宇樓閣
聖祖仁皇帝賜名雲林寺又
御書禪林法紀匾額及飛來峰三字並
御製詩章
皇上南巡數幸寺中
賞賚優渥
天章爛如梵宇盤空香雲繞地為禪林㝡勝界云

昭慶寺

唐乾德五年吴越王錢鏐建名菩提院宋太平興國三年築萬善戒壇七年改今額天禧時僧圓淨嘗倣廬山慧遠結社于此王禹偁有昭慶寺華嚴社詩
國朝康熙五十二年重建倚郭面湖稱為名刹舊有緑野堂碧玉軒藏經閣諸蹟今其址尚存

理安寺

在南山十八澗舊名法雨寺緑嶂百重清泉萬轉神木靈艸四時敷榮宋理宗時改為理安
國朝康熙五十三年
聖祖發帑重建置寺山千畝齋田二百餘畝
御書石磬正音及理安寺匾額又對聯二副雍正五年
御書慈悲自在及曹溪人瑞匾額又對聯二副並崇奉殿門其內有松巔閣法雨泉㝡為清勝

六和塔　宋開寶三年，僧智覺于龍山月輪峰開山建塔，以鎮江潮，並創塔院。雍正十三年，奉勅鼎建。乾隆十六年，聖駕南巡，厪念海塘，特幸寺。登塔頂，悉江流之曲折，溯流東望，遥見龕、赭二山。其時，江水海潮並由中、小亹出入，陽侯順軌，海若不驚，聖情悦豫，爰親灑宸翰，爲文以紀盛事焉。塔院即開化寺。

雲林寺　在靈隱山之陰、北高峰下，即古靈隱寺。自晉迄元明，屢建屢燬。國朝重脩大雄殿及諸堂宇樓閣。聖祖仁皇帝賜名『雲林寺』，又御書『禪林法紀』匾額及『飛來峰』三字，並御製詩章。皇上南巡，數幸寺中，賞賚優渥。天章爛如，梵宇盤空，香雲繞地，爲禪林㝡勝界云。

昭慶寺　唐乾德五年，吴越王錢鏐建，名菩提院。宋太平興國三年，築萬善戒壇，七年，改今額。天禧時，僧圓净嘗倣廬山慧遠結社于此，王禹偁有《昭慶寺華嚴社》詩。國朝康熙五十二年重建，倚郭面湖，稱爲名刹。舊有緑野堂、碧玉軒、藏經閣諸蹟，今其址尚存。

理安寺　在南山十八澗，舊名法雨寺。緑嶂百重，清泉萬轉，神木靈艸，四時敷榮。宋理宗時，改爲理安。國朝康熙五十三年，聖祖發帑重建，置寺山千畝、齋田二百餘畝，御書『石磬正音』及『理安寺』匾額，又對聯二副。雍正五年，御書『慈悲自在』及『曹溪人瑞』匾額，又對聯二副，並崇奉殿門。其內有松巔閣、法雨泉，㝡爲清勝。

臣錢維城恭畫

虎跑泉　大慈山上出泉，清渫而甘。相傳，唐元和僧性空棲禪此山，尋以無水將他適，忽有二虎跑山出泉，甘冽異常，因名虎跑泉，與龍井、玉泉相伯仲。聖祖仁皇帝臨幸西湖，御製詩二章并序。

水樂洞　在煙霞嶺下。四望林巒聳秀、巖石蟠結。有洞深窈莫測，夏涼而冬温。清泉自洞底出，奔赴澗谷，虚響泠泠然作金石聲。宋守鄭獬題曰『水樂』，蘇軾爲詩紀之。其旁僧居乃吴越時所剏，名『西關净化院』，有碑記龕置石間，俗呼『點石菴』。

宗陽宫　在吴山東北，即宋高宗德壽宫也。淳熙中，更名重華，咸淳中，改爲道院，曰『宗陽』。初，高宗以此爲北内，鑿池引水，叠石爲山，象飛來峰，建冷泉亭，規制宏麗。元明間，漸以餘地割爲官署、民居，故址所存不及十之二三。舊有苔梅芙蓉石，鎸其狀于碑，相傳爲明藍瑛画。我皇上聖明天縱，博綜舊典，靡不攷覈精詳，恭逢翠華四幸，幾餘臨視，始知梅乃孫杕，而石寔藍瑛。御製詩章并記，以正其訛，誠千秋紀載之盛軌也。

小有天園　在净慈寺西、慧日峰下，舊名壑菴，遊人稱爲『賽西湖』。後闢爲園，上構南山亭，以供遐眺。拾級而登，有幽居洞、歡喜巖、琴臺、司馬光摩崖隸書『家人卦』諸蹟。乾隆十六年，聖駕臨幸，賜名『小有天園』。臣裘曰修敬書。

浙江風景秀麗、名勝衆多，描繪其風物的地圖古來有之。到了清代，康熙皇帝的後五次南巡和乾隆皇帝的六次南巡均把浙江作爲終點站。以『南巡』爲主題的浙江名勝地圖數量可觀，其中尤以乾隆時期爲盛，僅國圖就藏有《浙江勝景圖》《浙江景物圖》《浙省名勝景亭圖説》三種。這類地圖有兩大特點：一是多采用圖説形式，二是多爲精美的彩繪地圖。與其他幾幅浙江名勝地圖相對照，這幅《浙江勝景圖》似乎可以憑其『劣勢』脱穎而出。其一，在乾隆南巡名勝圖中，此圖屬於相對早期的作品，繪製風格與後來的彩繪地圖差異較大，相應的，具有特殊的比照和參考價值。其二，單色刻本地圖運用單一的色調，反倒另有一種古樸風雅、返璞歸真之意。這幅《浙江勝景圖》品相尚佳，唯有開篇『虎跑泉』景觀的地圖缺失，實爲遺憾。

浙江勝景圖

作　者　不詳
年　代　清乾隆年間
類　型　單色刻本
載體形態　一册
尺　寸　每頁縱二一厘米，橫八二厘米
索書號　223/074.2/1758

封面貼有後人題名『江南勝景圖』，小字備注『浙江』。地圖采用圖説形式，左文右圖，圖文并茂地介紹了清乾隆年間浙江省内的二十八處風景名勝。其中地圖采用中國傳統形象山水畫法繪製而成，細緻描繪了各處景觀的建築、山水、植被等，綫條流暢，刻繪精細，内容豐富。每處景觀所配圖説約百字，主要包括景點簡介和帝王巡幸情況兩部分内容，其中後者主要提及清康熙皇帝和乾隆皇帝南巡臨幸時的題字、御製詩及修繕等内容，又以乾隆爲主。

地圖描繪的二十八處景觀分别是虎跑泉、斷橋殘雪、平湖秋月、湖心平眺、柳浪聞鶯、吟香别業、曲院風荷、梅林歸鶴、蘇堤春曉、雙峰插雲、花港觀魚、蕉石鳴琴、留餘山居、雲林寺、龍井寺、玉帶晴虹、韜光觀海、天竺香市、北高峰、漪園、三潭映月、小有天園、雷峰西照、南屏晚鐘、水樂洞、烟雨樓、瑞石洞和鎮海塔院。除了烟雨樓位於嘉興、鎮海塔院位於海寧，其餘二十六處皆在杭州。圖説僅記録了乾隆十六年（一七五一）和二十二年（一七五七）兩次南巡臨幸，由此基本可判斷，這册《浙江勝景圖》實際上是乾隆皇帝第一、二次南巡臨幸浙江勝景圖。龍井寺和鎮海塔院兩處的文字，没有明確記録皇帝的巡幸。不過根據史料可知，乾隆皇帝早在前兩次南巡時已經到過這兩個地方。地圖没有標明確切的繪製時間。不過，乾隆皇帝一生六下江南，從圖説僅記載其第一、二次巡幸情況可知，此圖極有可能成於乾隆皇帝第二、三次下江南之間，即乾隆二十二年（一七五七）至乾隆二十七年（一七六二）之間。

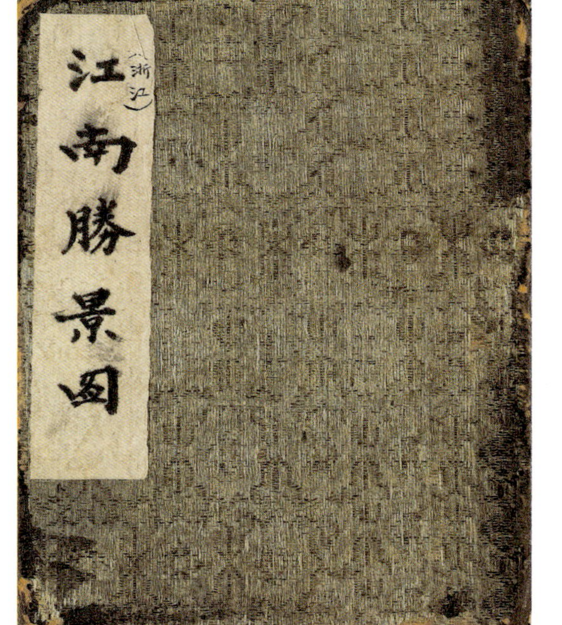

萱。烟雨楼。國洲。越國昭。拂濛祈詩越。洞。麓飛爲

虎跑泉　泉出大慈山上，清渫而甘。相傳唐元和間，釋性空見二虎跑山出泉，故名。康熙二十八年，聖祖仁皇帝兩經臨幸，御製虎跑泉詩二首并序。三十八年，再幸，御製詩章，並恭摹勒石。乾隆十六年、二十二年，聖駕巡幸，有御製詩一首，并御題『法源妙應』匾額，恭懸虎跑寺佛殿。

斷橋殘雪　出錢塘門，循湖行，白沙堤第一橋，曰斷橋，界前後湖之中。聖祖仁皇帝五幸西湖，皆大地陽和之日，而御題十景，特書『斷橋殘雪』。蓋積素凝華，實爲三農瑞應。爰搆亭橋上，恭懸宸翰，并勒御碑於橋北。乾隆十六年、二十二年，聖駕巡幸，御製斷橋殘雪詩。

平湖秋月

方輿勝覽叙西湖十景首平湖秋月意取皓魄凌秋千頃一碧足擅全湖之勝宋時有水仙王廟在蘇隄三橋明季建望湖亭于孤山路口後圮康熙三十八年

聖祖仁皇帝巡幸西湖建亭其址前為石臺三面臨水上懸

御書平湖秋月扁額乾隆十六年二十二年

聖駕駐蹕湖中

御製平湖秋月詩

平湖秋月　《方輿勝覽》叙西湖十景，首平湖秋月，意取皓魄淩秋，千頃一碧，足擅全湖之勝。宋時，有水仙王廟，在蘇堤三橋。明季，建望湖亭於孤山路口，後圮。康熙三十八年，聖祖仁皇帝巡幸西湖，建亭其址，前爲石臺，三面臨水，上懸御書『平湖秋月』匾額。乾隆十六年、二十二年，聖駕駐蹕湖中，御製平湖秋月詩。

湖心平眺

湖心亭居全湖之中四面平臨浩渺對峙南北兩峯前築石臺後啟舫軒上構層樓傍栽花柳環望羣山如屏湖光如鏡康熙二十八年

聖祖仁皇帝南巡

御書靜觀萬類四字並波湧湖光遠山催水色深聯句恭懸正中又於樓上

御題天然圖畫奉為額又詩一首恭摹勒石于亭乾隆十六年二十二年

聖駕兩幸泛舟湖心

御製湖心亭詩二首

湖心平眺　湖心亭，居全湖之中，四面平臨浩渺，對峙南北兩峯，前築石臺，後啟舫軒，上搆層樓，傍栽花柳。環望羣山如屏，湖光如鏡。康熙二十八年，聖祖仁皇帝南巡，御書『静觀萬類』四字，並『波湧湖光遠，山催水色深』聯句，恭懸正中。又於樓上御題『天然圖畫』，奉爲額，又詩一首，恭摹勒石於亭。乾隆十六年、二十二年，聖駕兩幸，泛舟湖心，御製湖心亭詩二首。

柳浪聞鶯

宋時豐豫門外有柳浪橋沿隄植柳地名柳洲當春柳絲踠池翠浪翻空黄鳥睍睆與畫舫笙歌相應康熙三十八年建亭其南恭懸

聖祖仁皇帝御題柳浪聞鶯額并勒穹碑别構舫齋平臨湖曲乾隆十六年二十二年

翠華臨幸

御製柳浪聞鶯詩

柳浪聞鶯　宋時，豐豫門外有柳浪橋，沿隄植柳，地名柳洲。當春，柳絲踠池，翠浪翻空，黄鳥睍睆，與畫舫笙歌相應。康熙三十八年，建亭其南，恭懸聖祖仁皇帝御題『柳浪聞鶯』額，并勒穹碑。别搆舫齋，平臨湖曲。乾隆十六年、二十二年，翠華臨幸，御製柳浪聞鶯詩。

吟香別業　在孤山放鶴亭南，前撫臣范承謨去杭時，書『勾留處』三大字揭於湖心亭，後移額建亭於此。亭臨方塘，塘内悉栽荷花，後爲高軒，左構重樓，翼以舫齋，通以廻廊，周遭雜蒔花木。乾隆二十二年，翠華臨幸，御製吟香別業詩。

吟香別業

在孤山放鶴亭南前撫臣范承謨去杭時書勾留處三大字揭於湖心亭後移額建亭於此亭臨方塘塘内悉栽荷花後為高軒左搆重樓翼以舫齋通以廻廊周遭雜蒔花木乾隆二十二年

翠華臨幸

御製吟香別業詩

曲院風荷　九里松傍有宋時麯院，地多荷花，遂有『麯院荷風』之名。康熙三十八年，搆亭於跨虹橋北，引流叠石，爲盤曲之勢。聖祖仁皇帝親灑宸翰，改『麯院』爲『曲院』，易『荷風』爲『風荷』，恭製匾額奉懸亭楣。乾隆十六年、二十二年，聖駕南巡，御製曲院風荷詩。

曲院風荷

九里松傍有宋時麯院地多荷花遂有麯院荷風之名康熙三十八年搆亭於跨虹橋北引流叠石為盤曲之勢

聖祖仁皇帝親灑宸翰改麯院為曲院易荷風為風荷恭製扁額奉懸亭楣乾隆十六年二十二年

聖駕南巡

御製曲院風荷詩

梅林歸鶴　放鶴亭，在孤山之陰，宋處士林逋廬墓在焉。舊傳逋於孤山植梅三百本，歲久不存。後人補植成林，以逋嘗放鶴於此，并建放鶴亭。康熙三十八年，聖祖仁皇帝臨幸，御製五言詩，并書『放鶴』匾額及『舞鶴賦』，恭勒穹碑，建亭其上。乾隆十六年、二十二年，翠華駐蹕，御製放鶴亭詩。

梅林歸鶴

放鶴亭在孤山之陰宋處士林逋廬墓在焉舊傳逋於孤山植梅三百本歲久不存後人補植成林以逋嘗放鶴於此并建放鶴亭康熙三十八年

聖祖仁皇帝臨幸

御製五言詩并書放鶴匾額及舞鶴賦恭勒穹碑建亭其上乾隆十六年二十二年

翠華駐蹕

御製放鶴亭詩

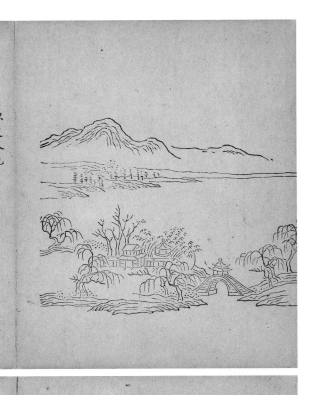

蘓隄春曉

宋元祐間蘓軾築堤湖上夾道種植
花柳遂名蘓隄
國朝康熙三十八年
聖祖仁皇帝南巡
御書蘓隄春曉為十景之首爰建亭於望山
橋南亭内敬懸
宸翰并勒穹碑乾隆十六年
皇上省方駐蹕
御製七言絶句二首二十二年
再幸
御製疊前作韻一首

蘓隄春曉　宋元祐間，蘓軾築堤湖上，夾道種植花柳，遂名蘓堤。國朝康熙三十八年，聖祖仁皇帝南巡，御書『蘓隄春曉』，爲十景之首，爰建亭於望山橋南。亭内敬懸宸翰，并勒穹碑。乾隆十六年，皇上省方駐蹕，御製七言絶句二首，二十二年再幸，御製叠前作韻一首。

雙峯插雲

南北兩峰相去十餘里中間層巒疊
嶂列峙湖西獨兩峯高出衆山為會
城巨鎮奇雲出岫時露雙尖望之如
插宋时稱為兩峰插雲康熙三十八年
聖祖仁皇帝臨幸改兩峰為雙峰搆亭於行
春橋側適當兩峯正中崇奉
奎章并勒石建亭乾隆十六年二十二年
皇上南巡
御製雙峯插雲詩

雙峯插雲　南北兩峰相去十餘里，中間層巒叠嶂，列峙湖西，獨兩峰高出衆山，爲會城巨鎮。奇雲出岫，時露雙尖，望之如插，宋時稱爲『兩峰插雲』。康熙三十八年，聖祖仁皇帝臨幸，改『兩峰』爲『雙峰』，搆亭於行春橋側，適當兩峯正中，崇奉奎章，并勒石建亭。乾隆十六年、二十二年，皇上南巡，御製雙峯插雲詩。

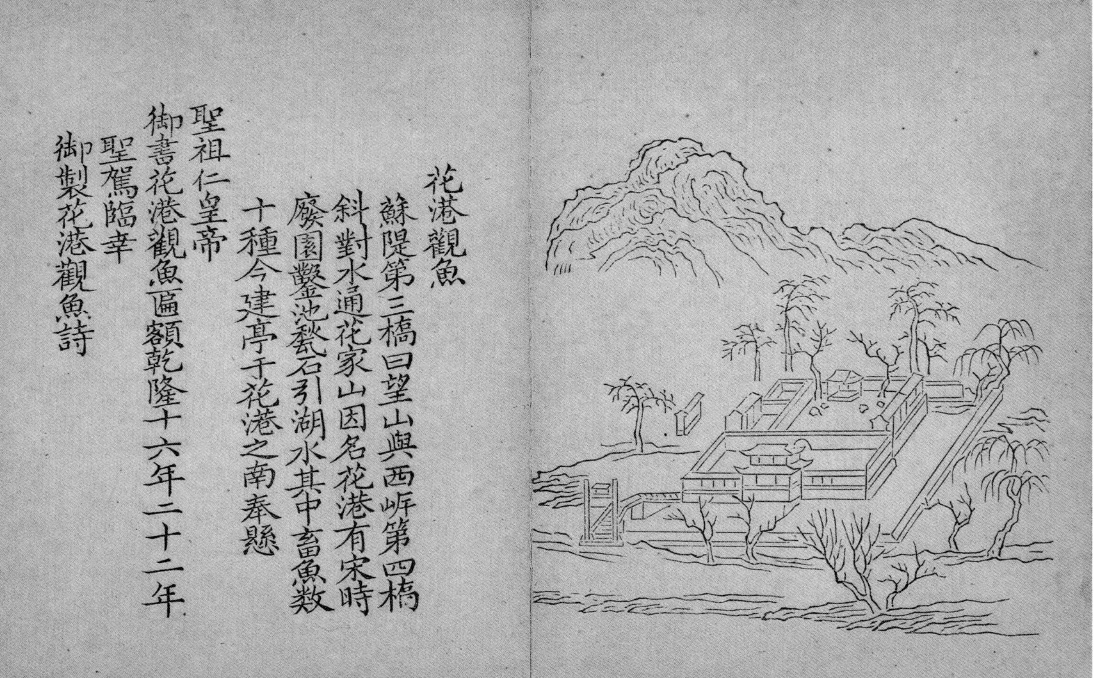

花港觀魚

蘇隄第三橋曰望山與西峅第四橋
斜對水通花家山因名花港有宋時
廢園鑿池甃石引湖水其中畜魚數
十種今建亭于花港之南奉懸
聖祖仁皇帝
御書花港觀魚匾額乾隆十六年二十二年
聖駕臨幸
御製花港觀魚詩

花港觀魚　蘇隄第三橋，曰『望山』，與西坼第四橋斜對，水通花家山，因名花港。有宋時廢園，鑿池甃石，引湖水其中，畜魚數十種。今建亭于花港之南，奉懸聖祖仁皇帝御書『花港觀魚』匾額。乾隆十六年、二十二年，聖駕臨幸，御製花港觀魚詩。

蕉石鳴琴　金沙港西南有丁家山，上列岡阜。俯瞰全湖，與北岍之烏石峯、棲霞嶺相拱揖。奇石林立，狀類芭蕉，故有蕉石山房之目。其下有池，泉從石罅出，臨池復置小軒。磴道之南，石壁高丈許，卓立如屏，遂稱『蕉屏』。乾隆十六年、二十二年，聖駕臨幸，御製丁家山詩。

蕉石鳴琴

金沙港西南有丁家山上列岡阜俯瞰全湖與北岍之烏石峯棲霞嶺相拱揖奇石林立狀類芭蕉故有蕉石山房之目其下有池泉從石罅出臨池復置小軒磴道之南石壁高丈許卓立如屏遂稱蕉屏乾隆十六年二十二年

聖駕臨幸

御製丁家山詩

留餘山居　南高峯陰，有陶氏別業，奇石峭拔。因山高，下架屋數楹，名『畱餘山居』。上爲聽泉亭，泉從石罅出，琮琤不絶，如奏琴筑。下瀦爲池，中搆平橋，亭後循級而上，爲流觀亭，俯視江湖，皆在舄下。乾隆二十二年，翠華臨幸，御書『畱餘山居』額賜之。

留餘山居

南高峯陰有陶氏別業奇石峭拔因山高下架屋數楹名畱餘山居上爲聽泉亭泉從石罅出琮琤不絶如奏琴筑下瀦爲池中搆平橋亭後循級而上爲流觀亭俯視江湖皆在舄下

乾隆二十二年

翠華臨幸

御書畱餘山居額賜之

雲林寺　武林山之陰，北高峯下，有靈隱寺，創自晉代，負海環江，山奇泉泠，據東南之勝。聖祖仁皇帝五經臨幸，賜賚優渥，御題『雲林』匾額，並御製詩章。乾隆十六年，皇上南巡，兩幸寺中，御製詩一首，又詩二十韻。二十二年，聖駕再幸，賜帑飯僧。

雲林寺

武林山之陰北高峯下有靈隱寺創自晉代負海環江山奇泉泠據東南之勝

聖祖仁皇帝五經臨幸

賜賚優渥

御題雲林匾額並

御製詩章乾隆十六年

皇上南巡兩幸寺中

御製詩一首又詩二十韻二十二年

聖駕再幸

賜帑飯僧

龍井寺
龍井在風篁嶺本名龍泓深山亂石
中泉流溶漾一泓清澈相傳有龍在
焉唐乾祐二年建寺初名報國看經
院宋熙寧間改壽聖院僧辨才自天
竺歸老於此明正統時天旱淘井得
大石鐫有神運字旁多欵識漫漶不
可讀井有宋秦觀記米芾書明萬歷
間重葺
國朝康熙年間復脩

龍井寺　龍井，在風篁嶺，本名龍泓。深山亂石中，泉流溶漾，一泓清澈，相傳有龍在焉。唐乾祐二年建寺，初名報國看經院，宋熙寧間改壽聖院，僧辨才自天竺歸老於此。明正統時天旱，淘井得大石，鐫有神運字，旁多欵識，漫漶不可讀。井有宋秦觀記，米芾書，明萬曆間重葺。國朝康熙年間復脩。

玉帶晴虹
玉帶橋與蘊堤望山橋對適當湖南
北正中前督臣李衛築金沙堤堤上
搆石梁以通裏湖舟檝設三洞以釃
溪流之湍激橋形灣環如帶宛若長
虹故名玉帶晴虹乾隆十六年二十二年
聖駕巡幸
御製玉帶橋詩

玉帶晴虹　玉帶橋，與蘊堤望山橋對，適當湖南北正中。前督臣李衛築金沙堤，堤上搆石梁，以通裏湖舟楫，設三洞以釃溪流之湍激，橋形灣環如帶，宛若長虹，故名『玉帶晴虹』。乾隆十六年、二十二年，聖駕巡幸，御製玉帶橋詩。

韜光觀海
從雲林寺而西山徑屈曲筠篁夾道
約三四里始達韜光菴懸崖結屋勢
若淩空菴頂有石樓方丈正對錢塘
江江盡處即海洪濤浩渺與天相接
唐宋之閒有樓觀滄海日門對浙江
潮之句乾隆十六年二十二年
聖駕兩幸
御製韜光詩

韜光觀海　從雲林寺而西，山徑屈曲，筠篁夾道。約三四里，始達韜光菴，懸崖結屋，勢若淩空。菴頂有石樓、方丈，正對錢塘江。江盡處即海，洪濤浩渺，與天相接。唐宋之閒（間）有『樓觀滄海日，門對浙江潮』之句。乾隆十六年、二十二年，聖駕兩幸，御製韜光詩。

天竺香市　在乳竇峰北，白雲峯南，夾道溪流瑽琤，松篁茂密，三寺相去里許，皆極宏麗，而上竺尤盛。方春時，鄉民焚香頂禮，以祈年豐，香車寶馬，絡繹於道。聖祖仁皇帝三幸寺中，御書『法雨慈雲』匾額。雍正九年，欽奉世宗憲皇帝賜帑鼎建，御書『靈竺慈緣』匾額。乾隆十六年，聖駕臨幸，賜名『法喜寺』，并製詩章，二十二年復幸，御製三天竺詩。

天竺香市

在乳竇峯北白雲峯南夾道溪流瑽琤松篁茂密三寺相去里許皆極宏麗而上竺尤盛方春時鄉民焚香頂禮以祈年豐香車寶馬絡繹於道

聖祖仁皇帝三幸寺中

御書法雨慈雲扁額雍正九年欽奉

世宗憲皇帝賜帑鼎建

御書靈竺慈緣扁額乾隆十六年

聖駕臨幸賜名法喜寺并製詩章二十二年

復幸

御製三天竺詩

北高峯　在雲林寺後，爲湖上諸山最高之一峯也。石磴數百級，曲折三十六灣，雲光倒垂，俯視一切，遥望錢唐江，如匹練橫亘。乾隆十六年、二十二年，翠華臨幸，御製登北高峰絶頂詩，恭摹勒石建亭峰頂。

北高峯

在雲林寺後為湖上諸山最高之一峯也石磴數百級曲折三十六灣雲光倒垂俯視一切遥望錢唐江如疋練橫亘乾隆十六年二十二年

翠華臨幸

御製登北高峰絶頂詩恭摹勒石建亭峰頂

漪園　在雷峯西照亭下，菴瀕湖峤，相傳建於前明，志乘失載，乾隆二十年重葺。環踈籬，通平橋，覆長廊，引湖水爲池。雜植脩篁桃柳諸花木，綴以棕亭竹屋。乾隆二十二年，聖駕臨幸，御賜『漪園』二字爲額，並詩一首，又御書『香雲法雨』匾額，奉懸大士殿。

漪園

在雷峯西照亭下菴瀕湖峤相傳建於前明志乘失載乾隆二十年重葺環踈籬通平橋覆長廊引湖水為池雜植脩篁桃柳諸花木綴以棕亭竹屋乾隆二十二年

聖駕臨幸

御賜漪園二字為額並詩一首又

御書香雲法雨扁額奉懸大士殿

三潭映月

湖心寺外舊有三塔鼎立相傳湖中有三潭深不可測故建浮屠以鎮之後毁明萬歷間繞潭作埂爲放生池仍置三塔於池外每月光映潭影分爲三故名三潭印月康熙三十八年於池上搆亭恭懸

聖祖仁皇帝御書匾額復建碑亭于池北乾隆十六年二十二年

聖駕巡幸

御製三潭印月詩

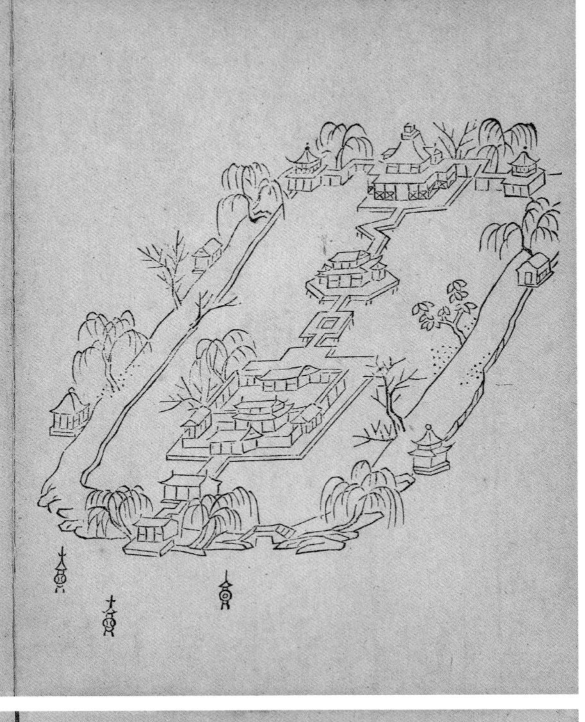

三潭映月　湖心寺外，舊有三塔鼎立，相傳湖中有三潭，深不可測，故建浮屠以鎮之，後毁。明萬曆間繞潭作埂，爲放生池，仍置三塔於池外。每月光映潭，影分爲三，故名『三潭印月』。康熙三十八年，於池上搆亭，恭懸聖祖仁皇帝御書匾額，復建碑亭於池北。乾隆十六年、二十二年，聖駕巡幸，御製三潭印月詩。

小有天園

在浄慈寺西慧日峰下遊人稱爲賽西湖後闢爲園上搆南山亭以供遐眺拾級而登有幽居歡喜巖琴臺司馬光摩崖隸書家人卦諸蹟乾隆十六年

翠華南幸

御書小有天園扁額并製詩章又

御製寄題琴臺詩二十二年

再幸

御製琴臺詩

小有天園　在浄慈寺西，慧日峰下，遊人稱爲賽西湖，後闢爲園。上搆南山亭，以供遐眺，拾級而登，有幽居、歡喜巖、琴臺、司馬光摩崖隸書『家人卦』諸蹟。乾隆十六年，翠華南幸，御書『小有天園』匾額，并製詩章，又御製寄題琴臺詩。二十二年，再幸，御製琴臺詩。

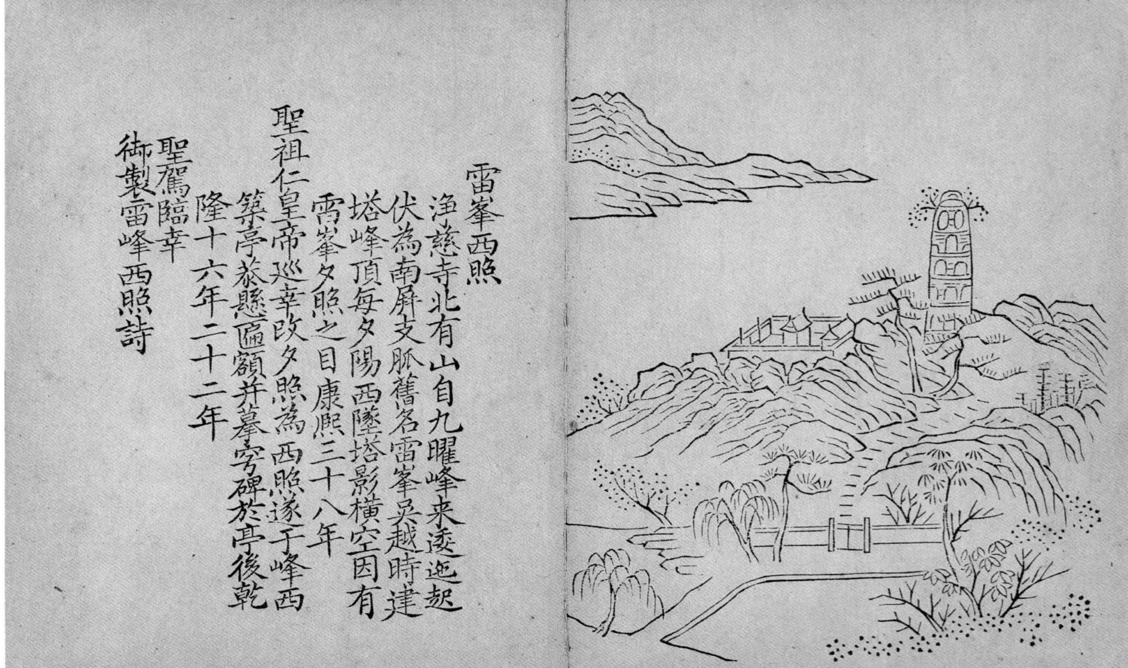

雷峯西照

浄慈寺北有山自九曜峰來逶迤起伏爲南屏支脈舊名雷峯吴越時建塔峰頂每夕陽西墜塔影横空因有雷峯夕照之目康熙三十八年

聖祖仁皇帝巡幸改夕照爲西照遂于峰西築亭恭懸匾額并摹穹碑於亭後乾隆十六年二十二年

聖駕臨幸

御製雷峰西照詩

雷峯西照　浄慈寺北，有山，自九曜峰來，逶迤起伏，爲南屏支脈，舊名雷峯。吴越時，建塔峰頂，每夕陽西墜，塔影横空，因有『雷峰夕照』之目。康熙三十八年，聖祖仁皇帝巡幸，改『夕照』爲『西照』，遂於峰西築亭，恭懸匾額，并摹穹碑於亭後。乾隆十六年、二十二年，聖駕臨幸，御製雷峰西照詩。

南屏晚鐘　南屏山，在西湖之南，翠嶺横披，宛如屏障。其凌空中峙者，爲慧日峰，下即净慈寺，寺鐘一鳴，山谷皆應。康熙三十八年，聖祖仁皇帝御書『南屏晚鐘』匾額。四十六年，奉旨重脩净慈寺。乾隆十年，又蒙皇上發帑重修，俱有碑文供奉。十六年，聖駕臨幸，御製南屏晚鐘詩。二十二年，聖駕再幸，賜帑飯僧，有净慈寺展禮詩。

水樂洞　在烟霞嶺下，旁有水樂寺，又名點石菴。洞外澗水環流，泠泠作金石聲。宋鄭獬取名水樂，蘇軾守杭作詩以紀。乾隆十六年、二十二年，翠華臨幸，御製水樂洞詩。

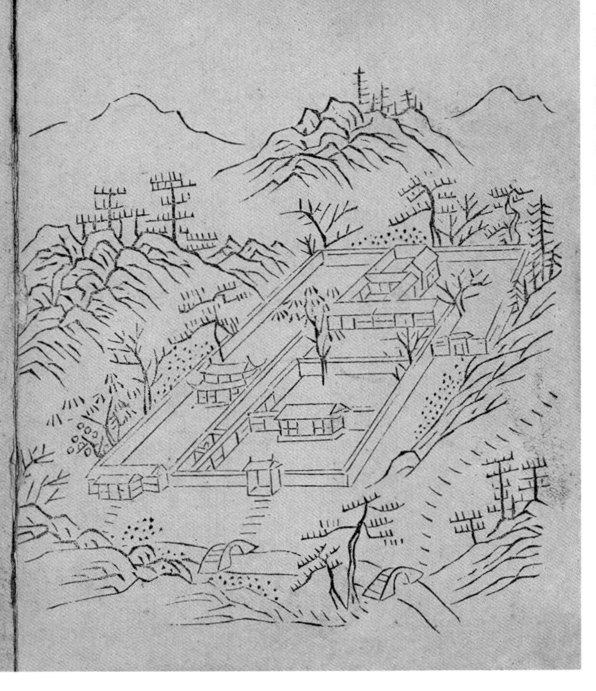

烟雨楼　嘉興郡環城皆水，其南曰南湖，湖中有洲，明嘉靖間搆樓其上。每輕烟乍拂，山雨欲來，杳靄空濛，攬全湖之勝，故名『烟雨楼』。國朝順治十八年重建，康熙二十年復脩。雍正八年，前督臣李衛吏創亭軒傑閣。乾隆十六年，聖駕臨幸，御製用韓子祈詩韻七律一首。二十二年，重幸，御製七律二首。

瑞石洞

在瑞石山麓有宋米芾書第一山三字由半山亭而上爲觀音洞壽星石青芙蓉石再上即瑞石洞洞頂有飛来石嵌空下垂旁爲丁仙閣元道棄俗棲真蜕骨於此閣外有元薩都剌石刻詩一首舊稱秀石玲瓏巘竇窈窱爲湖山奥區乾隆二十二年

翠華臨幸

御製瑞石洞七古一首飛来石七言絶句一首恭摹勒石

瑞石洞　在瑞石山麓，有宋米芾書『第一山』三字。由半山亭而上，爲觀音洞、壽星石、青芙蓉石，再上即瑞石洞。洞頂有飛來石，嵌空下垂。旁爲丁仙閣，元道棄俗，棲真蜕骨於此。閣外，有元薩都剌石刻詩一首，舊稱『秀石玲瓏』，巘竇窈窕爲湖山奥區。乾隆二十二年，翠華臨幸，御製瑞石洞七古一首，飛來石七言絶句一首，恭摹勒石。

鎮海塔院

在海寧縣春熙門外明萬歷間建縣令郭一輪經始陳揚明踵成之高一百五十尺廣周九十六尺圍廊翼欄達七級之頂地當邑治巽隅舊名占鰲明末邑人陳氏重脩

國朝康熙十五年邑令許三禮鳩工復葺

前都察院陳鼓永有記塔左築平臺一座瀕海枕塘滄溟在目

鎮海塔院　在海寧縣春熙門外。明萬曆間建，縣令郭一輪經始，陳揚明踵成之。高一百五十尺，廣周九十六尺，圍廊翼欄達七級之頂，地當邑治巽隅，舊名『占鰲』，明末，邑人陳氏重脩。國朝康熙十五年，邑令許三禮鳩工復葺，前都察院陳鼓永有記。塔左築平臺一座，瀕海枕塘，滄溟在目。

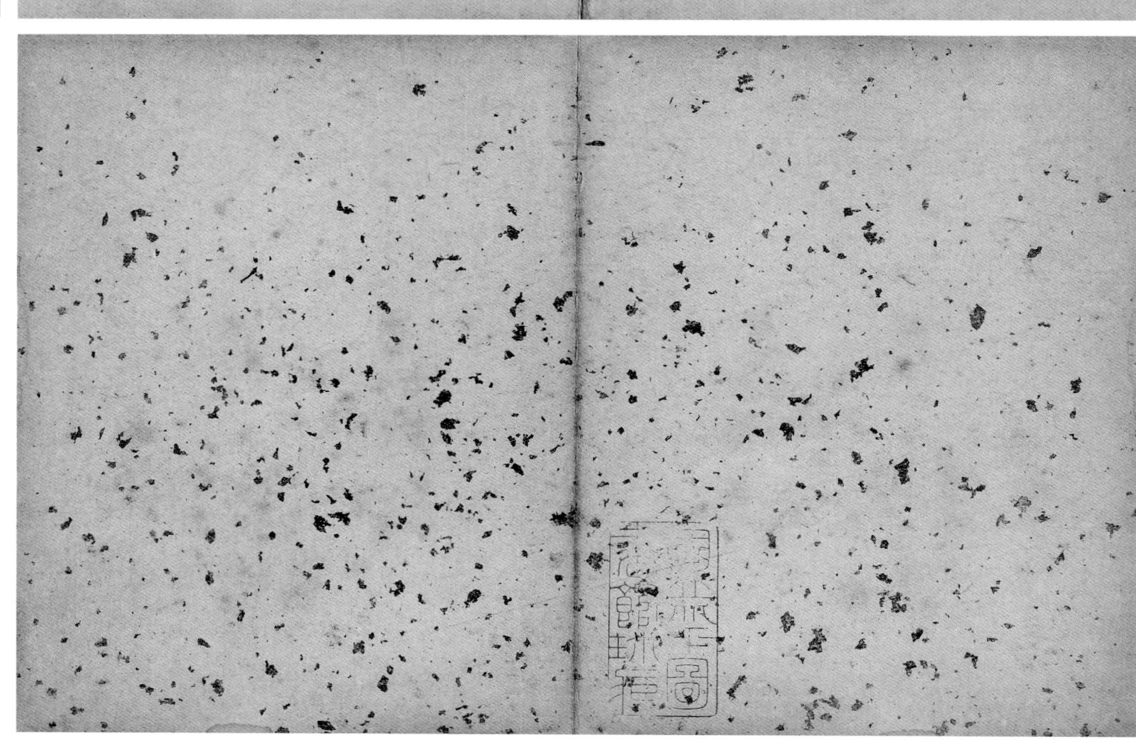

浙省名勝景亭圖説

作　者　不詳

年　代　清乾隆年間

類　型　紙本木刻墨印著色

載體形態　四册

尺　寸　每頁縱二七厘米，横一八厘米

索書號　223/074.2/1795

此圖采用左文右圖的形式，圖文并茂地介紹了浙江省内的五十三處風景名勝。左側的圖説文字少則幾十字，多則百餘字，内容主要涉及景點地理位置、得名緣由、修葺情況，以及景點歷史，包括與名人、帝王的淵源及康熙、乾隆皇帝的題咏情況等。右側的地圖采用中國傳統形象山水畫法繪製而成，細緻描繪了各處景觀的建築、山水、植被等，綫條流暢，繪製精細，用色雅緻，畫面飽滿。

圖册描繪了浙江境内的五十三處景觀，除嘉興烟雨樓及海寧鎮海塔院、尖山、安瀾園外，其餘均屬杭州景觀。第一册記録了蘇堤春曉、雙峰插雲、柳浪聞鶯、花港觀魚、曲院風荷、平湖秋月、吴山（即吴山大觀）、瑞石洞、宗陽宫、六和塔、杭州府行宫、觀梅古社十二處景觀。第二册記録了水樂洞、黄龍洞（即黄山積翠）、湖心亭（即湖心平眺）、放鶴亭（即梅林歸鶴）、冷泉亭（即冷泉猿嘯）、玉帶橋（即玉帶晴虹）、小有天園、竹素園（即湖山春社）、漪園、留餘山居、吟香别業、烟雨樓十二處景觀。第三册記録了敷文書院、鳳凰山、觀潮樓（即浙江秋濤）、西湖行宫、鎮海塔院、尖山、安瀾園、南屏晚鐘、三潭印月、雷峰西照、斷橋殘雪、北高峰、丁家山（即蕉石鳴琴）十三處景觀。第四册記録了龍井、天竺寺、蓮華峰、雲林寺、韜光庵（即韜光觀海）、普圓院、清漣寺（即玉泉魚躍）、雲棲寺、理安寺、法雲寺、大佛寺、瑪瑙寺、葛嶺、昭慶寺、六一泉、虎跑泉十六處景觀。這些景點皆與乾隆皇帝南巡相關。

乾隆皇帝總計六下江南，但圖册僅提及其前四次南巡的臨幸情況。此外，『蓮華峰』圖説中還出現了『乾隆四十四年，考復舊名，修葺諸景，恭備宸覽』字樣，意思是，蓮華峰在乾隆四十四年得到修葺，正在等待皇帝覽勝。據此推測，圖册製作於乾隆四十四年至乾隆皇帝第五次南巡之間，即一七七九年至一七八〇年間，其作用是供皇帝在南巡前閲覽。圖册呈現的五十三處景觀中，僅有蓮華峰、普圓院、瑪瑙寺和葛嶺四處的圖説中有修葺後『恭備宸覽』的字樣。

本《圖説》與彩繪本《浙江景物圖》描繪方式相近。在地圖用色方面，前者偏灰，後者更顯青緑。前者圖上有地名標注，後者無。浙江風景秀麗、人文薈萃，乾隆皇帝六次南巡均把浙江作爲終點，許多景點幾乎每次都要駐蹕。《浙省名勝景亭圖説》收録了乾隆皇帝南巡臨幸浙江的大部分景點，爲瞭解乾隆南巡提供了形象豐富的史料。

行春橋
御碑亭

起座
北京圖書館藏

起座
定香橋

起座

蘇堤春曉　在堤之第三橋。西湖十景，始見祝穆《方輿勝覽》。康熙三十八年，聖祖仁皇帝御書十景大字，勒碑建亭，序次始定，以『蘇堤春曉』爲第一。堤以宋臣蘇軾得名，因濬湖築堤，約長十里。軾詩所謂『六橋横絶天漢上，北山始與南屏通』是已。皇上御製蘇堤春曉七言絶句一首（辛未）、叠韻三首（丁丑、壬午、乙酉）。

雙峰插雲　在行春橋。湖上諸山，惟南北兩峰爲㝡高，相去十餘里，此橋適當南北之中。舊稱『兩峰插雲』，聖祖仁皇帝改爲『雙峰插雲』，恭建御書碑亭。皇上御製雙峰插雲七言絶句一首（辛未）、叠韻三首（丁丑、壬午、乙酉）。

柳浪聞鶯　在湧金門外，即宋時豐豫門也。有柳浪橋，沿堤植柳，舊名柳洲。今即其地，恭建聖祖仁皇帝御書『柳浪聞鶯』碑亭。皇上御製柳浪聞鶯七言絶句一首（辛未）、叠韻三首（丁丑、壬午、乙酉）。

花港觀魚　在定香橋北。宋時有盧允升園池，在花家山。山下有水，名花港，今移於此，恭建聖祖仁皇帝御書『花港觀魚』碑亭。皇上御製花港觀魚七言截句一首（辛未）、叠韻三首（丁丑、壬午、乙酉）。

蓬萊閣
環翠軒

紫陽山
大觀臺
龍神廟

曲院風荷
在跨虹橋西舊名麯院荷風宋時取金沙澗水造麯以釀官酒故
名在九里松旁今移于此
聖祖仁皇帝特改為曲院風荷恭建
御書碑亭
皇上御製曲院風荷七言絶句一首辛未疊韻三首丁丑壬午乙酉

平湖秋月
在孤山路口宋有水仙王廟在蘇堤三橋之南明季始移於此曰
望湖亭後即其地恭建
聖祖仁皇帝御書平湖秋月碑亭
皇上御製平湖秋月七言絶句一首辛未疊韻三首丁丑壬午乙酉

吴山即吴山大觀
在會城西南方登山遠眺左江右湖城堞室宇足攬形勝之全山
上恭建
聖祖仁皇帝御製詩碑亭
皇上御製吴山大觀歌一首辛未登吴山作五言律詩一首丁丑登吴
山作歌一首壬午策馬登吴山五言古詩一首乙酉又四次恭依
皇祖吴山詩韻七言絶句各一首

瑞石洞
在吴山麓石壁有米芾書第一山三字由半山亭而上為觀音洞
壽星石青芙蓉石再上即瑞石洞洞頂有飛来石旁為丁仙閣元
道士丁野鶴棲真於此閣内石刻元薩都剌詩
皇上御製瑞石洞七言古詩一首飛来石七言絶句一首丁丑瑞石洞
五言古詩一首飛来石七言絶句一首再遊瑞石洞口號七言絶
句一首壬午瑞石洞五言古詩一首飛来石七言絶句一首再遊
瑞石洞覽古七言律詩一首乙酉

曲院風荷　在跨虹橋西，舊名麯院荷風。宋時，取金沙澗水造麯，以釀官酒，故名。在九里松旁，今移于此。聖祖仁皇帝特改爲『曲院風荷』，恭建御書碑亭。皇上御製曲院風荷七言絶句一首（辛未），疊韻三首（丁丑、壬午、乙酉）。

平湖秋月　在孤山路口。宋有水仙王廟，在蘇堤三橋之南，明季始移於此，曰望湖亭，後即其地，恭建聖祖仁皇帝御書『平湖秋月』碑亭。皇上御製平湖秋月七言絶句一首（辛未），疊韻三首（丁丑、壬午、乙酉）。

吴山（即吴山大觀）　在會城西南方。登山遠眺，左江右湖，城堞室宇，足攬形勝之全。山上恭建聖祖仁皇帝御製詩碑亭。皇上御製吴山大觀歌一首（辛未），登吴山作五言律詩一首（丁丑），登吴山作歌一首（壬午），策馬登吴山五言古詩一首（乙酉），又四次恭依皇祖吴山詩韻，七言絶句各一首。

瑞石洞　在吴山麓，石壁有米芾書『第一山』三字。由半山亭而上，爲觀音洞、壽星石、青芙蓉石，再上，即瑞石洞。洞頂有飛來石，旁爲丁仙閣，元道士丁野鶴棲真於此，閣内石刻元薩都剌詩。皇上御製瑞石洞七言古詩一首，飛來石七言絶句一首（丁丑），瑞石洞五言古詩一首，飛來石七言絶句一首，再遊瑞石洞口號七言絶句一首（壬午），瑞石洞五言古詩一首，飛來石七言絶句一首，再遊瑞石洞覽古七言律詩一首（乙酉）。

六和塔
開化寺
望江亭

山門

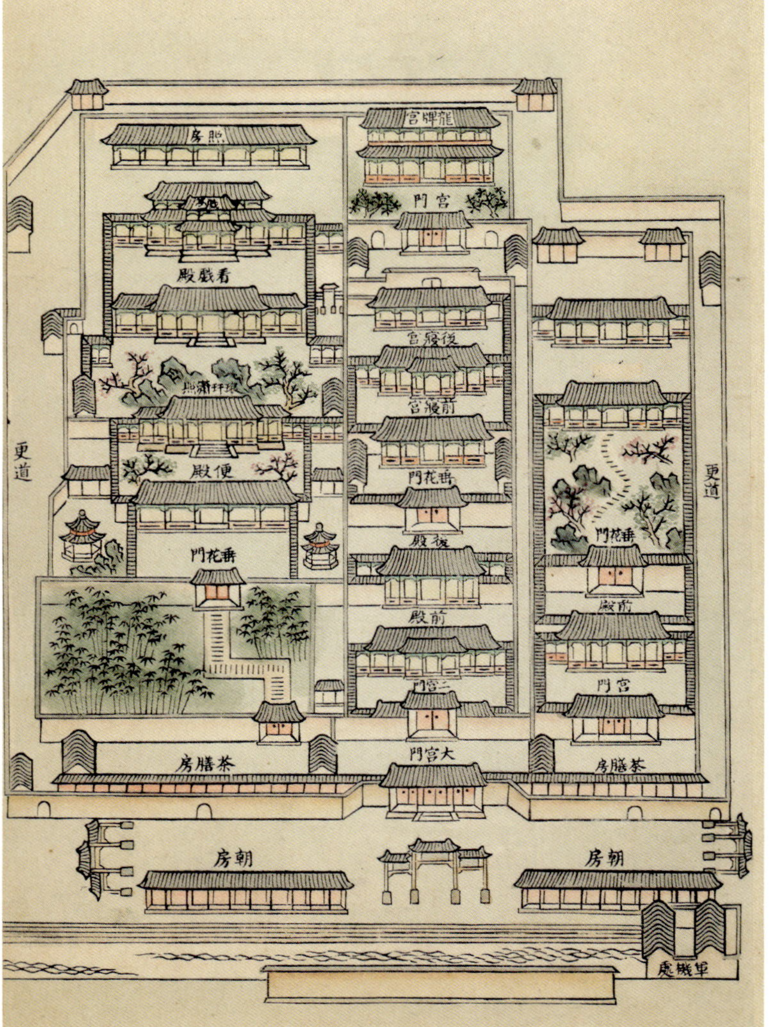
看戲殿
便殿
垂花門
更道
更道
前殿
後殿
宮門
前殿
茶膳房
大宮門
茶膳房
朝房
朝房

宗陽宮

在會城新宮橋東即南宋德壽宮遺址宋時亭榭多規彷靈鷲諸勝今尚存石丈許象飛來峰即孝宗題德壽宮飛來峰詩所詠咸淳中改為道院曰宗陽宮雍正九年督臣李衛重脩

六和塔

在開化寺內宋開寶三年僧智覺於龍山月輪峯開山建塔以鎮江潮雍正十三年奉
敕興修
皇上御製開化寺五言古詩一首登六和塔作歌一首開化寺再作五言古詩一首辛未開化寺五言律詩一首登六和塔作五言古詩一首丁丑開化寺七言律詩一首瞻禮六和塔作七言律詩一首壬午開化寺疊舊韻七言律詩一首瞻禮六和塔作歌一首乙酉

杭州府

行宮

在湧金門內太平坊康熙二十八年
聖祖仁皇帝南巡臨幸即織造官廨為
行宮我
皇上四巡恒莅焉
御製三月朔日車駕至杭州駐蹕之作七言排律一首辛未至杭州行宮駐蹕八韻五言排律一首丁丑三月朔日至杭州駐蹕七言律詩一首壬午韻玉館五言律詩一首乙酉

觀梅古社

在宗陽宮東即德壽宮別圃明時為南關榷使公廨建社祠曰觀梅社舊有苔梅芙蓉石相傳為藍瑛畫橅鐫于碑乾隆三十年
鑾輿臨視辨正孫杕畫梅藍瑛畫石並
賜梅石清芬匾額并
灑翰橅梅石恭奉碑亭
御製題德壽宮梅石碑七言律詩一首辛未橅德壽宮梅石碑因題句七言律詩一首乙酉

宗陽宮　在會城新宮橋東，即南宋德壽宮遺址。宋時，亭榭多規仿靈鷲諸勝，今尚存石丈許，象飛來峰，即孝宗題德壽宮飛來峰詩所詠。咸淳中，改爲道院，曰宗陽宮。雍正九年，督臣李衛重脩。

六和塔　在開化寺内。宋開寶三年，僧智覺於龍山月輪峯開山建塔，以鎮江潮。雍正十三年，奉敕興修。皇上御製開化寺五言古詩一首，登六和塔作歌一首，開化寺再作五言古詩一首（辛未），開化寺五言律詩一首，登六和塔作五言古詩一首（丁丑），開化寺七言律詩一首，瞻禮六和塔作七言律詩一首（壬午），開化寺疊舊韻七言律詩一首，瞻禮六和塔作歌一首（乙酉）。

杭州府行宮　在湧金門内太平坊。康熙二十八年，聖祖仁皇帝南巡臨幸，即織造官廨爲行宮，我皇上四巡恒莅焉。御製三月朔日車駕至杭州駐蹕之作七言排律一首（辛未），至杭州行宮駐蹕八韻五言排律一首（丁丑），三月朔日至杭州駐蹕七言律詩一首（壬午），韻玉館五言律詩一首（乙酉）。

觀梅古社　在宗陽宮東，即德壽宮别圃。明時，爲南關榷使公廨，建社祠，曰『觀梅社』。舊有苔梅、芙蓉石，相傳爲藍瑛畫橅鐫于碑。乾隆三十年，鑾輿臨視辨正，孫杕畫梅，藍瑛畫石，並賜『梅石清芬』匾額，并灑翰橅梅石，恭奉碑亭。御製題德壽宮梅石碑七言律詩一首（辛未），橅德壽宮梅石碑因題句七言律詩一首（乙酉）。

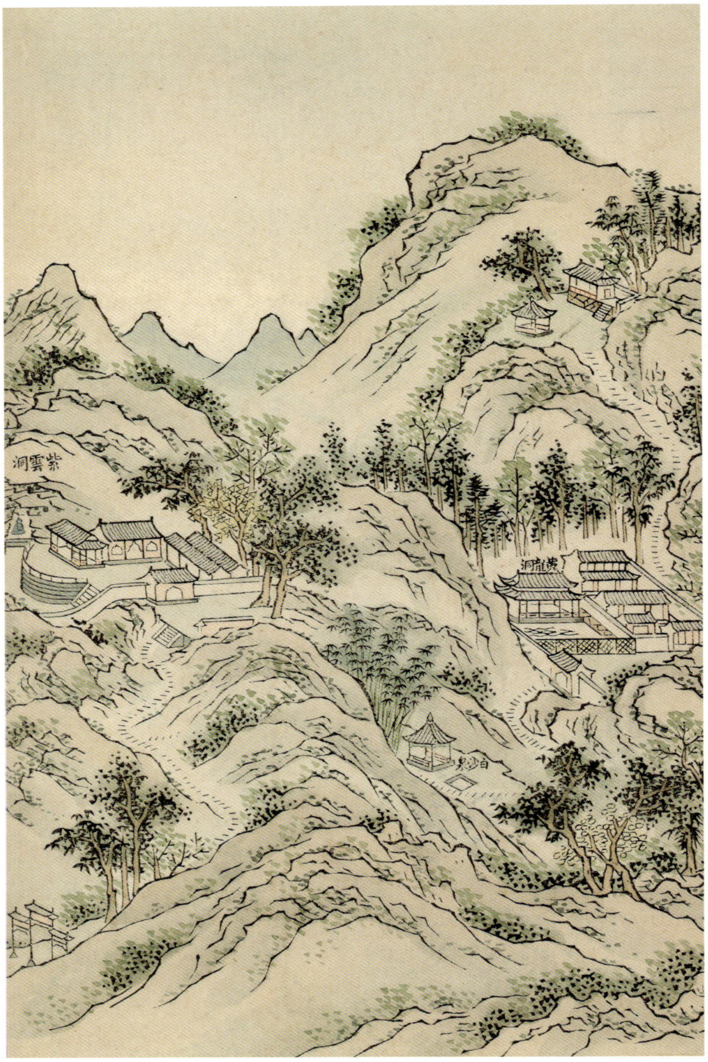
紫雲洞
黄龍洞
白沙泉

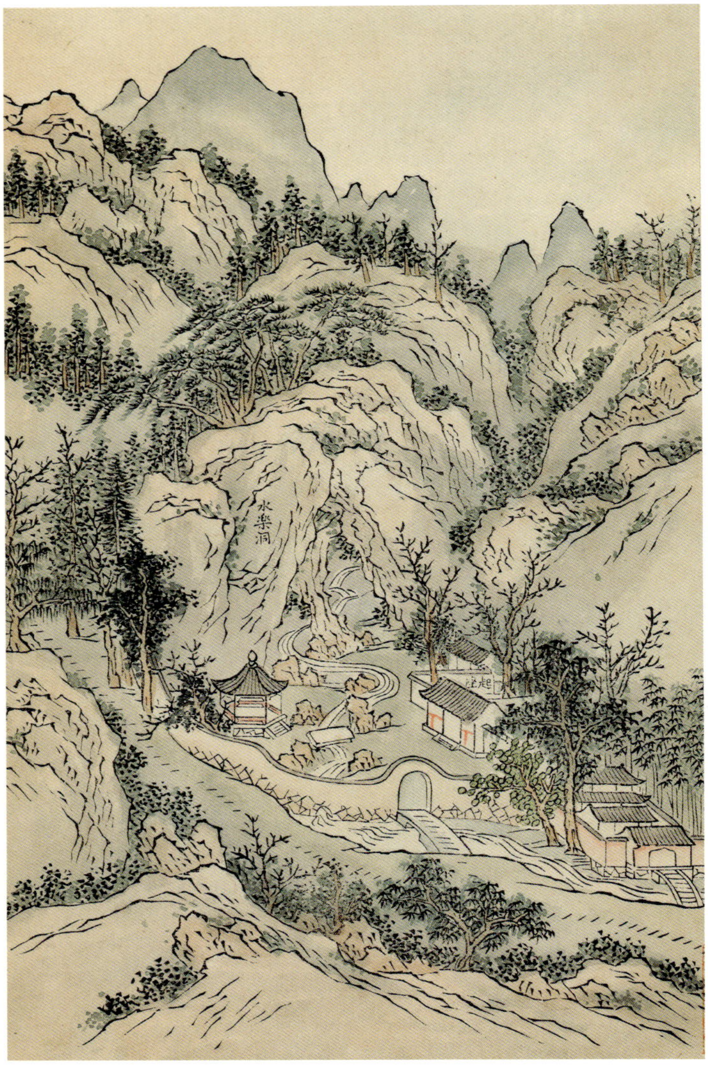
水樂洞

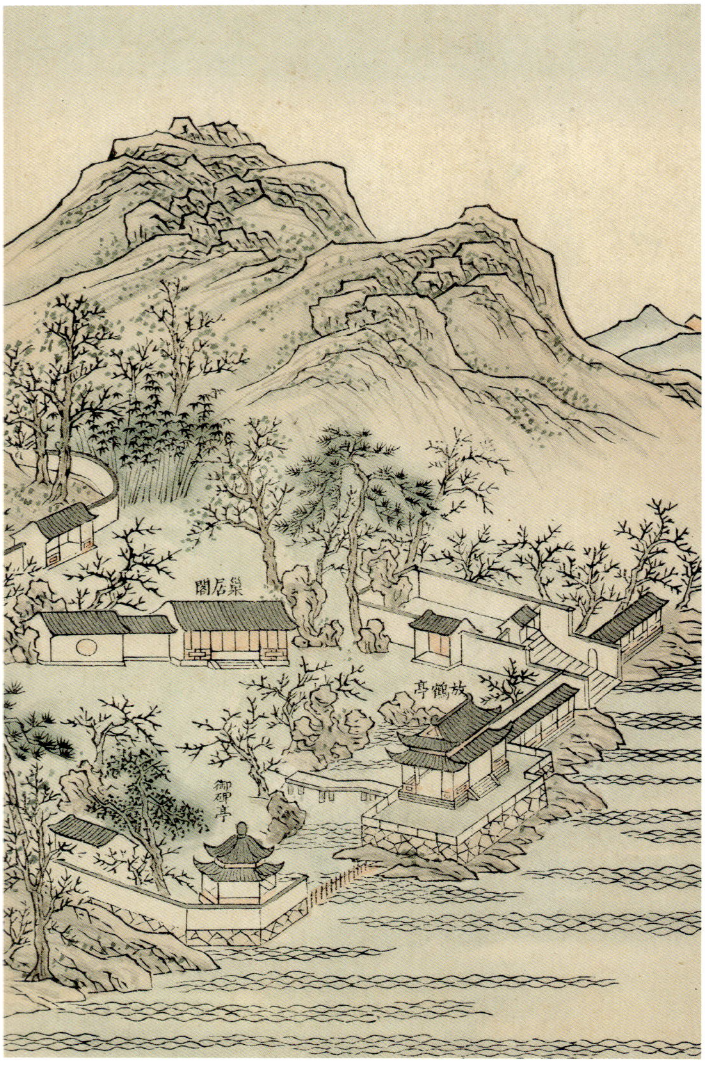
巢居閣
放鶴亭
御碑亭

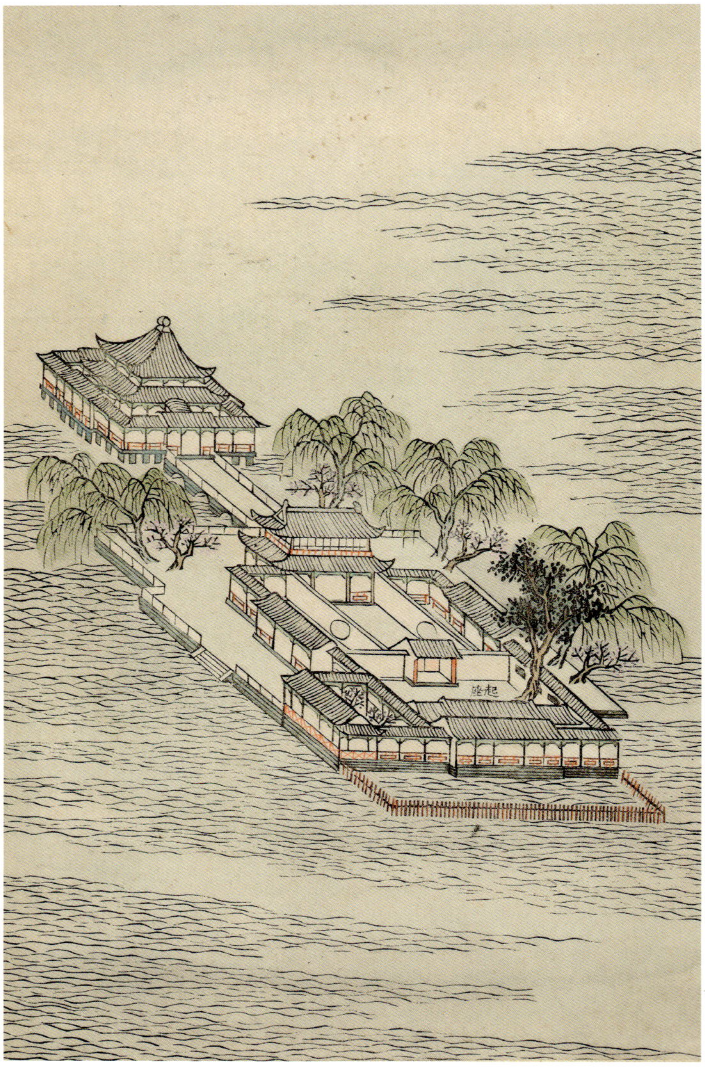
起座

水樂洞

在烟霞嶺下有泉自洞底出泠泠有聲宋守鄭獬題曰水樂洞蘇軾有詩泉旁有吳越時西關淨化院今為點石菴

皇上御製水樂洞用蘇軾韻七言古詩一首辛未水樂洞五言律詩一首丁丑水樂洞口號六言截句一首壬午水樂洞五言律詩一首乙酉

黃龍洞即黃山積翠

在棲霞嶺後宋淳祐間僧慧開說法吳興之黃龍山後卓錫於此忽雷震有泉出洞人謂龍隨錫至因名洞中鑿石為佛像旁有禪院亦開所創又嶺巔有紫雲洞峭聳懸空時有雲起雖盛夏不知暑也

皇上御製題黃龍洞五言古詩一首黃龍石佛七言截句一首丁丑遊黃龍洞五言律詩一首壬午遊黃龍洞五言律詩一首乙酉紫雲洞作五言律詩一首丁丑題紫雲洞七言律詩一首壬午紫雲洞口號七言截句一首乙酉

湖心亭即湖心平眺

在外湖之中明嘉靖間建本宋時三塔之一因其基築而廣之康熙間重加增葺

聖祖仁皇帝御題亭額曰靜觀萬類樓額曰天然圖畫

皇上御製湖心亭七言律詩一首辛未湖心亭七言律詩一首丁丑雨中湖心亭雜詠七言截句六首湖心亭七言律詩一首壬午

放鶴亭即梅林歸鶴

在孤山之陰唐張祜有孤山寺詩至宋林逋隱此名益著有放鶴亭及巢居閣皆逋遺跡亭中恭勒

聖祖仁皇帝御書放鶴二字額舞鶴賦一篇

皇上御製放鶴亭七言律詩一首辛未放鶴亭作七言律詩一首題林逋詩帖真蹟用卷中蘇軾書和靖林處士詩後韻七言古詩一首丁丑題放鶴亭七言律詩一首孤山看梅七言律詩一首戲題巢居閣七言絶句一首題林逋蘇軾詩帖叠舊作韻七言古詩一首壬午用張祜杭州孤山寺詩韻五言律詩一首題放鶴亭七言律詩一首題林逋蘇軾詩帖再叠舊作韻七言古詩一首乙酉

水樂洞　在烟霞嶺下。有泉自洞底出，泠泠有聲，宋守鄭獬題曰水樂洞，蘇軾有詩。泉旁有吳越時西關净化院，今爲點石菴。皇上御製水樂洞用蘇軾韻七言古詩一首（辛未），水樂洞五言律詩一首（丁丑），水樂洞口號六言截句一首（壬午），水樂洞五言律詩一首（乙酉）。

黃龍洞（即黃山積翠）　在棲霞嶺後。宋淳祐間，僧慧開説法吳興之黃龍山，後卓錫於此，忽雷震，有泉出洞，人謂龍隨錫至，因名。洞中鑿石爲佛像，旁有禪院亦開所創。又嶺巔有紫雲洞，峭聳懸空，時有雲起，雖盛夏不知暑也。皇上御製題黃龍洞五言古詩一首，黃龍石佛七言截句一首（丁丑），遊黃龍洞五言律詩一首（壬午），遊黃龍洞五言律詩一首（乙酉），紫雲洞作五言律詩一首（丁丑），題紫雲洞七言律詩一首（壬午），紫雲洞口號七言截句一首（乙酉）。

湖心亭（即湖心平眺）　在外湖之中，明嘉靖間建，本宋時三塔之一，因其基築而廣之，康熙間重加增葺。聖祖仁皇帝御題亭額曰『静觀萬類』，樓額曰『天然圖畫』。皇上御製湖心亭七言律詩一首（辛未），湖心亭七言律詩一首（丁丑），雨中湖心亭雜詠七言截句六首，湖心亭七言律詩一首（壬午）。

放鶴亭（即梅林歸鶴）　在孤山之陰，唐張祜有《孤山寺》詩，至宋林逋隱此，名益著。有放鶴亭及巢居閣，皆逋遺跡。亭中恭勒聖祖仁皇帝御書『放鶴』二字額，《舞鶴賦》一篇。皇上御製放鶴亭七言律詩一首（辛未），放鶴亭作七言律詩一首，題林逋詩帖真蹟用卷中蘇軾書和靖林處士詩後韻七言古詩一首（丁丑），題放鶴亭七言律詩一首，孤山看梅七言律詩一首，戲題巢居閣七言絶句一首，題林逋蘇軾詩帖叠舊作韻七言古詩一首（壬午），用張祜杭州孤山寺詩韻五言律詩一首，題放鶴亭七言律詩一首，題林逋蘇軾詩帖再叠舊作韻七言古詩一首（乙酉）。

冷泉亭即冷泉猿嘯

在雲林寺前唐刺史元䄮建白居易作記舊亭在水明代始移於岸

皇上御製題冷泉亭子五言絶句一首辛未題沈周冷泉亭圖即用其韻七言律詩一首丁丑

玉帶橋即玉帶晴虹

在蘇堤西雍正九年督臣李衛構亭臺於金沙港築堤以通裏湖名金沙隄即咸淳臨安志所稱金沙澗也因建石梁三洞釃水狀如帶環新增十八景有玉帶晴虹之目

小有天園

在淨慈寺西慧日峯前上有山亭足供遠眺又有幽居洞歡喜巖旁摩崖刻米芾琴臺二字及司馬光隸書家人卦諸篇乾隆十六年

皇上賜名小有天園

御製題小有天園七言律詩一首寄題琴臺七言截句一首辛未小有天園七言律詩一首琴臺五言截句一首丁丑小有天園七言律詩一首再遊小有天園五言律詩一首勝閣望湖七言截句一首壬午小有天園五言律詩一首遊小有天園登極頂七言律詩一首乙酉

竹素園即湖山春社

在湖山神祠西雍正九年前督臣李衛與祠同建其地有泉自棲霞山来舊名桃溪引池壘石中搆敞軒恭懸

世宗憲皇帝御書竹素園額

皇上御製竹素園五言律詩一首辛未又竹素園小憩七言律詩一首丁丑題竹素園五言律詩一首壬午

冷泉亭（即冷泉猿嘯） 在雲林寺前，唐刺史元䄮建，白居易作記，舊亭在水，明代始移於岸。皇上御製題冷泉亭子五言絶句一首（辛未），題沈周冷泉亭圖即用其韻七言律詩一首（丁丑）。

玉帶橋（即玉帶晴虹） 在蘇堤西。雍正九年，督臣李衛構亭臺於金沙港，築堤以通裏湖，名金沙隄，即《咸淳臨安志》所稱金沙澗也。因建石梁三洞，釃水狀如帶環，新增十八景有玉帶晴虹之目。

小有天園 在淨慈寺西，慧日峯前，上有山亭，足供遠眺，又有幽居洞。歡喜巖旁摩崖刻米芾『琴臺』二字及司馬光隸書《家人卦》諸篇。乾隆十六年，皇上賜名『小有天園』。御製題小有天園七言律詩一首，寄題琴臺七言截句一首（辛未），小有天園七言律詩一首，琴臺五言截句一首（丁丑），小有天園七言律詩一首，再遊小有天園五言律詩一首，勝閣望湖七言截句一首（壬午），小有天園五言律詩一首，遊小有天園登極頂七言律詩一首（乙酉）。

竹素園（即湖山春社） 在湖山神祠西，雍正九年，前督臣李衛與祠同建。其地有泉，自棲霞山來，舊名桃溪，引池壘石，中搆敞軒，恭懸世宗憲皇帝御書『竹素園』額。皇上御製竹素園五言律詩一首（辛未），又竹素園小憩七言律詩一首（丁丑），題竹素園五言律詩一首（壬午）。

聽泉
座起

座起

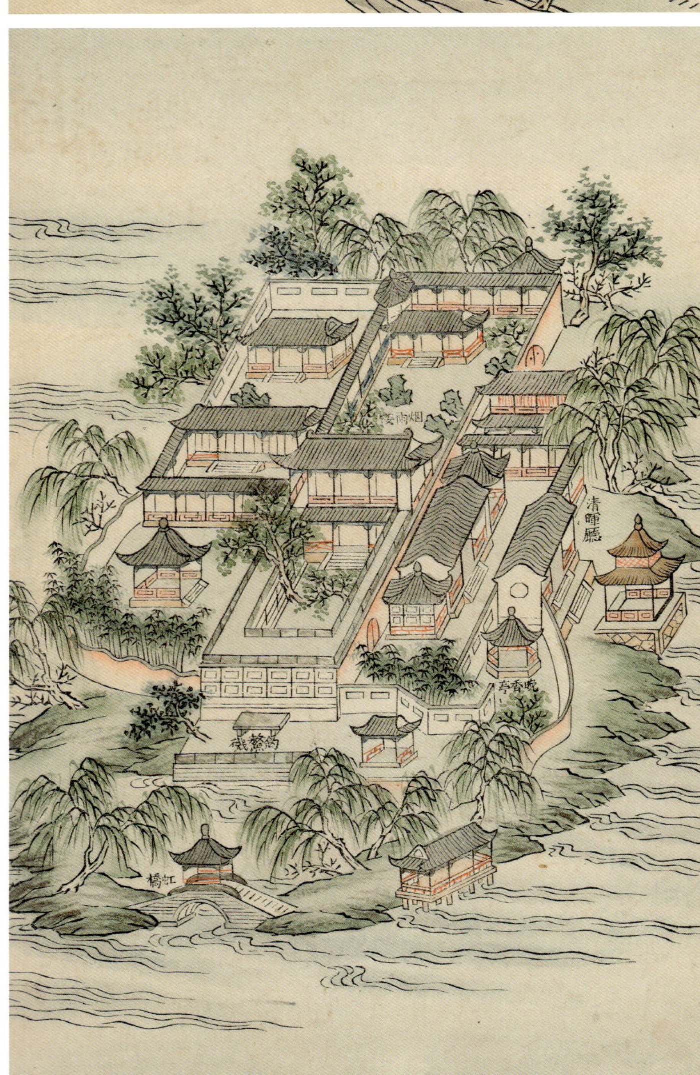
烟雨樓
清暉廳
晚香亭
釣鰲磯
虹橋

座落
吟香別業

漪園
在雷峯下湖濱舊有小菴顏曰白雲未詳所自起乾隆二十年始
闢為園引湖作池綴以亭閣
皇上賜名漪園並
賜香雲法雨額奉懸大士殿
御製題漪園五言古詩一首丁丑題漪園五言律詩一首壬午漪園五
言律詩一首乙酉

留餘山居
在南高峯之北麓里人陶驥別業石壁奇峭有泉鳴響不絶山頂
構亭可俯全湖乾隆二十二年
皇上賜名留餘山居
御製留餘山居雜詠五言絶句五首丁丑題留餘山居五言律詩一首
雨中留餘山居即景雜詠五言絶句五首壬午留餘山居七言律
詩一首聽泉亭子五言絶句一首乙酉

吟香別業
在放鶴亭南前浙江撫臣范承謨去杭時取白居易詩句書勾留
處三字揭於湖心亭後移額別建亭於此面臨方塘種荷萬柄故
又稱吟香別業
皇上御製吟香別業七言律詩一首丁丑吟香別業作七言律詩一首
壬午吟香別業七言律詩一首乙酉

煙雨樓
在嘉興府城東南滮湖中吳越錢氏建雍正間重修
皇上御製煙雨樓用韓子祁詩韻七言律詩一首辛未題煙雨樓七言
律詩一首煙雨樓即景七言律詩一首丁丑再題煙雨樓七言律
詩一首復遊煙雨樓七言截句二首疊舊韻七言律詩一首壬午
遊煙雨樓即景雜咏七言截句四首題煙雨樓七言律詩一首再
遊煙雨樓七言律詩一首乙酉

漪園　在雷峯下湖濱。舊有小菴，顏曰『白雲』，未詳所自起。乾隆二十年，始闢爲園，引湖作池，綴以亭閣，皇上賜名『漪園』，並賜『香雲法雨』額，奉懸大士殿。御製題漪園五言古詩一首（丁丑），題漪園五言律詩一首（壬午），漪園五言律詩一首（乙酉）。

留餘山居　在南高峯之北麓，里人陶驥別業，石壁奇峭，有泉鳴響不絶，山頂構亭可俯全湖。乾隆二十二年，皇上賜名『留餘山居』。御製留餘山居雜詠五言絶句五首（丁丑），題留餘山居五言律詩一首，雨中留餘山居即景雜詠五言絶句五首（壬午），留餘山居七言律詩一首，聽泉亭子五言絶句一首（乙酉）。

吟香別業　在放鶴亭南。前浙江撫臣范承謨去杭時，取白居易詩句書『勾留處』三字揭於湖心亭，後移額別建亭於此。面臨方塘，種荷萬柄，故又稱『吟香別業』。皇上御製吟香別業七言律詩一首（丁丑），吟香別業作七言律詩一首（壬午），吟香別業七言律詩一首（乙酉）。

煙雨樓　在嘉興府城東南滮湖中，吳越錢氏建，雍正間重修。皇上御製煙雨樓用韓子祁詩韻七言律詩一首（辛未），題煙雨樓七言律詩一首，煙雨樓即景七言律詩（丁丑），再題煙雨樓七言律詩一首，復遊煙雨樓七言截句二首，疊舊韻七言律詩一首（壬午），遊煙雨樓即景雜詠七言截句四首，題煙雨樓七言律詩一首，再遊煙雨樓七言律詩一首（乙酉）。

鳳凰山

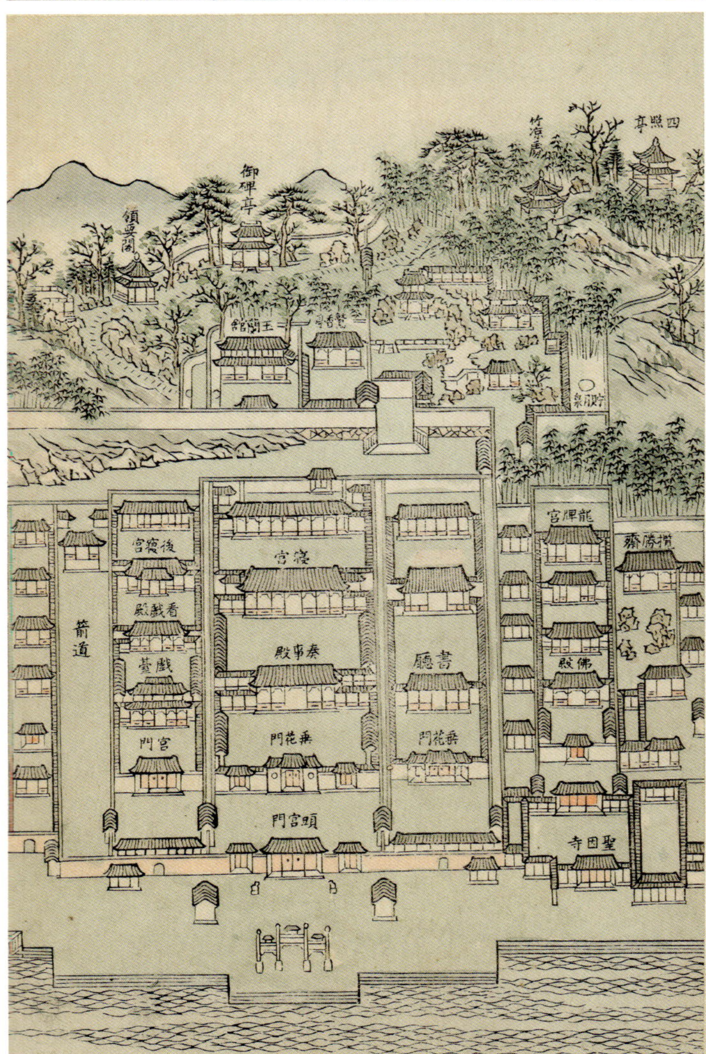
四照亭
御碑亭
領要閣
玉蘭館
貯月泉
龍牌宮
後寢宮
寢宮
看戲殿
箭道
奏事殿
書廳
佛殿
戲臺
宮門
垂花門
垂花門
頭宮門
聖因寺

敷文書院

在鳳凰山之萬松嶺舊名萬松書院康熙五十五年
聖祖仁皇帝賜浙水敷文額因名敷文書院雍正十一年
世宗憲皇帝特賜帑金以資膏火
皇上御製題敷文書院七言律詩一首辛未敷文書院六韻五言排律
一首丁丑疊舊韻五言排律二首壬午 乙酉

鳳凰山

在鳳凰山門外有左右兩峯跨越甚廣其右麓有勝果寺吳越時建
由寺側取徑而上曰中峯再上曰月巖再上曰排衙石吳越錢氏
所名再稍上即右峯之頂平如掌志稱四顧坪城郭江山無遠弗
矚乾隆三十年
皇上御題額曰江湖曠覽曰澄觀臺
御製初遊勝果寺五言律詩一首澄觀臺七言律詩一首再登鳳凰山
七言律詩一首排衙石口號七言絕句一首題御教場七言絕句
一首乙酉

觀潮樓即浙江秋濤

在候潮門外浙江一名漸江見水經注其潮每晝夜再至四時皆
然而三秋尤盛
聖祖仁皇帝再幸江干
御書恬波利濟額及
御製詩恭建碑亭
皇上御製錢塘觀潮歌一首辛未觀江潮作歌一首丁丑觀潮樓紀事
五言古詩一首壬午觀潮樓五言律詩一首乙酉

西湖

行宮

在聖因寺西康熙間恭建
聖祖仁皇帝行宮雍正間奉為聖因寺乾隆十六年就寺西拓地恭建
皇上行宮有
御題八景曰四照亭曰竹涼處曰綠雲逕曰瞰碧樓曰貯月泉曰鷺香
庭曰領要閣曰玉蘭館
皇上御製聖因行宮即景七言律詩二首西湖行宮八景五言律詩八
首辛未駐蹕聖因行宮七言律詩一首丁丑再題西湖行宮八景
七言絕句八首壬午西湖行宮八景重詠七言絕句八首乙酉

敷文書院　在鳳凰山之萬松嶺，舊名萬松書院。康熙五十五年，聖祖仁皇帝賜『浙水敷文』額，因名敷文書院。雍正十一年，世宗憲皇帝特賜帑金以資膏火。皇上御製題敷文書院七言律詩一首（辛未），敷文書院六韻五言排律一首（丁丑），疊舊韻五言排律二首（壬午、乙酉）。

鳳凰山　在鳳凰山門外，有左右兩峯，跨越甚廣，其右麓有勝果寺，吳越時建。由寺側取徑而上，曰中峰，再上，曰月巖，再上，曰排衙石，吳越錢氏所名。再稍上，即右峯之頂，平如掌，志稱『四顧坪』，城郭江山無遠弗矚。乾隆三十年，皇上御題額曰『江湖曠覽』，曰『澄觀臺』。御製初遊勝果寺五言律詩一首，澄觀臺七言律詩一首，再登鳳凰山七言律詩一首，排衙石口號七言絕句一首，題御教場七言絕句一首（乙酉）。

觀潮樓（即浙江秋濤）　在候潮門外。浙江，一名漸江，見《水經注》。其潮每晝夜再至，四時皆然，而三秋尤盛。聖祖仁皇帝再幸江干，御書『恬波利濟』額及御製詩，恭建碑亭。皇上御製錢塘觀潮歌一首（辛未），觀江潮作歌一首（丁丑），觀潮樓紀事五言古詩一首（壬午），觀潮樓五言律詩一首（乙酉）。

西湖行宮　在聖因寺西，康熙間恭建。聖祖仁皇帝行宮，雍正間奉爲聖因寺。乾隆十六年，就寺西拓地，恭建皇上行宮，有御題八景，曰四照亭、曰竹凉處、曰緑雲逕、曰瞰碧樓、曰貯月泉、曰鷺香庭、曰領要閣、曰玉蘭館。皇上御製聖因行宮即景七言律詩二首，西湖行宮八景五言律詩八首（辛未），駐蹕聖因行宮七言律詩一首（丁丑），再題西湖行宮八景七言絕句八首（壬午），西湖行宮八景重詠七言絕句八首（乙酉）。

塔山
御碑亭

鎮海塔
御碑亭

起座
起座

起座
煙波風月
環碧堂
十二樓
南湖亭

鎮海塔院
在海寧州春熙門外明時建高一百五十尺廣周九十六尺左有
平臺可以觀海
皇上御製觀潮七言絶句四首乙酉

尖山
在海寧州城東南四十六里突出海岸寔當潮汐之衝凡石壩柴
塘竹簍坦水各工防禦要處俱在尖山以西
皇上御製觀海塘誌事五言古詩一首登尖山觀海七言律詩一首尖
山禮大士七言絶句一首視塔山誌事五言古詩一首閱海塘七
言律詩一首觀海潮作歌一首壬午登尖山觀海七言律詩一首
視塔山誌事疊舊韻一首閱海塘疊舊韻一首乙酉

安瀾園
在海寧州拱辰門内初名隅園前大學士陳元龍别業園中恭懸
世宗憲皇帝御書林泉耆碩額乾隆二十七年
皇上親閱海塘
駐蹕園中
賜名安瀾園
皇上御製駐陳氏安瀾園即景雜詠五言律詩六首壬午疊舊韻六首
乙酉

南屏晚鐘
在淨慈寺前寺倚南屏山舊名慧日禪院吴越時建康熙間
賜今額寺前恭建
聖祖仁皇帝御書南屏晚鐘碑亭
皇上御製南屏晚鐘七言絶句一首辛未疊韻三首丁丑壬午乙酉

鎮海塔院　在海寧州春熙門外，明時建，高一百五十尺，廣周九十六尺，左有平臺，可以觀海。皇上御製觀潮七言絶句四首（乙酉）。

尖山　在海寧州城東南四十六里，突出海岸，寔當潮汐之衝。凡石壩、柴塘、竹簍、坦水各工防禦要處，俱在尖山以西。皇上御製觀海塘誌事五言古詩一首，登尖山觀海七言律詩一首，尖山禮大士七言絶句一首，視塔山誌事五言古詩一首，閲海塘七言律詩一首，觀海潮作歌一首（壬午），登尖山觀海七言律詩一首，視塔山誌事叠舊韻一首，閲海塘叠舊韻一首（乙酉）。

安瀾園　在海寧州拱辰門内，初名隅園，前大學士陳元龍别業，園中恭懸世宗憲皇帝御書『林泉耆碩』額。乾隆二十七年，皇上親閲海塘，駐蹕園中，賜名『安瀾園』。皇上御製駐陳氏安瀾園即景雜詠五言律詩六首（壬午），叠舊韻六首（乙酉）。

南屏晚鐘　在净慈寺前。寺倚南屏山，舊名慧日禪院，吴越時建，康熙間賜今額。寺前恭建聖祖仁皇帝御書『南屏晚鐘』碑亭。皇上御製南屏晚鐘七言絶句一首（辛未），叠韻三首（丁丑、壬午、乙酉）。

雷峯塔
放生池
來鳳亭
保俶塔
斷橋

三潭印月

在湖心亭南古有三塔志稱蘇軾濬湖時立塔以清水界一説湖中有三潭深不可測故建浮屠以鎮之舊蹟已圮明季繞潭作埂為放生池仍置三塔於池外每月光映潭影分為三故名池上恭建

聖祖仁皇帝御書三潭印月碑亭

皇上御製三潭印月七言絶句一首辛未叠韻三首丁丑壬午乙酉

雷峰西照

在淨慈寺北峯為南屏支脉咸淳志謂郡人雷就居此故名頂有塔吴越時所建舊名雷峯夕照

聖祖仁皇帝改為雷峰西照恭建

御書碑亭

皇上御製雷峰西照七言絶句一首辛未叠韻三首丁丑壬午乙酉

斷橋殘雪

在白沙堤一稱段家橋見周密武林舊事橋前恭建

聖祖仁皇帝御書斷橋殘雪碑亭

皇上御製斷橋殘雪七言絶句一首辛未叠韻三首丁丑壬午乙酉

北高峰

在雲林寺後武林山左支之冣高者自山麓取徑而上石磴數千級凡三十六折始達於巔憑高俯瞰峯嶺江湖靡遠不矚

皇上御製登北高峯極頂五言古詩一首辛未北高峰七言律詩一首丁丑

三潭印月　在湖心亭南。古有三塔，志稱蘇軾濬湖時，立塔以清水界。一説湖中有三潭，深不可測，故建浮屠以鎮之，舊蹟已圮。明季，繞潭作埂，爲放生池，仍置三塔於池外。每月光映潭，影分爲三，故名。池上恭建聖祖仁皇帝御書『三潭印月』碑亭。皇上御製三潭印月七言絶句一首（辛未），叠韻三首（丁丑、壬午、乙酉）。

雷峰西照　在浄慈寺北，峯爲南屏支脉，《咸淳志》謂郡人雷就居此，故名。頂有塔，吴越時所建。舊名雷峯夕照，聖祖仁皇帝改爲『雷峰西照』，恭建御書碑亭。皇上御製雷峰西照七言絶句一首（辛未），叠韻三首（丁丑、壬午、乙酉）。

斷橋殘雪　在白沙堤，一稱段家橋，見周密《武林舊事》。橋前，恭建聖祖仁皇帝御書『斷橋殘雪』碑亭。皇上御製斷橋殘雪七言絶句一首（辛未），叠韻三首（丁丑、壬午、乙酉）。

北高峰　在雲林寺後，武林山左支之冣高者。自山麓取徑而上，石磴數千級，凡三十六折始達於巔。憑高俯瞰，峯嶺江湖，靡遠不矚。皇上御製登北高峰極頂五言古詩一首（辛未），北高峰七言律詩一首（丁丑）。

蓮花峯
神尼塔
三生石
七葉堂
法淨寺

法鏡寺
三生石
法淨寺

丁家山即蕉石鳴琴

在湖之西南平岡層遞可瞰全湖有奇石高丈許展如蕉葉下庋石牀石几可以撫琴故有蕉石鳴琴之目

皇上御製丁家山七言律詩一首辛未題丁家山七言絶句一首壬午

龍井

在風篁嶺一名龍泉舊有寺名壽聖院宋僧辨才所居有秦觀龍井記董其昌摹米芾書又有芾書方圓菴記乾隆二十七年

皇上御題八景曰過溪亭曰滌心沼曰一片雲曰風篁嶺曰方圓菴曰龍泓澗曰神運石曰翠峯閣

御製初遊龍井誌懷三十韻五言古詩一首龍井八詠七言絶句八首雨中再遊龍井五言古詩一首龍井上作五言古詩一首再遊龍井即景雜詠七言絶句六首坐龍井上烹茶偶成七言律詩一首壬午遊龍井五言律詩六首龍井八詠七言絶句八首雨中遊龍井七言律詩一首再遊龍井作七言律詩一首乙酉

天竺寺

在白雲峯南晉天福間建奉普門大士靈感昭應香火最盛欽奉

聖祖仁皇帝御題額曰法雨慈雲

世宗憲皇帝賜帑修殿並恭勒碑亭乾隆十六年

皇上賜額曰法喜寺寺右有夢泉亭臣三寶於四十年間夢平日所奉

御題羅漢大士像臨泉示現因求其地應夢獲泉構亭紀異恭候

宸幸

御製天竺寺七言律詩一首天竺五言古詩一首辛未上天竺五言律詩一首詣天竺寺謝晴七言律詩一首丁丑上天竺五言古詩一首壬午上天竺五言律詩一首復至天竺五言古詩一首乙酉

蓮華峰

在飛來峰稍西即靈鷲峰也狀如蓮華故名峰之南麓曰法鏡寺舊稱天竺靈山教寺晉慧理始建乾隆二十七年

賜今額其間古蹟曰翻經臺曰夢謝亭皆宋謝靈運遺蹟曰神尼舍利塔隋仁壽年建曰三生石唐李源訪圓澤相遇處曰七葉堂隋僧真觀建曰西嶺草堂唐僧道標建曰月桂亭宋僧慈雲建曰曲水亭宋蘇軾與周燾倡和有詩曰連雲棧宋郭祥正有詩曰瓔珞泉元時所濬乾隆四十四年考復舊名脩葺諸景恭備

宸覽

丁家山（即蕉石鳴琴） 在湖之西南，平岡層遞，可瞰全湖。有奇石高丈許，展如蕉葉，下庋石牀石几，可以撫琴，故有蕉石鳴琴之目。皇上御製丁家山七言律詩一首（辛未），題丁家山七言絶句一首（壬午）。

龍井 在風篁嶺，一名龍泉。舊有寺名壽聖院，宋僧辨才所居，有秦觀《龍井記》、董其昌摹米芾書，又有芾書《方圓菴記》。乾隆二十七年，皇上御題八景，曰過溪亭、曰滌心沼、曰一片雲、曰風篁嶺、曰方圓菴、曰龍泓澗、曰神運石、曰翠峯閣。御製初遊龍井誌懷三十韻五言古詩一首，龍井八詠七言絶句八首，雨中再遊龍井五言古詩一首，龍井上作五言古詩一首，再遊龍井即景雜詠七言絶句六首，坐龍井上烹茶偶成七言律詩一首（壬午），遊龍井五言律詩六首，龍井八詠七言絶句八首，雨中遊龍井七言律詩一首，再遊龍井作七言律詩一首（乙酉）。

天竺寺 在白雲峯南，晉天福間建，奉普門大士，靈感昭應，香火最盛。欽奉聖祖仁皇帝御題額曰『法雨慈雲』，世宗憲皇帝賜帑修殿並恭勒碑亭。乾隆十六年，皇上賜額曰『法喜寺』。寺右有夢泉亭。臣三寶於四十年間夢平日所奉御題羅漢大士像臨泉示現，因求其地，應夢獲泉，構亭紀異，恭候宸幸。御製天竺寺七言律詩一首，天竺五言古詩一首（辛未），上天竺五言律詩一首，詣天竺寺謝晴七言律詩一首（丁丑），上天竺五言古詩一首（壬午），上天竺五言律詩一首，復至天竺五言古詩一首（乙酉）。

蓮華峰 在飛來峰稍西，即靈鷲峰也，狀如蓮華，故名。峰之南麓，曰法鏡寺，舊稱天竺靈山教寺，晉慧理始建，乾隆二十七年，賜今額，其間古蹟，曰翻經臺、曰夢謝亭，皆宋謝靈運遺蹟。曰神尼舍利塔，隋仁壽年建。曰三生石，唐李源訪圓澤相遇處。曰七葉堂，隋僧真觀建。曰西嶺草堂，唐僧道標建。曰月桂亭，宋僧慈雲建。曰曲水亭，宋蘇軾與周燾倡和有詩。曰連雲棧，宋郭祥正有詩。曰瓔珞泉，元時所濬。乾隆四十四年，考復舊名，脩葺諸景，恭備宸覽。

煉丹池
祖師殿
金蓮池

慧日高懸

雲林寺

在北高峯下對靈鷲峰創於晉僧慧理舊名靈隱寺康熙間
聖祖仁皇帝鑾輿五幸
賜額製詩賚予優渥
皇上御製雲林寺七言律詩一首方丈小憩示僧七言截句一首雲林寺二十韻五言排律一首飛來峯歌一首辛未飛來峯歌一首再至雲林寺七言律詩一首丁丑靈隱寺用宋之問韻即效其體五言排律一首壬午仍疊宋之問韻一首乙酉又三次恭依
皇祖靈隱寺詩韻五言律詩各一首丁丑壬午乙酉

韜光菴 即韜光觀海

在雲林寺西懸崖上唐長慶中有詩僧號韜光居此遂以名菴嘗與白居易倡和有詩菴有金蓮池為其遺跡
皇上御製韜光五言古詩一首再至韜光題壁五言古詩一首辛未韜光菴七言律詩一首過靈隱至韜光五言律詩一首坐金蓮池上用白居易寄韜光禪師韻五言律詩一首用韜光禪師答樂天韻七言律詩一首丁丑韜光菴七言律詩一首金蓮池七言律詩一首壬午韜光菴疊舊韻七言律詩一首韜光菴雜咏七言絶句三首仍用白居易及韜光禪師韻各一首乙酉

普圓院

在資嚴山之塢宋元嘉時僧慧琳開山吳越時號資巖院宋大中祥符間始名普圓院其勝曰石筍峰高數仞圓峭如卓筆一名卓筆峰有二泉曰金沙銀沙分繞左右有二亭曰福泉曰雨花有二精舍曰鄰公菴宋杭守祖無擇所構鄰公盖其封號也曰白衲菴普圓之分院元僧正宗所居上有海日樓乾隆四十四年因舊址脩復恭備
宸覽

清漣寺 即玉泉魚躍

在青芝塢南齊僧曇超開山晉天福間建寺宋理宗題為玉泉淨空之院康熙三十八年
賜今額玉泉發西山伏流二十餘里至此始見池方廣三丈許畜魚鱗鬣可數新增十八景有玉泉觀魚之目
皇上御製清漣寺五言六韻詩一首辛未疊韻三首丁丑壬午乙酉

雲林寺　在北高峯下，對靈鷲峰，創於晉僧慧理，舊名靈隱寺。康熙間，聖祖仁皇帝鑾輿五幸，賜額製詩，賚予優渥。皇上御製雲林寺七言律詩一首，方丈小憩示僧七言截句一首，雲林寺二十韻五言排律一首，飛來峯歌一首（辛未），飛來峯歌一首，再至雲林寺七言律詩一首（丁丑），靈隱寺用宋之問韻即效其體五言排律一首（壬午），仍疊宋之問韻一首（乙酉），又三次恭依皇祖靈隱寺詩韻五言律詩各一首（丁丑、壬午、乙酉）。

韜光菴（即韜光觀海）　在雲林寺西懸崖上，唐長慶中有詩僧號韜光居此，遂以名菴。嘗與白居易倡和有詩，菴有金蓮池，爲其遺跡。皇上御製韜光五言古詩一首，再至韜光題壁五言古詩一首（辛未），韜光菴七言律詩一首，過靈隱至韜光五言律詩一首，坐金蓮池上用白居易寄韜光禪師韻五言律詩一首，用韜光禪師答樂天韻七言律詩一首（丁丑），韜光菴七言律詩一首，金蓮池七言律詩一首（壬午），韜光菴疊舊韻七言律詩一首，韜光菴雜詠七言絶句三首，仍用白居易及韜光禪師韻各一首（乙酉）。

普圓院　在資嚴山之塢。宋元嘉時，僧慧琳開山，吴越時，號資嚴院，宋大中祥符間，始名普圓院。其勝曰石筍峰，高數仞，圓峭如卓筆，一名卓筆峰。有二泉，曰金沙、銀沙，分繞左右。有二亭，曰福泉，曰雨花。有二精舍，曰鄰公菴，宋杭守祖無擇所構，鄰公蓋其封號也；曰白衲菴，普圓之分院，元僧正宗所居，上有海日樓。乾隆四十四年，因舊址修復，恭備宸覽。

清漣寺（即玉泉魚躍）　在青芝塢。南齊僧曇超開山，晉天福間建寺，宋理宗題爲玉泉淨空之院，康熙三十八年，賜今額。玉泉發西山，伏流二十餘里，至此始見。池方廣三丈許，畜魚鱗鬣可數，新增十八景，有玉泉觀魚之目。皇上御製清漣寺五言六韻詩一首（辛未），疊韻三首（丁丑、壬午、乙酉）。

松巖閣

起座
悦性亭
松雲閣
洗心亭

起座

雲棲寺

在五雲山西吳越時建明隆萬間釋袾宏號蓮池開道場於此
聖祖仁皇帝御書額曰雲栖曰松雲閒並
製詩五章
皇上御製雲棲五言排律一首雲棲寺小憩寫幽蘭橫卷五言絕句一首重訪雲棲即景七言絕句四首辛未雲棲寺七言律詩一首雨中遊雲棲即景七言絕句四首再題雲棲寺七言律詩一首丁丑雲棲寺疊舊韻七言律詩一首坐雲棲寺靜室七言絕句四首再至雲棲題句五言律詩一首壬午遊雲棲七言絕句四首雲棲寺再疊舊韻七言律詩一首再遊雲棲七言律詩一首乙酉

理安寺

在南山十八澗舊名法雨寺宋理宗改為理安寺有松巔閣法雨泉康熙五十三年
聖祖仁皇帝發帑重建置寺山千畝齋田二百餘畝
御書額曰石磬正音曰理安寺雍正五年
世宗憲皇帝御書慈悲自在額并
賜僧實慧曹溪人瑞額奉懸經樓法堂
皇上御製理安寺七言律詩一首辛未理安寺五言律詩一首丁丑理安寺五言律詩一首過理安未入五言古詩一首壬午理安寺五言律詩二首乙酉

法雲寺

在赤山舊名慧因禪院吳越時建宋元豐間有高麗國王子因入貢曾從院僧淨源學及歸國以金書華嚴經三部共六百二十卷并建經閣之貲附貢舶捨院俗遂呼為高麗寺乾隆二十二年
皇上臨幸
賜今額
御製法雲寺五言古詩一首壬午

大佛寺

在寶稷山一名石佛山舊以巨石得名世傳秦時纜船即此宋宣和間僧思淨就石鐫成佛面構殿覆之遂名大佛寺石壁下有沁雪泉
皇上御製大佛寺題句五言古詩一首乙酉

雲棲寺　在五雲山西，吴越時建。明隆、萬間，釋袾宏號蓮池，開道場於此。聖祖仁皇帝御書額曰『雲栖』、曰『松雲間』，並製詩五章。皇上御製雲棲五言排律一首，雲棲寺小憩寫幽蘭横卷五言絶句一首，重訪雲棲即景七言絶句四首（辛未），雲棲寺七言律詩一首，雨中遊雲棲即景七言絶句四首，再題雲棲寺七言律詩一首（丁丑），雲棲寺叠舊韻七言律詩一首，坐雲棲寺静室七言絶句四首，再至雲棲題句五言律詩一首（壬午），遊雲棲七言絶句四首，雲棲寺再叠舊韻七言律詩一首，再遊雲棲七言律詩一首（乙酉）。

理安寺　在南山十八澗，舊名法雨寺，宋理宗改爲理安寺，有松巔閣、法雨泉。康熙五十三年，聖祖仁皇帝發帑重建，置寺山千畝，齋田二百餘畝，御書額曰『石磬正音』、曰『理安寺』。雍正五年，世宗憲皇帝御書『慈悲自在』額，并賜僧實慧『曹溪人瑞』額，奉懸經樓法堂。皇上御製理安寺七言律詩一首（辛未），理安寺五言律詩一首（丁丑），理安寺五言律詩一首，過理安未入五言古詩一首（壬午），理安寺五言律詩二首（乙酉）。

法雲寺　在赤山，舊名慧因禪院，吴越時建。宋元豐間，有高麗國王子因入貢，曾從院僧净源學，及歸國，以金書《華嚴經》三部共六百二十卷并建經閣之貲附貢舶捨院，俗遂呼爲高麗寺。乾隆二十二年，皇上臨幸，賜今額。御製法雲寺五言古詩一首（壬午）。

大佛寺　在寶稷山，一名石佛山，舊以巨石得名，世傳秦時纜船即此。宋宣和間，僧思净就石鎸成佛面，構殿覆之，遂名大佛寺。石壁下，有沁雪泉。皇上御製大佛寺題句五言古詩一首（乙酉）。

望海樓
初陽臺
起座
智泉寺
壽星石
起座

起座
僕夫泉
起座

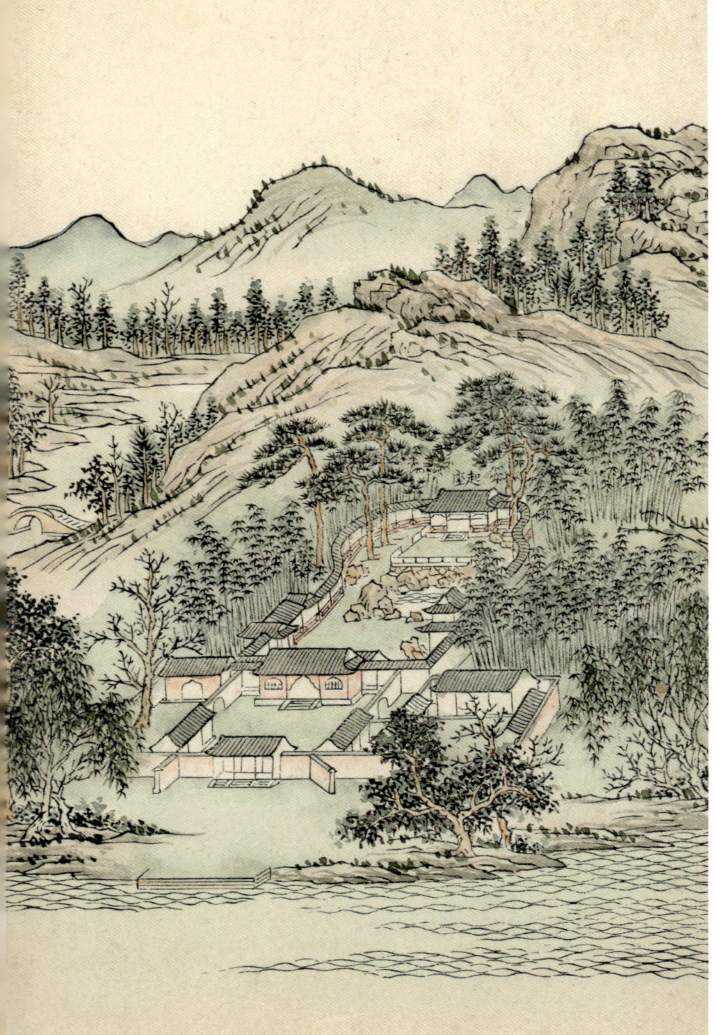
起座

起座
萬壽戒壇

瑪瑙寺

在葛嶺之麓舊時孤山有瑪瑙寶勝院宋高僧智圓所居紹興間徙築於此寺有後僕夫泉其先智圓在孤山因課僕藝竹得泉有僕夫泉逮寺徙後元僧芳洲復於階下鑿得此泉遂名後僕夫泉張雨有記乾隆四十四年因舊址脩葺恭備

宸覽

葛嶺

在寶雲山以晉葛洪所居故名其巔曰初陽臺山半曰仙翁祠祠畔有丹井有寶雲泉皆洪之遺跡又嶺有古刹二一曰智果寺吳越時建宋蘇軾守杭時延僧道潛號參寥子居之分韻賦詩一時稱盛寺有參寥泉因道潛得名軾為撰銘一曰壽星院五代天福年建院有寒碧軒此君軒觀臺盃泉諸勝蘇軾均有詩乾隆四十四年考復舊蹟脩建景亭恭備

宸覽

昭慶寺

在錢塘門外舊名菩提院吳越錢氏建宋太平興國七年改今額

國朝康熙五十二年重建

皇上御製昭慶寺七言律詩一首丁丑五言律詩一首壬午五言律詩一首乙酉

六一泉

在孤山西麓宋蘇軾守杭時適有泉出於僧惠勤舊所居講堂下軾因感懷歐陽脩取以名之蓋惠勤與脩及軾皆素為方外交也南渡後歸入延祥觀其蹟漸湮明夏時正訪得始重表之

皇上御製六一泉七言截句一首壬午題六一泉五言古詩一首乙酉

瑪瑙寺　在葛嶺之麓。舊時，孤山有瑪瑙寶勝院，宋高僧智圓所居，紹興間，徙築於此。寺有後僕夫泉。其先，智圓在孤山因課僕藝竹得泉，有僕夫泉，逮寺徙後，元僧芳洲復於階下，鑿得此泉，遂名後僕夫泉，張雨有記。乾隆四十四年，因舊址脩葺，恭備宸覽。

葛嶺　在寶雲山，以晉葛洪所居，故名。其巔曰初陽臺，山半曰仙翁祠，祠畔有丹井，有寶雲泉，皆洪之遺跡。又嶺有古刹二，一曰智果寺，吳越時建，宋蘇軾守杭時，延僧道潛號參寥子，居之，分韻賦詩，一時稱盛。寺有參寥泉，因道潛得名，軾爲撰銘。一曰壽星院，五代天福年建院，有寒碧軒、此君軒、觀臺、盃泉諸勝，蘇軾均有詩。乾隆四十四年，考復舊蹟，脩建景亭，恭備宸覽。

昭慶寺　在錢塘門外，舊名菩提院。吳越錢氏建，宋太平興國七年，改今額，國朝康熙五十二年重建。皇上御製昭慶寺七言律詩一首（丁丑），五言律詩一首（壬午），五言律詩一首（乙酉）。

六一泉　在孤山西麓。宋蘇軾守杭時，適有泉出於僧惠勤舊所居講堂下，軾因感懷歐陽修，取以名之，蓋惠勤與修及軾，皆素爲方外交也。南渡後，歸入延祥觀，其蹟漸湮。明夏時正訪得，始重表之。皇上御製六一泉七言截句一首（壬午），題六一泉五言古詩一首（乙酉）。

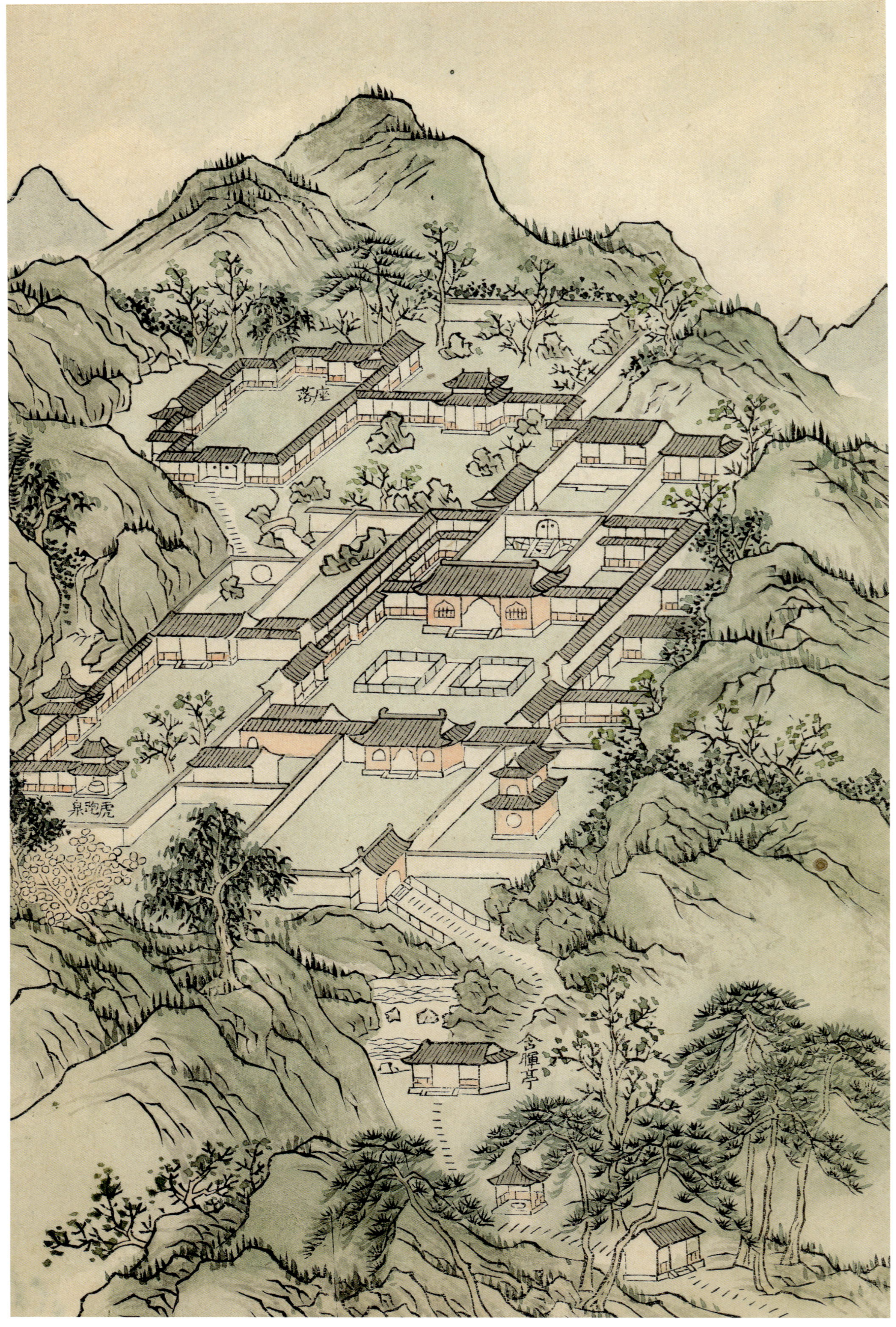
座落
虎跑泉
含暉亭

虎跑泉

在大悲寺内唐僧性空棲此有二虎跑山出泉因名寺始建于唐開成間宋名祖塔院蘇軾蘇轍均有詩康熙間

聖祖仁皇帝鑾輿兩幸

御製虎跑泉詩恭摹勒石

皇上御製虎跑泉七言絶句二首辛未題虎跑泉七言律詩一首丁丑雨中至虎跑寺七言絶句二首題虎跑泉七言古詩一首壬午虎跑泉用蘇軾韻七言古詩一首乙酉

虎跑泉　在大悲寺内，唐僧性空棲此，有二虎跑山出泉，因名。寺始建于唐開成間，宋名祖塔院，蘇軾、蘇轍均有詩。康熙間，聖祖仁皇帝鑾輿兩幸，御製虎跑泉詩，恭摹勒石。皇上御製虎跑泉七言絶句二首（辛未），題虎跑泉七言律詩一首（丁丑），雨中至虎跑寺七言絶句二首，題虎跑泉七言古詩一首（壬午），虎跑泉用蘇軾韻七言古詩一首（乙酉）。

浙江景物圖

作　　者　不詳

年　　代　清嘉慶年間

類　　型　紙本彩繪

載體形態　一册

尺　　寸　每頁縱二二厘米，横二〇厘米

索 書 號　223/074.2/1820

題名係後人擬定。地圖采用圖説形式，左文右圖，共計二十六篇圖説和二十六幅地圖，圖文并茂地介紹了浙江省杭州及海寧的二十六處風景名勝。左側的圖説文字少則廿字，多則百餘字，内容一般涵蓋景點地理位置、得名由來、與帝王或名人的淵源等。右側的地圖采用中國傳統形象山水畫法繪製而成，細緻描繪了各處景觀的建築、山水、植被等，綫條流暢，繪製精細，内容豐富，用色雅緻，可謂賞心悦目。

圖册描繪的二十六處景觀分别位於杭州和海寧兩地，包括杭州的丁家山（即蕉石鳴琴）、清漣寺（即玉泉魚躍）、冷泉寺（即冷泉猿嘯）、蓮花峰、龍井、留餘山居、水樂居、石屋洞、虎跑泉、葛嶺、瑪瑙寺、天竺寺、雲林寺、普圓院、昭慶寺、大佛寺、法雲寺、理安寺、雲棲寺、六和塔、觀潮樓（即浙江秋濤）、鳳凰山、敷文書院，以及海寧的安瀾園、尖山、鎮海塔院。這些景點皆與乾隆皇帝南巡相關。因此，圖册中提及較多乾隆時期的年份，最晚是『乾隆四十八年』，由此大致可以判斷，地圖反映了乾隆年間的景點狀况。不過圖册最終製作時間必然是在乾隆去世之後，因爲圖説中已經出現了乾隆皇帝的謚號『高宗純皇帝』。再結合時效等因素考慮，推斷圖册可能成於嘉慶年間（一七九九—一八二〇）。

《浙江景物圖》與《浙省名勝景亭圖説》，前者係繪本，後者係刻本，但内容極爲相似。其一，景觀重叠度高。後者收録的五十三處景觀中，囊括了前者收録的除『石屋洞』以外的二十五處景觀。其二，除了年份表達略有不同之外，圖説文字基本重合。其中，後者的圖説内容更多，增加了對皇帝或名人題字、製詩等的情况説明。其三，地圖繪法相近，内容相似。除兩處『觀潮樓』的視角相反且畫法差異較大外，其餘景觀的繪製視角完全一致，作爲圖面主體的建築布局也幾近相同，僅有幾處局部建築略有差異，如兩處『鳳凰山』半山腰的院落差别就較爲明顯。

根據上述分析及製作時間的先後來看，《浙江景物圖》勢必參考了《浙省名勝景亭圖説》，或者兩圖共同參考了同一母本。不過，鑒於《浙省名勝景亭圖説》已經是比較正式的版本，所以還是前者的可能性更大。另一證據是『法雲寺』景觀圖説，《浙省名勝景亭圖説》中提及『乾隆二十二年，皇上臨幸，賜今額』，《浙江景物圖》中則變成了『乾隆二十三年，高宗純皇帝臨幸，賜今額』。乾隆第二次南巡，明確發生在乾隆二十二年，後者顯然是謄寫時出了差錯。

丁家山　即蕉石鳴琴

在湖之西南平岡層遞可瞰全湖有奇石高丈許展如蕉葉下庋石床石几可以撫琴故有蕉石鳴琴之目

清漣寺　即玉泉魚躍

在青芝塢南齊僧曇超開山晉天福間建宋理宗題為玉泉浄空之院康熙三十八年

賜今額玉泉發西山伏流二十餘里至此始見池方廣三丈許游魚鱗鬣可數新增十八景有玉泉魚躍之目

丁家山（即蕉石鳴琴）　在湖之西南，平岡層遞，可瞰全湖。有奇石高丈許，展如蕉葉，下庋石床、石几，可以撫琴，故有蕉石鳴琴之目。

清漣寺（即玉泉魚躍）　在青芝塢，南齊僧曇超開山，晉天福間建，宋理宗題爲玉泉浄空之院，康熙三十八年，賜今額。玉泉發西山，伏流二十餘里，至此始見。池方廣三丈許，游魚鱗鬣可數，新增十八景，有玉泉魚躍之目。

冷泉亭 即冷泉猿嘯

在雲林寺前唐刺史元萸建白居易作記舊亭在水明代始移於岸

蓮花峰

在飛來峯稍西即靈鷲峰也狀如蓮華故名峯之南麓曰法鏡寺舊稱天竺靈山教寺晉慧理始建乾隆壬午
御賜今額古蹟曰飜經臺夢謝亭曰舍利塔隋仁壽年建曰三生石唐李源訪圓澤處曰七葉堂隋仁壽僧真觀建曰西嶺草堂僧道標建月桂亭宋僧慈雲建曲水亭蘇軾有詩連雲棧郭祥正有詩瓔珞泉元時所濬乾隆四十四年考復舊名脩葺

龍井

在風篁嶺一名龍泉舊有寺名壽聖院宋僧辨才所居有秦觀龍井記董其昌摹米芾書方圓菴乾隆壬午年
御題八景曰過溪亭滌心沼一片雲風篁嶺方圓庵龍泓澗神運石翠峯閣

留餘山居

在南高峯之北麓里人陶驥別業石壁奇峭有泉鳴響不絕山頂構亭可俯全湖乾隆丁丑年
高宗純皇帝
賜名留餘山居

冷泉亭（即冷泉猿嘯）　在雲林寺前，唐刺史元萸建，白居易作記，舊亭在水，明代始移於岸。

蓮花峰　在飛來峰稍西，即靈鷲峰也。狀如蓮華，故名。峯之南麓，曰法鏡寺，舊稱天竺靈山教寺，晉慧理始建，乾隆壬午，御賜今額。古蹟，曰飜經臺、夢謝亭；曰舍利塔，隋仁壽年建；曰三生石，唐李源訪圓澤處；曰七葉堂，隋仁壽，僧真觀建；曰西嶺草堂，僧道標建；月桂亭，宋僧慈雲建；曲水亭，蘇軾有詩；連雲棧，郭祥正有詩；瓔珞泉，元時所濬。乾隆四十四年，考復舊名脩葺。

龍井　在風篁嶺，一名龍泉。舊有寺，名壽聖院，宋僧辨才所居，有秦觀《龍井記》、董其昌摹米芾書《方圓菴》。乾隆壬午年，御題八景，曰過溪亭、滌心沼、一片雲、風篁嶺、方圓庵、龍泓澗、神運石、翠峯閣。

留餘山居　在南高峯之北麓，里人陶驥別業，石壁奇峭，有泉鳴響不絕，山頂構亭，可俯全湖。乾隆丁丑年，高宗純皇帝賜名『留餘山居』。

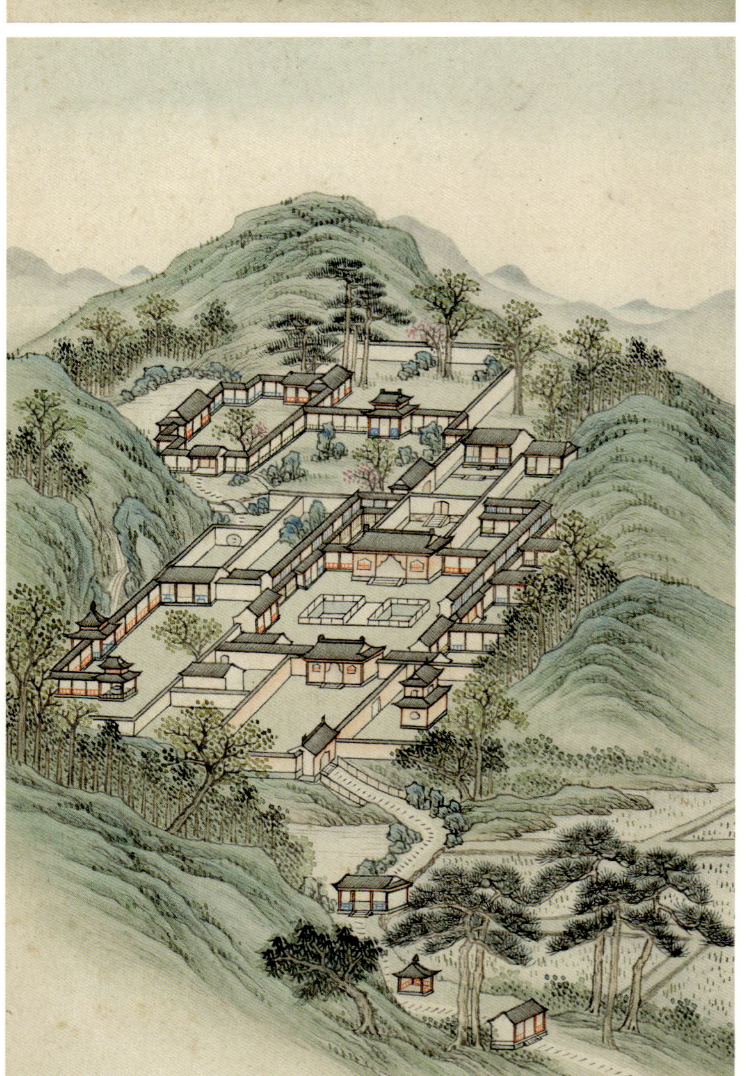

水樂居

在烟霞嶺下有泉自洞底出泠泠有聲宋守鄭獬題曰水樂洞

石屋洞

在石屋嶺下洞口巖上舊刻石屋二字洞内甚暢達稍東爲小石屋刊石别院三字西北爲石隩上刊滄海浮螺四字西偏有石鐫虛谷二字又一窟上通天光是爲石樓四壁舊鐫羅漢像向建僧舍遊亭乾隆四十八年稍加式廓

虎跑泉

在大悲寺内唐僧性空居此有二虎跑山出泉因名寺始建於唐開成間宋名祖塔院

葛嶺

在寶雲山晋葛洪所居故名其巔曰初陽臺山半曰仙翁祠有丹井寶雲泉嶺有古剎二一曰智果寺吴越時建蘇軾守杭延僧道潛居之有參寥泉以僧名軾爲撰銘一曰壽星院五代天福建院有寒碧軒此君軒觀臺杯諸勝軾有詩乾隆己亥攷復修建

水樂居　在烟霞嶺下，有泉自洞底出，泠泠有聲。宋守鄭獬題曰『水樂洞』。

石屋洞　在石屋嶺下，洞口巖上，舊刻『石屋』二字，洞内甚暢達。稍東，爲小石屋，刊『石别院』三字，西北爲石隩，上刊『滄海浮螺』四字，西偏有石，鐫『虛谷』二字。又一窟，上通天光，是爲石樓，四壁舊鐫羅漢像，向建僧舍遊亭。乾隆四十八年，稍加式廓。

虎跑泉　在大悲寺内，唐僧性空居此，有二虎跑山出泉，因名。寺始建於唐開成間，宋名祖塔院。

葛嶺　在寶雲山，晋葛洪所居，故名。其巔，曰初陽臺，山半，曰仙翁祠，有丹井、寶雲泉。嶺有古剎二：一曰智果寺，吴越時建。蘇軾守杭，延僧道潛居之，有參寥泉，以僧名，軾爲撰銘。一曰壽星院，五代天福建，院有寒碧軒、此君軒、觀臺杯諸勝，軾有詩。乾隆己亥，攷復修建。

瑪瑙寺

在葛嶺之麓舊時孤山有瑪瑙寶勝院宋高
僧智圓所居紹興間徙築於此寺有後僕夫
泉其先智圓在孤山因課僕藝竹得泉名僕
夫泉逮寺徙後元僧芳洲復於階下鑿得此
泉遂名後僕夫泉張雨有記乾隆四十四年
因舊址修葺

天竺寺

在白雲峰南晉天福間建奉普門大士靈感
昭應香火最盛欽奉
聖祖仁皇帝
御題曰法雨慈雲

雲林寺

在北高峰下對靈鷲峰創於晉僧慧理舊名
靈隐寺

普圓院

在資巖山之塢宋元嘉時僧慧琳開山吳越
時號資巖院宋大中祥符間始名普圓院其
勝曰石筍峯高數仞圓削如卓筆一名卓筆
峯有金沙銀沙二泉福泉雨花二亭有精舍
曰鄰公庵白衲庵海日樓乾隆四十四年因
舊址修復

瑪瑙寺　在葛嶺之麓。舊時孤山有瑪瑙寶勝院，宋高僧智圓所居，紹興間，徙築於此。寺有後僕夫泉。其先，智圓在孤山因課僕藝竹得泉，名僕夫泉。逮寺徙，後元僧芳洲復於階下鑿得此泉，遂名後僕夫泉，張雨有記。乾隆四十四年，因舊址修葺。

天竺寺　在白雲峰南，晉天福間建，奉普門大士，靈感昭應，香火最盛，欽奉聖祖仁皇帝御題，曰『法雨慈雲』。

雲林寺　在北高峰下，對靈鷲峰，創於晉僧慧理，舊名靈隐寺。

普圓院　在資巖山之塢。宋元嘉時，僧慧琳開山，吳越時，號資巖院，宋大中祥符間，始名普圓院。其勝曰石筍峯，高數仞，圓削如卓筆，一名卓筆峯。有金沙、銀沙二泉，福泉、雨花二亭，有精舍曰鄰公庵、白衲庵、海日樓。乾隆四十四年，因舊址修復。

昭慶寺

在錢塘門外舊名菩提院吴越錢氏建宋太平興國七年始改今額

大佛寺

在寶稷山一名石佛山舊以巨石得名世傳秦時纜船即此宋宣和間僧思净就石鐫成佛面搆殿覆之遂名大佛寺石壁下有沁雪泉

法雲寺

在赤山舊名慧因禪院吴越時建宋元豐間有高麗國王子因入貢曾從院僧净源學及歸國以金書華嚴經三部共六百二十卷並建經閣之貲附貢船捨院俗遂呼為高麗寺乾隆二十三年

高宗純皇帝臨幸賜今額

理安寺

在南山十八澗舊名法雨寺宋理宗改為理安寺有松巔閣法雨泉康熙五十三年

聖祖仁皇帝發帑重建置寺山千畝齋田二百餘畝

御書額曰石磬正音

昭慶寺　在錢塘門外，舊名菩提院，吴越錢氏建，宋太平興國七年，始改今額。

大佛寺　在寶稷山，一名石佛山，舊以巨石得名，世傳秦時纜船即此。宋宣和間，僧思净就石鐫成佛面，搆殿覆之，遂名大佛寺。石壁下有沁雪泉。

法雲寺　在赤山，舊名慧因禪院，吴越時建。宋元豐間，有高麗國王子因入貢，曾從院僧净源學，及歸國，以金書《華嚴經》三部共六百二十卷，並建經閣之貲附貢船捨院，俗遂呼爲高麗寺。乾隆二十三年，高宗純皇帝臨幸，賜今額。

理安寺　在南山十八澗，舊名法雨寺，宋理宗改爲理安寺，有松巔閣、法雨泉。康熙五十三年，聖祖仁皇帝發帑重建，置寺山千畝，齋田二百餘畝，御書額曰『石磬正音』。

雲棲寺

在五雲山西吳越時建明隆萬間釋袾宏號蓮池開道場於此

聖祖仁皇帝

御書額曰雲棲

六和塔

在開化寺內宋開寶三年僧智覺於龍山月輪峯開山建塔以鎮江潮

觀潮樓 即浙江秋濤

在候潮門外浙江一名漸江見水經注其潮每晝夜再至四時皆然而三秋尤盛

聖祖仁皇帝再幸江干

御書恬波利濟額

鳳凰山

在鳳山門外有左右兩峯跨越甚廣其右麓有勝果寺吳越時建由寺側取徑而上曰中峯再上曰月巖又上曰排衙石吳越錢氏所名更稍上即右峯之頂平如掌志稱四顧坪城郭江山無遠弗矚乾隆乙酉年

高宗純皇帝題額曰江湖曠覽

雲棲寺　在五雲山西，吴越時建。明隆、萬間，釋袾宏，號蓮池，開道場於此，聖祖仁皇帝御書額曰『雲棲』。

六和塔　在開化寺内。宋開寳三年，僧智覺於龍山月輪峯開山建塔以鎮江潮。

觀潮樓（即浙江秋濤）在候潮門外。浙江，一名漸江，見《水經注》。其潮每晝夜再至，四時皆然，而三秋尤盛。聖祖仁皇帝再幸江干，御書『恬波利濟』額。

鳳凰山　在鳳山門外，有左右兩峯，跨越甚廣。其右麓有勝果寺，吴越時建。由寺側取徑而上，曰中峰；再上，曰月巖；又上，曰排衙石，吴越錢氏所名；更稍上，即右峯之頂，平如掌，志稱四顧坪，城郭江山無遠弗矚。乾隆乙酉年，高宗純皇帝題額曰『江湖曠覽』。

敷文書院

在鳳皇山之萬松嶺舊名萬松書院康熙五十五年

聖祖仁皇帝

賜浙水敷文額因名

安瀾園

在海寧州拱宸門內初名隅園前大學士陳元龍別業園中恭懸

世宗憲皇帝御書林泉耆碩額乾隆壬午年

高宗純皇帝親閱海塘

駐蹕園中

賜名安瀾園

尖山

在海寧州城東南四十六里突出海岸最當潮汐之衝凡石灠柴塘竹簍坦水各工防禦要處俱在尖山以西

鎮海塔院

在海寧州春熙門外明時建高一百五十尺廣周九十六尺左有平臺可以觀海

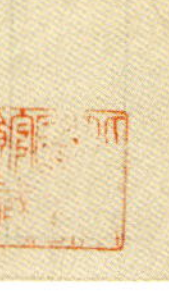

敷文書院　在鳳皇山之萬松嶺，舊名萬松書院。康熙五十五年，聖祖仁皇帝賜『浙水敷文』額，因名。

安瀾園　在海寧州拱宸門內，初名『隅園』，前大學士陳元龍別業。園中恭懸世宗憲皇帝御書『林泉耆碩』額。乾隆壬午年，高宗純皇帝親閱海塘，駐蹕園中，賜名『安瀾園』。

尖山　在海寧州城東南四十六里，突出海岸，最當潮汐之衝，凡石灠、柴塘、竹簍、坦水各工防禦要處，俱在尖山以西。

鎮海塔院　在海寧州春熙門外，明時建，高一百五十尺，廣周九十六尺，左有平臺可以觀海。

江山勝迹圖

作　者　（清）沈起鯨繪

年　代　清道光三年（一八二三）

類　型　紙本彩繪

載體形態　一册

尺　寸　每頁縱二四點六厘米，橫三〇點二厘米

索 書 號　2/074.2/1823

國家圖書館館藏《江山勝迹圖》一册四十五幅，沈起鯨繪。沈起鯨，字子魚，號瘦生，浙江海鹽人。他遍游大江南北，畫山水初無師承，但以自娱，後頗得董源、高克恭及米芾神髓。官吴縣主簿，江蘇巡撫梁章鉅重其藝術，囑畫《焦山還帶圖》《鄧尉探梅》《慧山品泉》等。《江山勝迹圖》共收録了沈起鯨游覽名勝時所繪的四十五幅山水畫，大多寫有名勝簡介或游覽心得，蓋有紅色印章『瘦生』。

第一幅淡妝濃抹總相宜——西湖；第二幅，蘇州最古老的一所園林——滄浪亭；第三幅，蘇州『吴中第一名勝』——虎丘；第四幅，蘇州四大名園之一——師子林；第五幅，蘇州古城西南『吴中第一山』——天平山；第六幅，吴中佛教名山——支硎山；第七幅，吴王夫差館娃宫的舊址靈岩山；第八幅，雨天泛舟靈岩山下——靈岩雨景；第九幅，吴王錦帆以游，故名錦帆涇，西施於此泛舟采蓮，又名——采蓮涇；第十幅，蘇州城西南郊奇景『石湖串月』——石湖；第十一幅，江南先祖虞仲（即仲雍）死後所葬之地——虞山；第十二幅，虞山北麓——破山寺；第十三幅，虞山第三峰——三峰寺；第十四幅，虞山『拂水晴岩』——拂水崖；第十五幅，虞山『劍門奇石』——劍門；第十六幅，松江境内人文彙聚之地『九峰三泖』——三泖；第十七幅，蘇州市吴江區環如半月、長若垂虹——垂虹橋；第十八幅，慧山好泉品，清冽錫城隅——慧山第二泉；第十九幅，江蘇省無錫市西郊——慧山；第二十幅，江蘇省江陰市以春申君命名之——君山；第二十一幅，唐代詩人孟郊在溧陽任縣尉時曾寫下著名詩篇《游子吟》的地方——射鴨堂；第二十二幅，江蘇省丹陽縣城西北築堤圍成的人工湖泊——練湖；第二十三幅，鎮江三山名勝之一——北固山；第二十四幅，鎮江市東北——焦山膠舟景；第二十五幅，鎮江市西北有『江心一朵美芙蓉』之稱譽——金山；第二十六幅，鎮江三山風景名勝之二——金焦二山；第二十七幅，江蘇省南京夫子廟——秦淮水榭；第二十八幅，『金陵第一明秀山』——棲霞山；第二十九幅，三國吴在建業城東南所鑿東渠，流經南京市區入秦淮河，曲折達十餘里——青溪；第三十幅，南京城南的一座松柏環抱的秀麗山崗，頂部呈平臺狀——雨花臺；第三十一幅，江蘇省南京市北郊觀音門外——觀音岩；第三十二幅，長江三大名磯之首——燕子磯；第三十三幅，江蘇省揚州市西北——蜀岡；第三十四幅，江蘇省揚州市北門外繁華之地——紅橋；第三十五幅，揚州瘦西湖中一小島，今爲小金山原名——長春嶺；第三十六幅，我國六大淡水湖之一的江蘇高郵湖，昔日高郵湖三十六湖中較大的湖泊——甓社湖；第三十七幅，徐州市泉山區南郊——雲龍山雪景；第三十八幅，李白《天門山》詩云：『兩岸青山相對望，孤帆一片日邊來』贊譽——博望山；第三十九幅，清代名鎮桐城的八景之一『練潭秋月』——練潭；第四十幅安徽省桐城市——龍眠山；第四十一幅，安徽省安慶市——大觀亭；第四十二幅，河南省西北部濟源市——王屋山；第四十三幅，河南省新鄉市輝縣市百泉鎮——百門泉；第四十四幅，發源於山西省北部，永定河的上游，海河的重要支流，因相傳每年桑葚成熟的時候河水乾涸，故得名——桑乾河；第四十五幅，北京市西北郊，世界上最古老的山脉之一——燕山。（注：原圖册中有少數空白頁面，因版面調整需求，現將其刪除，後續頁面做接排處理。）

《江山勝迹圖》中描繪了很多江南美景，筆法生動細膩，顔色清新淡雅，游記也翔實有趣，使人仿佛置身於風景之中。

武林之西湖余僅兩至一在山沉碧瘦楓映紅酣一值脩景方陰歊暑蹔滌煙生湖上霧起山嵋昔人謂西湖比西子淡抹濃粧俱臻其妙以余拙陋豈得效東家顰以唐突西子然以茲勝地近在吾鄉而不得窮遊情之所鍾不能自已工拙固所弗計也
瘦生并識

武林之西湖，余僅兩至，一在山沉碧瘦，楓映紅酣，一值修景方陰，歊暑蹔滌，煙生湖上，霧起山嵋。昔人謂西湖比西子，淡抹濃粧，俱臻其妙，以余拙陋豈得效東家顰，以唐突西子？然以茲勝地近在吾鄉而不得窮遊，情之所鍾不能自已，工拙固所弗計也。瘦生并識。

滄浪亭

虎邱

余往過虎丘，每當春秋佳日，樓船相接，絲竹駢闐，聲容競作，不知有山林幽靜之趣。今自袁江歸，逗舟山塘，適遇胡春帆參軍，偕往遊焉。旹積雨初晴，夕陽乍見，木葉既脱，山骨俱冷，坐生公臺畔，四顧岑寂，但聞鈴鐸吟風而已。復拾級而上，繞至寺後，山空人静，纔見本來真面目耳。宋王禹偁詩云：『盡把好山藏寺裏，不教幽境落人間。』信然。嘉慶十三年冬仲，畫於姑胥迎春橋舟次并記。瘦生。

余往過虎丘每當春秋佳日樓船相接絲竹駢闐聲容競作不知有山林幽靜之趣今自袁江歸逗舟山塘適遇胡春帆參軍偕往遊焉旹積雨初晴夕陽乍見木葉既脱山骨俱冷坐生公臺畔四顧岑寂但聞鈴鐸吟風而已復拾級而上繞至寺後山空人静纔見本來真面目耳宋王禹偁詩云盡把好山藏寺裏不教幽境落人間信然

嘉慶十三季冬仲畫於姑胥迎春橋舟次并記　瘦生

師子林在吳城東北隅，本元僧惟則之道場，最號奇勝。惟則好聚奇石，類狻猊，故取佛語名庵，即今爲獅林寺。寺右搆園一區，中饒水石，則師子林也。乾隆年間，賜名『五松園』。當夫春秋佳日，遊者尤盛，士女傾城以往。地不甚廣，陂池臺榭，咸備焉。叠石爲山，穴山爲洞，盤旋曲折，宛轉相通。爲峪，爲厓，爲峰，爲嶺，悉壘玲瓏湖石，爲之高低隱映，秀若天成。相傳倪雲林爲惟則搆造，洵非胸中富藏丘壑者，曷克搆此。余嘗於大梁藏弆家獲觀雲林《師子林圖》，卷首圖一石題獅子峰，餘則叢篁嘉樹，曲徑小山，柴門梵殿，長廊高閣，絶不類此。豈即其地欤？或別有所指欤？抑當時本非如是，後之好事者又重而增葺之欤？嘉慶二十四年春三月六日與汪篔谿昆季同遊後，乘興作於姑蘇百花洲寓館之亦吾廬。起鯨。

余与朴生旅寓姑蘇，訂遊天平、靈巖兩山，既因發棹遲，復繇支硎山繞寒山寺而後至天平山。羣峰攢聳，作拱揖狀，又名萬笏林。遍歷其勝，鼓勇直履，上白雲峰，酌泉瀹茗，及下山，夕陽距西峰僅丈許，亟登輿向靈巖，輿人云：『越此十里，暮難至矣。』遂登舟歸，是遊也。丙寅二月七日越五日，於錫山舟次補是圖并記。瘦生。

余与朴生旅寓姑蘇訂遊天平靈巖兩山既因發棹遲復繇支硎山繞寒山寺而後至天平山羣峰攢聳作拱揖狀又名萬笏林遍歷其勝鼓勇直履上白雲峰酌泉瀹茗及下山夕陽距西峰僅丈許亟登輿向靈巖輿人云越此十里暮難至矣遂登舟歸是遊也丙寅二月七日越五日於錫山舟次補是圖并記 瘦生

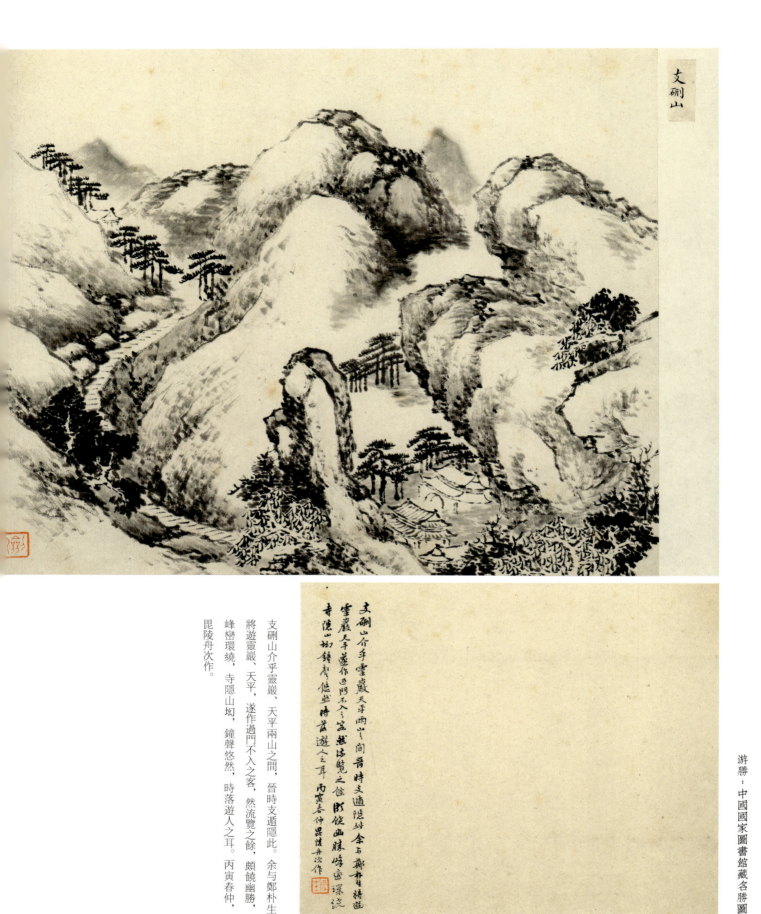

支硎山介乎靈巖、天平兩山之間，晉時支遁隱此。余与鄭朴生將遊靈巖、天平，遂作過門不入之客，然流覽之餘，頗饒幽勝，峰巒環繞，寺隱山坳，鐘聲悠然，時落遊人之耳。丙寅春仲，毘陵舟次作。

壬午春，姜勉齋攝木瀆丞，貽書訂遊山約，因與陳質庵、余作舟、王笑山、吴馥秋、歙伯暨余六人，乃以三月六日泛舟偕往。是夜宿木瀆官舍，詰朝各坐筳輿，先登靈巖，一名硯石山，是吴王館娃宫故地也。山半觀醉羅漢石，探西施洞、浣花池，至絶頂，坐琴臺，登靈巖閣，舊有響屧廊，今盈谷皆松矣。舞榭歌臺，烟消燼滅，惟留得破寺鐘聲与松濤謖謖相龢耳。下山復行六七里，至天平山，余憶丙寅來遊，忽忽十餘年，得一續至，奚啻遇故人而忍遽别耶？酌白雲泉瀹茗，流連及乎陽景欲墜，四山無色，乃返至木瀆。勉齋治酒肴以待，則吾六人欣然就而飲食之，相與共談遊事，既而善歌者歌，善弈者弈，善譚者劇譚，善飲者暢飲，獨余無一善，聊繪兹圖以紀遊焉。質明買棹歸，善歌者謂作舟，馥秋，善弈者質庵、作舟，善譚者勉齋，善飲者吹伯、笑山、質庵也。瘦生沈起鯨畫并記。

道光癸未九月二日，靈巖山下，舟中阻雨，援筆圖此。是歲姑蘇大水，余奉檄承勘受澇之區。泛舟兩月，靈巖、楞伽諸山，時於船唇艤背，如送如迎，每當烟霏結紫，暮雨疑沉，霞綺升紅，朝暾乍洗，或如殘醉頹然，或似靚粧莞尔。又豈一日之間，氣候不齊，乍陰乍陽，神光離合，古人論畫首重氣韻，其即在此。口不能言，筆不能貌者乎？余以六十日相對，自有不能忘情者在，至於氣韻生動處，余固無能爲役也。尹山橋舟次誌。

昨歲夏秋間，駕小舟往來於蓮塘葦岍間，見藕花數十里，弥望可愛。叩舟子云採蓮涇，又名錦帆涇，昔吴王錦帆經遊之故道也。噫，斯境也，舊以粉黛歌舞之場，而今爲漁蓑蕁筏，往來出没，与夫野老田叟徘徊於其間，盛衰興廢之蹟，可勝感哉。徒使人對夫芰荷翠潔、花氣襲人，髣髴吴宫之香豔猶存。頗堪入繪。因奪於公事旁午，未遑吮筆。越今八月，甲申春仲於吴門寓次補作斯圖以寓夫歡樂凄凉，自天地視之同歸於一瞬而已。

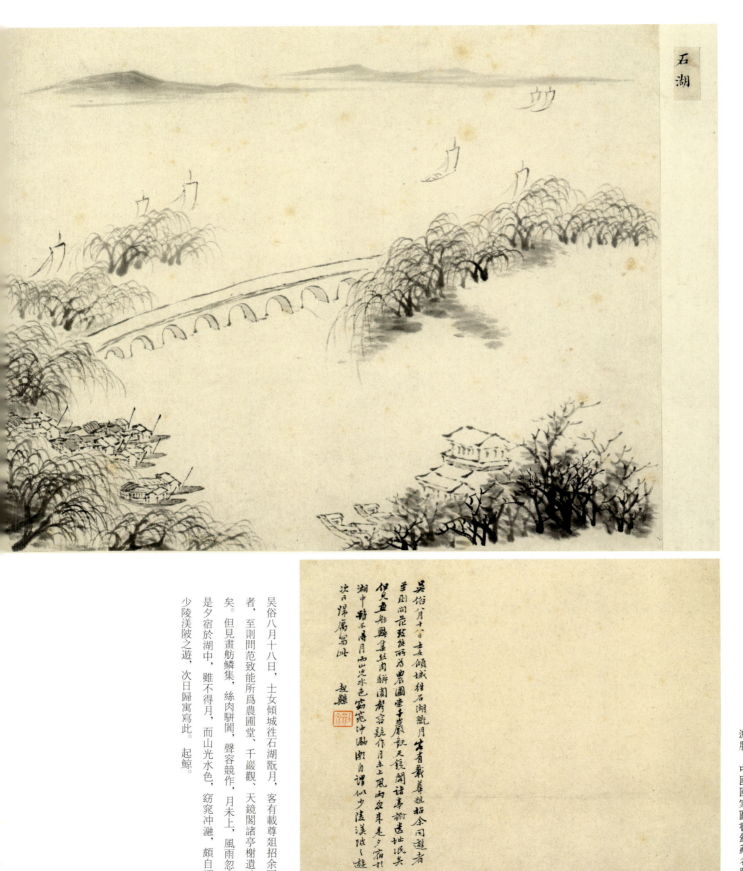

吴俗八月十八日，士女傾城往石湖翫月，客有載尊俎招余同遊者，至則問范致能所爲農圃堂、千巖觀、天鏡閣諸亭榭遺址泯矣。但見畫舫鱗集，絲肉駢闐，聲容競作，月未上，風雨忽來。是夕宿於湖中，雖不得月，而山光水色，窈窕沖瀜，頗自謂似少陵渼陂之遊，次日歸寓寫此。起鯨。

虞山

之磊石蒼黃，或欹或墜，倏忽變幻不可名狀，其爲黃大癡得意筆乎。身繫於公，不果力躋，而僅遥寄以目，未得爲玆山一寫照焉。越三載，乙酉冬，余補官於此，遂訂遊侶擬俟春龢蠟屐往遊，以償夙負，洎兹三閱月，忽奉檄調任曲阿，甫幸續至，至又弗克久留而去，何緣之慳耶。夫以奉檄促行，遊觀非所急，然千古名勝近在几席間，必返棹裹足，豈人情哉？乃以三月七日，自恬養莊放舟抵山麓，謁虞仲祠，登梁昭明書臺，澄瀾蕩漾。其前重巖映帶，其後梵寺仙宫，高下錯列，高者出林杪，下者附山趾，流目四矚，塵袪思適，日將夕，遂詣致龢道觀宿焉。初八出望海門，先到破山寺，跻三峰渡嶺，陟拂水厓，歷劍門。初九詣老氏宫觀、七星檜，訪結草庵，遊普仁寺。雖然三日遊歷，夫山川之勝十不一二，其破山之幽邃，三峰之高曠，拂水之嶙峋，劍門之巖突，大率已得之矣。於是各繪一圖，越日鼓枻歸，復就舟中回睇，集衆美而得大意，又寫此圖，是遊也。共得圖五，得詩七，漫圖所見，漫紀所遊，而非謂山之可畣可紀畫是也。同遊者陳子薌圃乙齋，導遊者致和觀姜道士，歸而把琖論遊事者薛道士，薛號耜墨，善書畫。瘦生沈起鯨并記。

破山寺。從竹木陰森中，小徑縈紆，忽然敞豁，幽溪一掌，岡嶺四圍，渡石梁入寺，茂林脩竹，處處有之。最幽勝則君子泉，泉竹清臯，坐茂林，啜佳茗，大足樂也，爲游虞山首途一勝云。瘦生。

三峰寺

繇破山寺循崖行攀崇岡屈折而上四五里許則三峰寺四圍山色空翠欲滴

繇破山寺循崖行，攀崇岡，屈折而上四五里許，則三峰寺，四圍山色，空翠欲滴。

拂水厓下臨山阿，崖壁峭立，奔泉出巖，端落兩厓間，中有鋭石當其衝，則跳躑濺洒，霏霏若拂，因有拂水之目焉。相傳寺僧憎嫌其飛沫濕衣，遂鑿去石鋭，今乃紆迴下注，漱石流響而已，無復舊觀矣。噫，何俗僧之不解事如此哉？瘦生畫并記。

劒門在虞山之陽，兩巖竝峙，峭壁淩虛，巨石磥砢，疑墜海隅，絶勝無過於斯。

辛巳春仲，挂席於九峰三泖之間，推篷所見如此，嘐城舟中作。瘦生。

吴江東門外長橋，一名垂虹橋，前臨具區，横絶松陵，乃三吴之絶景。橋上有亭曰垂虹，蘇舜欽詩云『長橋跨空古未有，大亭壓浪勢稱豪，』指此也。時余逗舟橋畔，半規銜山，明霞射彩，与水光相盪，野鶩殘荷，隱約於蘆汀葦岓，忽憶米元章『垂虹秋色滿江南』句，妙景儼然，亟走筆圖之。壬午九月三日於松陵舟次畫并記。瘦生。

慧山第二泉，自唐陸羽始得名。甲申五月既望，余以使事至無錫，會故人葉次幔宰是邑，携尊載俎，拉余往遊，至山麓蒼翠撲人，塵垢一洗。飯罷，躋蹬而上，入慧山寺。寺外有曲水亭，一名憩亭，寺中有方池，一名千葉蓮花池，皆幽静有致。殿後躡山巔，有閣曰望湖，可望芙容湖。小坐移時，乃尋慧泉，泉上有亭，酌泉瀹茗，心肺俱爽。余更汲二盎以歸，舟中手自煎飲，習習清風殆出十指間，遂爲此圖以誌其勝。瘦生記於毘陵舟次。

慧山

昨遊慧山汲泉煮茗，意甚適也。乃舟中寫所遊小景，貌合神離，固知『沾滯』兩字不獨畫然，凡學者所忌也。今歸櫂再經山下，推篷遥睇，復寫此圖，雖率尔捉筆，頗得肖似，轉勝於刻意求之，故并存之。

君山在江陰，以春申君名，北臨大江，故又名瞰江山。

道光甲申，余贊江陰，澄江門外有君山者，楚春申君葬處也。會湖南魏春溆過訪，席間具言洞庭君山之勝，余笑謂曰：『江陰亦有君山，盍往觀乎？』遂偕至江濱，雖無峰巒突兀之奇，無草木蓊鬱之致，然是日也，晴空不雲，澄波如練，帆檣上下，遐矚千里，空靈澹宕，殊可怡情，因作此圖，以當解嘲。瘦生。

射鴨堂

歲庚辰，鯨攝溧陽尉，客有言孟東野射鴨堂者，因与鼓枻訪求遺址，而無所得。然是日也，舟行頗有幽趣，榆於檜柏，交蔭於塗，荇藻芰荷，紛披於水。雖遺蹟無存而流風堪想，所謂伊人，在水一方，幾若呼之欲出者。爲誦蒹葭之章，遂作斯圖，以誌向往云尔。海鹽沈起鯨。

練湖在丹陽一名練塘宋顏延之有車駕幸京口侍遊曲阿後湖詩
即今練湖也周四十里受長山驪山八十四汊之水舊設閘坝涵洞備蓄
洩以濟漕運歲久沖廢今夏修復舊制建牐座疏涵洞隨雨樓
太守于役茲湖往來百餘日藕花弥望清目可愛中有湖心亭竹木
蓊鬱四面環水頗堪入繪奪於公事旁午無暇捉筆越半年己丑
冬仲於蒙城官舍補作是圖
子魚起鯨

練湖在丹陽，一名練塘，宋顏延之有《車駕幸京口侍遊曲阿後湖》詩，即今練湖也。周四十里，受長山、驪山八十四汊之水，舊設閘坝、涵洞備蓄洩以濟漕運，歲久沖廢。今夏修復舊制，建牐座疏涵洞，随雨樓太守于役茲湖。往來百餘日，藕花弥望，清目可愛，中有湖心亭，竹木蓊鬱，四面環水，頗堪入繪。奪於公事旁午，無暇捉筆，越半年，己丑冬仲於蒙城官舍補作是圖。子魚起鯨。

北固山

丙寅春，与家兄蒙泉有袁江之行，舟次丹徒，糧艘塞阻，不得前，乃由越牐出口。豈殘月朦朧，波光恬静，迨抵江心，則海氣蒸蒸，與濕雲苦霧相雜而起，恍然育然，渺漫無際，漸至咫尺無所見，心甚怖，俄尔舟忽膠焉，始舉手相慶，然猶杳不知所向适也。卧篷底，仰望雲霧中，隱約朱拱碧瓦，殆非人間境界，不覺狂叫奇絶不已。少焉，陽烏漏光，甫見殿鴟，漸及樹杪，峰巔次第畢露，乃在焦山之麓，遂与家兄陟沙際，覓斜徑，扳躋而上，至松寥閣小憩。竹樹交翳，蓊青鬱翠，於舟中所極目，而疑非人境者，乃得身置其間，竟忘逆旅之苦。復鼓力再上，登嶺眺望，則煙霧全消，天無纖翳，極目千里。噫！煙雲變幻，頃刻万狀，豈可測哉。榜人云，潮將至矣，風亦順矣。相促歸舟，欲留不留，但唤奈何，乃歸舟乘潮而渡，風帆迅駛，一炊時即達瓜埠。是日家兄有詩紀之，謂余曰：『盍圖之。』乃就膠舟山麓烟霧蒼茫之狀，率成一圖，然僅如窺豹一斑耳。翌日，更就放棹中流時所見，再作一圖，并存之。三月二十又二日，邗江舟次記。

金山

余登金山三次，每思繪圖，無從着筆，今從京口僧樓遥睇，走筆圖之，頗得其似，坡翁所謂『不識廬山真面目，只緣身在此山中』，豈欺我哉。己卯五月十三竹醉日，起鯨畫於京江之蒼梧碧海樓。

金山焦山皆於紀遊册中畫之矣辛巳春杪至京江會福石樵守是郡邀飲郡齋導登鐵甕城時積雨初霽天朗氣清絶無片雲遮障望隔江樹歷歷而金焦兩峰如輕鷗浮水面石樵出帋索畫乘興捉筆以金焦二山竝收尺幅頗得其似越日還姑胥寓館復作此第二畫 起鯨

金山、焦山皆於紀遊册中圖之矣。辛巳春杪，至京江，會福石樵守是郡，邀飲郡齋，導登鐵甕城。時積雨初霽，天朗氣清，絶無片雲遮障，望隔江樹歷歷，而金焦兩峰如輕鷗浮水面。石樵出帋索畫，乘興捉筆以金焦二山竝收尺幅，頗得其似，越日還姑胥寓館，後復作此第二圖。起鯨。

庚午秋寓秦淮水榭凡十有二日畫船簫管達曙通宵靡有歇日因戲畫所見 瘦生

庚午秋，寓秦淮水榭凡十有二日，畫船簫管，達曙通宵，靡有歇日，因戲圖所見。瘦生。

棲霞山在江寧府城東北五十里產藥草可以攝生故名攝山重嶺孤峙形如繖蓋故又名繖山南史明僧紹居此捨宅為棲霞寺

金陵多佳山余自庚申秋冬間一至未遑遊覽至今庚午忽忽十年始一續至又以人事所迫卒卒便去此心不無耿耿既登舟行次栖霞口水澀舟膠因候潮而得遂攝山之遊焉同舟之人咸以為山川英靈若有以相之而成此遊者余亦竊自喜但為時甚促与馳馬看花等何暇眺賞得其精奧乎歸舟亟走筆圖之略存大槩

是歲八月初五日龍潭舟中瘦生并記

棲霞山在江寧府城東北五十里，産藥草可以攝生，故名攝山。重嶺孤峙，形如繖蓋，故又名繖山。《南史》明僧紹居此，捨宅爲棲霞寺。金陵多佳山，余自庚申秋冬間一至，未遑遊覽。至今庚午，忽忽十年，始一續至，又以人事所迫，卒卒便去，此心不無耿耿。既登舟行次栖霞口，水澀舟膠，因候潮而得，遂攝山之遊焉。同舟之人咸以爲山川英靈，若有以相之而成此遊者，余亦竊自喜，但爲時甚促，与馳馬看花等，何暇眺賞得其精奧乎，歸舟亟走筆圖之，略存大槩。是歲八月初五日龍潭舟中。瘦生并記。

青溪

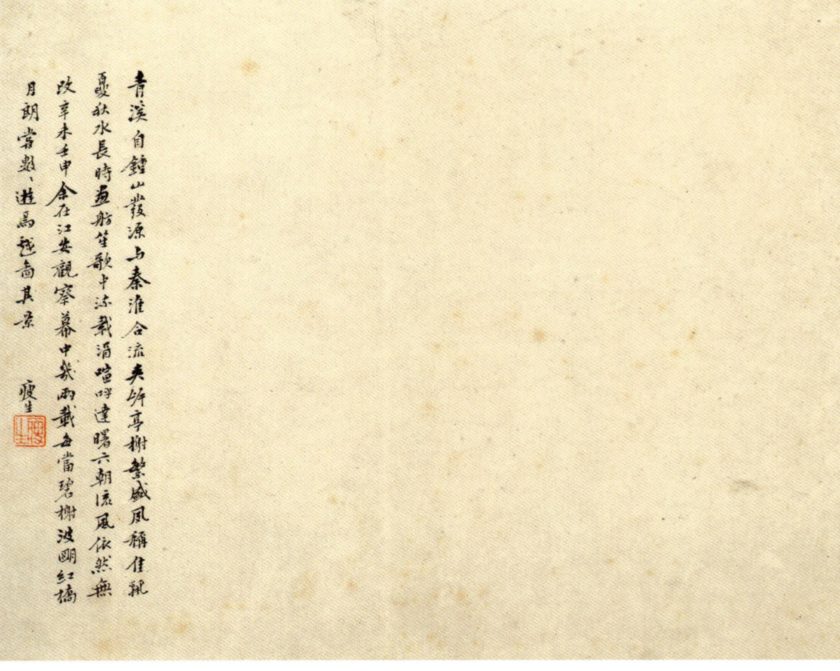
青溪自鍾山發源与秦淮合流夾岍亭榭繁盛夙稱佳麗夏
秋水長時畫舫笙歌中流載酒喧呼達曙六朝流風依然無
改辛未壬申余在江安觀察幕中幾兩載每當碧樹波明紅橋
月朗嘗數數遊焉戲圖其景
瘦生

青溪自鍾山發源，与秦淮合流，夾岍亭榭繁盛，夙稱佳麗。夏秋水長時，畫舫笙歌，中流載酒，喧呼達曙，六朝流風依然無改。辛未壬申，余在江安觀察幕中幾兩載，每當碧樹波明，紅橋月朗，嘗數數遊焉，戲圖其景。瘦生。

雨花臺，相傳梁武帝時有雲光法師講經於此，感得天雨賜花，天厨獻食，故名其臺。辛未春，余客金陵，從二三客徒步出聚寚門，指報恩寺浮屠，以望金碧燭霄，世所罕，並登雨花臺，臺據岡阜最高處，寥廓受景，四顧林巒，煙火与江光日影交相映帶，上下江帆渺在覽，相與坐石憩，久乃歸。逌歸寓齋，疲劇，穌衣就枕，至三鼓方醒，因瞑而憶諸遊覽，猶歷歷在目，不能復寐，起而篝鐙作此。瘦生。

觀音岩

觀音巖在金陵觀音門外，臨大江濱，高壁挿天，玲瓏奇詭，山腰嵌置臺殿，爲永濟寺。寺後山益峻，有閣懸空而搆，面江背崖，凭欄而眺，江之形勢，悉萃目前。今自皖江歸，爲石尤所阻，泊舟其下三日，因得縱步登臨，借此遊覽，遂忘逆旅之羈矣。起鯨。

燕子磯自永濟寺循江濱而行，踰石橋西數百步，江流湍激處，屹然一石磯。形如飛燕，故名。繇磴道縈紆而上，有俯江亭，江天一望無際，斯天下之偉觀也已。甲戌春三月，瘦生沈起鯨繪并記。

蜀岡

蜀岡在揚州府西北，相傳地脉通蜀，故名。一名崑岡，鮑昭蕪城賦軸以崑岡，盖指此也。宋郡守歐陽修建堂其上，曰平山，負高遥眺江南諸山，皆拱揖檻前，山与堂平，故名。歐公每政暇，携客堂中，命妓以花传客行酒，往往載月而歸。癸酉春杪，与福石樵同遊後乘輿作此。起鯨。

癸酉春三月既望与福石樵陳晋齋韓尔梅泛櫂紅橋垂柳拂隄清波激岍
曲檻雕欄之環繞畫船簫管之往來塕影橋虹掩映點綴各各有致綿亘
十餘里而一郡之勝皆萃於此無適而非佳境亦無處而不可繪也爰繪是圖
取適吾心而已非謂景之可繪盡是也
瘦生

癸酉春三月既望，与福石樵、陳晋齋、韓尔梅泛櫂紅橋，垂柳拂隄，清波激岍，曲檻雕欄之環繞，畫船簫管之往來，塕影橋虹，掩映點綴，各各有致，綿亘十餘里，而一郡之勝皆萃於此，無適而非佳境，亦無處而不可繪也。爰繪是圖，取適吾心而已，非謂景之可繪盡是也。瘦生。

甲戌夏，余客廣陵，會故人屠岷山偕其兄春江自淮陰來，晨夕過從，輒呼小艇閒泛於竹西亭畔。因春江又得地友余君青門者，以故城内外凡園亭無不導遊殆徧，余獨愛長春嶺，每遊息焉。所謂嶺者，一土阜耳，高僅數仞，四面環水，故俗呼爲小金山。築隄圍水，覆以草亭，環以藕花，垂柳修篁，陰翳隄畔，隄外畫舫往來，隱約於蔽虧之間。後有高閣欄檻疏豁，花木映帶，閣後爲嶺，則小徑縈紆，草色鋪如茵，而不知純土無石也。不百步躡其頂，頂有亭，憑軒四望，而湖上諸景聚獻目前。噫嘻！天下大矣，名山廣澤，幻境奥區，遊覽何窮，而以適意爲悦，地不在廣而在乎俯仰位置之得宜也。瘦生繪并記。

今偕春江昆仲乘曉凉，扁舟再詣。少頃，青門携酒殽相餉於草亭，觴詠繾交，幽懷共暢，花氣拂拂襲人，頓忘暑酷，歡而醉，狂而歌，音無宫商，惟興所發，及乎遠寺浮鐘，澄波涵魄，乃詠歸，歸舟徐盪，水鳥驚飛，此景此時，恐非綺羅簫管者所易會也。鯨再記於小秦淮水榭。

嘉慶庚午八月既望，舟行秦郵道中，值水漲隄決，不得進。繞甓社湖挂帆而上，偃卧篷底，月光蕩隙如雪，彷徨不能寐，推篷起視，千里無雲，水天一片，空明摩盪，如鏡中又如畫中。越五日於淮陰郡齋寫此，真是畫中矣。瘦生起鯨并記。

雲龍山雪景

嘉慶戊寅臘月於雲龍山下歸塗遇雪所見奇甚呵冻作此
瘦生

嘉慶戊寅臘月，於雲龍山下歸塗遇雪，所見奇甚，呵冻作此。瘦生。

博望山在太平府西南亦曰東梁山与龢州之梁山對峙如門故亦名天門山
卧江中遠望如積黛又名蛾眉山李白天門山詩兩岈青山相對望孤帆一片
日邊來 甲戌春仲自皖江歸舟略圖大意及抵邗江寓次吮筆畫竟

博望山在太平府西南，亦曰東梁山，与龢州之梁山對峙如門，故亦名天門山。卧江中遠望如積黛，又名蛾眉山。李白天門山詩：『兩岈青山相對望，孤帆一片日邊來。』甲戌春仲，自皖江歸舟略圖大意，及抵邗江寓次，吮筆畫竟。

將至皖，宿驛館，曰練潭，謂澄潭如疋練也。問渡時，漏轉五下，月色亦如練，清光可掇，四望超然，水耶，月耶，莫可辨也。迨抵皖城，語叉人所見，始知『練潭秋月』本爲一郡之勝。余是役也，適然而逢秋，又適然而見月，遂不禁狂喜，其可不圖此以誌幸欤。過練潭日爲八月十九，越十日畫於皖江郡齋。

李伯時公麟歸老肆志於龍眠山巖壑間自號龍眠山人雅善畫自作山莊圖爲世寶余幸得見真蹟嘗臨摹數過今有皖江之役由吕亭至練潭穿雲渡澗履崇崖登絶峽曲折而上松篁夾徑風泠溜澈爽侵肌骨曩時所曲意臨摹者今乃身入其間快甚快甚不覺其行役之勞也惟慮出山轉忘爲之少憩坐石蔭松閉目詳記追抵皖城亟圖其槩癸酉八月二十又六日瘦生沈起鯨作於皖江郡署之東香書屋

李伯時公麟，歸老肆志於龍眠山巖壑間，自號龍眠山人，雅善畫，自作山莊圖，爲世寶。余幸得見真蹟，嘗臨摹數過，今有皖江之役，由吕亭至練潭，穿雲渡澗，履崇崖，登絶峽，曲折而上，松篁夾徑，風泠溜澈，爽侵肌骨，曩時所曲意臨摹者，今乃身入其間，快甚快甚，不覺其行役之勞也。惟慮出山轉忘，爲之少憩，坐石蔭松，閉目詳記，追抵皖城，亟圖其槩。癸酉八月二十又六日，瘦生沈起鯨作於皖江郡署之東香書屋。

大觀亭

大觀亭在安慶城外，臨大江之濱。嘉慶戊午，余客皖，嘗一登臨，俯瞰大江，真有盪胸決眥之奇也。閱十六載，爲歲癸酉，應太守岳東厓之招，乃復之皖。九月既望，讌集茲亭，天氣晴爽，隔江諸山，橫翠千里，劇談豪歓，夜以繼日。少焉，明月既出，則銀濤雪浪，蕩漾晶瑩，不知是天是水，主客皆動容愜意。乃洗觴更酌，心与天遊，雖檻外江聲，虛寂而不聞也。漏三下乃歸，翌日圖此，以昭雅集。海鹽沈起京并記於皖江郡署之棗香書屋。

王屋山

王屋山在濟源西洞天福地記云第一王屋名小有清虛之天
李白詩采秀卧王屋杜甫詩憶昔北尋小有洞是也

王屋山在濟源西，《洞天福地記》云：『第一王屋，名小有清虛之天。』李白詩『采秀卧王屋』，杜甫詩『憶昔北尋小有洞』是也。

百門泉

百門泉在輝縣西北五里許，源出蘇門山，泉通百道，故名。吴安持詩云：『地無千畝廣，泉有万珠跳。』嘉慶丁卯二月，偕觀察巴公勘泉源之通塞，從朝歌歷輝、濬、覃懷而至濟源，所歷佳山好水，粲然在目，顧以程限所迫，不及遊覽。惟王屋蘇門得一登賞，然譬如知心人作傾盖交，纔合便離，倍多惆悵，忽忽往來胸中者十年于兹矣。今夏於大梁寓次，長日無聊，補作二圖，雲煙過眼不可復追，竊幸神韵稍得，即不求形似可也。丙子五月杪，海鹽沈起鯨作。

桑乾河因桑乾山以名一名㶟水以其流濁亦名渾河以其色黑亦名
盧河又名無定河康熙年間
賜名永定河宋蘇轍詩云北渡桑乾冰欲結心畏穹廬三尺雪南渡
桑乾風始龢冰開易水應生波蓋謂此也鯨兩渡其水皆在嚴
冬風洌沙飛但覺冷侵人面而已無可記亦無可圖今偕丹厓觀察于
役長隄問渡往來當盛暑瑟然有秋意喜而圖之
丙子六月二十又三日固安南四工寓館并識 起鯨

桑乾河因桑乾山以名，一名㶟水，以其流濁亦名渾河。以其色黑亦名盧河，又名無定河。康熙年間，賜名永定河。宋蘇轍詩云『北渡桑乾冰欲結，心畏穹廬三尺雪。南渡桑乾風始龢，冰開易水應生波』，蓋謂此也。鯨兩渡其水，皆在嚴冬，風冽沙飛，但覺冷侵人面而已，無可記亦無可圖。今偕丹厓觀察于役長隄，問渡往來當盛暑，瑟然有秋意，喜而圖之。丙子六月二十又三日，固安南四工寓館并識，起鯨。

燕山

都城西北環抱皆山，曰西山，曰房山，曰香山，曰盤山，曰玉泉山，曰白檀山，其最著者，鯨每上京師輒不得一陟覽，緬懷勝境，真如天上。今年春在永定河觀察葉公幕中，葉公閲蹕路，因與俱往，遥望峰巒羅列，林木蓊蔚，與殿閣金碧之色相輝映，真小李將軍圖畫也。甫至香山，又因他事迫促歸，不得徧歷其勝，馬上懊恨不已。越日宿於盧溝龍王廟，水聲潺潺，與車聲轔轔，徹夜不休，明月照窗，披衣起捉筆，欲畣昨日所見而恍惚記憶不可得。遂啓户就盧溝月下遠眺，寫其大略，雖自知其無似，聊以誌仰止向往之心也。嘉慶丙子春二月十又八日，起鯨并識。

熱河名勝圖

作　者　不詳
年　代　清咸豐十一年（一八六一）
類　型　木刻墨印手工著色
載體形態　一册
尺　寸　每頁縱二六厘米，橫二七厘米
索書號　211.9/074.2/1861

承德避暑山莊又名『承德離宫』或『熱河行宫』，位於河北省承德市中心北部，是清代皇帝夏天避暑和處理政務的場所。承德避暑山莊始建於康熙四十二年（一七〇三），建成於乾隆五十五年（一七九〇），是由皇帝宫室、皇家園林和宏偉壯觀的廟宇群所組成的大型古建築群，占地五百六十四萬平方米，環繞山莊蜿蜒起伏的宫墻長達萬米，是中國現存最大的古典皇家園林。承德避暑山莊選址此處有着自然與政治的雙重原因。

康熙二十年（一六八一），清政府爲加强對蒙古地方的管理，鞏固北部邊防，在距北京三百五十多千米的蒙古草原建立了木蘭圍場。每年秋季，皇帝帶領王公大臣、八旗軍隊、後宫妃嬪、皇族子孫等前往木蘭圍場行圍狩獵，以達到訓練軍隊、固邊守防之目的。爲了解決皇帝沿途的供給，朝廷在北京至木蘭圍場之間相繼修建了二十一座行宫，熱河行宫就是其中之一。熱河行宫位於内蒙古高原與華北平原的過渡帶，屬温帶大陸性季風型山地氣候，四季分明。冬天雖然寒冷，但由於四周環山，阻滯了來自蒙古高原寒流的襲擊，故温度要高於其他同緯度地區；夏季凉爽，雨量集中，基本上無炎熱期，十分適宜避暑。熱河行宫建成後便成爲清代皇帝夏天避暑和處理軍政要事、接見外國使節和邊疆少數民族政教首領的重要場所，也是清朝的第二個政治中心。

避暑山莊的營建，大至分爲兩個階段。第一階段是從康熙四十二年（一七〇三）至康熙五十二年（一七一三），開拓湖區、築洲島、修堤岸，隨之營建宫殿、亭樹和宫墻，使避暑山莊初具規模。康熙皇帝選園中佳景以四字爲名題寫了『三十六景』。康熙朝定名的『三十六景』爲：烟波致爽、芝徑雲堤、無暑清凉、延薰山館、水芳岩秀、萬壑松風、松鶴清越、雲山勝地、四面雲山、北枕雙峰、西嶺晨霞、錘峰落照、南山積雪、梨花伴月、曲水荷香、風泉清聽、濠濮間想、天宇咸暢、暖流暄波、泉源石壁、青楓緑嶼、鶯囀喬木、香遠益清、金蓮映日、遠近泉聲、雲帆月舫、芳渚臨流、雲容水態、澄泉繞石、澄波叠翠、石磯觀魚、鏡水雲岑、雙湖夾鏡、長虹飲練、甫田叢樾、水流雲在。

第二階段是從乾隆六年（一七四一）至乾隆十九年（一七五四），乾隆皇帝對避暑山莊進行了大規模擴建，增建宫殿和多處精巧的大型園林建築。乾隆仿其祖父康熙，以三字爲名又題了『三十六景』，二者被合稱爲『避暑山莊七十二景』。乾隆朝定名的『三十六景』爲：麗正門、勤政殿、松鶴齋、如意湖、青雀舫、綺望樓、馴鹿坡、水心榭、頤志堂、暢遠臺、静好堂、冷香亭、采菱渡、觀蓮所、清暉亭、般若相、滄浪嶼、一片雲、萍香泮、萬樹園、試馬埭、嘉樹軒、樂成閣、宿雲簷、澄觀齋、翠雲岩、罨畫窗、凌太虚、千尺雪、寧静齋、玉琴軒、臨芳墅、知魚磯、涌翠岩、素尚齋、永恬居。

國家圖書館藏《熱河名勝圖》，爲清代著色刻本山水風景畫，一册共計二十五頁，此圖選取了『避暑山莊七十二景』中的主要名勝五十景，在刻本基礎上手工著色，筆法生動細膩，顔色清新淡雅，使人仿佛置身於風景之中。

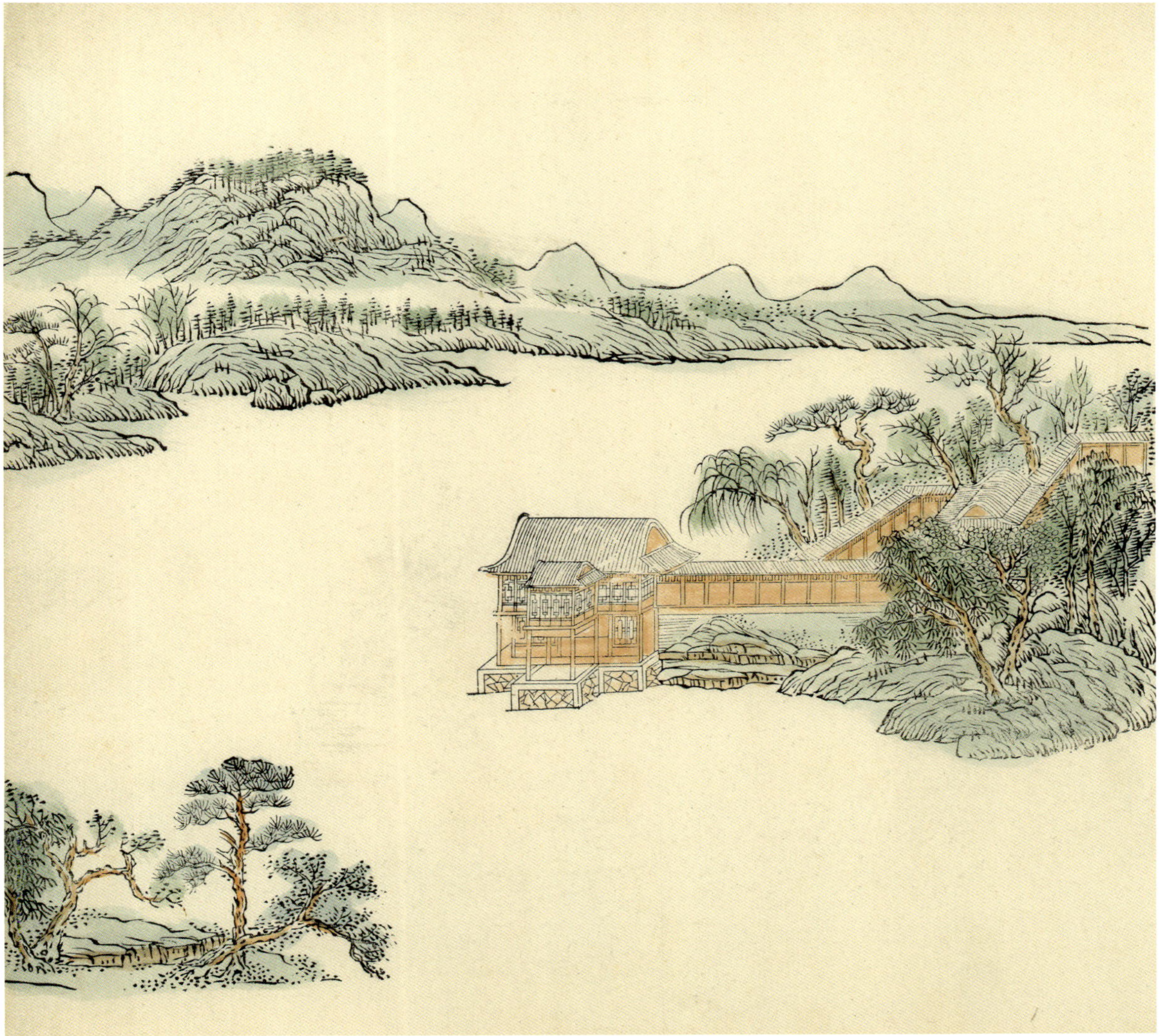

金陵省城古迹全圖

作　　者　（清）尹德興製
年　　代　清光緒初年
類　　型　單色刻本
載體形態　一幅
尺　　寸　縱一〇七厘米，橫九四厘米
索 書 號　221.01/074.5/1905

本圖以描繪金陵內城爲主，標注了內城街巷、宮殿、壇廟、衙署、府宅、橋梁、河道、名勝古迹等，并繪出了部分重要建築的示意圖；在內城以外區域，主要繪出了東、南、西三面貼近城墻處的街巷、城壕河道和重要的建築、名勝古迹等，以及北面的主要山巒、湖泊、古迹等。地圖對重要的歷史遺迹還附有簡要說明。

金陵是南京的古稱。南京是一座歷史文化古城，在清代被稱作『江寧』，是東南地區的政治、文化與軍事中心。地圖上，南京內城城墻開設有十四座城門，分別是洪武門、通濟門、聚寶門、水西門、漢西門、清凉門、定淮門、儀鳳門、小東門、金川門、四扇便門、神策門、太平門和朝陽門。南京內城原有十三座城門，清末開始增設城門，至二十世紀三十年代增加到二十四座。製圖時已經存在的『四扇便門』，應該是清代南京城墻上較早穿建的城門。圖中標注的城門中缺失了『正陽門』，多出了明故宮中的『洪武門』，且洪武門和通濟門處於相連的城墻中，應爲正陽門和洪武門距離較近而造成的合并簡化。此外，地圖西南角還標出了圖中唯一的外城城門『馴象門』。

本圖對一些地物不僅標注了名稱，還標明了當時的存無情況。例如，圖上標注『昔無』的有製造局、織局、昭忠祠、行臺、馬公祠、曾公祠、天主堂等，說明這些在繪圖之時屬於新建築；標注『今無』的有報恩寺、老火藥局等，說明它們已經不復存在。

地圖左下方印有『金陵聚寶門大功坊口尹德興藏板』，但圖上未注具體繪製時間。不過從圖中對時代表現最爲敏感的『昔無』標注地物來看，這些地物均爲同治三年（一八六四）清軍攻下天京之後所建，其中年代較晚的如位於奇望街『行臺』係同治十二年（一八七三）竣工（參見同治《上江兩縣志》卷十一），『鷄鳴山火藥分局』係同治十三年（一八七四）年設，光緒元年（一八七五）建（參見同治《續纂江寧府志》卷六等）；反之，『今無』的報恩寺等建築，則正是毀於此番戰火的地物；另，圖中所見鍾山書院尚在光緒七年（一八八一）回遷城內錢廠橋之前。由此推知，該圖的刊印當在光緒初年之際。

日本京都大學收藏有一幅同名地圖，與國圖藏圖相比，主圖內容基本相同。兩圖主要差異在於，一是題名采用的字體不同，二是京都大學藏圖左下角缺少藏板信息。另外，京都大學藏圖中，鍾山書院已回遷，可見此圖的翻刻當晚於國圖藏本。二〇一二年，國內拍賣會上也出現了一幅同名地圖，布局等內容與上述兩圖相似，尺幅僅爲國圖藏圖的四分之一。地圖上標有『金陵南門內大街郭家巷口尹德興監製文格殿式制俱全』，可見兩圖淵源。

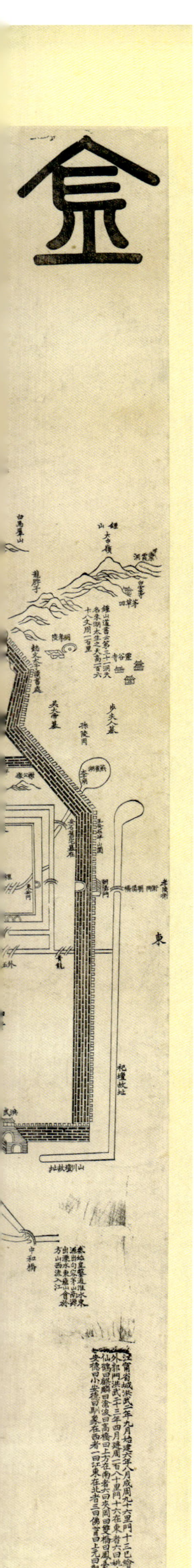

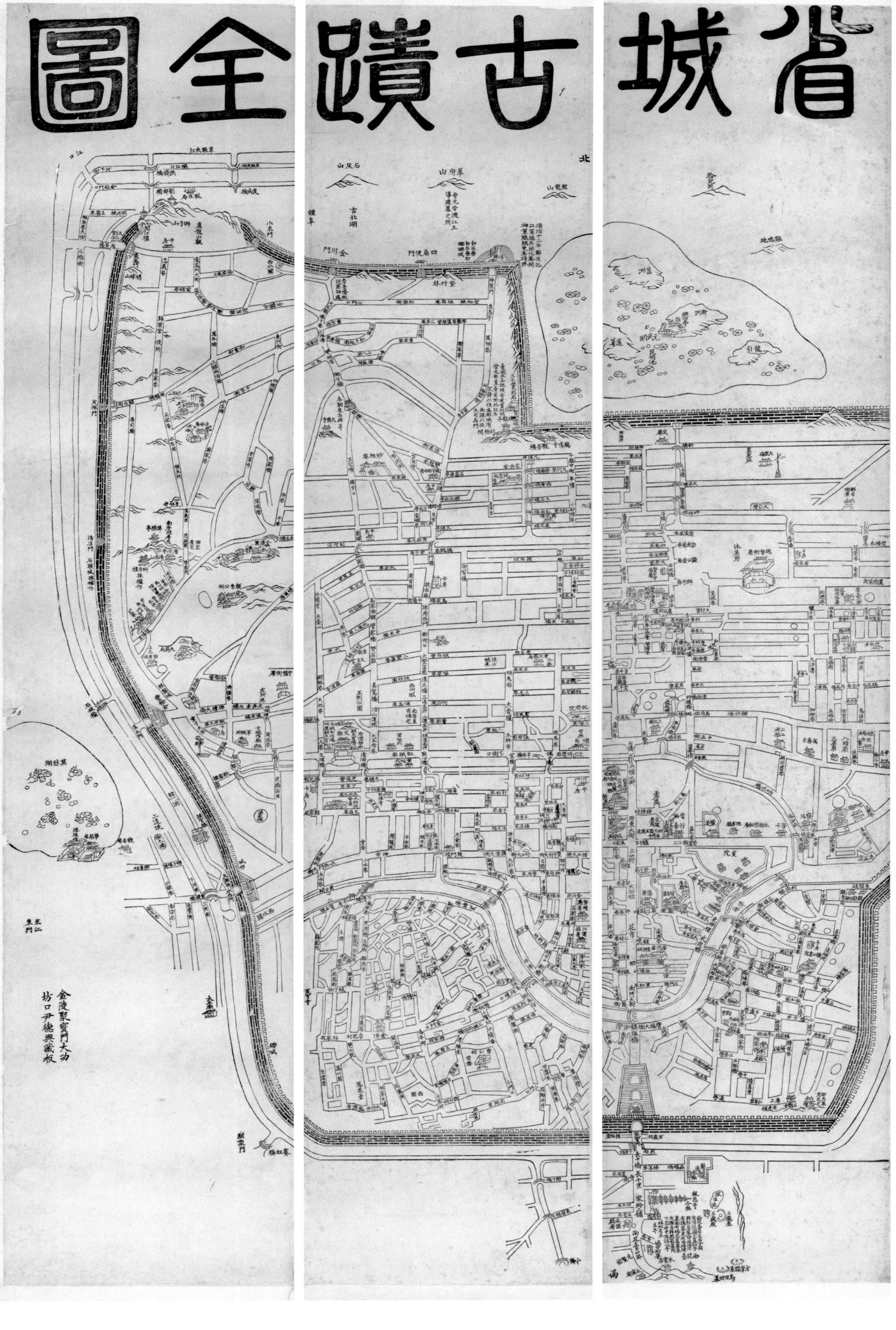

省城古蹟全圖

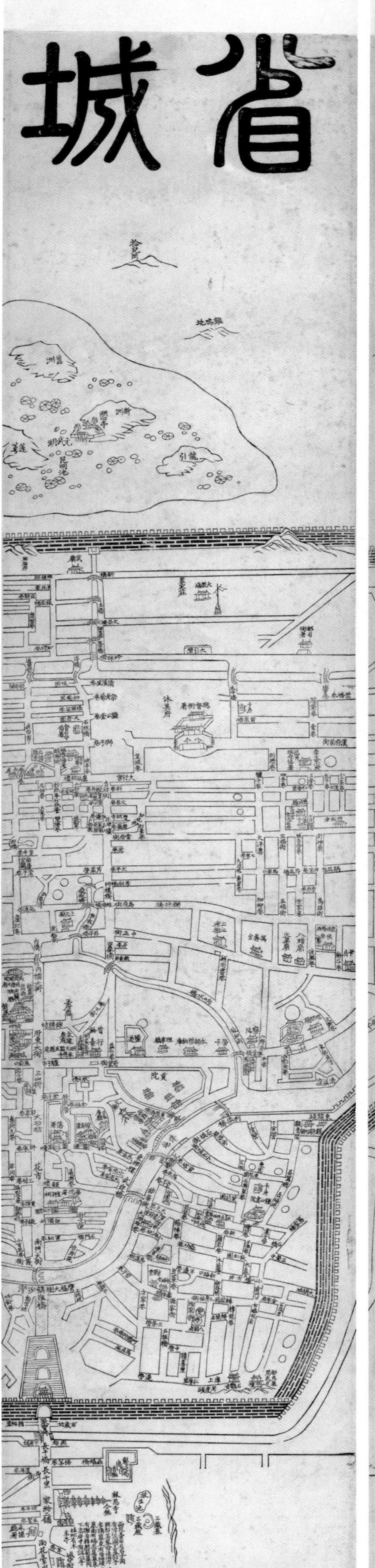

金陵聚寶門大功坊口尹德興藏板

金陵省城

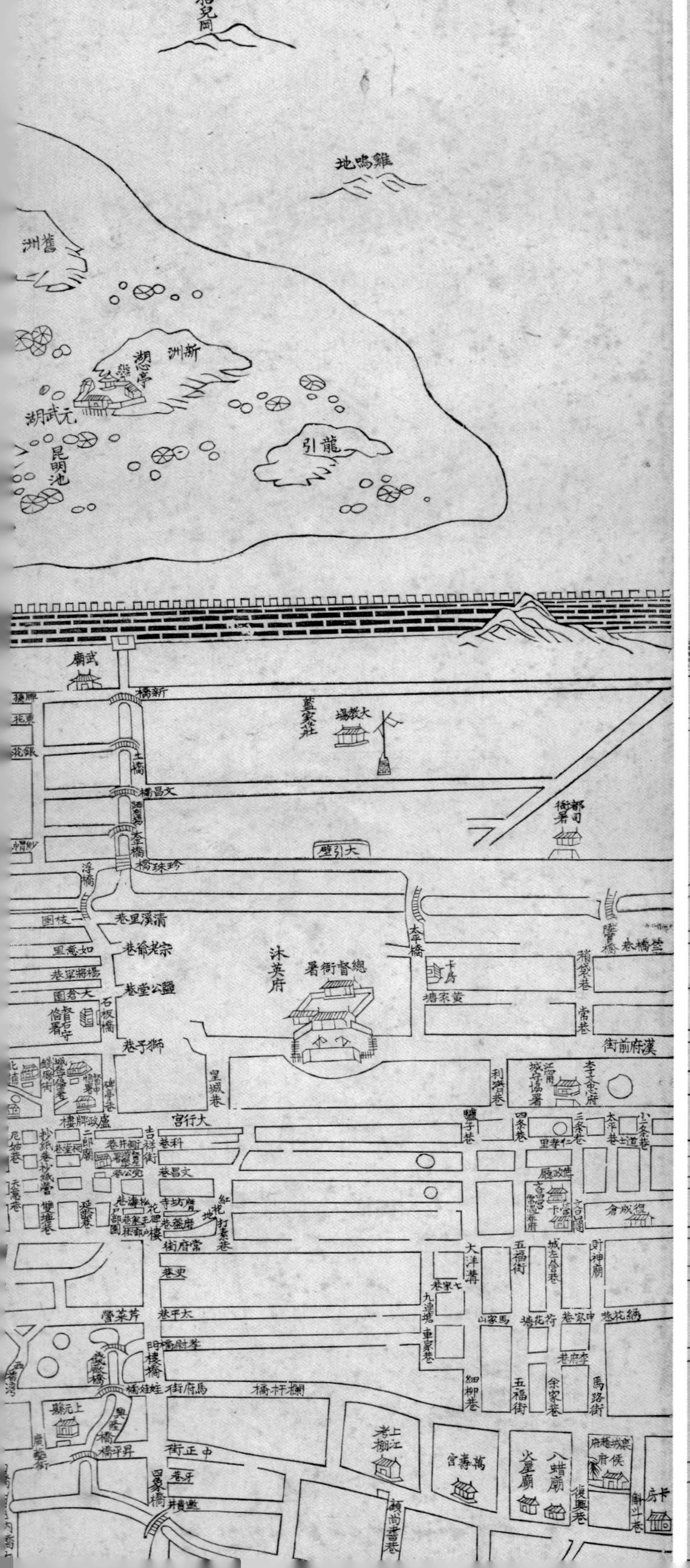

雞鳴地
舊洲
新洲
湖心亭
元武湖
昆明池
引龍
武廟
新橋
大教場
文昌橋
大引壁
總督衙署
沐英府
漢府前街
大行宮
中正街
萬壽宮
火星廟
八蜡廟

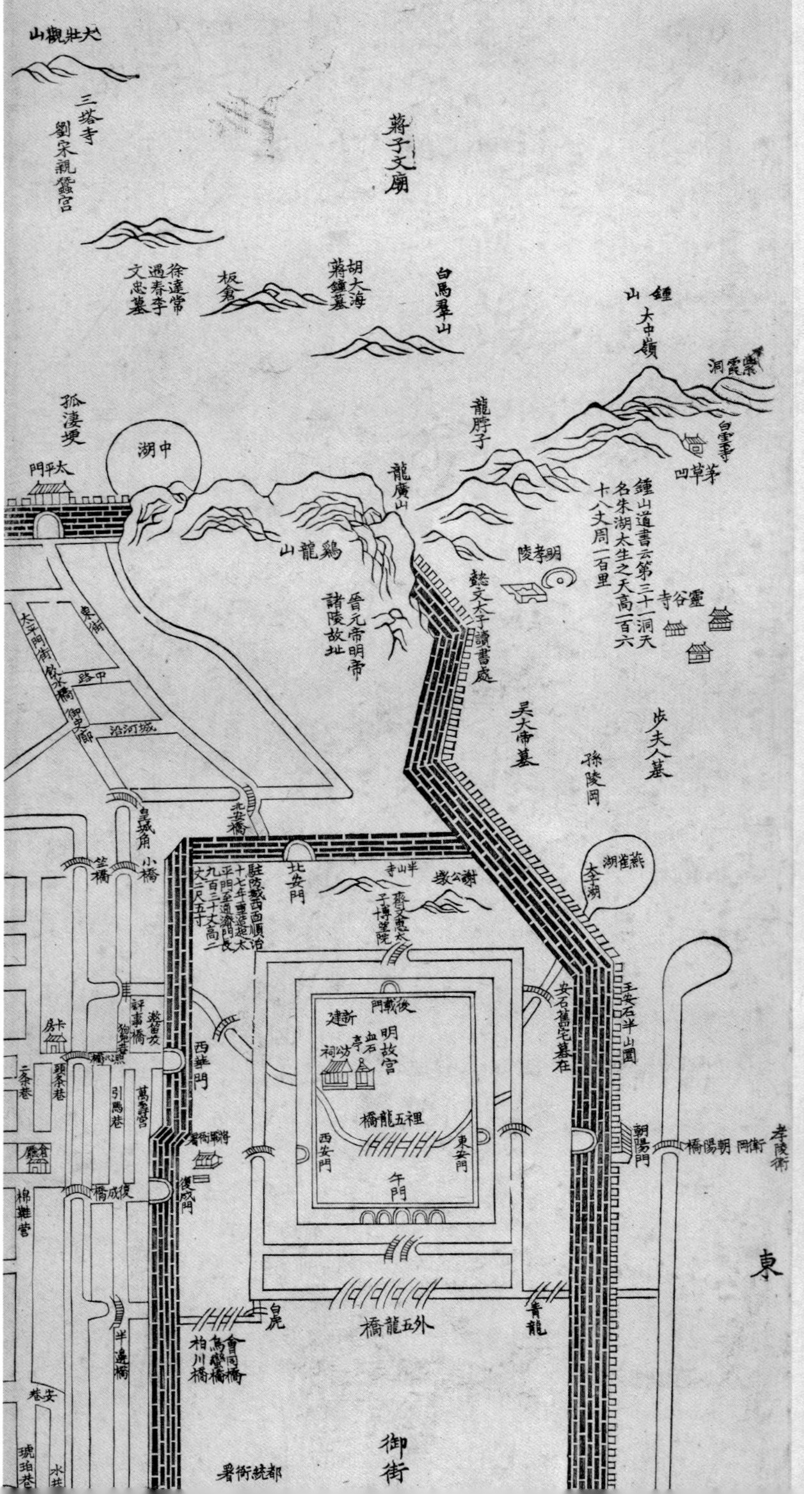

大壯觀山
三塔寺
劉宋親蠶宮
蔣子文廟
徐達常遇春李文忠墓
白馬羣山
鍾山
大中嶺
紫霞洞
白雲寺
龍脖子
孤淒埂
中湖
太平門
龍廣山
雞龍山
明孝陵
靈谷寺
鍾山道書云第三十一洞天名朱湖太生之天高一百六十八丈周一百里
晉元帝明帝諸陵故址
吳大帝墓
步夫人墓
孫陵岡
燕雀湖
北安門
後載門
明故宮
五龍橋
午門
西安門
東安門
西華門
朝陽門
外五龍橋
白虎
青龍
御街
都統衙署
孝陵衛
東

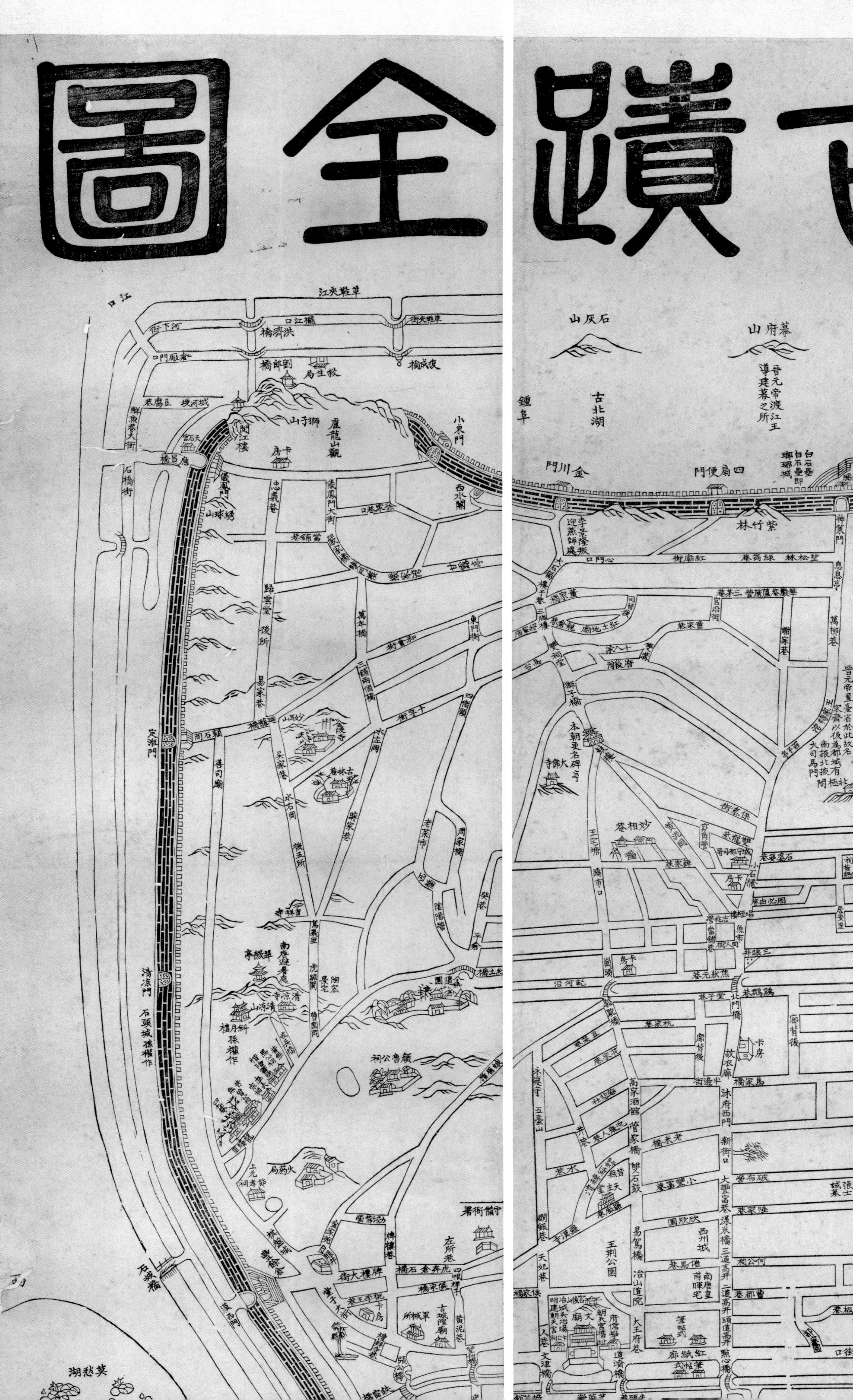

古蹟全圖
草鞋夾江
洪濟橋
石灰山
幕府山
晉元帝渡江王導建幕之所
古北湖
金川門
四扇便門
紫竹林
盧龍山觀
獅子山
閱江樓
定淮門
清涼門
石頭城孫權作
清涼寺
觀音樓
本朝更名碑亭
大佛寺
妙相菴
朝天宮
府儒學
石城橋
莫愁湖

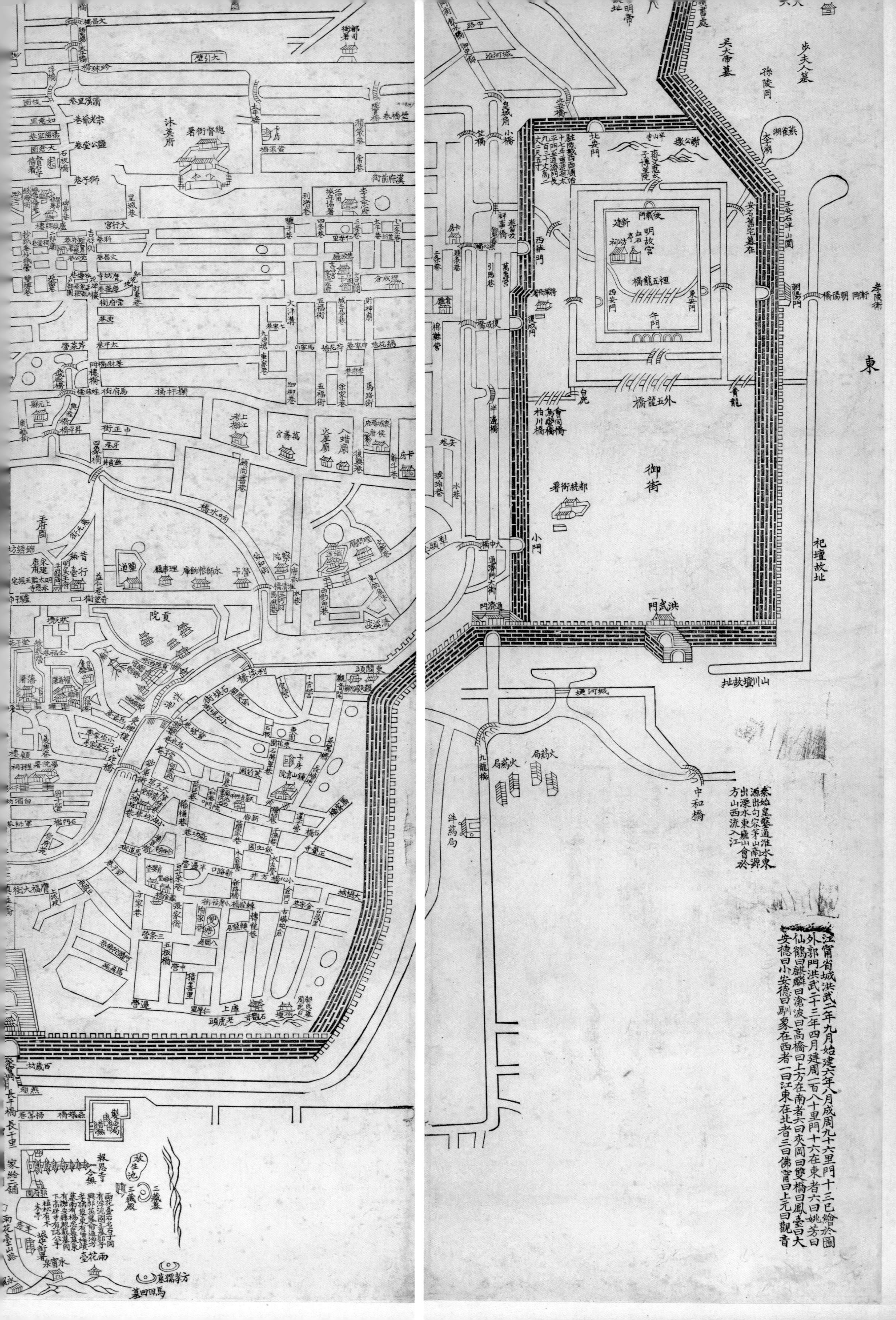

江甯省城洪武二年九月始建六年八月成周九十六里門十三已繪於圖
外郭門洪武二十三年四月建周一百八十里門十六在東者六曰姚芳曰
仙鶴曰麒麟曰滄波曰高橋曰上方在南者六曰夾岡曰雙橋曰鳳臺曰大
安德曰小安德曰馴象在西者一曰江東在北者三曰佛甯曰上元曰觀音
秦始皇鑿通淮水東源出句容茅山南源出溧水東廬山會於方山西流入江
東
御街
明故宮
洪武門
北安門
西華門
東安門
西安門
午門
朝陽門
外五龍橋
內五龍橋
都統衙署
總督衙署
貢院
祀壇故址
山川壇故址
吳大帝墓
步夫人墓
孫陵岡
沐英府
中和橋
火藥局
報恩寺
放生池
雨花臺山路

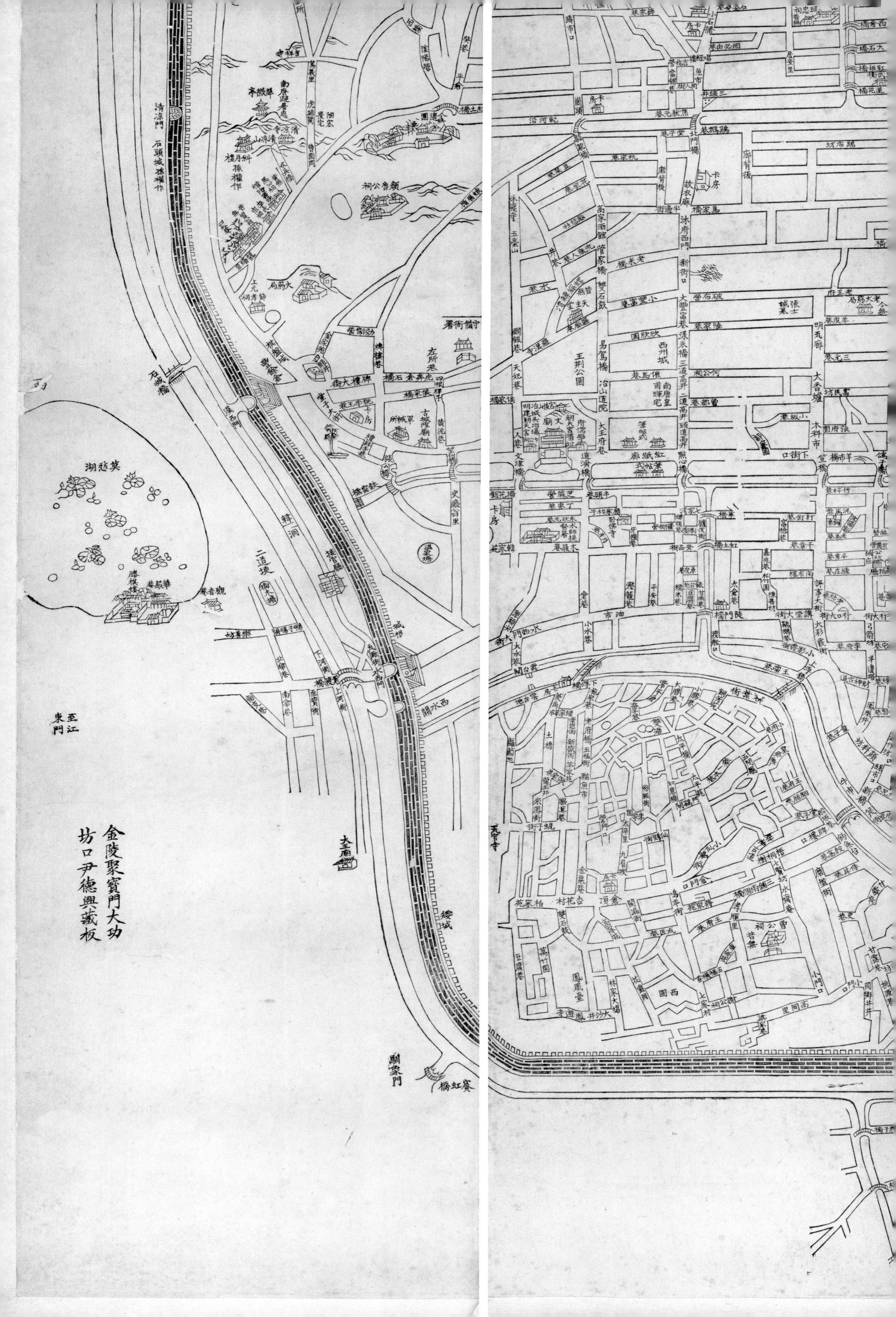

金陵聚寶門大功坊口尹德興藏板
清涼門
石頭城孫權作
清涼寺
翠微亭
南唐避暑處
掃葉樓
莫愁湖
勝棋樓
華嚴巷
觀音菴
至江東門
石城橋
漢西門
二道埂
韓洞
水西門
西水關
城根
大王廟
賽虹橋
火藥局
顏魯公祠
虎踞關
陰陽營
守備衙署
五台山
天妃巷
王荊公園
冶山道院
文廟
府儒學
朝天宮
大王府巷
易駕橋
西州城
南唐皇宮
紅紙廊
明瓦廊
大香爐
木料市
張士誠
油市
水西門大街
上浮橋
下浮橋
內橋
鳳凰臺
西園
萬竹園
豆腐巷
鴻公祠
沿河乾
北門橋
卡房

名勝全圖

作　者　（清）趙之璧編著，（清）歐陽利見校

年　代　清光緒十四年（一八八八）

類　型　單色石印本

載體形態　三册

尺　寸　每頁縱二五厘米，橫一六厘米

索 書 號　221.511/074.2/1888

《名勝全圖》原本是趙之璧編撰的《平山堂圖志》。趙之璧亦作趙之壁，寧夏府甘肅天水人，是清初關西名將趙良棟之孫，直隸總督趙弘燮之子。乾隆年間，趙之璧曾任兩淮都轉鹽運使司鹽運使，適逢乾隆三十年（一七六五）皇帝第四次南巡。同年七月，趙之璧主持編著了《平山堂圖志》一書。光緒九年（一八八三），浙江全省提督歐陽利見（一八二四—一八九五）重刊此書。光緒十四年（一八八八），上海同文書局石印本問世。

『平山堂』在揚州城北郊大明寺內，位於蜀岡中峰之上，係北宋慶曆八年（一〇四八）歐陽修（一〇〇七—一〇七二）任揚州太守時營建。平山堂出名後，人們便習慣地將周邊的名勝古迹通稱爲『平山堂』。康熙皇帝與乾隆皇帝南巡均數次游覽平山堂，使其盛極一時。《平山堂圖志》係揚州平山堂風景區域小志，共十卷，卷前有編者序、凡例和目録。卷一、卷二即爲《名勝全圖》。

《名勝全圖》共分四圖：圖一爲『蜀岡保障河全景』，保障河即瘦西湖，這幅總覽圖上標示了六十餘處景觀名稱；圖二『由城闉清梵至蜀岡三峰，再由尺五樓至九峰園』；圖三展示『迎恩河東岸』從臨水紅霞到迎恩亭這一段的景致；圖四展示『迎恩河西岸』從邗上農桑到聽機樓這一段的景致。圖面細緻展現了平山堂及其附近湖、岡、園、亭、祠、寺等景觀，將揚州城郊沿途十數里地的景物悉數收録其中，勾勒出一幅『十里揚州，天然圖畫』。圖幅爲連頁式繪圖，涵蓋了一百三十二面書頁，這種巨幅條圖的形式在志圖中實屬罕見。從繪圖技術來看，《全圖》構圖嚴謹，版刻精細，布局繁密，綫條流暢，因此是清代比較有名的版畫作品，稱得上是晚清版畫傑作之一。圖中描繪的景觀多與乾隆皇帝南巡臨幸相關。因此，圖幅後的一册文字設有『宸翰』欄，收録了清世祖順治、聖祖康熙、世宗雍正等爲平山堂御題詩、額、聯、碑等情況。

揚州園林圖刻本衆多，另有乾隆《南巡盛典》《兩淮鹽法志》《廣陵名勝全圖》、李斗《揚州畫舫録》、阮亨《廣陵名勝圖》等等。不過，《平山堂圖志》依然是其中的精品，其流傳甚廣，影響力大，稱得上是『揚州園林圖之集大成者』。清代以來，人們普遍給予《平山堂圖志》一書較高評價。後世的《揚州二十四景圖》在《名勝全圖》中都能找到踪影。圖中的許多景觀如今已不復存在，因此《名勝全圖》也是瞭解揚州歷史的重要參考資料。

名勝全圖

光緒戊子歲季春月上澣
三吾後裔歐陽利見重校

上海同文書局石印

名勝全圖

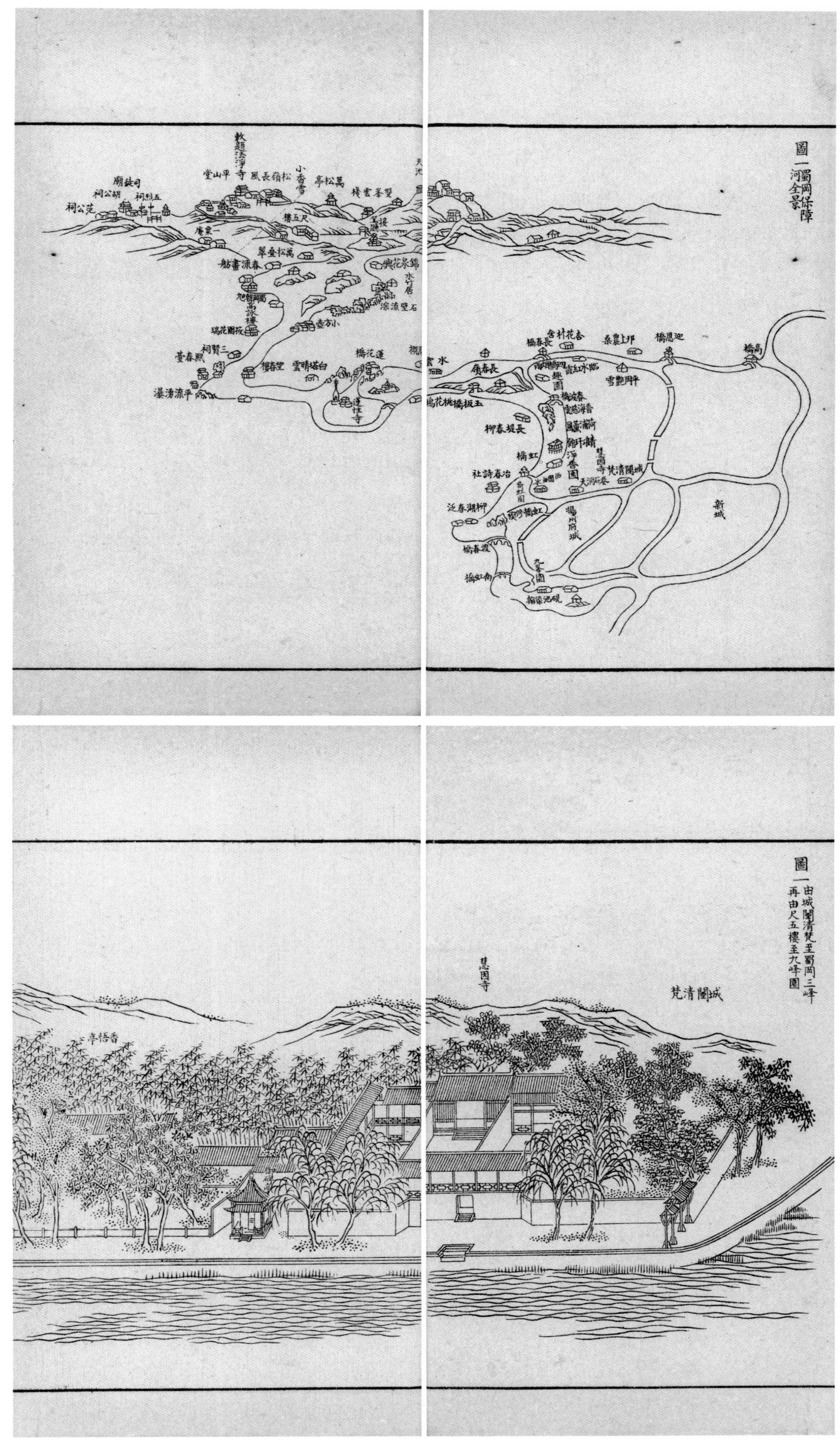
圖一蜀岡保障河全景
平山堂
萬松亭
揚州府城
新城
圖一由城闉清梵至蜀岡三峰再由尺五樓至九峰園
慧因寺
城闉清梵

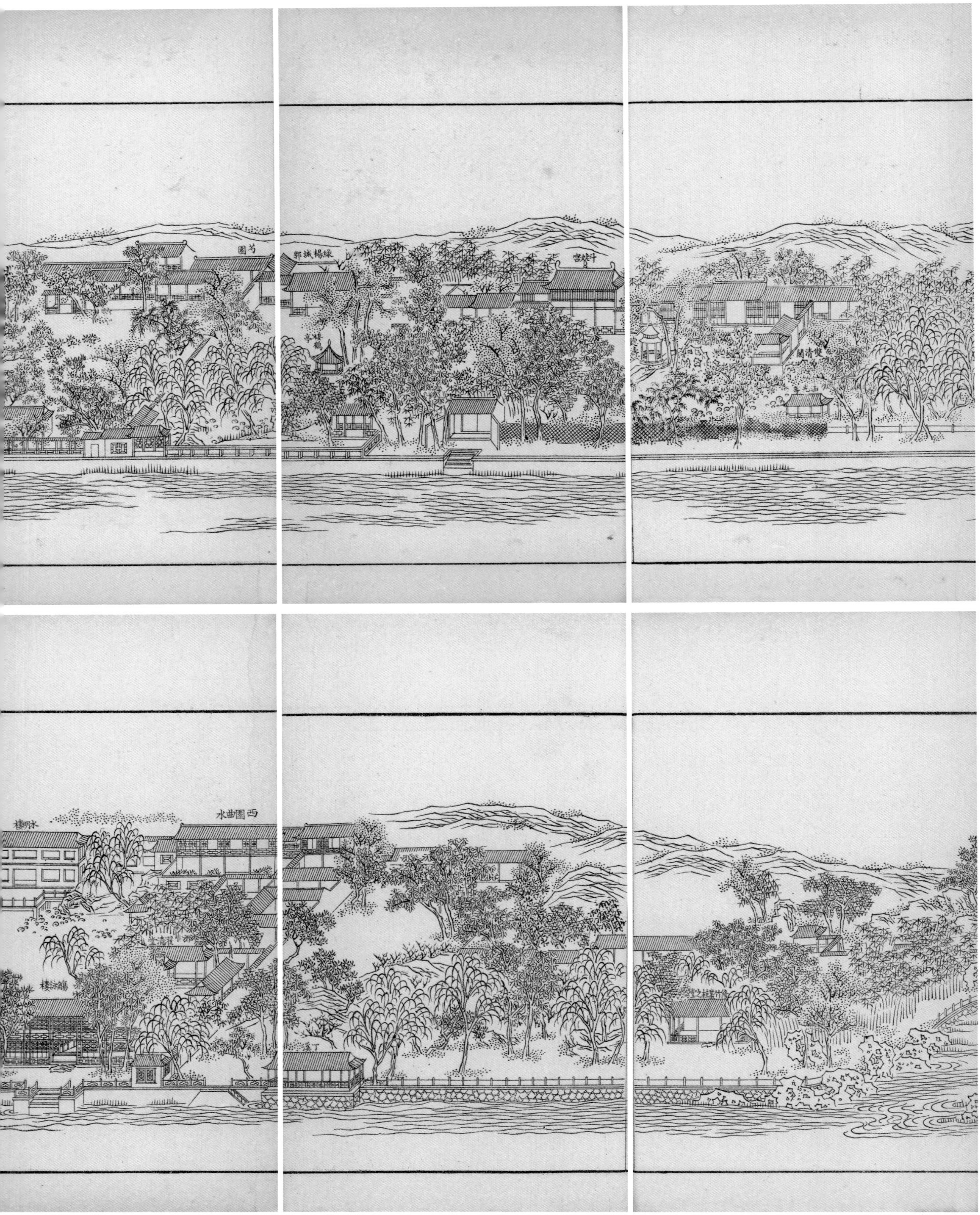

芍園
綠楊城郭
斗姥宮
雙清閣
水明樓
西園曲水
濯清堂
觴詠樓

夕陽紅半樓

卷石洞天

薜蘿水榭

淨香園

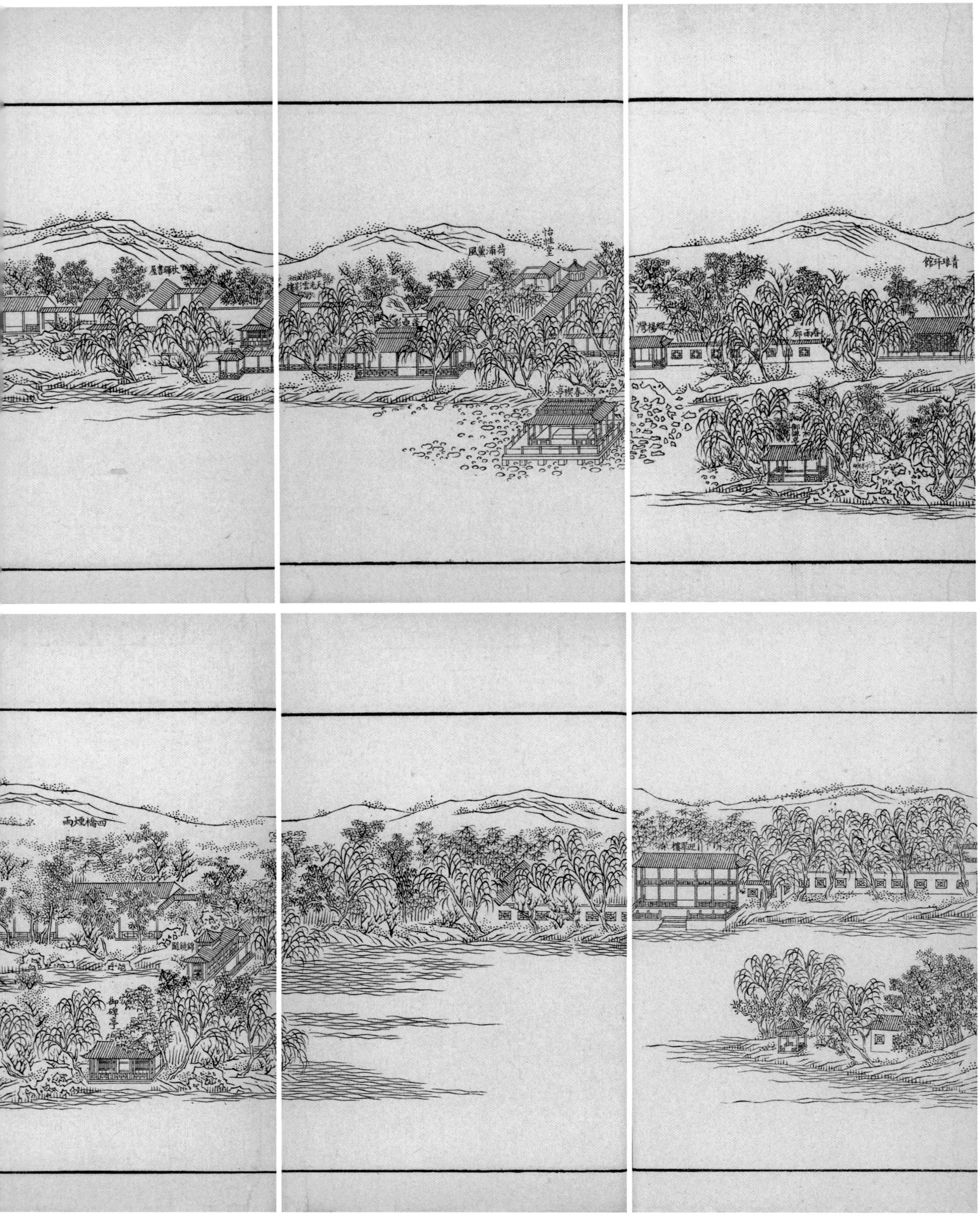
秋暉書屋
荷浦薰風
怡性堂
春禊亭
青琅玕館
綠楊灣
春雨廊
御碑亭
四橋煙雨
錦鏡閣
御碑亭
迎翠樓

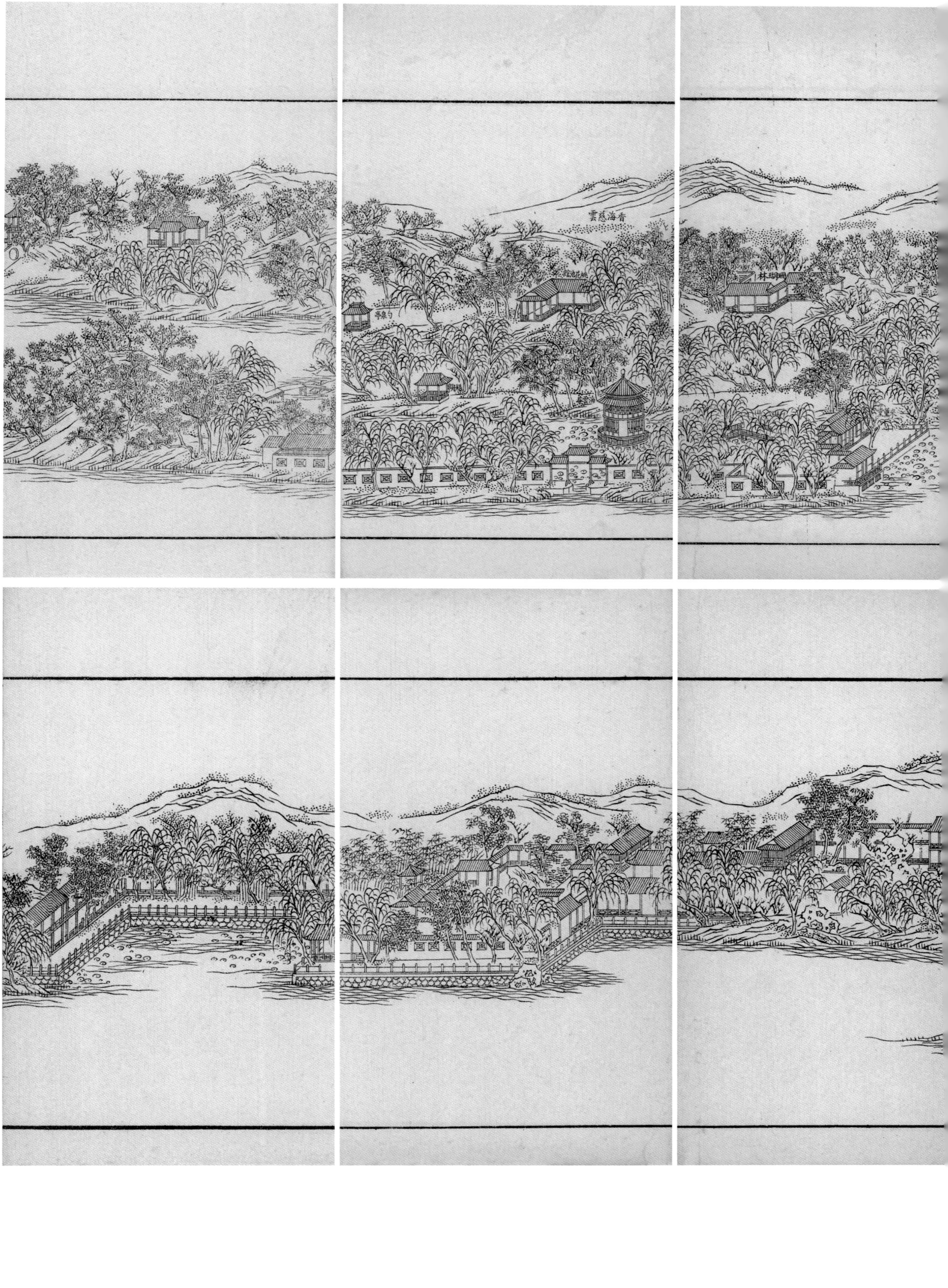

春水廊

水雲勝槩

長春橋

御碑亭

水竹居

小方壺

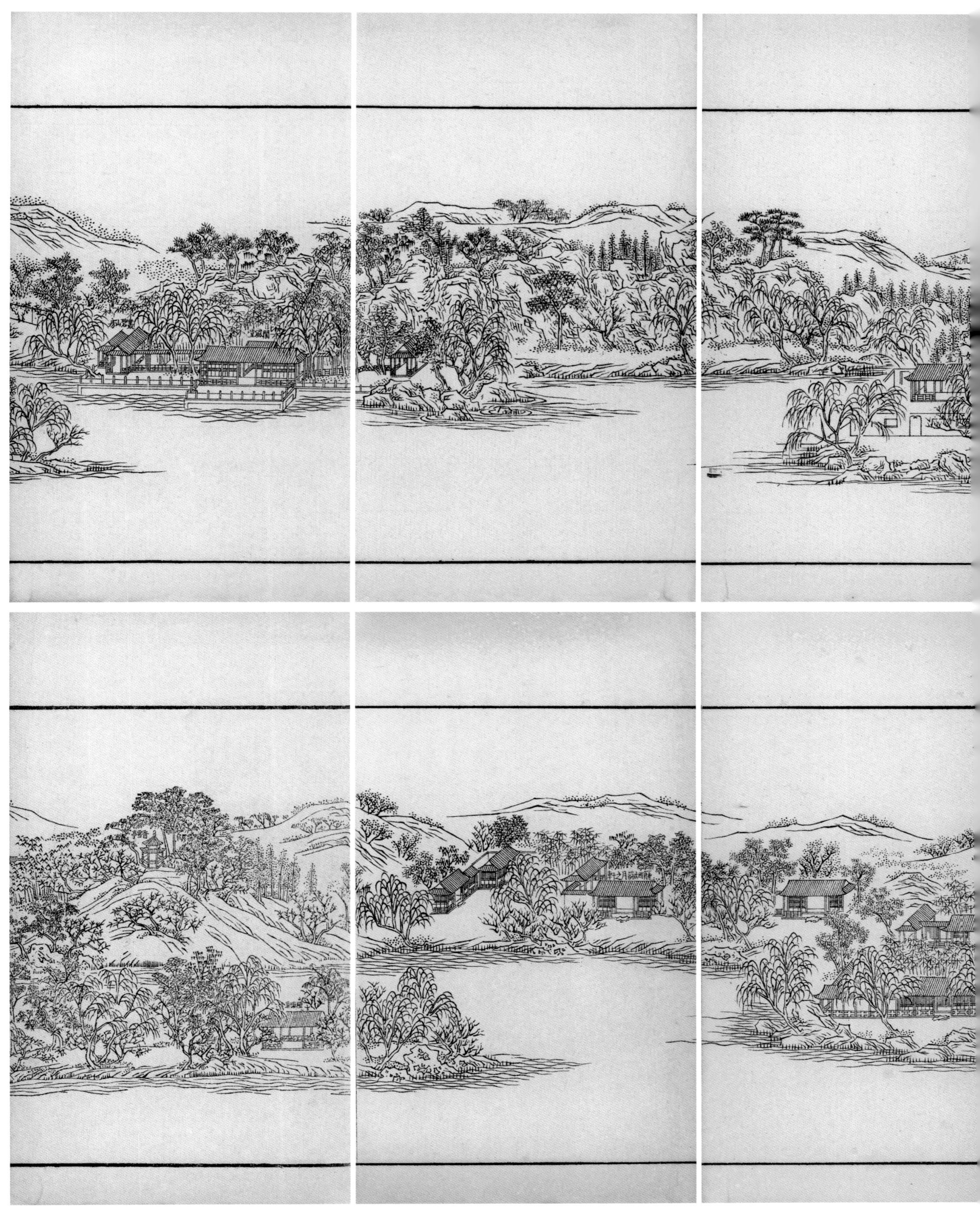

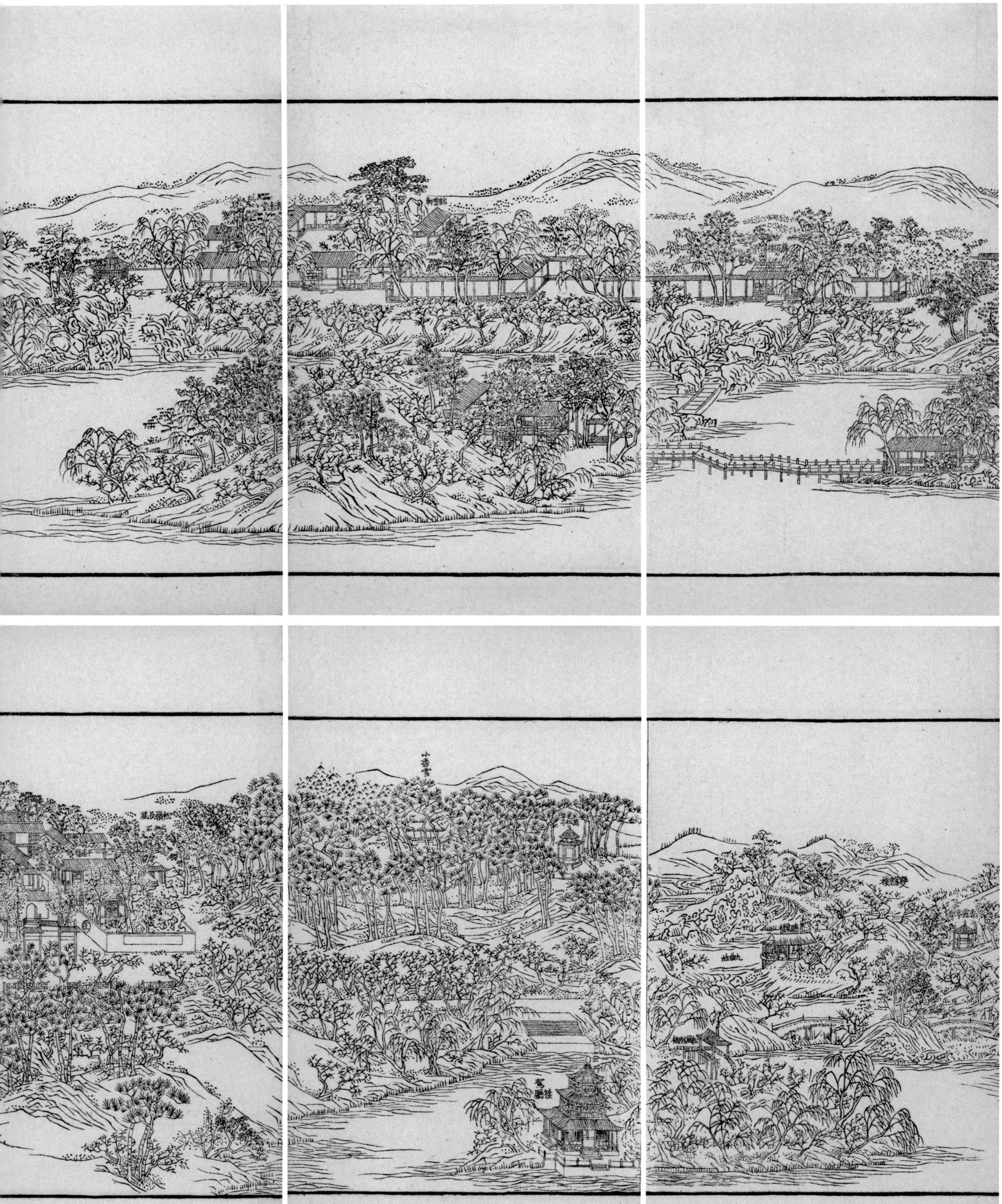

天池
功德林觀音寺
蜀岡三峯
芰荷深處
西園

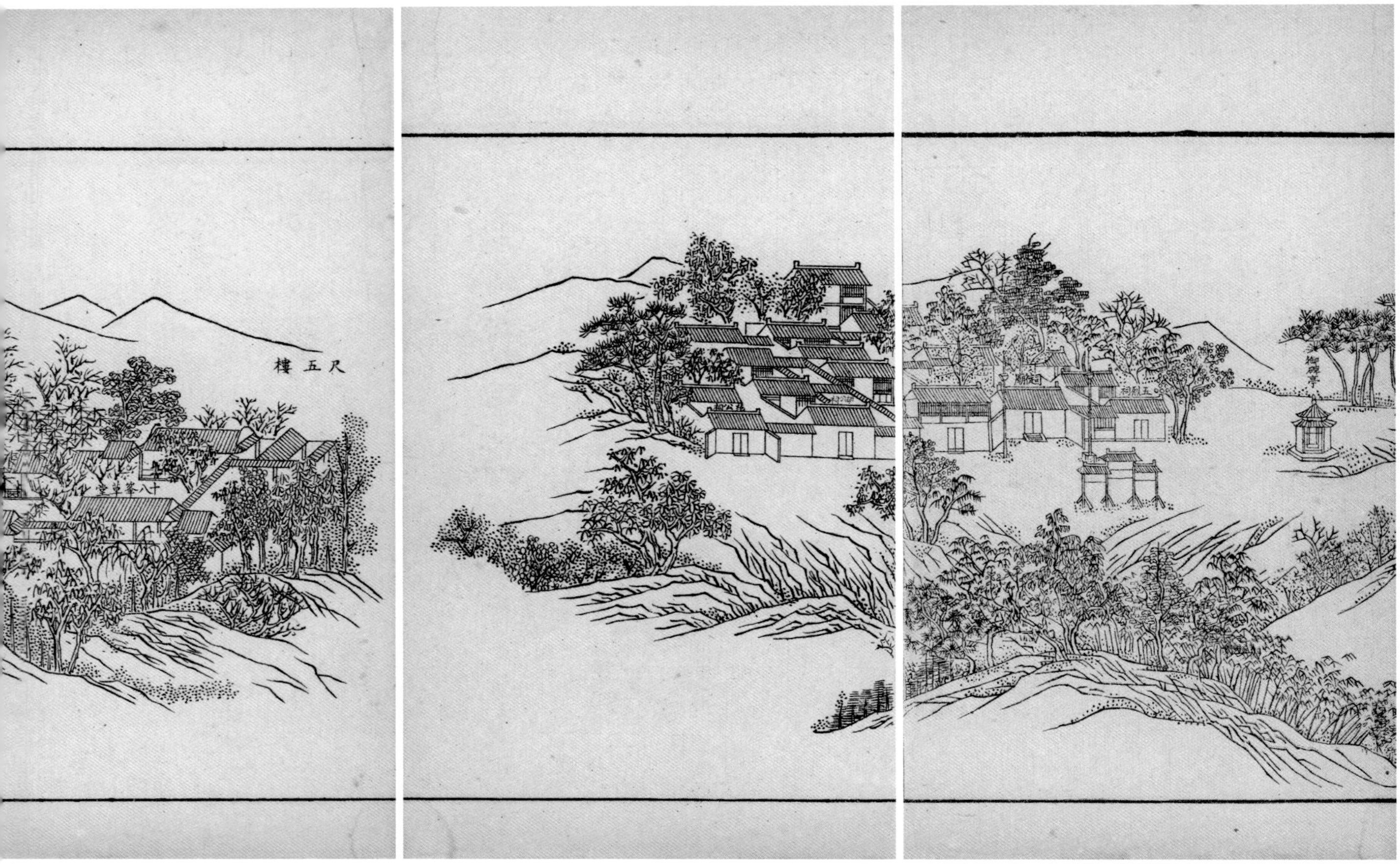

尺五樓
十八峯草堂
御碑亭

鷺松疊翠

綠雲亭

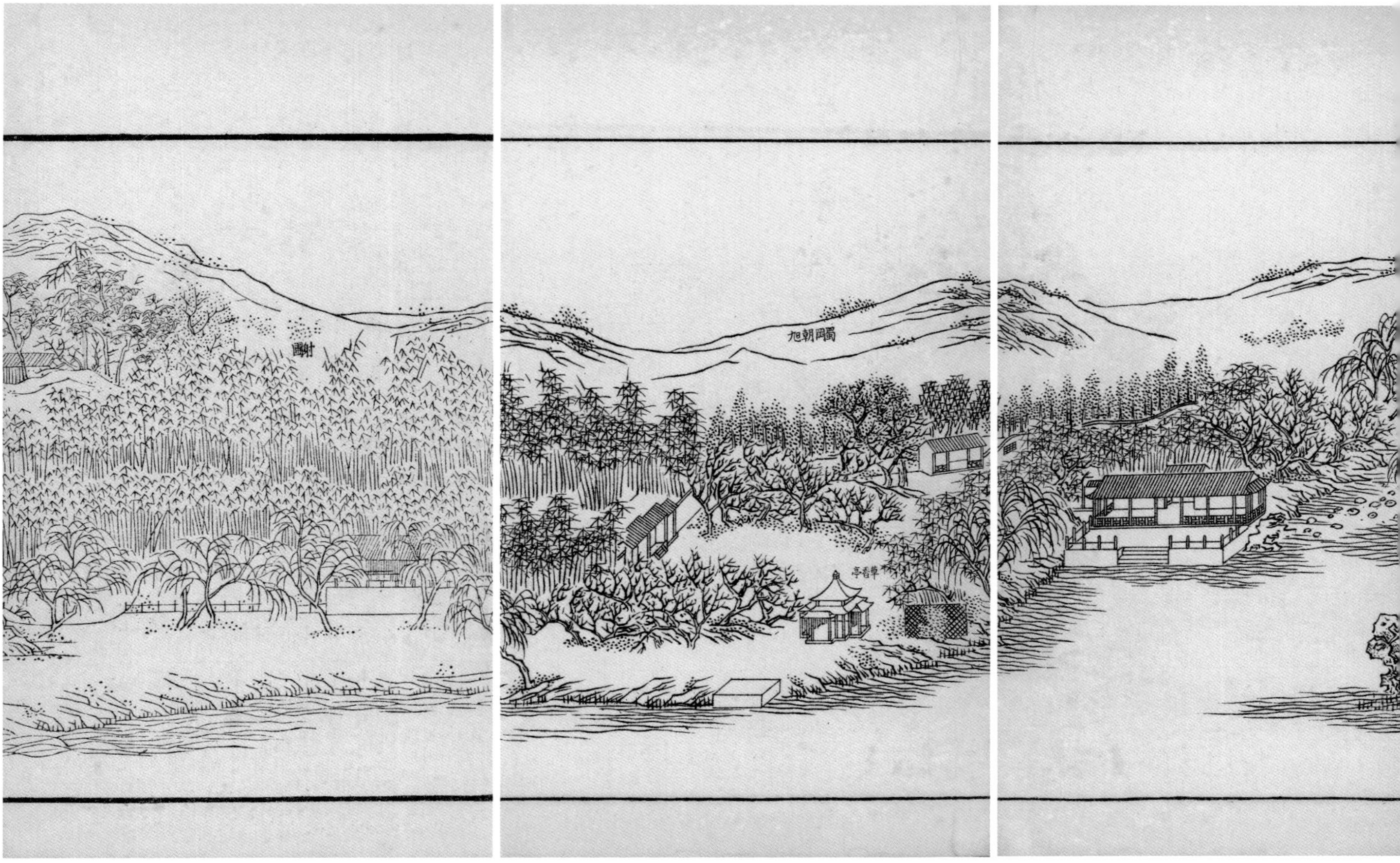

射圃

岡朝旭

草香亭

含青室
初日軒
青桂山房
藤園花瑞
三賢祠

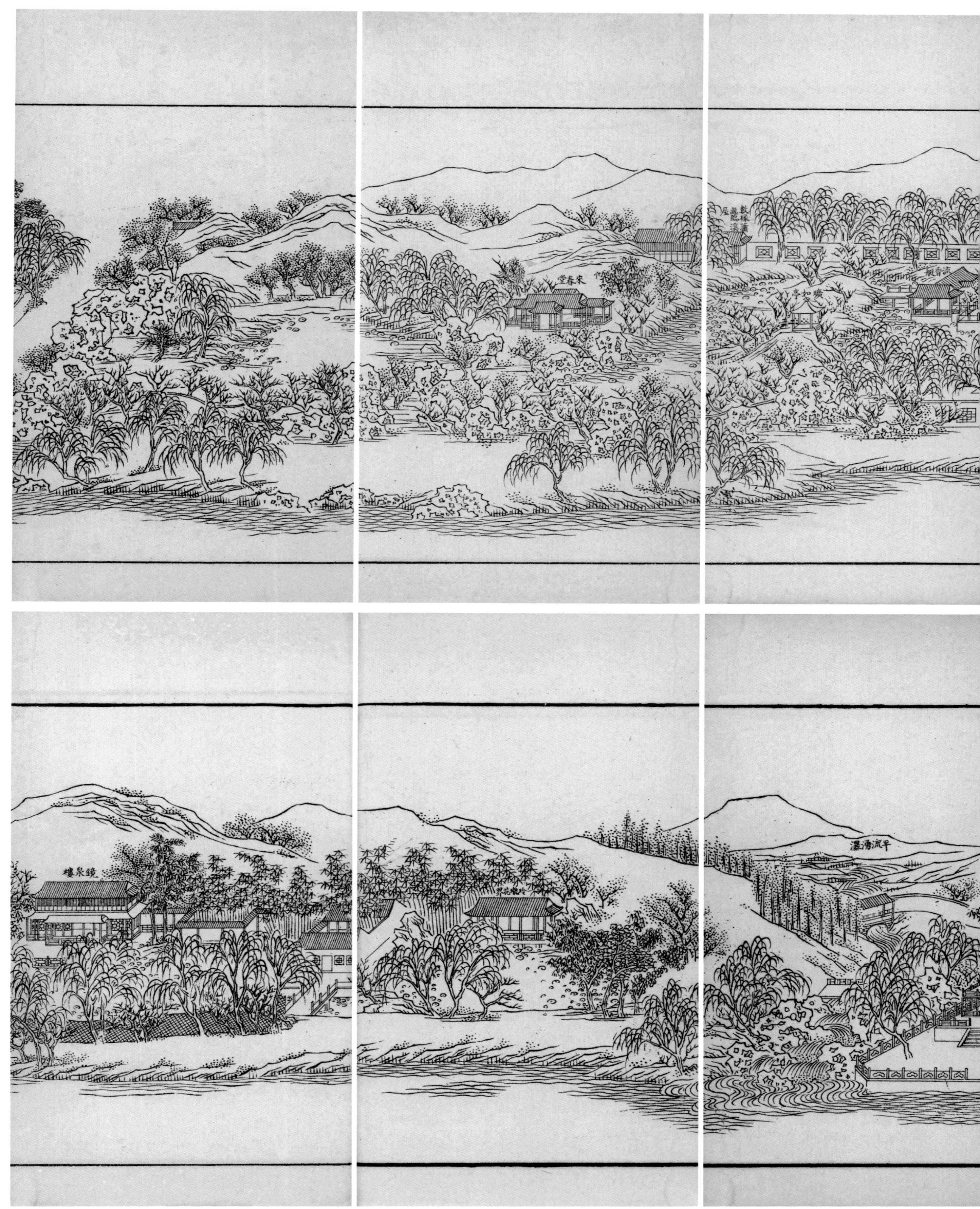
來春堂
數椽瀟灑臨溪屋
曠如亭
流香榭
鏡泉樓
玲瓏花界
平流湧瀑

韓園
關聖廟
玉版橋
梅嶺春深
長春嶺
疏峯館

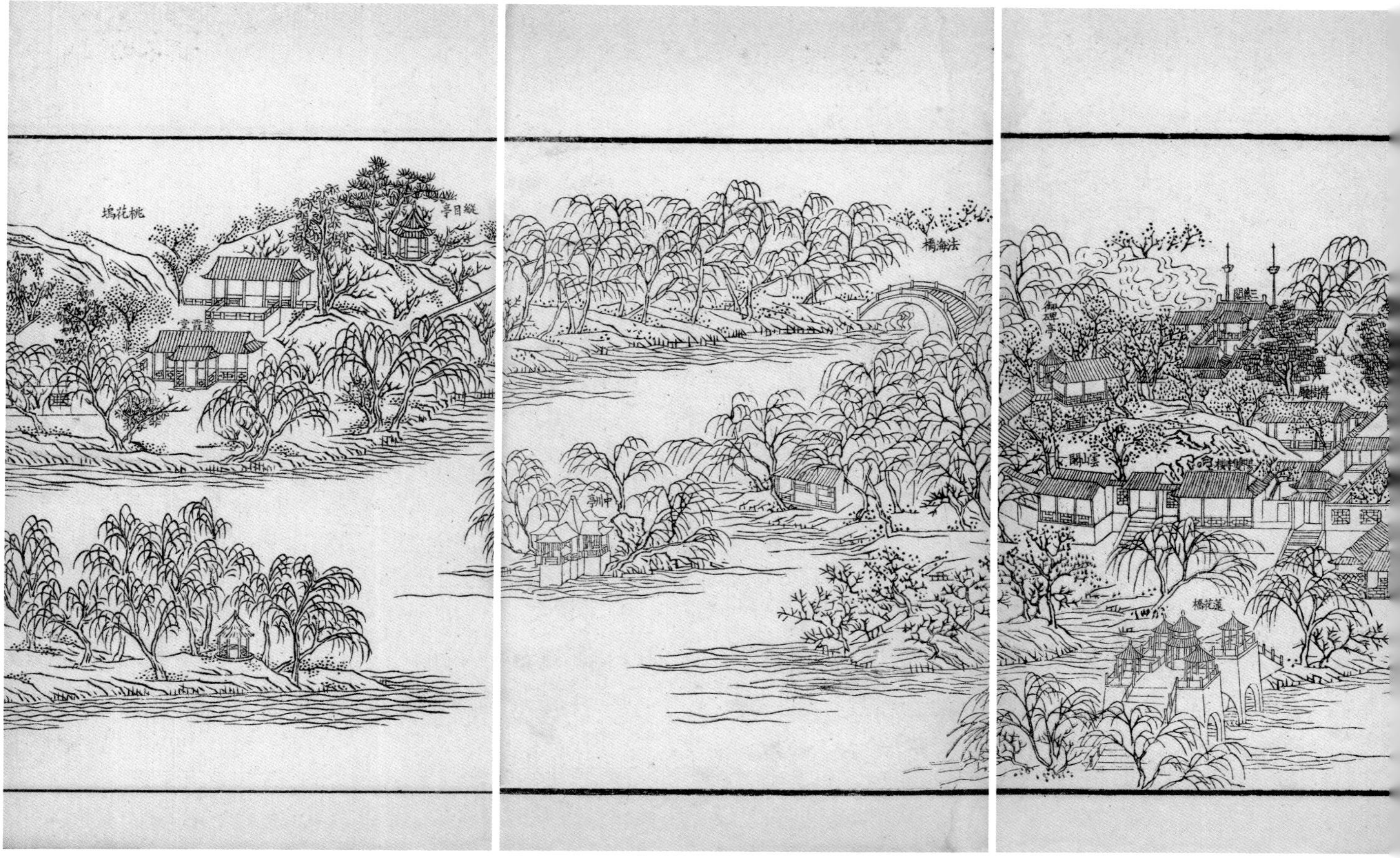

桃花塢

縱目亭

法海橋

蓮花橋

長堤春柳

浮春檻

懷仙館

秋思山房

冶春詩社

香影樓

紅橋

桂花書屋

倚虹園

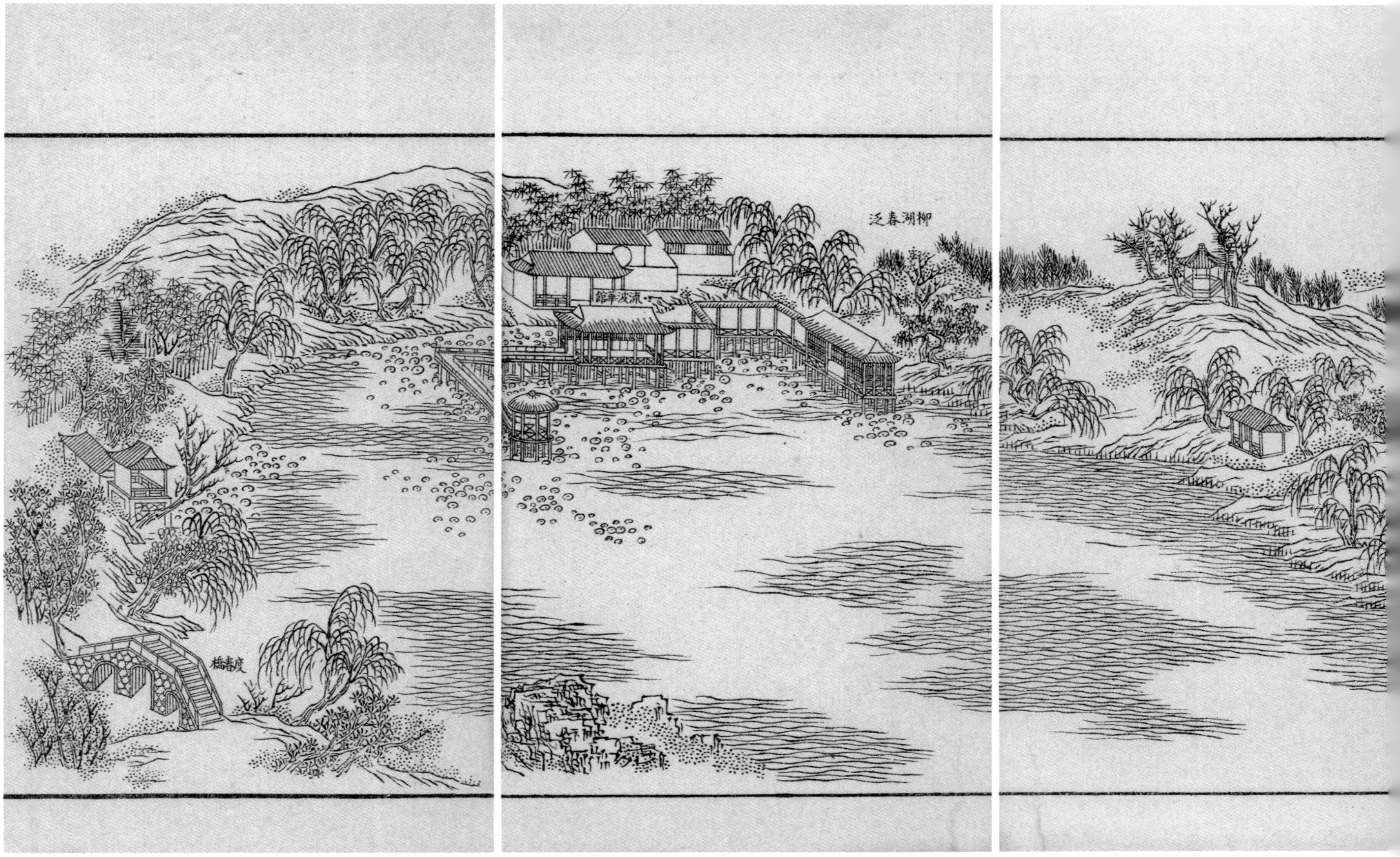

柳湖春泛

流波華館

度春橋

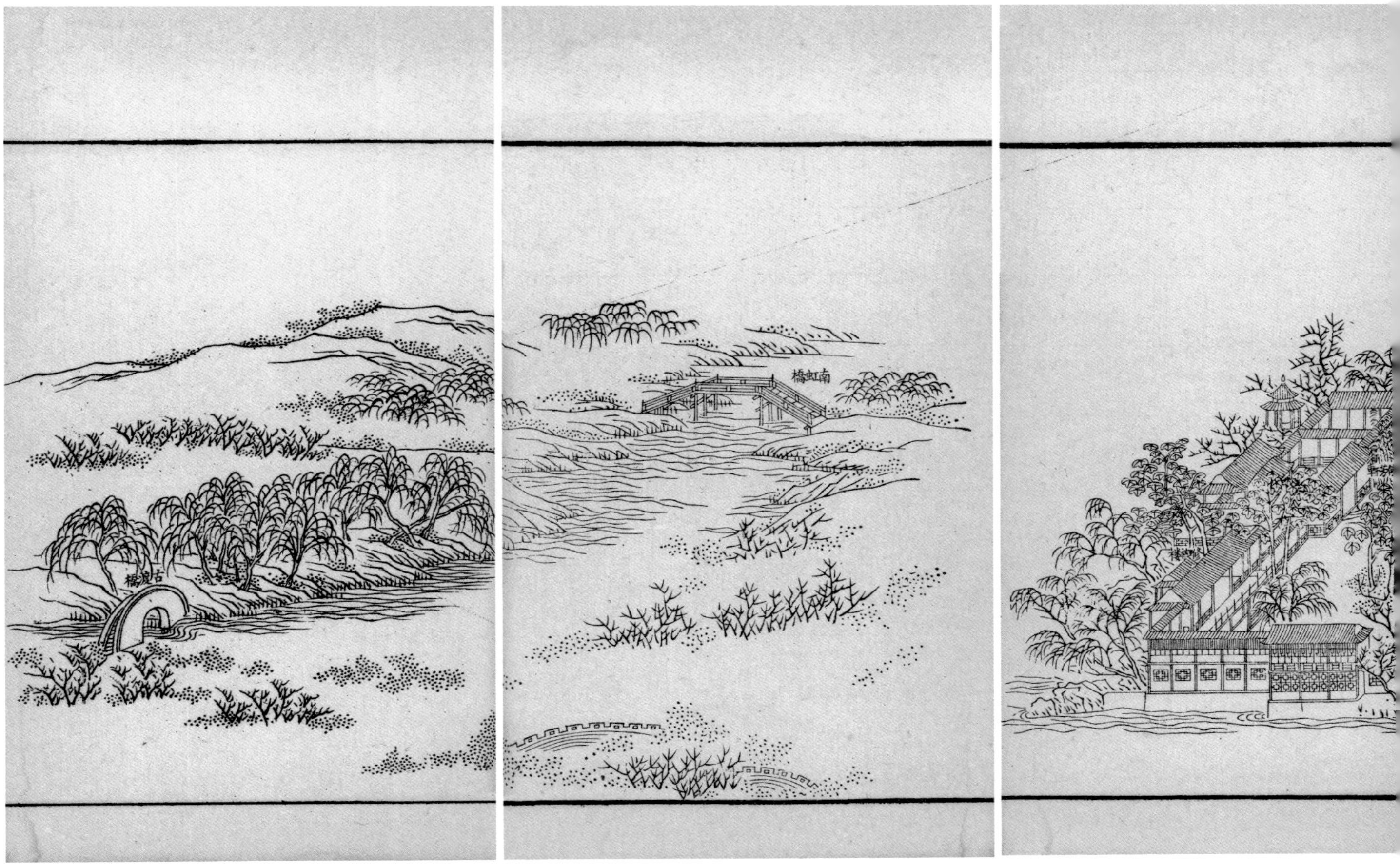

古渡橋

南虹橋

九峯圖

硯池染翰

平岡艷雪

枕流

圖二 迎恩河東岸

臨水紅霞

揚如亭

螺亭

雨花庵

御書樓

迎恩亭

漁舟小屋

艷雪亭

清暉軒

圖四 迎恩河西岸

宸翰

兩淮都轉鹽運使司鹽運使加三級紀錄十二次臣趙之壁恭錄
頭品頂戴浙江全省提督臣歐陽利見恭校

世祖章皇帝

額

敬佛 慧因寺

聖祖仁皇帝

詩

平山堂

宛轉平岡路向西山堂遺構白雲低簾前冬暖花仍發
簷外風高鳥亂啼仙仗何嘗驚野夢鳴鑣偶爾過幽棲

文章太守心偏憶歐陽修自題平山堂詞有文章太守之句 墨灑龍香壁上

題

額

平山堂

賢守清風

怡情

澄曠以上平山堂

蓮性寺本寺

御賜

内織綾旛一首

御碑

上巳日再登金山詩並唐句一首建亭蓮性寺左

臨董其昌書絕句一首建亭平山堂西園内

靈隱寺詩一首建亭平山堂右

世宗憲皇帝

聯

萬松月共衣珠朗
五夜風隨禪錫鳴法淨寺

皇上

詩

平山堂作辛未春仲

梅花纔放為春寒果見淮東第一觀馥馥清風來月牖
枝枝畫意入雲欄蜀岡可是希吳苑永叔何曾遜謝安
更喜翠峯餘積雪平章香色助清歡

平山堂一律丁丑春仲

西寺西頭松竹深歐陽舊蹟試遊尋江南山色秀無盡
二月韶光美不禁四字簷端垂
聖藻千秋座右揭官箴春巡處處
前徽仰到此尤釐顧俊心

雨中遊平山堂一律丁丑二月十日

麥穎新抽正資澤梅英乍濯雅宜遊可教古寺徒吟謝
遂使平山不問歐堤柳垂垂度烟重篷筠淰淰入寒浮
微嫌絲管饒繁會咫尺林泉負冥搜

自高旻寺行宮再遊平山堂即景六首

前朝煙棹盌耽玩供帳因他率巳陳自是晴明山色好
重敎遊騎策高旻
富庶從來說廣陵滿城絲管映街燈康風擬合崇滈約
謀食貧人慮失憑
春風行館憩天盌早見平山黛色青便進湖船漾新碧
且看夾岸畫為屏

一株綠柳一紅欄絲緯沿隄引木蘭小令還輸蘇氏軾
東山未擬謝家安
潤含新麥綠塍寬恰是淮東第一觀試想風流賢太守
詎因歌舞助清歡
蜀岡遊罷催歸轡畫鷁原遲十里餘船馬北南殊所習
始知古語信非虛

功德山丁丑春二月

右拱平山嶠遐臨廿四橋古原詠文士今半屬禪寮法
雨鏡中落天花雲外飄憑德尤暢意綠野潤新苗

蓮性寺丁丑春二月

一朵花宮結淨因周環綠水漾波新歌臺畫舫何妨鬧
恰是亭亭不受塵

慧因寺 丁丑春仲

竺蘭法宇綠川濱棹返平山一問津禪衲已知因是慧
試言慧復是何因

平山堂 壬午仲春

賢守建堂鄰大明江南山色與簷平家聲讓彼稱三至
朋盍欣茲近四并古往今來總佳話松風水月那閒情
林泉不異前巡況一卷真教畫裏行

第五泉 壬午仲春

平山堂畔石欄圍甲乙由人弗是非三度平臨收勿幕
勞民勸相慎幾微

游平山堂即景雜詠八首 壬午

九峯園畔換輕舟古郡城西初度遊二十四橋雖莫辨
紫薇猶足緬風流
樓臺絲管廣陵擅廿里雙隄隙地無幼挈老扶恣瞻就
吾心所喜在斯夫
陪臣賀節大宛朝侍衛攜來不憚遥便許隨觀都踴躍
無文徑說踐紅橋
舟移岸轉換歌聲早見平山翠黛横五載流陰纔瞥眼

越豪今日是吟情
一脈西來總蜀岡安名立字定何妨東山偏自稱功德
蓮界因之禮法王
瀑泉涔漎落雲空宛轉輕輿有路通對峙雙峯度雲棧
笑他望蜀太求工
山堂小憩引遐思論世端宜尚友茲漫惜梅花開未盛
看梅恰合是斯時
閏藏芳信待維揚霽旭和風了不涼綠蕙紅梾争放色
平山今日識春光

再遊平山堂作 壬午仲春望前一日

時節逮花朝百卉舒韶光駐蹕有餘暇爰再遊山堂遠
迎坡梅紅近拂隄柳黄夾隄多名園時復一徜徉遇佳
輒留題好樂亦戒荒畫舫不知遥至止大明旁迥出適
所逢試問因何芳地勝究以人旱然懷歐陽既乃怵然
懼得毋誚馮唐

遊平山堂 壬午四月朔日

畫舫輕移邗水濱人思六一重遊巡陰陰葉色今迎夏

侍衛銀牌賜老人渴恩便奪亦情真可知半日行春舫
不為閒遊為省民
暗香明豔正含嘉幾架雲棚護惜加不讀廬陵歐氏序
誰知天下有真花
麗日輕風喜朗晴麥田吐穗待秋成今朝功德山頭望
始覺吾心暢快生
平阜池堂俯碧漣已看荷葉出田田傳花命酒圍嘉客
高致當年在眼前
坐惟片刻未斜暉問景聽稱馳驛飛短句八章聊紀事
足酬佳興可言歸

額

勅題法淨寺
蜀岡慧照 以上法淨寺
衆香清梵 蓮性寺
慧因寺
慈緣勝果 以上慧因寺
天池 功德山
小香雪 法淨寺十畝梅園
高詠樓 本園
水竹居

靜照軒 以上水竹居
趣園 本園
淨香園
怡性堂 以上淨香園
倚虹園
致佳樓 以上倚虹園
九峯園 本園

聯

淮海奇觀别開清淨地
江山靜對遠契妙明心 法淨寺

詩意豈因今古異
山光長在有無中 平山堂
綠水入澄照
青山猶古姿 功德山
竹裏尋幽逕
梅間卜野居 小香雪
山堂返櫂留閒憩

壬午仲春題慧因寺詩 建亭寺右
乙酉仲春平山堂詩 接駕廳東首
又絶句八首 真賞樓
又平山堂即景八首 真賞樓
乙酉春月功德林詩 觀音寺右亭内
御書時和筆暢四字並臨定武蘭亭卷 平山堂
御書峻拔為主四字並臨吳琚説帖卷 功德林
御書妙契凌雲四字並仿董其昌臨楊凝式詩卷 淨香園
御書取徑眉山四字並臨蘇軾詩卷 水竹居
御書有凌雲意四字並臨蘇軾書卷 趣園

御書石牛禪悦四字並臨黄庭堅書卷 倚虹園
勅題法淨寺五字 刻石寺門
天池二字 觀音寺右亭内
小香雪三字 萬松亭
高詠樓三字
水竹居三字
靜照軒三字
趣園二字
淨香園三字
怡性堂三字

倚虹園三字
致佳樓三字
九峯園三字 以上俱各刻石園内

御賜

御筆梅花扇一柄
御書時和筆暢四字並臨定武蘭亭卷
石刻生秋詩草書一卷 以上平山堂
石刻心經並觀音像一軸
石刻心經塔一軸
福字三個 以上法淨寺

御書峻拔為主四字並臨吳琚説帖卷 功德林
石刻金剛經塔一軸 蓮性寺
又 慧因寺
御書妙契凌雲四字並仿董其昌臨楊凝式詩卷
漢玉子母猨一座
白玉如意一握 以上淨香園
御書取徑眉山四字並臨蘇軾詩卷 水竹居

金粟如來是慧雲迴超緣覺與聲聞猶嫌靈運為饒舌
孟顗精勤底足云

平山堂絕句八首 乙酉

曉烟欲泮獨未泮山色如遥卻不遥一路名園都可憩
木蘭先泊倚虹橋
纜牽春水拍舟輕戟戟新蒲刺水生夾岸樓臺不知幾
飄飄都在鏡中呈

澹蕩輕風靜碧漪堤籠絲柳拂船脣沿隄緹騎非嚴蹕
為擊銀牌賜老人
春光滿眼已撩人梅白棃紅倚翠筠屈指長橋過廿四
風流誰是紫薇倫
有時縻步有時舟幾暇聊成爛漫遊饒舌咄哉此言失
得閒吾豈樂天流
傍午俎雲忽放晴平山濯翠益分明吾豈徒為遊山計
計到田功實暢情
綠竹參天一逕細白梅似海萬株多援毫題曰小香雪
大者浹旬較若何

梅隝西鄰即蜀岡春風依舊坐山堂適來絲管真嫌聒
恰喜松風一埽涼

平山堂 乙酉仲春

欝律山堂倚碧巒建時猶自紀廬陵蹟鄰佳勝七百載
嘯咏風流四五朋必有真能被民澤不然何以至今稱
重來拱讀
奎章煥旌淑原從漢詔徵

功德林 乙酉春月

竺宇平山左厥名功德林石磴雖不高亦足具四臨右
俯適來川絲管猶繁音左挹麥塍綠實覺娛吾心視聽
胥且置一切功德義譬如惠心者勿問乎惠意佛無物
不度度亦不居惠是則功與德二字將何寄微覺調御
笑語言實兒戲

再遊平山堂即景八首 乙酉二月

去時春仲來春暮真是春光馬上看祇有風流賢太守
千秋名在碧峯端
北瞻崑軸廣陵南園倚虹橋鏡影涵若使武夷徵故事
便當九曲自茲探
綠柳陰濃曲岸頭綾宜畫舸惠風柔青琅玕館凝神盼
誰道尋常竹有秋

恰值雲開亦覺欣 以上趣園
結念底須懷爛漫
洗心雅足昇清涼
雨過淨漪竹
夏前香想蓮 以上淨香園
柳拖弱縷學垂手
梅展芳姿初試嚬

花木正佳二月景
人家疑近武陵溪 以上倚虹園
雨後蘭芽猶帶潤
風前梅朵始敷榮
縱目軒總饒野趣
遺懷梅柳入詩情 以上九峰園

皇上御製 臣謹按以上各聯並

縈迴水抱中和氣
平遠山如蘊藉人 趣園
竹喧歸浣女
蓮動下漁舟 淨香園
明月松間照
清泉石上流 倚虹園
名園依綠水
野竹上青霄 九峯園

皇上御書 臣謹按以上各聯並

碑

辛未春仲平山堂詩 建亭平山堂園內
丁丑春仲平山堂詩 同前
丁丑二月十日雨中遊平山堂詩 按駕廳
丁丑春二月功德山詩 建亭觀音寺右
丁丑春二月蓮性寺詩 建亭大雄殿左
丁丑春仲慧因寺詩 建亭寺右
梅花畫扇石刻 平山堂
壬午春仲平山堂詩 按駕廳
又絕句一首 同前
又絕句八首 平山堂石屏
壬午仲春望前一日再遊平山堂詩 按駕廳
壬午四月朔日遊平山堂詩 同前
壬午仲春題蓮性寺詩 建亭大雄殿左

鼻烟壺一個
荷包二個 以上丁丑年各園亭同
福字一個
石刻得雪詩一幅
石刻九老會詩一幅
朝珠一掛
手珠一掛

帶牌一副
鼻烟壺一個 以上壬午年各園亭同
福字一個
石刻西師詩一卷
石刻開惑論一卷
朝珠二掛
椒手珠一掛
繡椒袋一個
藏香三束
鼻烟盒一個
鼻烟壺三個
鼻烟一瓶 以上乙酉年各園亭同

臣謹按我皇上四幸江南各官商邀
恩賞賜稠疊逾常今志惟有關園亭者備載其餘不敢妄登庶昭敬慎云

桂林十二景模本

作　者　（清）李彦奎繪

年　代　清光緒十七年（一八九一）

類　型　石刻墨拓本

載體形態　一册

尺　寸　每頁縱三三厘米，横四〇厘米

索書號　234.03/074.2/1891

圖册收録桂林風景圖十二幅，景點包括堯山、虞山、獨秀山、伏波山、開元寺、七星岩、象山、夕陽洞、叠綵山、隱山六洞、木龍洞和華景洞。每處景觀均有兩頁，左幅爲文，右幅爲圖，圖文并茂。『左文』包括幾十字的景觀説明一篇以及五言題咏詩一首。『右圖』綫條繁密、繪刻精細，既展現了自然環境的大氣，又體現了景物的秀美。

圖册首頁有題識一篇：『庚寅秋，在桂林見舊拓本，日久漶漫，思重摹之。比來南寧，迄未暇及，今將受代，爰屬友人李澹泉彦奎畫、劉瓶孫慶崧書，付之手民。半月工畢，頓復舊觀，亦快事也。辛卯三月，濟寧孫楫題。』題識後鈐有『孫楫印信』和『駕航』印。孫楫（一八二七—一八九九），字濟川，號駕航，山東濟寧人，其家世顯赫，本人也官至順天府尹。劉慶崧（一八六三—一九二〇），一作慶嵩，字聘孫、瓶孫，號萍僧、留庵，江西南城人，書法雄奇，善於刻印。李彦奎（一八四〇—一九一三），字澹泉、叔士，又號柳波散人、平山樵子，江蘇揚州人，擅畫山水花卉。孫楫有可能在出任廣州知府期間結識了李彦奎和劉慶崧。

題識中的『舊拓本』是指羅辰的《桂林山水圖》刻帖。羅辰（一七七〇—一八四四），字星橋，別號羅浮山人，廣西桂林人，擅長詩畫和書法。《桂林山水圖》共有三十三幅，每幅畫配有題記和詩咏，詩畫俱佳。孫楫延請李彦奎繪、劉慶崧書，從羅辰帖本中選擇了十二處景觀重新繪刻。與羅辰本相比，《桂林十二景模本》在下述幾個方面與之有異同。一是景觀圖重新得以繪刻，畫面在取景角度、入畫景致以及刀法刻工方面都有明顯差别。二是景觀説明大部相同，衹有若干更改，例如『獨秀山』開篇的『山谷云』改成了『魯直云』。三是題咏詩完全照録。四是『左文』部分去除了羅辰的題名，增加了一至二枚李彦奎或劉慶崧的字、號或其他印章，『右圖』部分亦是如此。其中李彦奎的印章有『赤士』『博士弟子』『天一山人』『雙茶盦』『甘泉李氏慶奎』等，劉慶崧的印章有『崧印』『聘孫』『聘孫詩書畫印』『麻姑同里』『辛卯年三十歲』等。

桂林山水是中國山水的代表之一，自古以來就有『桂林山水甲天下』的美譽，其中比較著名的有『桂林八景』和『桂林續八景』。在清代，描述桂林山水的詩文畫作除了上述作品之外，還有朱樹德的《桂林續八景》、張寶的《灕江泛槎圖文集》等。

桂林十二景模本

庚寅秋在桂林見舊
搨本日久漶漫思重
摹之比来南甯迄未
暇及今将受代爰屬
友人李澹泉彥奎畫
劉瓶孫慶崧書付之
手民半月工畢頓復
舊觀亦快事也辛卯
三月濟甯孫楫題

庚寅秋，在桂林見舊拓本，日久漶漫，思重摹之。比來南甯，迄未暇及，今將受代，爰屬友人李澹泉彥奎畫，劉瓶孫慶崧書，付之手民。半月工畢，頓復舊觀，亦快事也。辛卯三月，濟甯孫楫題。

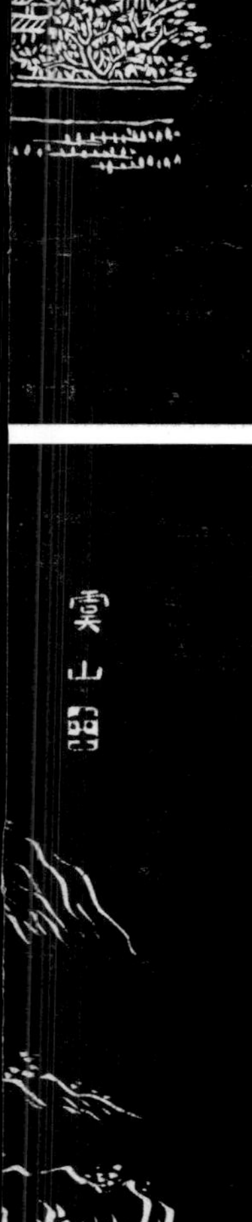

堯山　粵山多石，而堯山獨土。雄厚磅礴，連亘數邑，將雨，則白雲先起，冥濛漸合，若雪壓群峰，晶瑩四照，儼然李營邱圖畫也。

三土絫成垚，川氣冒之上。
雲譎波亦詭，摧嶊殊萬狀。
六月飛玉霙，家家宛挾纊。

獨秀山　魯直云『桂嶺環城如雁宕』，而獨秀一峰更孤拔峭聳，絶無倚傍，范至能所謂『平地蒼玉崛起』，爲天下第一偉觀。此在高士中，當入獨行傳者也，顏延之讀書巖在其下。

顛風拔地立，高翠擘雲上。
一柱擎蠻天，衆山皆首仰。
振衣飛鳥背，萬井在吾掌。

開元寺　桂林八景之青碧上方是也。隋唐時，古松一株，蔭藾蟠結極數畝，僧水月能詩畫，與齊己、貫休同。有褚河南碑，字體遒勁，觀者幾如布毯坐卧。厥後，松爲風拔，化龍飛去，僧亦圓寂，碑字剥蝕，大半模糊。遊人撫時感事，不勝今昔之慨。

開元古招提，爲訪詩僧至。
茶瓜供清緣，山水結文字。
古松聞化龍，無復覩蒼翠。

堯山

粵山多石而堯山獨土雄厚磅礴連亘數邑将雨則白雲先起冥濛漸合若雪壓群峰晶瑩四照儼然李營邱圖畫也

三土衆成垚川氣冒之上雲譎波亦詭雅嗺殊萬狀六月飛玉霙家家宛挾纊

獨秀山。

魯直云桂嶺環城如雁宕而獨秀一峰更孤拔峭聳絶無倚傍范至能所謂平地蒼玉崛起為天下第一偉觀此在高士中當入獸行傳者也顔延之讀書巖在其下

顛風拔地立高翠劈雲上一柱擎蠻天衆山皆首仰振衣飛鳥背萬井在吾掌

開元寺

桂林八景之青碧上方是也隋唐時古松一株蔭蘙蟠結極數畝僧水月能詩畫與齊己貫休同有褚河南碑字體遒勁觀者幾如布毯生卧厥後松為風拔化龍飛去僧亦圓宋碑字剥蝕大半模糊遊人撫時感事不勝今昔之慨

開元古招提為訪詩僧至茶瓜供清緣山水结文字古松間化龍無復覩蒼翠

虞山

虞山起自東北隅灘水左縈黄澤繞於後中有洞曰韶音前有舜祠在馬旁則南薰亭盛夏清風滿座荷氣襲人葦聲漁唱爽心娱目亦軟紅塵中一清涼世界也

石氣曠蕭散飛甍帶烟樹和風為誰来一葉罷琴處北望湘波深頽雲愁不渡

獨秀山

虞山　虞山起自東北隅，灘水左縈，黄澤繞於後，中有洞，曰韶音，前有舜祠在焉，旁則南薰亭。盛夏，清風滿座，荷氣襲人，葦聲漁唱，爽心娱目，亦軟紅塵中一清涼世界也。

石氣曠蕭散，飛甍帶烟樹。和風爲誰來，一葉罷琴處。北望湘波深，頽雲愁不渡。

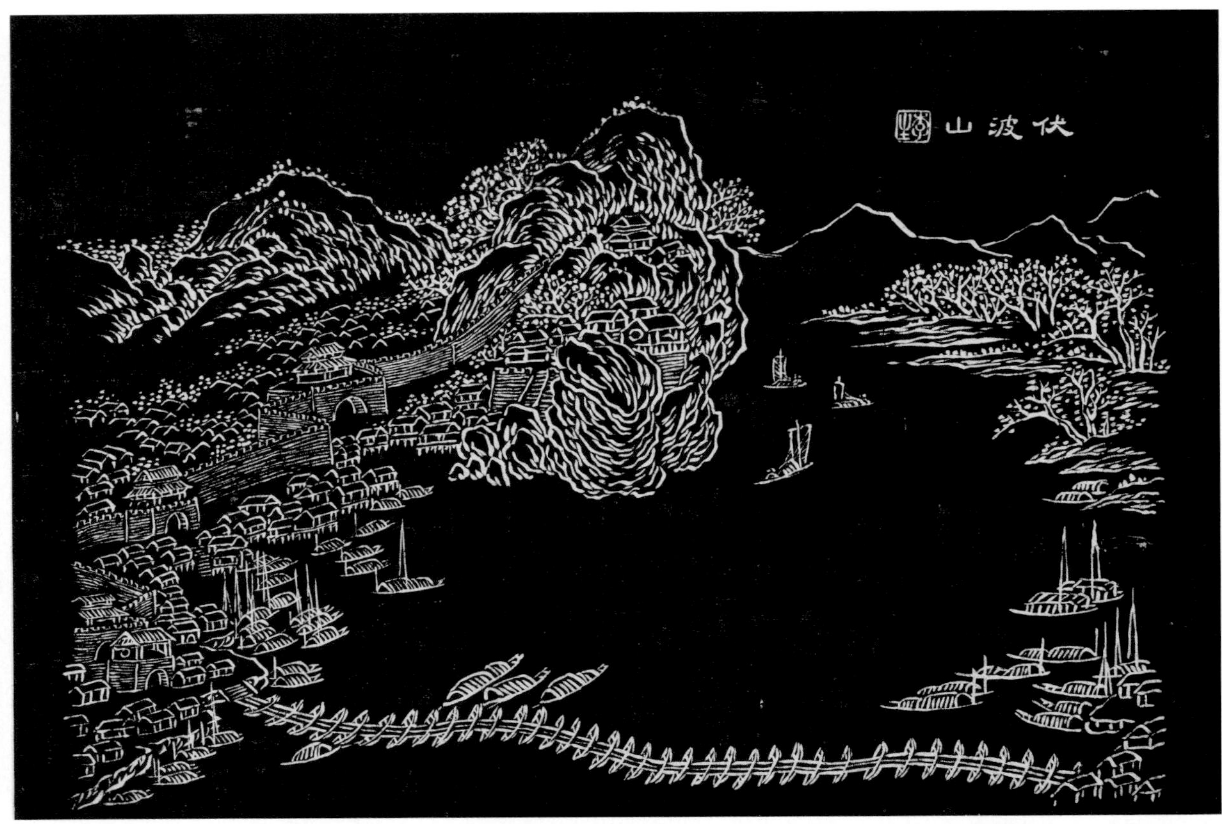

伏波山　山勢矗立，突起桂江西岍，峭壁摩雲。山根齧水，盤涹鑽注，驪龍穴焉。洞名玩珠，如層城複道，户牖通透，中有米老小像，山頂建馬新息祠。

潭光抱蔚藍，燦碧浴千仞。
上有金銀臺，靈旗盪風影。
薏珠何日還，浪止雲烟静。

七星巖　渡灕江而東，七峰駢列，流輝散彩，連絡如斗杓。中曰棲霞洞，乳液葩漿，瑋怪奇變。肖人肖物，不名一狀。相傳有竅通九疑，唐鄭冠卿遇日華、月華君處。

岑崟绛霄迴，森列杓魁形。
一竅通九疑，仙窟開幽扃。
麒犀下無底，天地皆純青。

象山　象鼻山在桂城訾家洲西南，突立水濱，厥形類象，下有洞曰水月，上有石墖如寶瓶。唐常侍元晦改曰宜山，横障江口，引犇灡而東注，離離江樹，渺渺烟波，仿佛香象渡河時也。

瓊斧刓石骨，圓暉貼波起。
潑黛翠森森，冷蝕半江水。
誰驅香象來，月印千潭裏。

伏波山

山勢矗立突起桂江西岈峭壁摩雲山根齧水盤孟鑽注驪龍穴爲洞名玩珠如層城複道户牖通透中有米老小像山頂建馬新息祠

潭光抱蔚藍爍碧浴千仞上
有金銀臺靈旗盪風影薰珠
何日還浪止雲烟静

七星巖

渡灕江而東七峰駢列流輝散彩連絡如斗杓中曰棲霞洞乳液範凝瑋恠奇變肖人肖物不名一狀相傳有竅通九疑唐鄭冠卿遇日華月華君處

岑崟緯霄迴森列杓魁形一竅
通九疑仙窯閟幽扃難捫下無
庄天地皆純青

象山

象鼻山在桂城訾家洲西南突立水濱厥形類象下有洞曰水月上有石壇如寶瓶唐常侍元晦政曰宜山横障江口引犇瀾而東注離離江樹渺渺烟波彷佛香象渡河時也

瓊斧刹石骨圓暉貼波起潑黛
翠森森冷蝕半江水誰驅香象
來月印千潭裏

疊綵山

疊綵山為桂嶺三峰之一石紋横斷層疊如綺縠皺坡陀隱軫門逕支誃大有雲林畫意慶蕉園尚書建景風閣於前凭闌遠矚萬象在目後有石洞谽谺螺旋出山背凉颸習習滌暑消煩俗名風洞

卧石繡苔衣飛泉溜雲縫紅闌
空際折遠目冥鴻送一嘯長風
生連山莽欲動

疊綵山　疊綵山爲桂嶺三峰之一，石紋横斷層叠，如綺縠皺，坡陀隱軫，門逕支誃，大有雲林畫意。慶蕉園尚書建景風閣於前，凭闌遠矚，萬象在目，後有石洞谽谺，螺旋出山背，凉颸習習，滌暑消煩，俗名風洞。

卧石繡苔衣，飛泉溜雲縫。紅闌空際折，遠目冥鴻送。一嘯長風生，連山莽欲動。

木龍洞　洞在癸水門外，並伏波而北峙。後則襟帶叠綵，孔道通行，其平如砥，旁通小道，狀類城闕。洞縣（懸）

木龍二，酒市人添足也。
嶙激鬰山瘦，倒影出波突。
渡人覓寶來，招招喚空緑。
莫驚痴龍睡，鼓鬣勝凡木。

夕陽洞　夕陽洞，乃隐山六洞之一，西峰嶺對峙，嶺上舊有千山觀，佛像鐫於翠壁，殿宇頽廢，烟鎖雲封，不知其幾何年矣。柱石尚存，今則洞口夕陽，林間逿牧，前人曾收入八景中，爲『西峰夕照』。

返照入石壁，西峰厜層巘。
上有鸎鴿王，趺坐嶍覆偃。
牛背閃斜陽，短篴風悠遠。

隐山六洞　古南門外里許，有隐山六洞，佛巖後則朝陽穿雲竇而出，則白雀、嘉蓮、北牖、南華、夕陽諸洞，洞中乳穗交垂，厥狀不一。山下巖水潑墨，巨魚游泳，如在鏡中。舊名小西湖，唐李渤創亭榭，植花木。皇甫湜、吴武陵皆有撰述。

一擫清净土，四壁玲瓏天。
蟻道鑿凝翠，雲氣相貫穿。
[illegible]息，[illegible]明日。

木龍洞

洞在癸水門外並伏波而北峙，後則襟帶疊綵孔道通行其平如砥旁通小道狀類城闕洞縣木龍二迺市人添足也

蔣激齧山瘦倒影出波窔渡人覘寶来招〻喚空緑莫驚痴龍睡鼓鬣勝凡木

夕陽洞

夕陽洞乃隱山六洞之一西峰嶺對峙嶺上舊有千山觀佛像鐫於翠壁殿宇頹廢烟鎖雲封不知其幾何年矣柱石尚存今則洞口夕陽林間逺牧前人曾收入八景中為西峰夕照

返照入石壁西峰廉層巘上有鷺鷥王趺坐嵋寝偃牛背閒斜陽短遂風悠遠

隱山六洞

古南門外里許有隱山六洞佛巖後則朝陽穿雲寶而出則白雀嘉蓮北牖南華夕陽諸洞〻中乳穗交垂厥狀不一山下巖水潑墨巨魚游泳如在鏡中舊名小西湖唐李渤創亭榭植花木皇甫湜吳武陵皆有撰述

一掠清淨土四壁玲瓏天蟻道鑿凝翠雲氣相貫穿攀桂賦招隱誰買西湖田

華景洞

鐵佛寺在寶積山北石洞比連空明軒豁可容數榻周迴完密如寝室然窈窕深通紆徐轉折闇而復明洞後一境坦奥葺成幽搆附崖竹木掩映池水漣漪閒若仙居中多唐人遺刻

雲壑繚以溪中有神仙宅逕曲皆可至虛室自生白夕翠幻成嵐飛黃肩可拍

華景洞　鐵佛寺在寶積山北，石洞比連，空明軒豁，可容數榻。周迴完密，如寢室然，窈窕深通，紆徐轉折，闇而復明。洞後一境，坦奧葺成，幽搆附崖，竹木掩映，池水漣漪，閒若仙居，中多唐人遺刻。

雲壑繚以深，中有神仙宅。逕曲皆可至，虛室自生白。夕翠幻成嵐，飛黃肩可拍。

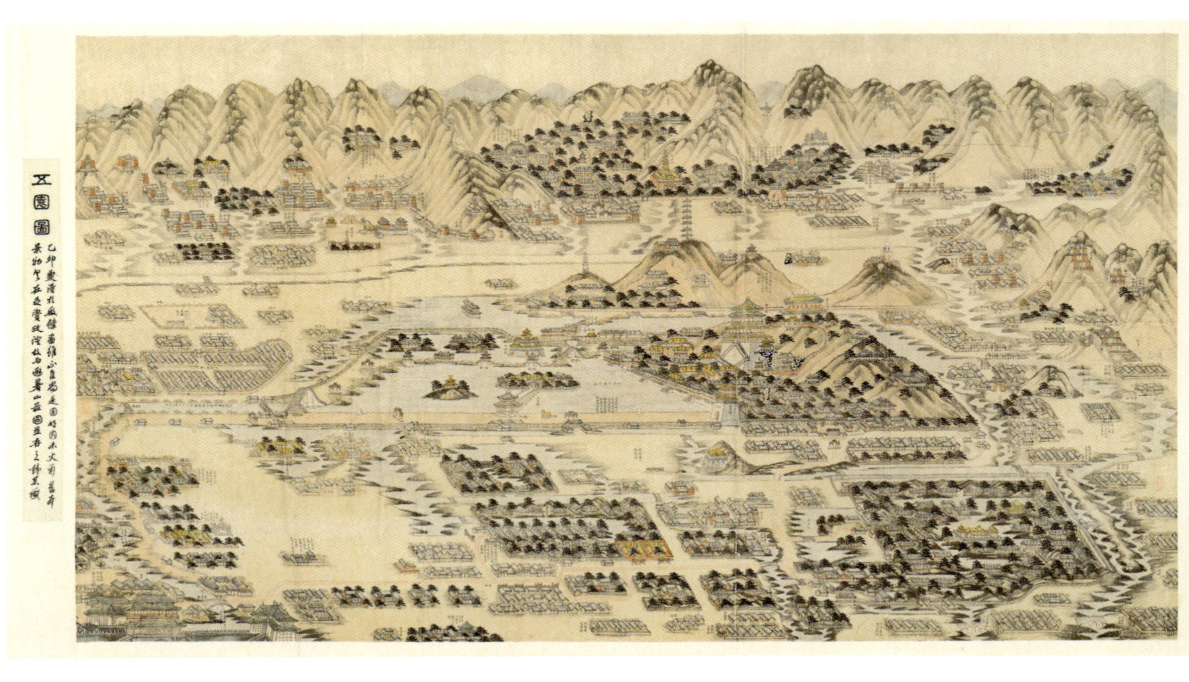

五園三山及外三營圖

作　者　常印

年　代　清光緒三十年（一九〇四）

類　型　紙本彩繪

載體形態　一幅

尺　寸　縱九三厘米，橫一六八厘米

索 書 號　20.106/074.42/1904

此圖采用山水畫的筆法，生動而又細緻地描繪了以三山五園及其外三營爲主體、輻射散布在其四周的諸多山脉及景觀建築。其繪圖筆觸細緻、精準，房屋瓦片、城磚依稀可辨；設色古樸淡雅，以赭、藍二色爲主色調。除了精緻的圖畫，《五園三山及外三營圖》還在重要的景點如昆明湖、永安寺、法海寺等上，用文字簡略標注了這些景觀的歷史沿革。

三山五園位於北京西郊，三山爲萬壽山、香山、玉泉山，五園爲頤和園、静宜園、静明園、暢春園和圓明園。外三營則是分布在三山五園的護園軍隊，分别爲護軍營、健鋭營和火器營。三山五園歷史悠久，有着深厚的文化底蕴，自遼、金以來就是北京西郊的風景名勝區。至清代，清廷在此處大興土木，修建皇家園林和行宫别苑。這些園林并非僅僅是清代帝王賞景休憩的場所，同時也承擔着政治的職能，是清代行政中心之一。而作爲承擔護園和拱衛京城任務的外三營成立時間也很早，譬如外三營中的火器營，其前身可追溯到康熙年間。五園與外三營共同組成有機整體，分别肩負着重要的政治與軍事的重任。

《五園三山及外三營圖》全圖布局約略以頤和園萬壽山上的佛香閣爲中心，向四周發散，散布着各個營房和樓臺。作爲整個圖的中心，佛香閣、昆明湖與其周邊的建築組成的景觀群占據了全圖約四分之一。其中佛香閣的描繪甚稱細緻，除了可以看見閣樓上的瓦片，還可以看清閣樓前一級一級的八字形臺階。萬壽山前的昆明湖上著名的十七孔橋、玉帶橋、銅牛等景點都有所體現，其中銅牛的背影繪製得惟妙惟肖，頗有趣味。

全圖在頤和園的上方，一段連綿的山脉是北京的西山，從左到右分别爲青龍山、萬安山、香山和壽安山。爲了突出三山之一的香山和五園之一的静宜園，《五園三山及外三營圖》將兩者繪製在這段山脉的中間。其中著名的静宜園二十八景的部分景點可以在圖中看到。在圖中静宜園的左右兩側，散布着健鋭營諸營房，而火器營的營房和教場則位於圖中頤和園以左，健鋭營鑲紅旗、鑲藍旗與正紅旗、正藍旗營房位於下方。

《五園三山及外三營圖》中，香山静宜園和頤和園之間的一座小山，是三山中的最後一山玉泉山，其所處的園林爲五園中的静明園。同静宜園一樣，在圖中静明園內，著名的静明園十六景的部分景點也被標識了出來，其中玉泉山上的玉峰塔最爲顯眼。

在圖中頤和園的下方，是五園中的圓明園，緊挨着圓明園的則是五園中的最後一園暢春園。由於圖幅的限制，圓明園衹有正門南面教場等局部場景得到了完整展現。而圓明園八旗校場，正是外三營中最後一營護軍營在圓明園外操練的場所。

該圖左下隅墨書『甲辰端陽中澣常印恭繪』，知該圖出自常印之手。原圖没有圖名，經後人裝裱題寫圖名與跋文：『五園圖，乙卯夏得於廠肆，畫雖不佳，尚是圓明園未火前舊本，景物具在，足資考證，故與避暑山莊圖并存之。鐵某識。』跋文所述『圓明園未火前舊本』與常印題跋不符。

碧雲寺圖

作　者　（清）馬綬權繪

年　代　清光緒末年

類　型　紙本彩繪

載體形態　一幅

尺　寸　縱六六厘米，橫一三三厘米

索書號　20.106/074.72/1908

此圖雖采用形象畫法，但山水、建築、景觀的比例較爲接近真實的比例，没有嚴重失調，描繪的筆法有一定的寫實性。全圖設色素雅，繪圖精緻，有比較高的藝術價值和史料價值。

三山和五園之一的香山和静宜園，是地處北京西郊的著名景點。自唐代以來，歷代都在香山有所營建，而這種營建在清朝達到了頂峰：康熙十六年（一六七七）在香山修建行宫，雍正十三年（一七三五）對其進行擴建。之後，乾隆十年（一七四五）開始營建二十八景，乾隆十二年（一七四七）始更名爲静宜園并沿用至今。

地處静宜園北側的碧雲寺，占地面積達四萬五千多平方米，是北京西山保存最爲完好的大型佛教寺院，其始建時間可追溯到金章宗年間。至元朝，當時被稱爲碧雲庵的碧雲寺就已有曲徑通幽、危橋跨澗、池泉印月、洞府藏春、修竹欺霜、喬松傲雪、奇檜連階、樓臺瀟灑、環峰叠翠、碧雲香靄構成的碧雲寺十景。明正德年間碧雲寺又有擴建，到了清乾隆十年（一七四五）再經過重修、添建始成今日格局與規模。

碧雲寺因其漢藏結合的獨特建築構造而聞名，在《碧雲寺圖》上也有體現。碧雲寺金剛寶座塔是全圖最大也是最顯眼的建築，但作者没有刻意誇大寶塔，因而其比例没有明顯失調。寺内建築整體依山勢而建，全圖以中間的河道爲界，將圖分成左右兩個部分。圖左爲碧雲寺建築群的主體部分，以山門到金剛寶座塔爲中軸，建築群依舊左右大約對稱布局。中軸上的建築標有匾額，分别爲：彌勒殿的『圓證妙果』、大雄寶殿的『能仁寂照』、菩薩殿的『静演三車』、普明妙覺殿的『勝業會因』，其中普明妙絶殿今已改建成孫中山紀念堂。

在圖上，中軸殿宇的左側爲羅漢堂和般若堂。羅漢堂創建於清乾隆年間，并非前朝始建的建築。在《碧雲寺圖》中，可以清晰地看到羅漢堂呈『田』字形結構，這是在仿照當時杭州净慈寺的羅漢堂。其中『田』字的四個『口』是四個小天井，給羅漢堂提供了良好的通風和采光條件。右側亭臺樓榭屬於水泉院，也標有匾額或建築名，分别爲『試泉悦性山房』（爲乾隆皇帝詩作所命名，今已不存）、洗心、碧照（兩座小亭臺）、清净心（一座佛堂），以及含青齋和雲容水態。

河道的左側，圖中上方山中和山下各有一組建築群。山中是静福寺、玉皇頂、萬松堂、洗心亭。其中静福寺始建於明天啓年間，本爲玉皇閣，清光緒年間重修，改名爲静福寺。圖中山下建築爲萬花山碧霞宫。

五園圖

乙卯夏得於廠肆畫雖不佳當是圓明園未火前舊本
景物皆在足資考證故與避暑山莊圖並存之鏵某識

羅漢堂
般若堂
圓證妙果
碧雲寺
紺翠凌虛

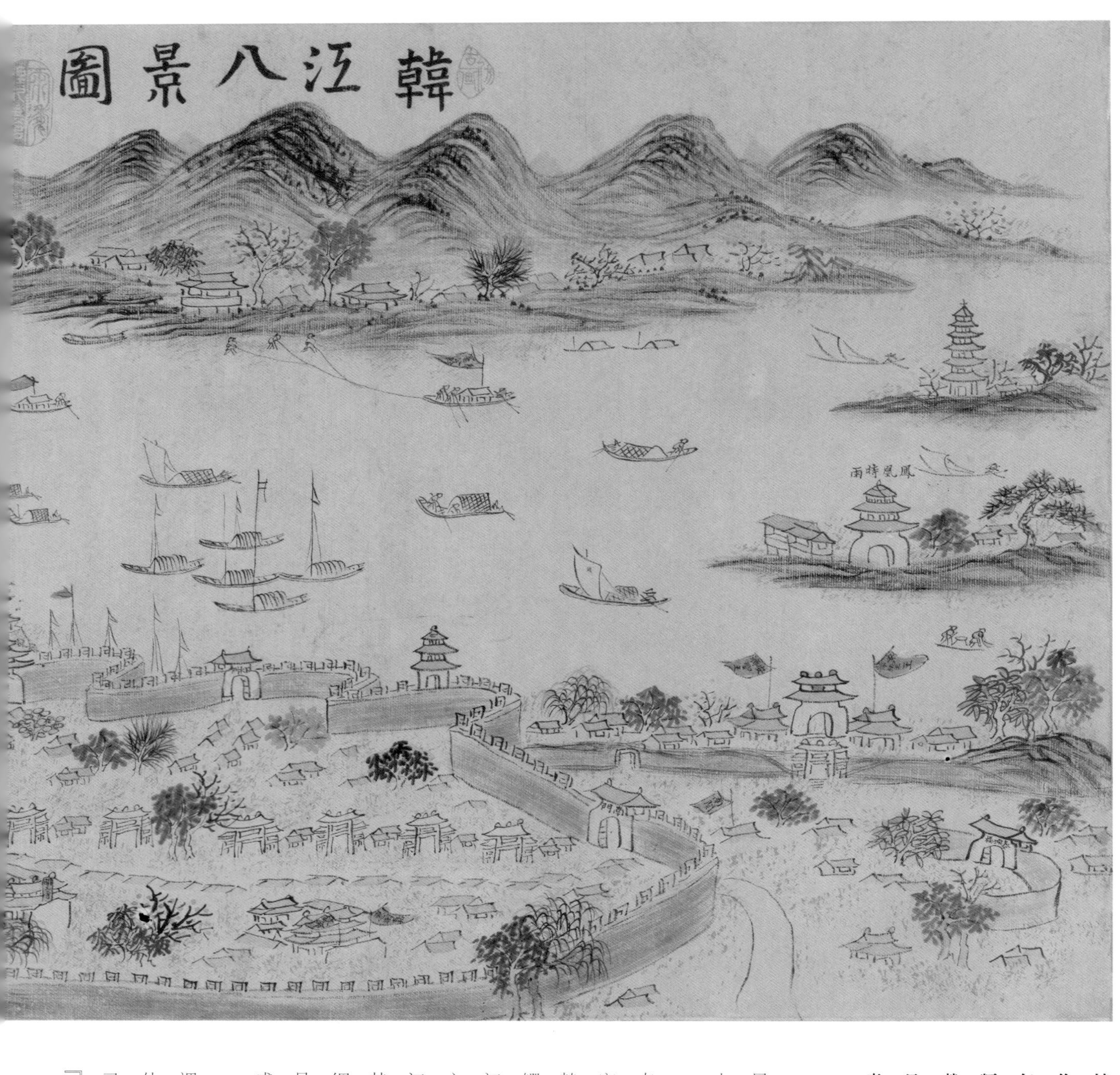

韓江八景圖

作　者　不詳

年　代　清光緒年間

類　型　紙本彩繪

載體形態　一幅

尺　寸　縱四三厘米，橫九六厘米

索 書 號　233.311/074.3/1908

該圖采用中國傳統形象山水畫法，以鳥瞰的角度繪出了韓江八景、潮州府城内，以及韓江兩岸風光。圖上鈐朱印兩枚，一是『仿古畫』，一是『雨濤□澹』。

韓江古稱員江、鰐溪、鳳水等，是廣東第二大江，也是中國東南沿海最重要的河流之一。唐元和十四年（八一九），韓愈因諫阻唐憲宗迎佛骨，被貶爲潮州刺史。彼時韓江中有很多鰐魚，被稱爲鰐溪。韓愈爲了驅鰐，在江畔搭臺，舉行祭鰐儀式，宣讀《鰐魚文》，命令鰐魚限期離開，回歸大海。後世人爲了紀念韓愈，將鰐溪改稱爲『韓江』。這是廣東乃至全國唯一一條以姓氏命名的大河。韓江流經潮州主城區側約三千米，被譽爲潮州的母親河。潮州位於廣東東部，韓江中下游，建制距今已有一千六百多年。潮州因潮州府建置而得名，其名取『在潮之洲，潮水往復』之意。潮州自唐代以來就是海上絲綢之路的重要門户，也是對台灣地區的主要通道。潮州人傑地靈，是潮汕人重要的祖籍地和聚居地，也是潮汕文化重要的發源地和興盛地。

歷史悠久的潮州自然風光秀麗、名勝古迹衆多，『潮州八景』可謂代表。潮州八景舊時有内外之分，内八景分布於古城街巷之間，外八景則位於城外韓江兩岸。隨着城市的現代化發展，如今内八景已不復存在，人們所説的潮州八景是指外八景。《韓江八景圖》中的『八景』即潮州外八景。圖中標出的八景應當是『鳳凰時雨』『湘橋

春漲』『龍鬚寶塔』『西湖漁筏』『北閣佛燈』『青天白日』『金山古松』和『鱷渡秋風』。這和目前一般認爲的潮州八景略有不同。一是『龍湫寶塔』標成了『龍鬚寶塔』。二是『韓祠橡木』變成了『青天白日』。『青天白日』是位於『北閣佛燈』旁的一處刻石。當然，韓江東岸的『韓文公祠』作爲潮州城外重要的建築，在圖中仍有標注。

這幅《韓江八景圖》畫面生動豐富，用色古樸大氣。遠處山巒連綿，近處城池繁華。城内外植物蓊鬱，江面上漁船忙碌。不過，全圖運筆粗獷奔放，繪圖有時較爲簡略，例如漁舟上的人物直接以小圓叠大圓來表示，龍鬚寶塔以長三角形來表示，應當出自民間手筆。總體而言，瑕不掩瑜。整幅圖尤其是漁船出江部分充滿了生活氣息，寥寥數筆就傳達出忙碌但又輕快的氣息。地圖對韓江兩岸以及潮州城内外的一些地點作了地名標注，例如城門、寺廟、書院、山峰等，是瞭解清代潮州比較直觀的歷史地理資料。此外，韓江或潮州名勝圖似乎存世不多，因此這幅作品較爲難得。

韓
鳳凰時雨
南門

景圖

八景圖
韓文公祠
韓山書院
湘橋春漲

鰡渡秋風
金山古松
青天白日
北閣佛灯
朝陽門
北門
西湖山
西湖漁筏

圖書在版編目（CIP）數據

游勝：中國國家圖書館藏名勝圖集珍 / 饒權，李孝聰主編；張志清，鍾翀副主編. -- 上海：上海書畫出版社，2024. 8.
-- ISBN 978-7-5479-3415-9

Ⅰ. K928.7-64

中國國家版本館 CIP 數據核字第 2024KH4779 號

審圖號：GS（2021）362 號

游勝：中國國家圖書館藏名勝圖集珍

饒　權　李孝聰　主編
張志清　鍾　翀　副主編

策　　劃　朱艷萍
責任編輯　李柯霖
編　　輯　居珺雯
特約審讀　李保民
裝幀設計　奈斯藝術
封面設計　劉　蕾
技術編輯　包賽明

出版發行　上海世紀出版集團
上海書畫出版社
地　　址　上海市閔行區號景路159弄A座4樓
郵政編碼　201101
網　　址　www.shshuhua.com
E-mail　shuhua@shshuhua.com
製　　版　杭州立飛圖文製作有限公司
印　　刷　浙江海虹彩色印務有限公司
經　　銷　各地新華書店
開　　本　889×1300　1/16
印　　張　28.25
版　　次　2024年8月第1版　2024年8月第1次印刷

書　　號　ISBN　978-7-5479-3415-9
定　　價　陸佰捌拾伍圓